太原市统计局编

太原统计年鉴

TAIYUAN STATISTICAL YEARBOOK

2012

（京）新登字 041 号

©中国统计出版社。
版权所有。未经许可，本书的任何部分不得以任何方式在世界任何地区以任何文字翻印、拷贝、仿制或转载。
Copyright © CHINA STATISTICS PRESS
All rights reserved. No part of the publication may be reproduced or transmitted in any form or by any means, electronic or mechanical, including photocopying, recording, or any information storage and retrieval system, without written permission from the publisher.

图书在版编目（CIP）数据

太原统计年鉴. 2012/ 太原市统计局编. ——北京：中国统计出版社，2012.8
ISBN 978-7-5037-6611-4/C.2690

Ⅰ. ①太… Ⅱ. ①太… Ⅲ. ①统计资料—太原市—2012—年鉴 Ⅳ. ①C832.251-54

中国版本图书馆 CIP 数据核字（2012）第 170242 号

太原统计年鉴 -2012

作　　者 / 太原市统计局
责任编辑 / 陈越月
封面设计 / 山西省劳动印刷厂
出版发行 / 中国统计出版社
通信地址 / 北京市西城区月坛南街 57 号
邮　　编 / 100826
办公地址 / 北京市丰台区西三环南路甲 6 号
电　　话 /（010）63376907
网　　址 / http://csp.stats.gov.cn
印　　刷 / 山西省劳动印刷厂
经　　销 / 新华书店
开　　本 / 890×1240 毫米　1/16
字　　数 / 1084 千字
印　　张 / 35.75 印张
印　　数 / 1-350 册
版　　别 / 2012 年 7 月第 1 版
版　　次 / 2012 年 7 月第 1 次印刷
书　　号 / ISBN 978-7-5037-6611-4/C.2690
定　　价 / 400.00 元

中国统计版图书，版权所有，侵权必究。
中国统计版图书，如有印装错误，本社发行部负责调换。

编辑委员会:

主　　任: 廉毅敏
常务副主任: 王建生
副 主 任: 薛建明　霍晓勇
编　　委: 乔　木　戴陆寿　岳国平
郝尹明　李　锌　陈亚萍
梁永昭　王振军　李拥权
张太生　赵并生　赵健康
刘爱萍　王秀莲

编辑工作人员:

总 编 辑: 梁永昭
副总编辑: 马亚晓　张小平　崔　晰
编辑人员: 郭晓红　牛效丽　田　军
韩　芸　常　铁　王晋伟

编辑说明

一、《太原统计年鉴》收录了全市和各县(市、区)经济、社会各方面的统计数据,是一部统计信息密集、综合性强、全面反映太原市国民经济和社会发展情况的资料性年刊。

二、全书内容共分16个篇章,即:1.综合;2.人口、计划生育与社会治安;3.从业人员和劳动报酬;4.固定资产投资、建筑业;5.能源消费与库存;6.物价指数;7.城镇居民住户调查;8.农村住户调查;9.公用事业;10.农业;11.工业、交通运输和邮电;12.企业调查;13.国内外贸易和旅游;14.财政、金融、税务和保险;15.科教、文卫、体育和民政;16.县(市、区)经济概况。

三、本年鉴总量指标计算所采用的价格,除注明外均为当年价格。

四、本年鉴资料主要来自年度统计报表、抽样调查和业务部门统计年报。

五、本年鉴表中符号使用说明:

"空格"表示该项统计数据不详、不足计量单位或无。

"#"表示其中主要项

六、读者在使用历史资料时,凡与本年鉴有出入的,均以本年鉴为准。

七、本年鉴中部分数据合计数由于单位取舍不同而产生的计算误差,均未作机械调整。

八、本年鉴出版发行,受到社会各界的关心和支持,对此深表谢意,并欢迎提出宝贵意见。

太原概况

太原，古称晋阳、并州。国土面积6988平方公里，建成区面积333平方公里，常住人口423.54万人。现辖6区3县1市和2个国家级开发区、3个省级开发区。

太原是国家历史文化名城，始建于公元前497年的春秋时期，具有2500多年建城史，曾是九个独立王朝的国都或陪都，素有“龙城”之美誉。从春秋战国的军事重镇，到李渊父子起兵建唐的“龙兴之地”，从北朝、五代华夏民族融合的地域中心，到晋商叱咤明清的商贸都会，悠久的历史孕育出太原深邃璀璨的晋阳文化，产生过李世民、武则天、狄仁杰和王之焕、元好问、罗贯中等杰出的政治家和伟大的文学艺术家，留下了晋祠、蒙山大佛、双塔寺等弥足珍贵的文物旅游资源。太原是晋商之都，历史上一直是我国北方重要的商业、手工业城市，也是晋商的发源地和传统晋商活动的中心。太原是国家重要的工业基地，产业基础雄厚，工业门类齐全，特别是装备制造业具有传统优势，是国家不锈钢、铝镁合金、重矿设备、重型汽车、铁路装备生产基地。太原是山西省国家资源型经济转型综合配套改革试验区的中心城市、国家循环经济标准化试点城市、国家创新型试点城市、全国文明创建先进城市。

2011年，太原市认真贯彻落实中央和山西省委、省政府的战略部署，紧紧围绕率先转型跨越发展、建设一流省会城市的目标，对标赶超，奋力拼搏，经济社会发展取得了新的成绩。完成地区生产总值2080.12亿元，比上年同期增长9.9%；财政总收入393.04亿元，增长22.1%；一般预算收入174.72亿元，增长26.2%；城镇居民人均可支配收入20149元，增长16.8%；农民人均纯收入8888元，增长16.8%，实现了“十二五”的良好开局。

太原市2011年国民经济和社会发展统计公报

太原市统计局
国家统计局太原调查队

2012年3月18日

2011年，市委、市政府团结带领全市人民，认真贯彻落实中央和省委、省政府的战略部署，紧紧围绕率先转型跨越发展、建设一流省会城市目标，对标赶超、奋力拼搏，全市经济社会发展取得新成绩，实现了“十二五”良好开局。特别是市第十次党代会胜利召开、“中博会”成功举办、以长风商务区为标志的一批城建重点工程相继建成、民生建设力度明显加大、固定资产投资较快增长、发展环境进一步优化、城乡面貌发生新变化、各项社会事业全面进步，为转型跨越发展积蓄了强劲势能。

一、综　合

经济增长：初步统计，全市实现地区生产总值（GDP）2080.12亿元，比上年增长9.9%。其中：第一产业增加值33.88亿元，增长3.1%；第二产业增加值949.19亿元，增长11.6%；第三产业增加值1097.05亿元，增长8.7%。第三产业中，交通运输、仓储和邮政业增加值156.87亿元，增长6.5%；批发零售及住宿餐饮业增加值366.94亿元，增长14.1%；金融保险业增加值206.93亿元，增长5.0%。

人均地区生产总值49292元，按2011年平均汇率计算达到7632美元。

产业结构：三次产业比重为1.6%、45.6%、52.8%，分别拉动经济增长0.1、5.2和4.6个百分点。与上年相比，第一产业比重下降0.1个百分点，第二产业比重提高0.7个百分点，第三产业比重下降0.6个百分点。

图1　2007—2011年地区生产总值

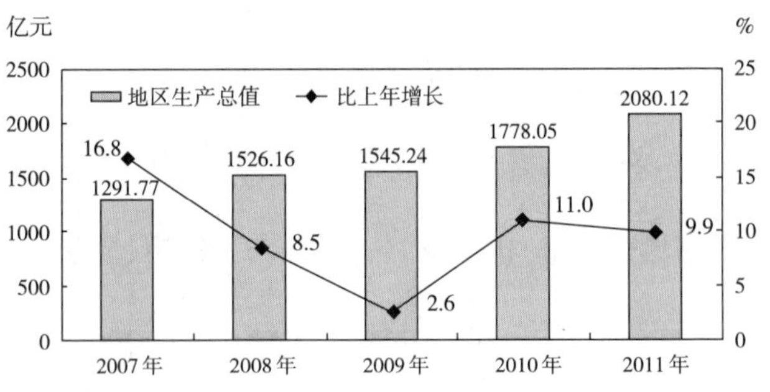

价格：居民消费价格总水平比上年上涨5.4%，商品零售价格总水平上涨4.8%。在居民消费价格中，食品价格上涨14.0%，非食品价格上涨2.1%；服务项目价格上涨3.8%，消费品价格上涨6.2%。工业生产者出厂价格上涨5.5%。工业生产者购进价格上涨14.1%。

图2　2007—2011年价格指数走势图

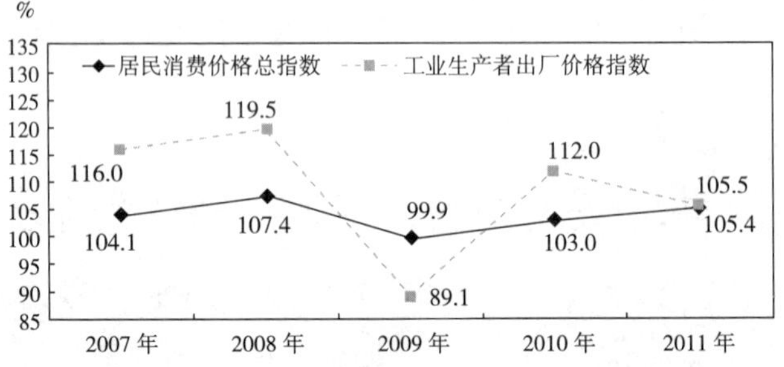

表 1　2011年居民消费价格涨跌情况

产品名称	比 2010 年涨(跌)(%)
居民消费价格总指数	5.4
食　品	14.0
其中:粮食	8.0
肉禽及其制品	28.3
蛋	14.3
水产品	19.0
鲜菜	−5.3
鲜瓜果	32.3
烟　酒	7.3
衣　着	2.0
家庭设备用品及维修服务	6.1
医疗保健和个人用品	3.6
其中:西药	0.6
中药材及中成药	19.6
医疗保健服务	0.2
交通和通信	1.6
娱乐教育文化用品及服务	1.8
居　住	−0.2
其中:水、电及燃料	−0.6
建房及装修材料	−4.8
住房租金	1.4

就业：年末全市从业人员 177.26 万人，其中：城镇从业人员 129.22 万人，农村从业人员 48.04 万人。城镇新增就业 11.33 万人。5.01 万名下岗失业人员实现再就业，其中：就业困难人员再就业 1.32 万人。年末城镇登记失业率 3.0%。

二、农　业

农业产值：全市农林牧渔业总产值 63.16 亿元，比上年增长 3.5%。其中：农业产值 37.94 亿元，增长 5.1%；林业产值 5.41 亿元，增长 7.3%；牧业产值 17.17 亿元，下降 4.4%；渔业产值 0.37 亿元，增长 19.2%；农林牧渔服务业产值 2.27 亿元，增长28.8%。

种植面积：全年农作物总播种面积 110.04 千公顷，比上年减少 3.51 千公顷。粮食播种面积 82.24 千公顷，比上年减少 2.54 千公顷。其中：夏粮播种面积 1.23 千公顷，秋粮播种面积 81.01 千公顷。蔬菜种植面积 22.05 千公顷，药材种植面积 1.28 千公顷。

表 2　2011 年主要农产品产量

产品名称	产量(吨)	比 2010 年增长(%)
粮　食	316043	5.6
其中:夏　粮	6467	−22.3
秋　粮	309576	6.4
其中:小　麦	6467	−22.3
玉　米	262909	8.5
马铃薯	10706	4.0
油　料	2682	−1.4
棉　花	139	32.0
蔬　菜	1277165	0.3
水　果	69408	8.0

造林：全年造林面积 19.70 千公顷。零星植树 1000 万株。新增育苗面积 1.70 千公顷。

畜禽及水产品产量：年末大牲畜存栏 4.40 万头，猪出栏 40.09 万头。肉类产量 4.65 万吨，禽蛋产量 2.72 万吨，牛奶产量 9.74 万吨。水产品养殖面积 1.28 千公顷，水产品产量 3334 吨。

农机及化肥施用：年末全市农业机械总动力 123.16 万千瓦。全年农用化肥施用量（折纯）27655 吨。

三、工业和建筑业

工业：全部工业增加值 708.47 亿元，比上年增长 11.9%。规模以上工业企业 404 家。规模以上工业增加值 687.23 亿元，增长 12.2%。

图 3　2007—2011 年规模以上工业增加值

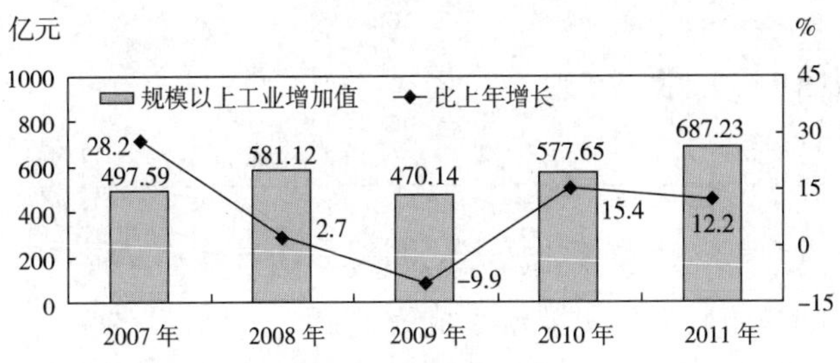

规模以上工业中：中央企业增加值 107.20 亿元，增长 16.0%；省属企业增加值 352.86 亿元，增

长 5.2%；市属企业增加值 25.70 亿元，增长 13.4%；县属及以下和无主管企业增加值 201.47 亿元，增长 30.8%。

表 3　2011 年规模以上工业增加值分类

指　标	增加值(亿元)	比 2010 年增长(%)
规模以上工业企业	687.23	12.2
其中:国有控股企业	480.13	8.1
其中:国有企业	16.26	17.7
集体企业	2.67	-9.2
股份合作企业	0.18	72.0
股份制企业	601.85	11.8
外商及港澳台商投资企业	63.52	34.1
其他经济类型企业	2.75	22.1
其中:轻工业	57.75	25.0
重工业	629.48	11.0

占全市规模以上工业增加值 84.5%的十大行业中，增加值比上年增长的有 9 个。

表 4　2011 年规模以上工业十大行业增加值

行　业	增加值(亿元)	比 2010 年增长(%)
煤炭开采和洗选业	204.98	7.0
黑色金属冶炼及压延加工业	147.81	11.9
石油加工、炼焦业	77.48	5.5
通信设备、计算机及其他电子设备制造业	39.40	51.6
专用设备制造业	28.08	13.2
烟草制品业	23.70	17.4
通用设备制造业	22.57	19.9
交通运输设备制造业	13.40	0.6
工艺品及其他制造业	12.86	11.1
化学原料及化学制品制造业	11.81	-3.7

新兴产业增加值 127.05 亿元，增长 27.7%，占全市规模以上工业增加值的 18.5%。其中：装备制造业增加值 123.93 亿元，增长 27.8%。煤炭、钢铁、炼焦、化工、电力等五个传统行业占全市规模以上工业增加值的 65.2%，增长 8.4%。其中：占全市 29.8%的煤炭行业增加值增长 7.0%；占全市 21.5%的钢铁行业增加值增长 11.9%；占全市 11.3%的炼焦行业增加值增长 5.5%；占全市 1.7%的化工行业增加值下降 3.7%；占全市 0.9%的电力行业增长 32.3%。

表 5　2011 年规模以上工业企业主要产品产量

产品名称	单位	产量	比 2010 年增长(%)
原　煤	万吨	3942.63	4.5
洗　煤	万吨	3109.44	-1.5
发电量	亿千瓦小时	306.69	50.5
食　醋	万吨	39.27	18.0
白　酒(折 65 度)	千升	3880.56	15.3
碳酸饮料	万吨	15.74	16.3
卷　烟	亿支	155.00	5.1
家　具	万件	2.20	40.6
机制纸及纸板	万吨	11.06	11.8
焦　炭	万吨	1391.32	9.7
大机焦	万吨	1315.66	9.8
氢氧化钠(折 100%)	万吨	9.21	27.0
化肥(折纯)	万吨	1.45	-79.7
橡胶轮胎外胎	万条	164.86	-5.0
子午线轮胎外胎	万条	150.65	18.8
水　泥	万吨	592.04	14.2
平板玻璃	万重量箱	171.47	-10.2
生　铁	万吨	701.41	3.5
粗　钢	万吨	938.05	10.5
不锈钢	万吨	302.25	11.3
钢　材	万吨	893.72	5.5
金属镁	万吨	3.66	-17.0
金属切削机床	台	1937.00	14.3
数控机床	台	451.00	24.4
起重设备	万吨	9.02	17.4
采矿设备	万吨	13.69	13.2
金属轧制设备	万吨	8.51	40.3

规模以上工业经济效益综合指数 196.17，比上年提高 10.59 点。主营业务收入 2540.97 亿元，增长 24.0%。利税总额 177.23 亿元，增长 7.8%。利润总额 61.65 亿元，下降 13.7%。亏损企业亏损额 20.97 亿元，下降 0.8%。

建筑业：全市建筑业增加值 240.72 亿元，比上年增长 10.7%。具有建筑业资质等级的总承包和专业承包建筑业企业总产值 1363.89 亿元，增长 1.5%；利税总额 70.82 亿元，增长 1.9%；利润总额 25.88 亿元，增长 2.8%；上缴税金 44.94 亿元，增长 1.4%。

建筑业企业房屋建筑施工面积 4468.76 万平方米，其中：实行招标投标承包工程施工面积 4334.62 万平方米。房屋建筑竣工面积 740.55 万平方米。

四、固定资产投资

固定资产投资：全年固定资产投资 1024.14 亿元，比上年增长 25.1%。其中：中央项目投资 90.51 亿元，增长 14.3%；省属项目投资 224.37 亿元，增长 25.1%；市属项目投资 709.26 亿元，增长 26.7%。

图 4　2007—2011 年固定资产投资

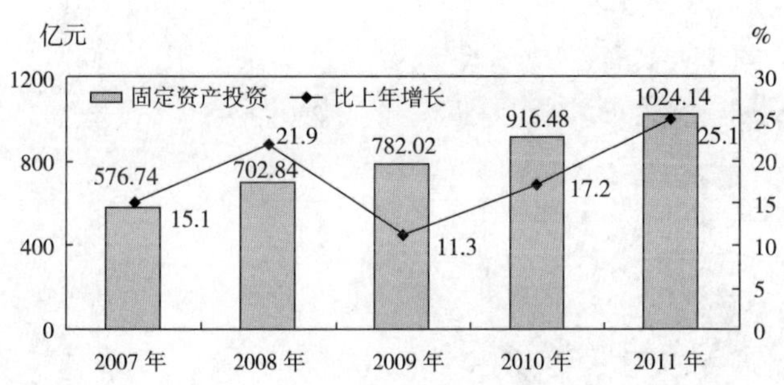

分产业看，第一产业投资 14.77 亿元，增长 30.6%；第二产业投资 289.08 亿元，增长 27.4%。其中：工业投资 283.73 亿元，增长 30.2%；第三产业投资 720.29 亿元，增长 24.2%。三次产业投资比重为 1.5%、28.2%和 70.3%。

工业投资中，新兴产业投资 132.49 亿元，增长 28.6%，增速比上年加快 7.4 个百分点，占工业投资的比重达到 46.7%。

分经济类型看，国有投资 524.35 亿元，增长 34.8%，非国有投资 499.79 亿元，增长 16.4%。

表 6　2011 年固定资产投资额

指　标	投资额（万元）	比 2010 年增长(%)
固定资产投资	10241444	25.1
农、林、牧、渔业	147664	30.6
采矿业	767135	112.1
制造业	1717100	24.6
电力、燃气及水的生产和供应业	353074	-19.8
建筑业	53530	-40.3
交通运输、仓储和邮政业	722104	19.0
信息传输、计算机服务和软件业	106319	-7.3
批发和零售业	227936	37.1
住宿和餐饮业	68852	96.1
金融业	8270	-36.5
房地产业	4502532	39.6
租赁和商务服务业	114633	-56.2
科学研究、技术服务和地质勘查业	131473	-19.1
水利、环境和公共设施管理业	737667	62.5
居民服务和其他服务业	20573	0.0
教育	126986	-53.0
卫生、社会保障和社会福利业	145929	24.9
文化、体育和娱乐业	270252	-12.0
公共管理和社会组织	19415	-59.0

注：表中房地产业除包含房地产开发投资外，还包含其他房地产投资。

全年在建固定资产投资项目 1051 个。其中：5 亿元以上项目 95 个，计划总投资 1286.87 亿元，完成投资 248.84 亿元，占全市固定资产投资的比重为 24.3%。

房地产开发：全年房地产开发投资 312.08 亿元，比上年增长 29.4%。商品住宅投资 246.53 亿元，增长 33.1%，其中：90 平方米以下住房投资 44.04 亿元，占住宅投资的比重为 17.9%。

全年商品房竣工面积 226.37 万平方米，商品房销售额 146.51 亿元，其中：现房销售额 24.41亿元，占 16.7%；期房销售额 122.10 亿元，占83.3%。

五、能　源

能源生产：全市一次能源生产折标准煤2810.96万吨，比上年增长4.3%；二次能源生产折标准煤4838.75万吨，增长5.1%。

能源投资：能源工业投资104.49亿元，比上年增长32.3%。其中：煤炭工业投资67.13亿元，增长95.3%；焦炭工业投资8.10亿元，下降39.5%；电力工业投资18.50亿元，下降32.5%。

用电：全年全社会用电量243.34亿千瓦时，增长12.0%。其中：农业用电1.77亿千瓦时，增长10.3%；工业用电（含电厂自用电）183.54亿千瓦时，增长12.9%；建筑业用电3.06亿千瓦时，增长27.1%；第三产业用电29.32亿千瓦时，增长8.9%；城乡居民生活用电23.58亿千瓦时，增长11.7%，城乡居民人均生活用电646.01千瓦时。万元GDP电耗1244.87千瓦时。

六、国内贸易

消费品零售：全市社会消费品零售总额973.29亿元，比上年增长17.9%。其中：城镇消费品零售额953.09亿元，增长17.8%；乡村消费品零售额20.20亿元，增长20.5%。

表7　2011年社会消费品零售总额

指　标	零售额(亿元)	比2010年增长(%)
社会消费品零售总额	973.29	17.9
分城乡:城镇	953.09	17.8
其中:城区	870.19	18.6
乡村	20.20	20.5
分行业:批发业	86.54	5.4
零售业	813.33	19.2
住宿业	11.39	28.6
餐饮业	62.03	17.8

图5　2007—2011年社会消费品零售总额

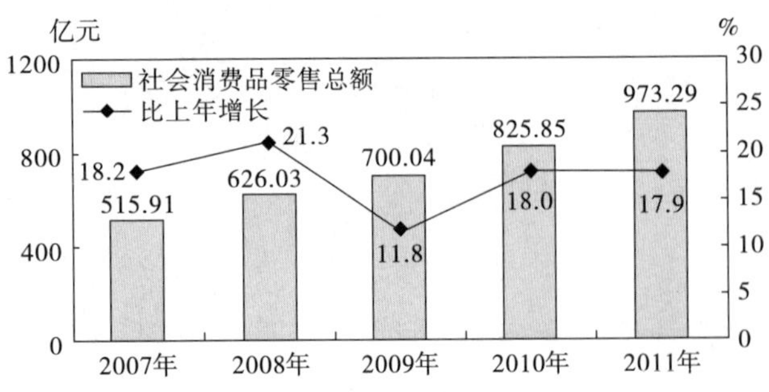

限额以上贸易企业零售额582.14亿元，比上年增长25.9%，占社会消费品零售总额的59.8%，比上年提高12.1个百分点。

表8　2011年限额以上批发零售业零售额

指　标	零售额(万元)	比2010年增长(%)
汽车类	2174176	21.0
石油及制品类	741105	33.6
文化办公用品类	30129	5.6
通讯器材类	47711	29.6
家用电器和音像器材类	337168	30.3
中西药品类	250132	24.9
建筑及装潢材料类	2725	-24.3
日用品类	110260	29.8
家具类	2704	35.0
粮油、食品、饮料、烟酒类	554452	25.5
服装类	438256	33.7
化妆品类	52136	21.5
金银珠宝类	162668	64.3

七、对外经济

进出口贸易：全市外贸进出口总额85.34亿美元，比上年增长7.9%。其中：出口额35.05亿美元，增长11.9%；进口额50.29亿美元，增长5.4%。

出口商品中，煤炭、焦炭、金属镁分别为4.19亿美元、3.87亿美元、2.02亿美元，占出口额的28.8%。不锈钢材、机电产品、高新技术产品分别为9.33亿美元、8.64亿美元、3.78亿美元，占出口额的62.1%，比上年提高4.2个百分点。

有贸易往来的国家和地区153个。年进出口额在千万美元以上的国家和地区49个，比上年增加2个。

招商引资：全年新设立外商及港澳台商直接投资企业20家。外商及港澳台商直接投资新签合同（协议）20项。合同外资额8.55亿美元，增长24.0%。按全口径统计，实际使用外商直接投资额6.79亿美元，增长16.1%。

第六届“中博会”期间，共签约105个项目，总投资6617.8亿元。其中：签订合同和协议项目97个，总投资2317.4亿元；签订战略合作框架协议项目8个，总投资4300.4亿元。

八、交通、邮电和旅游

交通运输：年末全市公路线路里程累计达到6748公里，其中高速公路288公里。公路密度96.6公里/百平方公里。

表9　2011年铁路、公路、航空运输量与周转量

指　标	单　位	绝对数	比2010年增长(%)
货物运输量	万吨	13542.89	-2.2
铁　路	万吨	4714.92	-6.9
公　路	万吨	8824.00	0.5
航　空	万吨	3.97	-3.6
货物周转量	百万吨公里	43273.15	-4.4
铁　路	百万吨公里	33003.23	-5.4
公　路	百万吨公里	10269.92	-1.1
旅客运输量	万人次	5193.23	8.2
铁　路	万人次	2550.63	15.4
公　路	万人次	2055.00	-0.5
航　空	万人次	587.60	11.9
旅客周转量	百万人公里	12301.14	14.2
铁　路	百万人公里	6899.93	26.6
公　路	百万人公里	5401.21	1.6

注：铁路运输为太原地区口径。

年末全市民用汽车保有量71.40万辆（包括三轮汽车和低速货车9986辆），比上年末增长18.0%，其中私人汽车56.12万辆，增长21.9%。本年新注册汽车11.80万辆，增长14.2%。年末轿车保有量37.83万辆，增长22.3%，其中私人轿车33.03万辆，增长24.9%；本年新注册轿车7.23万辆，增长16.9%。

邮电：全年邮电业务总量（新口径）70.28亿元，比上年增长10.3%，其中：邮政业务总量4.73亿元，下降19.4%；电信业务总量65.55亿元，增长13.3%。年末市话到达142.47万户。农话到达7.13万户。移动电话用户660.88万户，其中：3G移动电话用户89.04万户。全市固定及移动电话用户总数达到810.48万户。每百人拥有电话191部，其中：固定电话和移动电话普及率分别达到35部/百人和156部/百人。计算机互联网用户119.44万户，净增加16.48万户，其中：宽带网用户111.41万户，增加15.50万户。

旅游：全市接待海内外游客2461.96万人次，比上年增长21.7%。其中：国内游客2427.08万人次，增长21.7%；海外游客34.88万人次，增长23.2%。海外游客中：外国人24.46万人次，香港同胞6.03万人次，澳门同胞0.69万人次，台湾同胞3.70万人次。全年旅游总收入276.70亿元，增长20.1%；国内旅游收入263.55亿元，增长20.2%；旅游外汇收入1.98亿美元，增长20.9%。

九、财政、金融和保险

财政：全市财政总收入393.04亿元，比上年增长22.1%。其中：市级财政完成221.68亿元，增长18.8%；县（区）级财政完成171.36亿元，增长26.7%。

全市一般预算收入174.72亿元，增长26.2%。其中：税收收入141.69亿元，增长27.0%，增值税、营业税、资源税、企业所得税、个人所得税共计完成税收98.72亿元。

全年执行一般预算支出239.31亿元，比上年增长26.2%。其中：农林水事务支出11.24亿元，增长27.5%；教育支出44.78亿元，增长24.6%；科学技术支出7.76亿元，增长65.0%；社会保障和就业支出32.26亿元，增长8.9%；医疗卫生支出13.96亿元，增长38.0%；文化体育与传媒支出3.25亿元，增长29.2%；城乡社区事务支出48.17亿元，增长79.2%；一般公共服务支出20.94亿元，增长6.0%。

金融：年末全市金融机构本外币各项存款余额7641.03亿元，比年初增长9.6%；本外币各项贷款余额5731.17亿元，增长13.0%。人民币各项存款余额7585.04亿元，增长9.5%，其中：个人储蓄存款余额2667.11亿元，增长12.9%；人民币各项贷款余额5657.37亿元，增长13.1%。人民币贷款中，中长期贷款余额3913.14亿元，增长11.4%；短期贷款余额1583.01亿元，增长17.5%。

保险：全年原保险保费收入79.10亿元，增长8.0%。其中：寿险业务保费收入47.98亿元，增长0.4%；健康险业务保费收入3.70亿元，增长14.7%；意外伤害险业务保费收入1.63亿元，增长27.2%；财产险业务保费收入25.78亿元，增长23.1%。支付各类赔款及给付20.49亿元，增长32.0%。其中：寿险业务给付7.31亿元，增长31.6%；健康险业务赔款及给付1.91亿元，增长127.5%；意外伤害险业务赔款0.34亿元，增长9.7%；财产险业务赔款10.93亿元，增长24.0%。

十、城市建设

基础设施建设：年内开工建设各类重点工程150项，其中城市基础设施建设项目55项。太原美术馆、太原博物馆、文化岛平台等中博会场馆及配套工程全部完工，省城地标性建筑群初具规模。全年开工建设道桥工程31项，其中滨河西路南延、新晋祠路拓宽改造、奥体片区路网等21项工程全部完工。全年小街巷改造完工47条，完成长风桥至祥云桥段5.1公里的汾河治理美化南延工程。全年完成既有建筑节能改造154.90万平方米，新增可再生能源利用面积174.69万平方米，成功入围全国首批“中德技术合作——公共建筑中小学校节能试点城市”。

年末全市天然气供气总量38670万立方米，集中供热面积9984万平方米，集中供热扩网1323万平方米。新购置公交车600辆，年末城市公交运营车辆2677辆，其中：公共汽车2546辆。公交运营线路网长度3003公里，年客运量6.43亿人次。

城市绿化：建成区开工建设园林绿化工程31项，其中滨河西路南延风景林带绿化工程、奥体片区绿化、新晋祠路林带景观工程等29项工程全面竣工。创建省级园林单位5个，省级园林小区2个，省级园林道路2条。全市共有综合性公园30个，专类公园11个，带状公园4个，街头游园80个，社区游园43个，街旁绿地47块。建成区绿化覆盖面积达到11403公顷，园林绿地面积9948公顷，公园绿地面积3027公顷。建城区绿化覆盖率38.01%，绿地率33.16%，人均公园绿地面积10.09平方米。

十一、教育和科学技术

教育：年末共有普通高等院校43所（其中高职院校24所），普通中等专业学校30所，成人中等专业学校12所，职业高中学校19所，普通中学232所，小学599所，幼儿园796所。

表10　2011年各类教育学生数

指　标	招生(人)	在校生(人)	毕业生(人)
研究生	7289	20708	6245
普通高等教育	102227	341915	90097
中等职业教育	52706	149303	60209
普通高中	30342	89350	26941
普通初中	47078	152276	55648
普通小学	42121	261630	48113
特殊教育	145	957	171
学前教育	41916	106920	33078

全市学前三年毛入园率94.6%；小学学龄儿童入学率，初中生入学率、巩固率均达到国家标准；高中阶段毛入学率99.1%；高考一本、二本达线率和录取率在全省继续名列前茅。

科学技术：年末共有独立科研机构105所，工作人员1.43万人。全年安排科技发展项目242项，技术市场共登记技术合同610项，成交金额10.09亿元。研究与试验发展（R&D）经费支出59.80亿元，比上年增长16.8%，占地区生产总值的比重为2.9%。国家认定企业技术中心6家。省级企业技术中心45家。年末累计认定高新技术企业140家。全年鉴定406项科技成果，获得国家科技奖励5项。科技成果转化率达到55.2%。全年申请专利6525件，比上年增加1506件。每10万人专利申请数154项，比上年增加35项。高新技术产业增加值占地区生产总值的比重为7.3%。

年末高新区、经济区、民营区共有入区企业4451家。全年实现科工贸总收入1760亿元，增长17.7%。

十二、文化、卫生和体育

文化：年末全市共有专业、民营艺术表演团体17个。群艺文化馆12个，博物馆12个。公共图书馆馆藏图书485.09万册。国家综合档案馆11个，馆藏档案资料65.45万卷（件、册）。广播节目12套，电视节目22套。有线电视用户88.27万户，有线电视入户率84.2%，有线电视数字用户76.07万户。广播人口覆盖率99.4%，电视人口覆盖率99.7%。2011年，新创排演大型组歌《科学发展颂》、晋剧《上马街》、《大红灯笼》、话剧《红色遗言》、《红孩子》、舞剧《千手观音》、山西民歌情景诗《桃花红》等作品。荣获国家级奖9项，省级奖2项。非物质文化遗产保护力度加大，共列入国家级保护项目15项、省级保护项目52项。继续实施农村电影放映工程，全年放映1.2万场次，实现了农村公益电影放映全覆盖。

卫生：年末共有卫生机构2552个（不含村卫生室），医疗床位29876张。每千人拥有医疗床位7张。各类卫生技术人员41505人，其中：执业（助理）医师16797人，注册护士17190人。每千人拥有医生4人。城乡公共卫生体系进一步完善，社区卫生机构标准化建设达标率为92.4%。县乡村三级医疗卫生机构基础设施达标率为93.3%。实际参加新型农村合作医疗的农民102.52万人，参合率99.0%。

体育：全年太原运动员在国内外大赛中，获得12枚金牌、9枚银牌、12枚铜牌、41个第四至第八名。成功举办“2011太原国际马拉松赛”，有13个国家和地区的1.43万人参赛，被评为“全国马拉松优秀赛事”。

十三、环境保护和安全生产

环境质量：全年市区二级以上空气质量天数308天。空气污染综合指数2.19%，下降0.08点。饮用水源地水质达标率保持100%，地表水环境功能区水质达标率62.5%，提高12.5个百分点。市区区域环境噪声年均值53.2分贝、交通噪声年均值67.9分贝，保持全国先进水平。

气温降水和用水量：全年平均气温7.7～10.9℃，降水量384～570mm。地下水水位平均上升2.21米。全社会用水量6.18亿立方米，其中：生活用水1.40亿立方米，生产用水3.97亿立方米，生态用水0.81亿立方米。

安全生产：全年各类安全生产事故发生数比上年下降9.3%，未发生重大事故。煤炭百万吨死亡率0.244。发生火灾1492起，道路交通事故1359起，分别下降1.6%和15.4%。

十四、人口、人民生活和社会保障

人口：据2011年人口抽样调查，年末全市常住人口 423.54 万人，比上年末增加 3.07 万人。其中：城镇人口 353.02 万人，增加 5.96 万人；乡村人口 70.52 万人，减少 2.89 万人。城镇化率 83.35%，比上年提高 0.81 个百分点。男性人口 216.29 万人，女性人口 207.25 万人，性别比为 104.36∶100。

全年出生人口 3.78 万人，人口出生率 8.96‰，比上年下降 0.16 个千分点；死亡人口 1.61 万人，死亡率 3.82‰；自然增加人口 2.17 万人，自然增长率 5.14‰。

人民生活：全年城镇居民人均可支配收入 20149 元，比上年增长 16.8%；城镇居民人均消费支出 13111 元，增长 8.3%。城镇居民家庭恩格尔系数为 32.7%。农民人均纯收入 8888 元，增长 16.8%。城乡居民收入比为 2.27∶1，与上年持平。

图 6　2007—2011 年城镇居民人均可支配收入

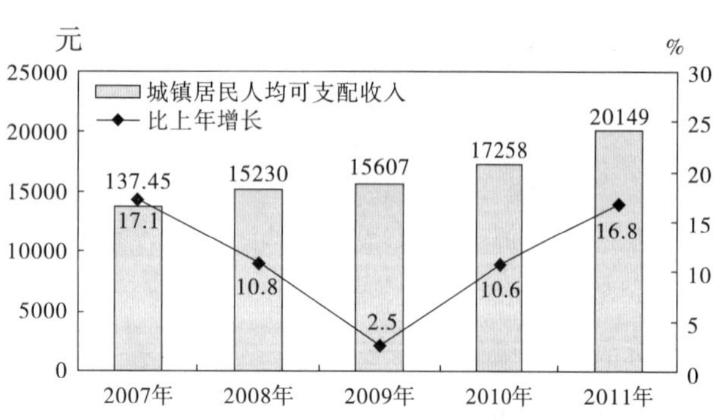

图 7　2007—2011 年农民人均纯收入

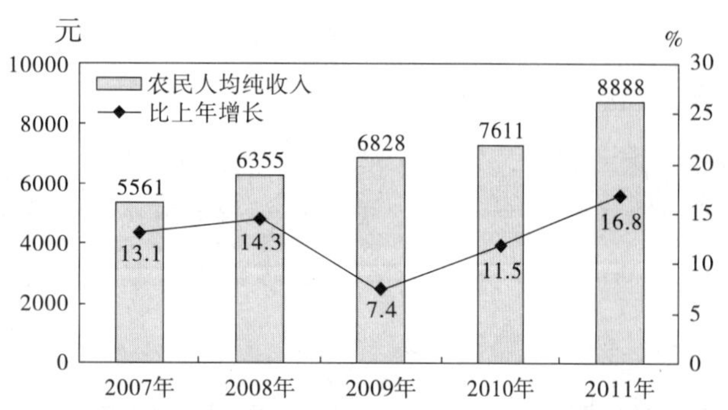

社会保障：城镇社会保险参保率 77.1%。全市企业职工参加养老保险 75.83 万人，参加基本医疗保险 220.72 万人，参加失业保险 80.27 万人，参加工伤保险 70.50 万人（其中参保农民工 15.40 万人），参加生育保险的职工 75.87 万人。年末城市低保覆盖人口 5.74 万人，农村低保覆盖人口 4.48 万人。

全市各类收养类单位 41 个，床位 5197 张，收养 4387 人。救济农村五保户 4227 户，农村临时救济人员 785 人次。

农村新“五个全覆盖”工程：完成 740 个行政村的街巷硬化，覆盖率 72.98%；新建成便民连锁店 65 个，覆盖率 100%；农家书屋、村级文化体育场所、农民体育健身设施实现全覆盖；职业高中（含职业中专）学生全部享受免学费全覆盖政策；新型农村社会养老保险参保 58.50 万人，为符合条件的 12.89 万名 60 岁以上农村老年人发放新农保基础养老金，实现新农保全覆盖。

注：

1. 本公报数据为初步统计数据。

2. 地区生产总值、各产业（行业）增加值绝对数按现价计算，增长速度按不变价格计算。

3. 2011 年起，规模以上工业企业统计标准由过去的年主营业务收入 500 万元提高到 2000 万元；固定资产投资统计起点由项目计划总投资 50 万元提高到 500 万元；限额以上批发零售企业是指年销售额 2000 万元及以上的批发企业和年销售额 500 万元及以上的零售企业。

4. 2011 年起，保险公司保费收入按行业新确认口径统计。

5. 根据国家统计局规定，节能降耗指标单独发布。

目　录

第一篇　综　合

第二篇　人口、计划生育和社会治安

第三篇 从业人员和劳动报酬

第四篇 固定资产投资、建筑业

第五篇　能源消费与库存

第六篇　物价指数

第七篇　城镇居民住户调查

第八篇　农村住户调查

第九篇　公用事业

第十篇　农　业

第十一篇　工业、交通运输和邮电

第十二篇　企业调查

第十三篇　国内外贸易和旅游

第十四篇　财政、金融、税务和保险

第十五篇　科教、文卫、体育和民政

第十六篇　县（市、区）经济概况

第一篇

综　合

ZONG　HE

资料整理、审核

马亚晓	陆建云	崔　晰
王　平	郭晓红	牛效丽
田　军	韩　芸	常　轶
王晋伟		

1-1 太原市县(市、区)及乡镇、办事处名称

县级	乡级
小店区	北格镇、刘家堡乡、西温庄乡、坞城街办、营盘街办、北营街办、平阳路街办、黄陵街办、小店街办
迎泽区	郝庄镇、迎泽街办、桥东街办、文庙街办、柳巷街办、老军营街办、庙前街办
杏花岭区	中涧河乡、小返乡、三桥街办、敦化坊街办、巨轮街办、涧河街办、鼓楼街办、杏花岭街办、坝陵桥街办、大东关街办、职工新街街办、杨家峪街办
尖草坪区	向阳镇、阳曲镇、马头水乡、柏板乡、西墕乡、汇丰街办、古城街办、柴村街办、迎新街街办、南寨街办、上兰街办、新城街办、光社街办、尖草坪街办
万柏林区	王封乡、化客头街办、东社街办、千峰街办、下元街办、和平街办、万柏林街办、兴华街办、南寒街办、杜儿坪街办、白家庄街办、长风西街街办、小井峪街办、西铭街办、神堂沟街办
晋源区	金胜镇、晋祠镇、姚村镇、义井街办、罗城街办、晋源街办
古交市	河口镇、马兰镇、镇城底镇、阁上乡、嘉乐泉乡、梭峪乡、岔口乡、常安乡、原相乡、邢家社乡、东曲街办、西曲街办、桃园街办、屯兰街办
清徐县	清源镇、东于镇、徐沟镇、孟封镇、马峪乡、柳杜乡、西谷乡、王答乡、集义乡
阳曲县	黄寨镇、东黄水镇、大盂镇、泥屯镇、侯村乡、凌井店乡、高村乡、杨兴乡、西凌井乡、北小店乡
娄烦县	娄烦镇、杜交曲镇、静游镇、庙湾乡、马家庄乡、盖家庄乡、米峪镇乡、天池店乡

1-2 行 政 区 划

指 标	街道办事处	社区居委会	乡政府	镇政府	村民委员会	自然村
总 计	52	570	31	21	934	1533
小店区	6	94	2	1	62	68
迎泽区	6	95		1	19	33
杏花岭区	10	114	2		32	40
尖草坪区	9	58	3	2	85	95
万柏林区	14	102	1		50	66
晋源区	3	24		3	85	106
清徐县		24	5	4	188	203
阳曲县		5	6	4	124	360
娄烦县		6	5	3	143	219
古交市	4	37	7	3	146	343
高新区		1				
经济区		10				

1-3 自然资源

指标	单位	数量
一、人口、土地		
全市户籍总人口	人	3650188
人口密度（按户籍人口计算）	人/平方公里	522
土地面积	平方公里	6988
二、气候		
平均气温	摄氏度	7.7—10.9
日照时间	小时	2149—2538
无霜期	天	160—183
降水量	毫米	384—570
三、林地		
当年造林面积	千公顷	19.7
森林覆盖率	%	16.02
四、水利		
水资源采用总量	万立方米	63781.33
地下水资源采用总量	万立方米	35945.92
地表水资源采用总量	万立方米	27835.41
五、矿产（保有量）		
煤矿	亿吨	171.4
铁矿	万吨	60500
溶剂灰岩	万吨	9064
水泥灰岩	万吨	11538
石膏	万吨	6031

注：矿产为2010年底数

1-4 土地状况

单位:平方公里

指　标	面　积	占总面积(%)
总面积	**6988**	**100.0**
按地形分		
平原	1240	17.7
丘陵	2117	30.3
山地	3631	52.0
按特征分		
农用地	**5791**	**82.9**
耕地	1170	16.7
园地	178	2.6
林地	2771	39.7
草地	1672	23.9
建设用地	**962**	**13.7**
城镇村及工矿用地	658	9.4
交通运输用地	140	2.0
水域及水利设施用地	164	2.3
其他土地	**235**	**3.4**

1-5 取水情况

单位：万立方米

指　标	2011	2010
总取水量	63781.33	56575.19
按取水用途分		
生活	14007.99	13318.16
生产	39663.67	37998.40
生态	10109.67	5258.63
按水源分		
河川径流	27835.41	18212.81
河水	27835.41	18212.81
地下水	35945.92	38362.38
# 深层水	27774.16	26413.84
另：污水利用量	8674.53	9686.77

1-6 按行政区划分土地面积及人口密度

指 标	土地面积（平方公里）	常住人口（人）	人口密度（人/平方公里）
总 计	6988	4235352	606
市辖区合计	1460	3454947	2366
小 店 区	295	811856	2752
迎 泽 区	117	596691	5100
杏花岭区	170	647442	3808
尖草坪区	285	418887	1470
万柏林区	305	757061	2482
晋 源 区	288	223010	774
县(市)合计	5528	780405	141
清 徐 县	609	345957	568
阳 曲 县	2059	120740	59
娄 烦 县	1276	106683	84
古 交 市	1584	207025	131

注:常住人口为抽样人口数

1-7 社会经济主要指标人均水平

指 标	单位	1985	1990	1995	2000	2005	2009	2011
一、地区生产总值	元	1905	3648	8331	13021	26294	44319	49292
二、主要产品产量								
原煤	吨	9.92	11.03	11.20	8.36	13.17	10.05	9.34
发电量	千瓦小时	1075.96	1428.63	3122.47	3731.02	4671.15	5937.88	7267.53
粗钢	公斤	659.31	738.01	854.64	821.45	1037.05	2414.30	2222.87
成品钢材	公斤	361.98	384.54	575.72	841.16	1277.96	2371.05	2117.82
水泥	公斤	327.50	287.43	532.81	558.59	925.42	1304.97	1402.94
粮食	公斤	131.23	150.63	119.50	96.79	85.75	91.36	74.89
蔬菜	公斤	198.43	229.97	244.44	411.00	420.76	366.54	302.65
猪牛羊肉	公斤	5.17	6.65	12.02	15.64	17.25	11.76	9.36
奶	公斤	8.67	13.61	13.19	15.12	27.25	27.95	23.07
三、社会消费品零售总额	元	771	1381	3111	6224	11282	20699	23064
四、人民生活								
城镇居民可支配收入	元	646	1573	3939	6019	10476	15607	20149
城镇居民消费性支出	元	585	1357	3409	5341	7806	11708	13111
# 食品	元	308	653	1588	1750	2412	3764	4286
衣着	元	112	241	514	564	1050	1313	1414
居住	元		36	194	388	856	1390	1562
农民人均纯收入	元	526	763	1444	2643	4402	6828	8888
城乡居民储蓄存款年末余额	元	486	1894	7064	13788	30110	59800	63202

1-8 国民经济主要比例关系

单位:%

指 标	1985	1990	1995	2000	2005	2009	2010	2011
一、地区生产总值三次产业增加值比例								
第一产业	6.5	6.3	5.1	3.9	2.3	1.9	1.7	1.6
第二产业	66.9	55.5	47.1	41.8	47.1	43.7	44.9	45.6
第三产业	26.6	38.2	47.8	54.3	50.6	54.4	53.4	52.8
二、工业总产值轻重比例(不变价)								
轻工业	25.8	25.0	20.7	18.7	7.6	7.0	7.9	7.2
重工业	74.2	75.0	79.3	81.3	92.4	93.0	92.1	92.8
三、农林牧渔总产值内部比例(不变价)								
农业产值	74.3	69.1	56.9	57.9	51.9	60.0	59.4	60.1
林业产值	6.2	2.7	3.6	2.2	1.5	8.7	8.9	8.6
牧业产值	19.3	27.5	38.7	39.2	39.8	27.7	27.7	27.2
渔业产值	0.2	0.7	0.8	0.7	0.8	0.6	0.7	0.6
农林牧渔服务业					6.0	3.0	3.3	3.5
四、固定资产投资三次产业比例								
第一产业	0.3	0.7	0.1	0.7	0.7	1.8	1.5	1.4
第二产业	61.9	74.2	52.9	48.9	72.5	31.2	28.4	28.2
第三产业	37.8	25.1	47.0	50.4	26.8	67.0	70.1	70.4
五、固定资产投资额占地区生产总值比例	44.0	28.0	30.1	26.4	49.1	50.6	51.5	49.2
六、地方财政收入占地区生产总值比例	11.5	9.8	5.8	5.4	6.4	7.6	7.2	8.4

注:1. 2005 年起工业总产值轻重比例为规模以上工业按当年价格计算。
2. 2009 年起农林牧渔总产值内部比例按当年价格计算。

1-9 人民物质文化生活提高情况

指 标	单位	1985	1990	1995	2000	2005	2009	2010	2011
一、城乡居民收入									
农民人均纯收入	元	526	763	1444	2643	4402	6828	7611	8888
城镇居民人均可支配收入	元	646	1573	3939	6019	10476	15607	17258	20149
全部在岗职工平均工资(含铁路)	元	1199	2351	5538	8394	18547	33141	38838	44372
二、平均每人居住面积									
城镇居民	平方米	5.63	7.07	8.15	10.13	11.94	13.38	13.65	14.87
农村居民	平方米				26.00	28.60	32.47	35.14	36.90
三、每百户居民拥有耐用消费品(抽样)									
电冰箱									
城镇居民	台	2	52	68	90	96	96	98	98
农民	台		2	12	27	34	40	53	68
彩色电视机									
城镇居民	台	17	84	98	115	119	112	110	107
农民	台	3	9	36	65	85	98	105	103
洗衣机									
城镇居民	台	64	95	88	94	99	98	97	102
农民	台	12	33	50	59	64	67	89	95
四、每千人拥有卫生技术人员和医疗卫生床位数									
每千人拥有卫生技术人员	人	10.4	10.6	10.6	9.6	9.0	10.6	10.9	9.8
每千人拥有医疗卫生床位数	张	7.8	8.8	8.5	8.0	7.0	7.7	7.6	7.0
五、储蓄									
城乡居民储蓄存款年末余额	亿元	11.29	48.76	197.54	419.63	1183.95	2085.00	2386.79	2667.11
平均每人储蓄存款余额	元	486	1894	7064	13788	30110	59571	61943	63202

1-10 主要年份地区生产总值(按当年价格计算)

年 份	地区生产总值(万元)	第一产业	第二产业	#工业	第三产业	人均GDP(元/人)
1952	23254	5462	8478	6693	9314	281
1957	56180	6503	31848	22952	17829	418
1962	57561	5693	32500	30383	19368	389
1965	90129	9243	63524	59517	17362	573
1970	112489	10879	83496	80874	18114	654
1975	143898	15360	102906	99874	25632	752
1978	186758	11036	140152	123482	35570	937
1980	222998	13961	156965	138361	52072	1075
1985	442126	28885	295782	239985	117459	1905
1990	939154	58755	520827	453958	359572	3648
1995	2330302	118405	1098481	916245	1113416	8331
1996	2816550	155484	1297001	1036916	1364065	9879
1997	3270713	155584	1464366	1123811	1650763	11265
1998	3507880	162090	1540109	1185511	1805681	11912
1999	3645620	145302	1558760	1218172	1941558	12242
2000	3962652	154936	1656880	1298969	2150836	13021
2001	4512131	143440	1919746	1486525	2448945	13452
2002	5031377	175155	2080977	1579489	2775245	14915
2003	6136637	179952	2677365	2041164	3279320	18099
2004	7637621	209264	3534977	2697006	3893380	22423
2005	8995771	201903	4240499	3223916	4553369	26294
2006	10418835	194405	4761286	3702587	5463144	30326
2007	12917719	196389	6360520	5192419	6360810	37444
2008	15261555	229807	7367734	5941734	7664014	44054
2009	15452409	285603	6755410	5010410	8411396	44319
2010	17780539	302806	7984887	5968847	9492846	46144
2011	20801243	338486	9491930	7084696	10970827	49292

注:1. 2001年起人均GDP为按抽样调查总人口计算,其余年份为按公安户籍人口计算。
2. 2005年至2008年为第二次经普调整后数据。

1-11 主要年份地区生产总值构成

单位:%

年 份	地区生产总值	第一产业	第二产业	#工业	第三产业
1952	100.0	23.5	36.5	28.8	40.0
1957	100.0	11.6	56.7	40.9	31.7
1962	100.0	9.9	56.5	52.8	33.6
1965	100.0	10.3	70.5	66.0	19.2
1970	100.0	9.7	74.2	71.9	16.1
1975	100.0	10.7	71.5	69.4	17.8
1978	100.0	5.9	75.0	66.1	19.1
1980	100.0	6.3	70.4	62.0	23.3
1985	100.0	6.5	66.9	54.3	26.6
1990	100.0	6.3	55.5	48.3	38.2
1995	100.0	5.1	47.1	39.3	47.8
1996	100.0	5.5	46.0	36.8	48.5
1997	100.0	4.8	44.8	34.4	50.4
1998	100.0	4.6	43.9	33.8	51.5
1999	100.0	4.0	42.8	33.4	53.2
2000	100.0	3.9	41.8	32.8	54.3
2001	100.0	3.2	42.5	32.9	54.3
2002	100.0	3.5	41.4	31.4	55.1
2003	100.0	2.9	43.7	33.3	53.4
2004	100.0	2.7	46.3	35.3	51.0
2005	100.0	2.3	47.1	35.8	50.6
2006	100.0	1.9	45.7	35.5	52.4
2007	100.0	1.5	49.2	40.2	49.3
2008	100.0	1.5	48.3	38.9	50.2
2009	100.0	1.9	43.7	32.4	54.4
2010	100.0	1.7	44.9	33.6	53.4
2011	100.0	1.6	45.6	34.1	52.8

1-12 主要年份地区生产总值指数

单位:%

年 份	地区生产总值	第一产业	第二产业	#工业	第三产业
1957	106.7	98.1	111.1	119.0	102.7
1962	92.5	86.6	90.3	94.2	98.8
1965	120.4	97.9	132.6	134.9	98.8
1970	164.3	110.0	198.0	202.1	109.9
1975	116.5	105.5	121.3	120.6	106.0
1978	128.9	89.7	134.2	124.0	126.7
1980	106.5	112.1	102.7	100.3	118.9
1985	105.4	91.7	105.5	106.4	108.2
1990	109.1	126.8	107.9	102.0	109.3
1995	113.0	102.6	113.3	116.0	113.3
1996	112.6	115.9	112.5	108.7	112.6
1997	110.5	103.3	110.0	107.7	112.2
1998	108.8	105.0	110.1	109.7	106.5
1999	107.7	96.9	106.5	108.2	111.2
2000	109.0	106.8	108.1	108.7	111.1
2001	111.8	90.9	110.5	108.2	114.2
2002	112.0	121.0	112.2	111.3	111.3
2003	115.6	104.1	118.8	117.8	113.9
2004	115.9	102.7	119.6	117.7	113.8
2005	115.6	101.1	116.2	117.6	115.8
2006	112.1	93.8	110.5	111.4	114.4
2007	116.8	100.5	120.9	125.6	113.7
2008	108.5	101.4	103.0	101.3	114.0
2009	102.6	104.1	93.8	88.4	110.2
2010	111.0	104.9	112.0	112.5	110.5
2011	109.9	103.5	111.6	111.9	108.7

1-13 地区生产总值及构成

指 标	绝对额(万元)		构成(%)	
	2011	2010	2011	2010
地区生产总值	20801243	17780539	100.0	100.0
第一产业	338486	302806	1.6	1.7
第二产业	9491930	7984887	45.6	44.9
工业	7084696	5968847	34.1	33.6
建筑业	2407234	2016040	11.5	11.3
第三产业	10970827	9492846	52.8	53.4
交通运输、仓储和邮政业	1568672	1424724	7.5	8.0
批发和零售业	2683210	2202442	12.9	12.4
住宿和餐饮业	986180	831991	4.7	4.7
金融业	2069285	1779607	10.0	10.0
房地产业	505958	467580	2.4	2.6
其他服务业	3157522	2786502	15.3	15.7

1-14 支出法地区生产总值(按当年价格计算)

单位:万元

指 标	2011	2010	为2010年%
总 计	20801243	17780539	109.9
一、最终消费	9362490	8092500	109.2
居民消费	6667227	5529747	112.4
农村居民	440853	346334	115.2
城镇居民	6226374	5183413	112.2
政府消费	2695263	2562753	102.1
二、资本形成总额	11493404	9640032	111.7
固定资本形成总额	10637942	8858764	112.4
存货增加	855462	781268	103.8
三、货物和服务净出口	-54651	48007	

1-15 总产出(按当年价格计算)

单位:万元

指 标	2011	2010
总 计	63450722	54443692
第一产业	631629	549358
第二产业	41971398	35382271
工业	26916545	23011286
建筑业	15054853	12370985
第三产业	20847695	18512063
#交通运输、仓储和邮政业	3480825	3173786
批发和零售业	4392229	3593873

1-16 资本形成总额

单位:万元

指 标	2011	2010
总 计	11493404	9640032
固定资本形成总额	10637942	8858764
#住宅	3065279	2420580
非住宅建筑物	3758802	2606146
机器和设备	1764334	1575279
存货增加	855462	781268
#农林牧渔业	-1285	-3373
工业	115181	83330
建筑业	106754	176532
批发零售业	12833	9829
住宿餐饮业		5484

1-17 支出法地区生产总值构成(按当年价格计算)

单位:%

指 标	2011	2010
总 计	100.0	100.0
一、最终消费	45.0	45.5
居民消费	32.1	31.1
农村居民	2.1	1.9
城镇居民	30.0	29.2
政府消费	12.9	14.4
二、资本形成总额	55.3	54.2
固定资本形成总额	51.2	49.8
存货增加	4.1	4.4
三、货物和服务净出口	-0.3	0.3

1-18 太原市主要年份国民经济主要指标

指 标	1985	1990	1995	2000	2005	2009	2010	2011
年末户籍常住人口（人）	2344452	2612087	2827710	3087491	3403874	3651151	3654990	3650188
按性别分								
男性	1258322	1384876	1490281	1607655	1766902	1871637	1867963	1862956
女性	1086130	1227211	1337429	1479836	1636972	1779514	1787027	1787232
按农业、非农业分								
农业人口	919217	975743	995113	1048251	1014606	1014205	1024831	1033124
非农业人口	1425235	1636344	1832597	2039240	2389268	2636946	2630159	2617064
社会从业人员（人）	1377500	1592200	1773000	1611200	1616195	1673200	1760476	1772600
按三次产业分								
第一产业	235500	248400	258000	276800	271587	247500	242519	241000
第二产业	770000	853400	872000	611500	530983	527400	569339	564900
第三产业	372000	490400	643000	722900	813625	898300	948618	966700
按职工、非职工分								
职工	989000	1111000	1124000	884117	757996	803278	846286	837908
#国有	756000	892000	919000	533148	458206	452391	460685	463360
集体	233000	219000	205000	119411	62939	49346	47730	49139
城镇私营企业和个体从业人员	8000	61000	127000	217056	355324	377300	422952	454282
农村从业人员	351000	385000	434000	503753	502875	492658	491238	480410
全部在岗职工工资总额（万元）	115920	257007	609421	724376	1378220	2608145	3147504	3660429
#国有单位职工	94900	220674	529353	441159	828598	1445907	1705528	1932643
城镇集体单位职工	21020	35909	67586	60029	54590	72678	83962	106575

注:1. 地区生产总值、社会消费品零售总额2005年至2008年为第二次经济普查调整后口径。
2. 工业企业单位数、工业企业总产值2000年以前为乡及乡以上口径,以后为规模以上工业口径,2005年起为当年价。
3. 2011年起固定资产投资起点由计划总投资50万元以上的项目提高到500万元以上,且没有全社会固定资产统计指标。
4. 2011年邮电业务总量采用新口径计算。
5. 2005年起社会消费品总额不含未通过市场直接向消费者出售的产品。
6. 2005年以前外商直接投资包括间接投资。
7. 教育指标中不包括幼儿园。
8. 卫生指标中不含村卫生室数。

1-18 续表 1-1

指 标	1985	1990	1995	2000	2005	2009	2010	2011
全部在岗职工年平均工资(含铁路)(元)	1199	2351	5538	8394	18547	33141	38838	44372
# 国有单位职工	1279	2510	5788	8460	18375	32499	37684	42819
城镇集体单位职工	938	1696	3371	5285	9192	15265	18255	22887
城镇居民人均可支配收入（元）	646	1573	3939	6019	10476	15607	17258	20149
城镇居民人均消费性支出（元）	585	1357	3409	5341	7806	11708	12106	13111
# 食品	308	653	1588	1750	2412	3764	3710	4286
衣着	112	241	514	564	1050	1313	1234	1414
居住		36	194	388	857	1391	1172	1562
农民人均纯收入（元）	526	763	1444	2643	4402	6828	7611	8888
农民人均生活消费支出（元）				1634	2601	3687	3879	5884
# 食品				696	909	1203	1312	1870
衣着				204	350	434	493	709
居住				225	334	630	642	1166
地区生产总值（万元）	442126	939154	2330302	3962652	8995771	15452409	17780539	20801243
第一产业	28885	58755	118405	154936	201903	285603	302806	338486
第二产业	295782	520827	1098481	1656880	4240499	6755410	7984887	9491930
工业	239985	453958	916245	1298969	3223916	5010410	5968847	7084696
建筑业	55797	66869	182236	357911	1016583	1745000	2016040	2407234
第三产业	117459	359572	1113416	2150836	4553369	8411396	9492846	10970827
人均地区生产总值（元 / 人）	1905	3648	8331	13021	26294	44319		49292
地区生产总值指数（%）	105.4	109.1	113.0	109.0	115.6	102.6	111.0	109.9
第一产业	91.7	126.8	102.6	106.8	101.1	104.1	104.9	103.5
第二产业	105.5	107.9	113.3	108.1	116.2	93.8	112.0	111.6

1-18 续表 1-2

指　标	1985	1990	1995	2000	2005	2009	2010	2011
工业	106.4	102.0	116.0	108.7	117.6	88.4	112.5	111.9
建筑业	99.5	150.1	99.9	105.0	112.1	113.1	110.4	110.7
第三产业	108.2	109.3	113.3	111.1	115.8	110.2	110.5	108.7
全社会固定资产投资额（万元）	194510	262924	701894	1047702	4385077	7820157	9164811	10241444
全社会竣工房屋面积（平方米）	3585900	2870100	2848000	4420700	6064048	7242678	7795531	9174516
全社会新增固定资产 (万元)	126292	212335	517719	876782	1193234	3751537	4114718	4979053
商品零售价格总指数	112.0	100.7	114.5	96.0	100.2	99.1	102.6	104.8
(以上年价格为 100)								
食品类		99.7	124.2	93.8	103.7	102.8	108.2	114.2
服装鞋帽类		106.9	119.1	100.6	96.3	95.7	96.9	101.8
纺织品类		106.9	120.1	94.9	98.0	97.6	109.6	101.1
中西药品及医疗保健用品类		99.1	114.3	101.3	98.7	103.2	105.8	106.7
文化和体育用品类		93.3	104.0	99.3				
文化办公用品类					99.4	96.7	97.6	93.5
体育娱乐用品类					99.1	98.7	97.9	98.6
日用品类		99.8	109.0	98.0	100.7	99.2	99.0	101.7
家用电器类		93.1	102.2	95.6	97.3	89.2	92.6	91.3
燃料类		119.9	105.9	107.6	112.8	101.9	117.0	107.4
建筑装璜材料类	112.0	100.4	102.8	99.4	102.1	96.4	97.7	98.5
居民消费品价格总指数		101.7	116.8	103.6	101.1	99.9	103.0	105.4
(以上年价格为 100)								
食品类		99.7	123.4	93.2	103.8	102.6	108.4	114.0

1-18 续表 1-3

指　标	1985	1990	1995	2000	2005	2009	2010	2011
衣着类		106.9	116.8	99.6	96.2	95.8	97.2	102.0
家庭设备用品及维修服务类		99.8	106.5	98.6	100.0	99.2	100.8	106.1
医疗保健和个人用品类		99.1	113.7	101.1	101.6	101.0	102.6	103.6
交通和通讯类		147.7	94.9	97.8	96.3	97.1	97.7	101.6
娱乐教育文化用品及服务类		93.3	112.3	96.4	101.9	99.6	101.8	101.8
居住类		105.9	111.9	107.0	102.4	98.0	101.2	99.8
服务项目类价格总指数		110.2	107.3	162.1	102.9	99.4	102.4	103.8
（以上年价格为 100）								
农林牧渔业总产值	38744	73925	193432	246156	344060	503058	560634	631630
（万元，按当年价格计算）								
农业产值	28489	47608	120504	163107	199305	302028	336794	379376
林业产值	2266	1877	4382	4020	12088	43714	49426	54131
牧业产值	7942	22069	66859	77344	114172	139317	154140	171689
渔业产值	47	662	1687	1685	2689	3019	3063	3753
农林牧渔服务业产值					15806	14980	17210	22680
农林牧渔业总产值指数	99.6	108.3	102.2	106.9	101.3	103.1	104.9	103.5
（以上年价格为 100）								
农业产值		107.9	95.9	110.1	99.6	100.3	102.6	105.1
林业产值		93.0	106.8	102.4	74.7	130.6	105.5	107.3
牧业产值		110.8	112.8	102.8	104.9	101.7	106.9	95.6
渔业产值		116.5	103.6	103.7	107.6	99.4	119.7	119.2
农林牧渔服务业产值					100.8	106.6	127.0	128.8

1-18 续表 1-4

指　标	1985	1990	1995	2000	2005	2009	2010	2011
主要农作物播种面积（千公顷）	145.34	145.72	139.23	136.82	118.56	115.16	113.55	110.04
粮食	107.61	116.25	107.93	100.35	83.48	85.48	84.78	82.23
棉花	0.23	0.12	0.86	0.83	0.22	0.10	0.08	0.10
油料	22.70	13.52	13.90	11.05	5.05	3.33	3.11	2.83
主要农产品产量								
粮食（吨）	304534	387806	334171	294557	291865	318536	321585	316043
棉花（吨）	133	96	849	998	276	133	105	139
油料（吨）	16756	13882	6636	10557	3845	2753	2721	2682
肉类（吨）	12001	17109	33603	47606	65135	46376	49975	46471
禽蛋（吨）	7428	20003	35272	44361	43165	38578	36412	27223
工业企业单位数（个）	1560	1981	2033	383	489	484	480	439
按经济类型分								
国有经济	289	331	335	178	95	46	37	40
集体经济	1270	1638	1601	89	60	44	40	24
其他	1	12	97	116	334	394	403	375
按轻重工业分								
轻工业	713	877	727	128	111	109	107	93
重工业	847	1104	1306	255	378	375	373	346
工业企业总产值	620037	1276457	2588265	3105189	9213954	15668104	20003397	24274970
(万元，按 1990 不变价格计算)								
按经济类型分								
国有经济	536776	1063635	2008511	697609	715540	634839	662004	919818
集体经济	81674	204830	443982	197970	164977	129062	147631	140590
其他	1587	7992	135772	2209610	8333437	14904203	19193762	23214562

1-18 续表 1-5

指 标	1985	1990	1995	2000	2005	2009	2010	2011
按轻重工业分								
轻工业	150649	334579	449580	528811	703205	1093317	1400948	1746048
重工业	469388	941878	2138685	2576378	8510749	14574787	18602449	22528922
主要工业产品产量								
原煤（万吨）	2140	2840	3133	2544	4482	3503	3775	3942.63
发电量（万千瓦时）	347800	367800	873200	1135500	1594000	2070300	2038000	3066902
粗钢（万吨）	152.73	190.24	238.82	249.90	353.34	841.77	850.00	938.14
生铁（万吨）	110.97	160.00	241.00	292.00	394.22	721.61	696.90	717.91
焦炭（万吨）	152.56	386.33	893.24	836.00	1201.00	1077.63	1268.00	1391.32
水泥（万吨）	76.20	73.94	148.70	170.00	272.65	511.37	582.50	666.12
太原地区铁路货运量（万吨）	2398	3295	3735	4278	6113	4956	5064	4715
太原地区铁路客运量（万人次）	814	878	992	864	1074	1884	2210	2551
公路货运量（万吨）	1852	4458	9249	8600	11593	8600	8783	8824
邮电业务总量（万元）	1470	3890	36723	238105	540873	1544961	1452903	702781
社会消费品零售总额（万元）	229781	456637	1116123	1894200	3840302	7000426	8258458	9732937
外商直接投资（万美元）	43	141	4500	7280	16490	26163	58501	67914
接待海外旅游人数（人次）	9695	13519	23594	47886	100859	225446	283194	348841
接待国内旅游人数（万人次）	173	277	462	860	1408	1865	1995	2427
地方财政收入（万元）	50872	92130	134263	214828	569525	1175322	1384809	1747179
地方财政支出（万元）	32519	61055	146653	245873	718390	1599051	1896358	2393147
# 基本建设支出	4657	4674	11529	5392	25197			
文教科卫支出	7645	15259	35510	53994	141640	451406	532802	698538
# 教育事业费支出				35688	92774	287394	359491	447751

1-18 续表 1-6

指　标	1985	1990	1995	2000	2005	2009	2010	2011
学校数（所）	2057	2009	1967	1890	1400	1028	1003	988
#普通高等学校	9	12	13	12	32	36	42	43
中等专业学校	41	46	48	47	28	32	30	30
普通中学	278	223	235	237	251	234	230	232
小学	1664	1646	1575	1503	1003	640	607	599
在校学生数（人）	451732	442897	518546	649236	980584	1078381	1154723	1162542
#普通高等学校	26976	32463	44480	72689	265535	323321	329712	470155
中等专业学校	17711	29323	43323	83107	53475	81224	76540	149303
普通中学	151704	126591	131401	173635	222462	241158	239953	241626
小学	241219	232653	269039	295062	317752	280224	267325	261630
专任教师数（人）	31419	36427	39028	43109	55733	64514	63377	63417
#普通高等学校	4910	6031	6056	6669	16223	22447	20912	22696
中等专业学校	2369	3221	3543	3373	1623	2996	2266	2641
普通中学	10159	11203	11663	13775	16005	17188	17134	17536
小学	12526	13415	14747	16637	17388	17492	17079	16646
毕业生数（人）	96239	102370	111805	131606	223103	297267	323154	329723
#普通高等学校	4997	8088	12421	12572	53735	92359	97398	123300
中等专业学校	4956	10037	11635	15027	16252	29687	26875	28326
普通中学	36732	40519	32638	44537	64141	69684	71310	82589
小学	45648	37058	45576	48260	49201	54832	52792	48113
卫生机构数（个）	932	998	972	1002	1954	2425	2527	2552
#医院	194	220	221	131	194	193	191	195
卫生机构床位数（张）	18332	22944	24082	24817	23652	26815	27771	29876
#医院	16721	21248	22174	19317	21736	23713	24703	26653
卫生技术人员（人）	24328	27780	30101	28418	29549	37155	39930	41329
#医院	15732	19429	21594	21855	22728	26135	28529	30128

第二篇

人口、计划生育和社会治安

RENKOUJIHUASHENGYUHESHEHUIZHIAN

资料整理、审核

王翠莲　　翟秀东　　宋　薇

刘红芳　　张　炜

2-1 人 口

指 标	年末人口(人)	为上年(%)
户籍常住人口	3650188	99.87
按性别分		
男	1862956	99.73
女	1787232	100.01
按农业、非农业分		
农业人口	1033124	100.81
非农业人口	2617064	99.50
按地区分		
市辖区	2836785	99.53
县（市）	813403	101.06
暂住人口	755240	120.28

注：本表为公安数据。

2-2 户　　籍

指　标	合计	按农业、非农业分	
		农业人口	非农业人口
总　计	**3650188**	**1033124**	**2617064**
市辖区合计	**2836785**	**493835**	**2342950**
小 店 区	608704	143270	465434
迎 泽 区	520021	24421	495600
杏花岭区	588072	31721	556351
尖草坪区	356777	103433	253344
万柏林区	564552	70125	494427
晋 源 区	198659	120865	77794
县(市)合计	**813403**	**539289**	**274114**
清 徐 县	316480	248768	67712
阳 曲 县	147643	114510	33133
娄 烦 县	126507	98551	27956
古 交 市	222773	77460	145313

注:本表为公安数据。

常　住　人　口

单位：人、户

农非比	按性别分		性别比例（女=100）	总户数
	男性人口	女性人口		
0.39	1862956	1787232	104.24	1070862
0.21	1445675	1391110	103.92	775808
0.31	304441	304263	100.06	152052
0.05	254527	265494	95.87	144661
0.06	301219	286853	105.01	168660
0.41	186866	169911	109.98	103658
0.14	298862	265690	112.49	146478
1.55	99760	98899	100.87	60299
1.97	417281	396122	105.34	295054
3.67	158040	158440	99.75	109998
3.46	76475	71168	107.46	59828
3.53	66194	60313	109.75	45658
0.53	116572	106201	109.77	79570

2-3 人 口 自 然

指　标	年平均人数	出生人口合计	性　别		出生婴儿性别比（女=100）
			男	女	
总　计	3652589	34498	17591	16907	104.05
市辖区合计	2843461	25828	13154	12674	103.79
小店区	613565	6239	3130	3109	100.68
迎泽区	521148	4151	2150	2001	107.45
杏花岭区	587243	4596	2332	2264	103.00
尖草坪区	357904	3320	1672	1648	101.46
万柏林区	564198	5152	2648	2504	105.75
晋源区	199404	2370	1222	1148	106.45
县(市)合计	809128	8670	4437	4233	104.82
清徐县	314800	3070	1557	1513	102.91
阳曲县	146686	1689	872	817	106.73
娄烦县	125817	1505	760	745	102.01
古交市	221825	2406	1248	1158	107.77

注：本表为公安数据。

变动情况

单位:人、‰

出生率	死亡人口合计	性别		死亡率	自然增加人数	自然增长率
		男	女			
9.44	9504	5792	3712	2.60	24994	6.84
9.08	7289	4386	2903	2.56	18539	6.52
10.17	1032	601	431	1.68	5207	8.49
7.97	1284	740	544	2.46	2867	5.50
7.83	1788	1016	772	3.04	2808	4.78
9.28	922	601	321	2.58	2398	6.70
9.13	1609	1052	557	2.85	3543	6.28
11.89	654	376	278	3.28	1716	8.61
10.72	2215	1406	809	2.74	6455	7.98
9.75	1085	622	463	3.45	1985	6.31
11.51	352	256	96	2.40	1337	9.11
11.96	264	178	86	2.10	1241	9.86
10.85	514	350	164	2.32	1892	8.53

2-4 人 口 机 械

指 标	迁入人口合计	迁 入	
		省内迁入	省外迁入
总 计	**84719**	**66472**	**18247**
市辖区合计	**76813**	**59806**	**17007**
小 店 区	26341	22072	4269
迎 泽 区	8703	5898	2805
杏花岭区	9433	7016	2417
尖草坪区	11531	8894	2637
万柏林区	15698	11372	4326
晋 源 区	5107	4554	553
县(市)合计	**7906**	**6666**	**1240**
清 徐 县	2956	2583	373
阳 曲 县	1569	1351	218
娄 烦 县	1119	949	170
古 交 市	2262	1783	479

注:本表为公安数据。

变 动 情 况

单位:人

迁出人口合计	迁出		净增（+）净减（-）
	迁往省内	迁往省外	
91459	66703	24756	-6740
86129	62687	23442	-9316
28172	26975	1197	-1831
11865	6643	5222	-3162
8935	5694	3241	498
14471	8467	6004	-2940
16275	9075	7200	-577
6411	5833	578	-1304
5330	4016	1314	2576
1284	905	379	1672
972	777	195	597
870	687	183	249
2204	1647	557	58

2-5 人 口 抽 样

指 标	2010年总人口	推算2011年人口数	平均人口	男	女	性别比%
太 原 市	**4204682**	**4235352**	**4220017**	**2162849**	**2072503**	**104.36**
小 店 区	805084	811856	808470	421515	390341	107.99
迎 泽 区	592405	596691	594548	286367	310324	92.28
杏花岭区	644119	647442	645780	325349	322093	101.01
尖草坪区	416017	418887	417452	213267	205620	103.72
万柏林区	749866	757061	753464	398015	359046	110.85
晋 源 区	221583	223010	222296	112880	110130	102.50
清 徐 县	344044	345957	345001	176725	169232	104.43
阳 曲 县	120306	120740	120523	63174	57566	109.74
娄 烦 县	105915	106683	106299	56836	49847	114.02
古 交 市	205343	207025	206184	108721	98304	110.60

注:本表为公安数据。

调　查

单位：人、‰

出生人口	死亡人口	出生率	死亡率	自然增长率	城镇人口	乡村人口	城镇化率%
37777	**16098**	**8.96**	**3.82**	**5.14**	**3530161**	**705191**	**83.35**
7322	2384	9.07	2.95	6.11	738269	73587	90.94
4657	1988	7.84	3.35	4.50	577015	19676	96.70
5507	2710	8.53	4.20	4.33	620221	27221	95.80
3658	1823	8.77	4.37	4.40	391044	27843	93.35
5886	1761	7.83	2.34	5.49	735355	21706	97.13
2604	1177	11.71	5.29	6.42	142696	80314	63.99
3324	1969	9.64	5.71	3.93	99248	246709	28.69
1552	1118	12.88	9.28	3.60	37452	83288	31.02
1270	569	11.95	5.35	6.60	38876	67807	36.44
1997	599	9.69	2.91	6.79	149985	57040	72.45

2-6 计 划 生 育

指 标	育龄妇女人数(15～49)周岁	已婚育龄妇女人数			
			已婚未育	现有一孩	现有二孩
总 计	995533	703977	41758	458467	170797
小 店 区	162836	115397	8836	77787	25764
迎 泽 区	134252	98353	6461	79667	11452
杏花岭区	153374	107389	7241	87105	12041
尖草坪区	97264	72932	3916	50458	16951
万柏林区	148203	106917	6585	79158	19366
晋 源 区	52647	37552	1948	18546	14869
古 交 市	71034	48627	1918	23353	16956
清 徐 县	89265	62020	2136	21145	31639
阳 曲 县	39597	25550	913	10481	11443
娄 烦 县	40477	24808	1190	8397	8994
经 济 区	5552	3514	592	1542	1260
高 新 区	1032	918	22	828	62

综 合 情 况

单位:人、%

现有三孩以上	女性初婚	#23岁以上	晚婚率	领取独生子女证 人数	领证率
32951	13604	9210	67.70	465997	45.01
3010	2422	1575	65.03	88049	56.83
773	1681	1366	81.26	82380	43.36
1000	1273	1016	79.81	111283	52.33
1605	1396	1000	71.63	45391	39.45
1808	1964	1514	77.09	81082	42.56
2189	1157	696	60.16	19448	44.56
6400	1006	652	64.81	12316	28.23
7100	1461	675	46.20	12764	28.51
2713	557	319	57.27	7579	36.83
6227	424	203	47.88	4122	24.64
120	258	190	73.64	856	31.84
6	5	4	80.00	727	44.31

2-7 节　　育

指　标	采取各种节育手术例数	男性绝育	女性绝育	宫　内节育器	人流	取环	已婚育龄妇女人数
总　计	43022	15	1623	36928	348	4108	703977
小 店 区	7119	1	415	6612	24	67	115397
迎 泽 区	5170	2	77	4259	8	824	98353
杏花岭区	4283	8	51	4034	23	167	107389
尖草坪区	3407	2	229	3086	27	63	72932
万柏林区	4696		258	4408	1	29	106917
晋 源 区	7444		198	4716	13	2517	37552
古 交 市	3724	2	91	3332	112	187	48627
清 徐 县	3503		122	3078	123	180	62020
阳 曲 县	1601		69	1467	10	55	25550
娄 烦 县	1633		67	1555	5	6	24808
经 济 区	395		45	335	2	13	3514
高 新 区	47		1	46			918

情　　况

单位：例、人、%

采取各种节育措施人数	男性绝育	女性绝育	宫内节育器	皮下埋植	口服及注射避孕药	避孕套	外用药	其他	综合节育率
635042	**2137**	**127474**	**496567**	**139**	**1056**	**6913**	**11**	**745**	**90.21**
104663	126	19466	83067	14	192	1728	1	69	90.70
88098	64	4933	80052	43	386	2518	3	99	89.57
96587	108	4741	89241	26	324	1685		462	89.94
65783	86	12260	53260	13	28	91	2	43	90.20
97236	85	12839	83694	13	54	534	2	15	90.95
33781	10	10830	22718	18	35	145		25	89.96
43859	1109	14505	28189	7	13	18		18	90.19
55909	18	26415	29453	4	4	7	3	5	90.15
23067	40	10878	12138		5	5		1	90.28
22473	485	9474	12406	1	10	91		6	90.59
2756	6	1117	1535		5	91		2	78.43
830		16	814						90.41

2-8 生　　育

指 标	合 计	年 内		
		小计	政策内出生	
			一孩	二孩
总 计	35342	32744	27098	5522
小 店 区	6681	6421	5318	1084
迎 泽 区	5012	4836	4246	570
杏花岭区	4043	3920	3499	418
尖草坪区	3693	3549	2850	677
万柏林区	5029	4829	4254	572
晋 源 区	2428	2332	1842	483
古 交 市	2174	1734	1297	432
清 徐 县	3184	2558	1911	637
阳 曲 县	1233	1101	835	262
娄 烦 县	1499	1126	764	331
经 济 区	316	298	244	54
高 新 区	50	40	38	2

情　　况

单位：人、%

出生人数					
人数	计划生育率	小计	政策外出生人数		
三孩			一孩	二孩	多孩
124	92.65	2598	113	2127	358
19	96.11	260	13	239	8
20	96.49	176		176	
3	96.96	123	14	109	
22	96.10	144		144	
3	96.02	200	17	183	
7	96.05	96	1	95	
5	79.76	440		309	131
10	80.34	626	8	542	76
4	89.29	132	6	126	
31	75.12	373	42	188	143
	94.30	18	2	16	
	80.00	10	10		

2-9 社会治安情况

指　标	单　位	2011	2010
刑事案件发生数	起	47784	33480
刑事案件综合破案数	起	14541	12250
刑事案件破案率	%	30.4	36.6
火灾发生数	起	1492	1470
火灾死伤人数	人	5	14
#死亡人数	人	2	10
火灾损失折款	万元	643.7	1015.4
交通事故发生数	起	1359	1666
交通事故死伤人数	人	1899	2299
#死亡人数	人	223	244
交通事故损失折款	万元	388.9	454.11

第三篇

从业人员和劳动报酬

CONGYERENYUANHELAODONGBAOCHOU

资料整理、审核

刘利祯　　唐　健

3-1 全社会从业人员

单位:万人

指 标	2005	2006	2007	2008	2009	2010	2011
总 计	161.62	166.24	167.94	170.54	167.33	176.05	177.26
按三次产业分							
第一产业	27.16	26.93	25.72	25.22	24.75	24.25	24.10
第二产业	53.10	54.66	56.93	55.70	52.74	56.93	56.49
第三产业	81.36	84.65	85.29	89.62	89.83	94.86	96.67
按城乡分							
城镇	111.33	115.84	117.67	121.76	118.06	126.92	129.22
农村	50.29	50.40	50.27	48.78	49.27	49.12	48.04
按行业分							
农、林、牧、渔业	27.15	26.93	25.72	25.22	24.75	24.25	24.09
采矿业	7.93	8.13	8.37	8.36	7.92	8.63	8.68
制造业	32.71	34.82	36.11	34.78	32.00	35.22	33.34
电力、燃气及水的生产和供应业	1.89	1.58	1.64	1.76	1.67	1.66	1.79
建筑业	10.57	10.13	10.81	10.80	11.14	11.42	12.67
交通运输、仓储和邮政业	11.08	12.15	13.34	12.78	12.72	13.26	11.19
信息传输、计算机服务和软件业	1.44	1.61	2.08	2.15	1.89	2.33	2.77
批发和零售业	28.83	28.57	25.28	27.04	28.47	31.34	33.20
住宿和餐饮业	3.45	3.81	6.22	6.59	6.31	6.48	6.81
金融业	2.08	2.14	2.20	2.24	2.30	2.66	2.88
房地产业	0.78	0.94	0.90	0.99	0.96	1.05	1.21
租赁和商务服务业	2.51	3.00	2.77	3.25	2.97	3.33	3.90
科学研究、技术服务和地质勘查业	3.01	3.18	3.17	3.15	3.55	3.69	3.77
水利、环境和公共设施管理业	1.27	1.33	1.48	1.67	1.67	1.71	1.77
居民服务和其他服务业	3.13	3.13	3.76	4.87	4.61	4.89	4.94
教育	6.77	7.14	7.06	7.60	7.61	7.55	7.64
卫生、社会保障和社会福利业	2.59	2.85	2.93	3.12	3.20	3.31	3.43
文化、体育和娱乐业	1.51	1.75	1.95	2.08	2.05	1.99	1.98
公共管理和社会组织	4.97	5.24	5.22	5.42	5.53	5.72	5.88
其他	7.95	7.81	6.93	6.68	5.98	5.54	5.32

注:数据来源于市统计局、市工商局

3-2 按国民经济行业分组的单位从业人员

指 标	单位从业人员年末人数(人)			
	总 计	国 有	城镇集体	其他经济类型
总 计	837908	463360	49139	325409
在总计中				
不含铁路驻并单位	784235	419129	49139	315967
铁路驻并单位	53673	44231		9442
按企事业机关分组				
企业	592017	223344	43264	325409
事业	191325	185450	5875	
机关	54566	54566		
按国民经济行业分组				
农、林、牧、渔业	3316	3268	28	20
采矿业	84224	11689	19	72516
制造业	228409	48424	16875	163110
电力、燃气及水的生产和供应业	17076	15510	748	818
建筑业	91766	50661	7027	34078
交通运输、仓储和邮政业	57991	45989	644	11358
信息传输、计算机服务和软件业	14517	10383		4134
批发和零售业	37842	19938	5807	12097
住宿和餐饮业	22313	6487	1786	14040
金融业	27664	15068	3648	8948
房地产业	5314	3382	23	1909
租赁和商务服务业	16076	11310	4086	680
科学研究、技术服务和地质勘查业	31270	30582	153	535
水利、环境和公共设施管理业	16636	13430	3202	4
居民服务和其他服务业	3775	1944	1072	759
教育	76267	75278	818	171
卫生、社会保障和社会福利业	30261	27157	2872	232
文化、体育和娱乐业	14435	14104	331	
公共管理和社会组织	58756	58756		

3-3 按国民经济行业分组的单位从业人员劳动报酬

指 标	单位从业人员劳动报酬(万元)			
	合 计	国 有	城镇集体	其他经济类型
总 计	3686288.8	1946769.6	108648.8	1630870.4
在总计中				
不含铁路驻并单位	3370318.3	1689997.6	108648.8	1571671.9
铁路驻并单位	315970.5	256772.0		59198.5
按企事业机关分组				
企业	2712763.3	986987.7	94905.2	1630870.4
事业	746867.5	733123.9	13743.6	
机关	226658.0	226658.0		
按国民经济行业分组				
农、林、牧、渔业	11232.9	11152.5	44.7	35.7
采矿业	673085.8	69589.9	24.0	603471.9
制造业	853085.9	141149.1	30711.3	681225.5
电力、燃气及水的生产和供应业	93556.1	86732.7	1600.9	5222.5
建筑业	329733.4	183635.7	12439.4	133658.3
交通运输、仓储和邮政业	285905.1	244117.0	1648.4	40139.7
信息传输、计算机服务和软件业	62041.8	51275.3		10766.5
批发和零售业	92717.9	56845.3	12152.3	23720.3
住宿和餐饮业	39487.3	13091.7	2861.2	23534.4
金融业	253120.5	133660.3	22568.3	96891.9
房地产业	13379.5	8618.7	31.4	4729.4
租赁和商务服务业	44274.0	33911.9	8182.0	2180.1
科学研究、技术服务和地质勘查业	140364.7	138230.6	300.3	1833.8
水利、环境和公共设施管理业	41948.7	37944.6	3996.0	8.1
居民服务和其他服务业	10052.7	6209.9	1657.1	2185.7
教育	336056.0	333346.8	2358.9	350.3
卫生、社会保障和社会福利业	109663.7	101472.8	7274.6	916.3
文化、体育和娱乐业	61080.5	60282.5	798.0	
公共管理和社会组织	235502.3	235502.3		

3-4 按国民经济行业分组的在岗职工(含劳务派遣人员)人数

指 标	在岗职工年末人数(人)			
	合 计	国 有	城镇集体	其他经济类型
总 计	824733	454377	47811	322545
在总计中				
不含铁路驻并单位	772003	410355	47811	313837
铁路驻并单位	52730	44022		8708
按企事业机关分组				
企业	584083	219577	41961	322545
事业	186860	181010	5850	
机关	53790	53790		
按国民经济行业分组				
农、林、牧、渔业	3289	3241	28	20
采矿业	84135	11600	19	72516
制造业	226265	47538	16409	162318
电力、燃气及水的生产和供应业	16923	15472	646	805
建筑业	89097	49558	6683	32856
交通运输、仓储和邮政业	57535	45601	644	11290
信息传输、计算机服务和软件业	14301	10373		3928
批发和零售业	36610	19243	5504	11863
住宿和餐饮业	22117	6293	1784	14040
金融业	27601	15046	3648	8907
房地产业	4889	3213	23	1653
租赁和商务服务业	15769	11079	4010	680
科学研究、技术服务和地质勘查业	30266	29610	153	503
水利、环境和公共设施管理业	16369	13163	3202	4
居民服务和其他服务业	3736	1909	1068	759
教育	74641	73658	812	171
卫生、社会保障和社会福利业	29502	26416	2854	232
文化、体育和娱乐业	14068	13744	324	
公共管理和社会组织	57620	57620		

3-5 按国民经济行业分组的在岗职工(含劳务派遣人员)工资总额

指　标	在岗职工工资总额(万元)			
	总　计	国　有	城镇集体	其他经济类型
总　计	3660429.4	1932643.4	106574.8	1621211.2
在总计中				
不含铁路驻并单位	3349197.9	1676941.8	106574.8	1565681.3
铁路驻并单位	311231.5	255701.6		55529.9
按企事业机关分组				
企业	2694814.5	980740.0	92863.3	1621211.2
事业	740217.5	726506.0	13711.5	
机关	225397.4	225397.4		
按国民经济行业分组				
农、林、牧、渔业	11191.3	11110.9	44.7	35.7
采矿业	672954.6	69458.7	24.0	603471.9
制造业	849075.2	139775.7	30162.0	679137.5
电力、燃气及水的生产和供应业	93304.9	86672.9	1415.9	5216.1
建筑业	320150.0	181084.5	11316.1	127749.4
交通运输、仓储和邮政业	284430.1	242801.2	1648.4	39980.5
信息传输、计算机服务和软件业	61433.9	51231.5		10202.4
批发和零售业	92018.0	56666.9	11996.7	23354.4
住宿和餐饮业	39232.3	12839.1	2858.8	23534.4
金融业	252815.5	133438.4	22568.3	96808.8
房地产业	12872.6	8486.3	31.4	4354.9
租赁和商务服务业	43938.1	33600.8	8157.2	2180.1
科学研究、技术服务和地质勘查业	138713.7	136688.7	300.3	1724.7
水利、环境和公共设施管理业	41663.2	37659.1	3996.0	8.1
居民服务和其他服务业	10004.2	6163.8	1654.7	2185.7
教育	334078.1	331368.9	2358.9	350.3
卫生、社会保障和社会福利业	108290.7	100131.0	7243.4	916.3
文化、体育和娱乐业	60663.1	59865.1	798.0	
公共管理和社会组织	233599.9	233599.9		

3-6 按国民经济行业分组的其他从业人员人数

指标	年末人数(人)			
	总计	国有	城镇集体	其他经济类型
总计	**13175**	**8983**	**1328**	**2864**
在总计中				
不含铁路驻并单位	12232	8774	1328	2130
铁路驻并单位	943	209		734
按企事业机关分组				
企业	7934	3767	1303	2864
事业	4465	4440	25	
机关	776	776		
按国民经济行业分组				
农、林、牧、渔业	27	27		
采矿业	89	89		
制造业	2144	886	466	792
电力、燃气及水的生产和供应业	153	38	102	13
建筑业	2669	1103	344	1222
交通运输、仓储和邮政业	456	388		68
信息传输、计算机服务和软件业	216	10		206
批发和零售业	1232	695	303	234
住宿和餐饮业	196	194	2	
金融业	63	22		41
房地产业	425	169		256
租赁和商务服务业	307	231	76	
科学研究、技术服务和地质勘查业	1004	972		32
水利、环境和公共设施管理业	267	267		
居民服务和其他服务业	39	35	4	
教育	1626	1620	6	
卫生、社会保障和社会福利业	759	741	18	
文化、体育和娱乐业	367	360	7	
公共管理和社会组织	1136	1136		

3-7　按国民经济行业分组的其他从业人员工资总额

指　标	其他从业人员工资总额(万元)			
	总　计	国　有	城镇集体	其他经济类型
总　计	25859.4	14126.2	2074.0	9659.2
在总计中				
不含铁路驻并单位	21120.4	13055.8	2074.0	5990.6
铁路驻并单位	4739.0	1070.4		3668.6
按企事业机关分组				
企业	17948.8	6247.7	2041.9	9659.2
事业	6650.0	6617.9	32.1	
机关	1260.6	1260.6		
按国民经济行业分组				
农、林、牧、渔业	41.6	41.6		
采矿业	131.2	131.2		
制造业	4010.7	1373.4	549.3	2088.0
电力、燃气及水的生产和供应业	251.2	59.8	185.0	6.4
建筑业	9583.4	2551.2	1123.3	5908.9
交通运输、仓储和邮政业	1475.0	1315.8		159.2
信息传输、计算机服务和软件业	607.9	43.8		564.1
批发和零售业	699.9	178.4	155.6	365.9
住宿和餐饮业	255.0	252.6	2.4	
金融业	305.0	221.9		83.1
房地产业	506.9	132.4		374.5
租赁和商务服务业	335.9	311.1	24.8	
科学研究、技术服务和地质勘查业	1651.0	1541.9		109.1
水利、环境和公共设施管理业	285.5	285.5		
居民服务和其他服务业	48.5	46.1	2.4	
教育	1977.9	1977.9		
卫生、社会保障和社会福利业	1373.0	1341.8	31.2	
文化、体育和娱乐业	417.4	417.4		
公共管理和社会组织	1902.4	1902.4		

3-8 按国民经济行业分组的在岗职工(含劳务派遣人员)年平均工资

指　标	在岗职工年平均工资(元)			
	总　计	国有单位	城镇集体单位	其他单位
总　计	**44372**	**42819**	**22887**	**49577**
在总计中				
不含铁路驻并单位	43398	41214	22887	49190
铁路驻并单位	58520	57501		63718
按企事业机关分组				
企业	46000	44940	22882	49577
事业	39913	40479	22921	
机关	42013	42013		
按国民经济行业分组				
农、林、牧、渔业	34456	34722	15964	17850
采矿业	81415	61430	12632	84602
制造业	36583	29296	18805	40342
电力、燃气及水的生产和供应业	57468	58733	21918	62618
建筑业	36322	37100	19212	38200
交通运输、仓储和邮政业	49156	52908	25557	35297
信息传输、计算机服务和软件业	43136	49841		25744

3-8 续表

指　标	在岗职工年平均工资(元)			
	总　计	国有单位	城镇集体单位	其他单位
批发和零售业	25212	29686	22041	19519
住宿和餐饮业	18350	20058	16896	17712
金融业	93583	89749	61865	113906
房地产业	26975	27571	13652	26062
租赁和商务服务业	28526	31172	20656	32298
科学研究、技术服务和地质勘查业	46086	46414	19627	34772
水利、环境和公共设施管理业	25543	28736	12480	20250
居民服务和其他服务业	26756	32221	15493	28835
教育	44881	45109	29050	21360
卫生、社会保障和社会福利业	37121	38385	25380	39496
文化、体育和娱乐业	42669	43500	17538	
公共管理和社会组织	40690	40690		

3-9 基本养老保险情况

单位：人

指　标	参保职工	缴费人员	离休、退休、退职人员	实发养老金金额(万元)
总　计	758276	684696	316869	628204
企业	628044	576497	309202	614410
1. 国有企业	366890	329739	229751	481809
2. 集体企业	76542	69650	62211	100836
3. 其他企业	150001	142905	15367	27821
4. 港澳台及外资企业	34611	34203	1873	3944
其他	130232	108199	7667	13794

注：数据来源于市社保中心

3-10 城镇失业人员情况

单位：人

指 标	2011	2010
期末失业人数	44080	41338
上期结转的失业人数	41338	43032
本期新登记的失业人数	52883	52954
# 本期由就业转失业人数	22888	16677
本期失业人员就业人数	50141	54648

注：数据来源于市人社局

第四篇

固定资产投资、建筑业

GUDINGZICHANTOUZIJIANZHUYE

资料整理、审核

苏人龙　　王　敏　　陆慧敏

米俊峰　　苏雯婷　　王　琳

4-1 固定资产投资规模

单位：万元

指　标	2011	比上年增长(%)
总　计	10241444	25.1
按投资类型分		
投资项目完成投资	7120663	23.3
房地产开发项目完成投资	3120781	29.4
按隶属关系分		
中央项目	905089	14.3
省属项目	2232091	24.5
市属项目	1459209	31.4
县（市、区）项目	830334	29.3
其他	4814721	25.2

4-2 施工及竣工房屋建筑面积

单位：平方米

指 标	全年施工房屋面积	# 住宅	全年竣工房屋面积	# 住宅
总 计	46730886	34786439	8932320	6250435
按投资类型分				
投资项目	18185423	11046604	6605338	4142220
房地产开发项目	28545463	23739835	2326982	2108215

4-3 固定资产投资额

单位：万元

指 标	本年完成投资	本年新增固定资产
总 计	10241444	4979053
# 住宅	3793322	
按登记注册类型分		
内资	9928628	4902217
国有	3654452	2651577
集体	921964	650471
国有独资	378886	21108
其他有限责任公司	1873130	592130
股份有限公司	447720	59683

4-3 续表 1-1

单位：万元

指　标	本年完成投资	本年新增固定资产
其他	194163	87596
港澳台商投资	89798	9304
合资经营	48140	20
独资经营	38767	7290
外商投资	205805	48835
合资经营	81734	48835
外资企业	118571	
个体经营	17213	18697
按隶属关系分		
中央项目	905089	469621
地方项目	9336355	4509432
省属	2232091	1274985
市属	1459209	958312
县（市、区）属	830334	451098
其他	4814721	1825037
按建设性质分		
# 新建	3346325	2005690
扩建（改建）	962447	716103
改建和技术改造	1569573	882588
按构成分		
建筑工程	6117523	
安装工程	909770	
设备工器具购置	1564334	
其他费用	1649817	

4-3 续表 1-2

单位:万元

指　标	本年完成投资	本年新增固定资产
按国民经济部门（行业）分		
农、林、牧、渔业	147664	98605
采掘业	760847	359211
制造业	1717100	620719
电力、燃气及水的生产和供应业	368349	357833
建筑业	52394	37586
交通运输、仓储及邮电通信业	722763	407111
信息传输计算机服务和软件业	106319	92710
批发和零售贸易业	227936	141862
住宿餐饮业	68852	10220
金融、保险业	8270	
房地产业	4500932	1489853
租赁和商务服务业	114633	144596
科学研究技术服务和地质勘察业	137899	84465
水利环境和公共设施管理业	734231	676192
居民服务和其它服务业	7073	
教育	126986	109017
卫生社会保障和社会福利业	150429	143189
文化、体育和娱乐业	267752	180126
公共管理和社会组织	21015	25758

4-4 固定资产投资资金来源情况

单位:万元

指　标	投资项目	房地产开发项目
一、本年资金来源合计	7540519	4856414
1. 上年末结余资金	676841	988669
2. 本年资金来源小计	6863678	3867745
国家预算内资金	844650	
国内贷款	924374	401257
利用外资	21054	
# 外商直接投资	8184	
自筹资金	4523274	1653864
# 企、事业单位自筹	1616431	
其他资金	548111	1812624
二、本年各项应付款合计	1013441	598661
# 工程款	747403	244718

4-5 房地产开发投资完成情况

指标	单位	合计		按经济类型分		
			#住宅	国有	集体	其他
房地产开发投资	万元	3120781	2463915	533444	92238	2495099
本年新增固定资产	万元	578748		216579	2431	359738
施工面积	平方米	28545463	23739835	4429566	1531930	22583967
竣工面积	平方米	2326982	2108215	816033	8990	1501959
商品房屋销售面积	平方米	2176868	1918873	59152	77467	2040249
商品房销售额	万元	1499589	1250619	29746	55251	1414592

4-6 房地产开发资金来源情况

单位:万元

指标	合计	按经济类型分		
		国有	集体	其他
一、本年资金来源合计	**4856414**	**803434**	**138506**	**3914474**
1. 年末结余资金	988669	270207	15595	702867
2. 本年资金来源小计	3867745	533227	122911	3211607
国内贷款	401257	17000	5000	379257
自筹资金	1653864	289167	36455	1328242
#自有资金	905435	111828	6013	787594
其他资金来源	1812624	227060	81456	1504108
#定金及预收款	1253711	187451	45094	1021166
个人按揭贷款	463717	29109	36362	398246
二、本年各项应付款	**598661**	**73714**	**21751**	**503196**
#工程款	244718	37667	1046	206005

4-7 房地产开发单位生产和经营情况

单位:万元

指标	总计	按经济类型分		
		国有	集体	其他
一、实收资本合计	1979569	314365	20545	1644659
二、年末资产负债情况				
资产总计	14578219	1783201	372970	12422048
固定资产累计折旧	87688	7875	2852	76961
# 本年折旧	17331	1368	274	15689
负债总计	12619798	1489861	307184	10822753
所有者权益合计	1958421	293340	65785	1599296
三、损益及分配				
1. 营业收入总计	1391202	162169	87917	1141116
# 主营业务收入	1388345	160667	87917	1139761
(1) 土地转让收入	2658			2658

4-7 续表

单位：万元

指　标	总　计	按经济类型分		
		国　有	集　体	其　他
(2) 商品房屋销售收入	1278847	152451	87658	1038738
(3) 房屋出租收入	78839	155	181	78503
(4) 其他收入	28001	8061	78	19862
2. 经营成本	1009429	141897	65032	802500
# 主营业务成本	1000351	135504	65032	799815
3. 营业税金及附加	123198	6523	5609	111066
# 主营业务税金及附加	123044	6444	5609	110991
4. 其他业务利润	3709	3727	47	-65
5. 销售费用	64049	2066	4104	57879
6. 管理费及财务费用	143849	14066	4369	125414
7. 投资收益及营业外收入	3170	1308	32	1830
8. 营业外支出	15613	2383	555	12675
9. 利润总额	47892	5360	8328	34204

4-8 房地产开发商品房销售与出租情况

单位：平方米

指 标	实际销售	预 售	待 售	出 租	实际销售额（万元）
房屋面积	**2176868**	**2430417**	**702008**	**24479**	**1499589**
1. 住宅	1918873	2202266	638439	500	1250619
# 别墅、高档公寓	136		3952		216
2. 办公楼	74364	13380	16116		72816
3. 商业营业用房	162056	184424	34395	11557	158837
4. 其他	21575	30347	13058	12422	17317

4-9 房地产开发施工、竣工面积及竣工价值

单位：平方米

指 标	施工面积	# 新开工	竣工面积	竣工房屋价值（万元）
房屋建筑面积	**28545463**	**7042260**	**2326982**	**520969**
按用途分				
1. 住宅	23739835	6101381	2108215	467730
# 别墅、高档公寓	451507	86207		
2. 办公楼	711333	43714	10000	2500
3. 商业营业用房	2028988	288440	135086	31569
4. 其它	2065307	608725	73681	19170

4-10 建筑业主要经济指标

指 标	单 位	2011	2010
施工单位	个数	952	864
施工产值	万元	14244854	13479444
# 建筑工程	万元	12379295	12093587
安装工程	万元	1340507	1070800
竣工产值	万元	6867693	4657279
房屋建筑施工面积	平方米	45716639	33490248
房屋建筑竣工面积	平方米	9309581	8436792
计算建筑业劳动生产率平均人数	人	552208	521696
从业人员期末人数	人	317048	424096
工资总额	万元	1148671	1190081
劳动生产率			
按施工产值计算	元 / 人	257961	258377

4-10 续表

指　标	单　位	2011	2010
按房屋建筑竣工面积计算	平方米 / 人	16.9	16.2
资产合计	万元	15954689	13045236
负债合计	万元	12831145	10766949
所有者权益	万元	3123544	2278287
实收资本合计	万元	2361280	1889405
# 国家资本	万元	675671	843172
利润总额	万元	266239	251809
亏损企业个数	个	265	234
亏损企业亏损额	万元	37825	12410
利税总额	万元	674980	696225

4-11 建筑施工企业

指　标	单　位	总　计
企业个数	个	899
建筑业总产值	万元	14201869
1. 建筑工程	万元	12336310
2. 安装工程	万元	1340507
3. 其它	万元	525052
竣工产值	万元	6824709
房屋建筑施工面积	平方米	45716639
# 本年新开工面积	平方米	17595556
投标承包面积	平方米	43938308
房屋建筑竣工面积	平方米	9309581
自有机械设备净值	万元	626784
自有机械设备年末总台数	台	82316
自有机械设备面末总功率	千瓦	2964485

生产完成情况

按经济类型分			按隶属关系分		
国 有	集 体	其 他	中 央	省 属	市 属
117	32	750	36	65	798
10980450	88087	3133333	7593375	3609448	2999046
9951051	55844	2329416	7022865	3079353	2234093
837785	26382	476340	491016	352088	497403
191614	5861	327577	79495	178008	267550
5215990	62001	1546717	4232034	1185363	1407312
26065041	226506	19425092	9763797	20908821	15044021
9627081	127015	7841460	2826390	7986050	6783116
25668534	142398	18127376	9749457	20536347	13652504
4757053	127761	4424767	1176266	4319764	3813551
478998	7760	140026	402267	71442	153075
39991	2698	39627	22557	15710	44049
2216613	45032	702840	1786500	388594	789391

4-12 建筑业

指　标	单　位	总　计
一、年末资产负债		
流动资产合计	万元	13265509
#应收工程款	万元	4321247
#竣工工程	万元	972680
#存货	万元	2060383
固定资产合计	万元	1136807
固定资产原价	万元	1912363
累计折旧	万元	861635
#本年折旧	万元	151748
在建工程	万元	58382
资产合计	万元	15937302
流动负债合计	万元	12378767
#应付账款	万元	5702539
非流动负债合计	万元	444464
负债合计	万元	12823231
所有者权益合计	万元	3114071
实收资本	万元	2352450
国家资本	万元	675671
集体资本	万元	39237
法人资本	万元	947074
个人资本	万元	676641
港澳台资本	万元	3510
外商资本	万元	10318

财 务 状 况

按经济类型分			按隶属关系分		
国 有	集 体	其 他	中 央	省 属	市 属
11112951	85635	2066923	8371502	2805270	2088737
3590558	25360	705329	2236211	1425012	660024
686736	8700	277244	282551	405368	284762
1729565	18562	312256	1256797	481510	322076
764462	18900	353444	534694	211195	390917
1368783	30468	513111	1030608	308211	573544
654241	12632	194762	514542	125672	221421
113605	1255	36887	92478	16730	42540
42024	1064	15294	15337	25225	17820
13227577	107720	2602005	9883268	3399391	2654643
10957675	73729	1347362	8202471	2839834	1336462
5121167	18029	563343	3955269	1177499	569771
399330	918	44217	342105	61955	40404
11357005	74647	1391579	8544577	2901789	1376866
1870572	33074	1210426	1338692	497602	1277777
1355484	26190	970776	880744	425798	1045909
671535		4135	325327	286342	64001
1620	23822	13795		3360	35877
678674	2368	266032	555417	126582	265076
3556		673086		9514	667127
100		3410			3510
		10318			10318

4-12 续表

指　标	单　位	总　计
二、损益及分配		
营业收入	万元	13939384
# 主营业务收入	万元	13789659
营业成本	万元	12534640
# 主营业务成本	万元	12416562
营业税金及附加	万元	398911
# 主营业务税金及附加	万元	397535
其他业务利润	万元	37964
管理费用	万元	680215
# 税金	万元	8753
# 差旅费	万元	28934
# 工会经费	万元	4922
财务费用	万元	37868
# 利息收入	万元	28407
# 利息支出	万元	45429
营业利润	万元	259602
补贴收入	万元	3562
营业外收入	万元	15149
营业外支出	万元	11765
利润总额	万元	266173
应交所得税	万元	50527
三、人工成本		
应付职工薪酬	万元	1023339
四、亏损企业个数	**个**	**236**
五、亏损额	**万元**	**-37403**

按经济类型分			按隶属关系分		
国有	集体	其他	中央	省属	市属
10979496	98484	2861404	7543024	3588318	2808043
10916119	95371	2778169	7521100	3496643	2771916
9918837	83737	2532066	6817880	3248509	2468251
9875957	82075	2458530	6806972	3171993	2437597
307519	3156	88236	207686	103068	88157
306591	3036	87907	207111	102661	87762
23508	4068	10389	15182	7816	14967
529238	8638	142339	390591	134731	154893
4620	280	3853	2802	1749	4203
18494	229	10211	9679	8823	10432
3588	48	1287	1914	1853	1155
31678	10	6180	25829	4568	7470
27563	2	842	25558	2380	470
41934		3494	35576	6382	3471
187504	638	71460	102550	91307	65746
3323		239		3294	268
11455	47	3648	8363	3226	3560
6741	52	4972	4934	2062	4769
195405	634	70135	105979	95628	64567
34041	130	16356	14644	20122	15761
785213	14452	223674	552751	224094	246495
25	8	203	5	14	217
-25508	-359	-11537	-20399	-1690	-15314

4-13 劳务分包建筑企业生产经营情况

单位:万元

指 标	总 计	按经济类型分			按隶属关系分		
		国 有	集 体	其 他	中 央	省 属	市 属
一、产值完成情况							
建筑业总产值	42984	2618	224	40143	178	3887	38920
二、年末资产负债							
固定资产原价	3648	391	176	3082	65	1334	2249
本年折旧	312	60	30	222	30	88	194
资产总计	17387	2722	435	14231	166	4944	12278
负债合计	7914	1998	252	5665	85	2743	5085
实收资本	8830	980	104	7746	46	1380	7404
三、损益及分配							
营业收入	42763	2618	245	39900	199	3887	38678
#主营业务收入	41111	2618	224	38269	178	2707	38227
营业成本	39940	2207	154	37579	122	3175	36643
#主营业务成本	39511	2207	154	37149	122	3175	36213
营业税金及附加	1076	49	9	1018	7	97	972
#主营业务税金及附加	1072	49	8	1015	6	97	970
销售费用	54			54			54
管理费用	2281	336	81	1864	70	598	1613
财务费用	11	-1		13		-2	14
营业利润	72	32	1	38		19	53
利润总额	65	32	1	33		14	51

第五篇

能源消费与库存

NENGYUANXIAOFEIYUKUCUN

资料整理、审核

苏人龙　　任永刚　　米俊峰

5-1 一、二次能源生产量及构成

指　标	2011	2010
一次能源产量（万吨标准煤）	2810.96	2696.33
主要能源品种占一次能源产量（%）		
原煤	100.0	100.0
二次能源产量（万吨标准煤）	4838.75	4604.28
主要能源品种占二次能源产量（%）		
火电	7.7	5.6
洗精煤	46.5	47.7
焦煤	27.0	26.8

5-2 煤炭、石油制品及焦炭消费量

单位：万吨

指　标	2011	2010
煤炭	**7494.17**	**6995.67**
# 生产建设消费	7174.38	6812.11
# 发电	1244.47	882.93
炼焦	1786.82	1673.32
生活用	41.72	34.14
石油制品（标准煤）	**269.69**	**228.50**
# 工业	23.75	18.06
交通	134.86	125.49
农业	18.48	15.19
焦炭	**320.35**	**297.39**
工业生产	320.35	297.39

5-3 全社会用电量

单位:万千瓦时

指　标	2011	2010
全社会用电量总计	**2433400.00**	**2173147.51**
(包含省返线损、省调厂用电)		
省返线损	14300.00	24651.00
省调厂用电	307688.00	208700.00
全社会实用电总计	**2105001.10**	**1938096.51**
A. 全行业用电合计	1869195.29	1727000.99
第一产业	17690.38	16035.99
第二产业	1558310.42	1441672.52
第三产业	293194.49	269292.48
B. 城乡居民用电合计	235805.81	211095.52
城镇居民	207637.99	185608.08
乡村居民	28167.82	25487.44
全行业用电分类	**1869195.29**	**1727000.99**
一、农、林、牧、渔业	**17690.38**	**16035.99**
01. 农业	4437.96	4866.07
02. 林业	1075.51	1035.35
03. 畜牧业	1883.01	1622.39
04. 渔业	79.75	86.87
05. 农、林、牧、渔服务业	10214.15	8425.31
# 排灌	9898.76	8314.81
二、工业	**1527743.09**	**1417625.50**
轻工业	47958.65	45616.65
重工业	1479784.44	1372008.85

5-3 续表 1-1

单位:万千瓦时

指　标	2011	2010
(一) 采矿业	220062.60	214078.18
01. 煤炭开采和洗选业	165409.91	162077.34
02. 石油和天然气开采业	376.71	297.21
03. 黑色金属矿采选业	49178.48	45362.43
04. 有色金属矿采选业	1628.14	2493.87
05. 非金属矿采选业	2832.05	3278.59
06. 其他采矿业	637.31	568.74
(二) 制造业	1104202.22	1058539.64
01. 食品、饮料和烟草制造业	16577.55	12463.92
# 农副食品加工业	3690.83	3601.02
02. 纺织业	3507.95	5013.06
03. 服装鞋帽、皮革羽绒及其制品业	231.63	262.10
04. 木材加工及制品和家具制品业	1279.96	1243.83
# 轻工业	481.84	407.50
05. 造纸及纸制品业	4348.61	4444.95
06. 印刷业和记录媒介的复制	1712.08	1394.13
07. 文教体育用品制造业	101.45	93.13
08. 石油加工炼焦及核燃料	44301.83	42317.66
09. 化学原料及化学制品制造	72079.33	92842.63
# 轻工业	950.20	793.96
# 氯碱	35548.30	31617.98
电石	2490.06	404.15

5-3 续表 1-2

单位:万千瓦时

指　标	2011	2010
肥料	19830.03	42204.45
10. 医药制造业	2369.34	2635.35
11. 化学纤维制造业	1520.67	1431.79
12. 橡胶和塑料制品业	12990.31	12310.34
# 轻工业	593.14	520.04
13. 非金属矿物制品业	80115.58	69648.89
# 轻工业	31.67	32.78
# 水泥制造	65913.93	51325.82
14. 黑色金属冶炼及压延	560462.91	607707.53
# 铁合金冶炼	-118408.54	76711.94
15. 有色金属冶炼及压延	145376.16	58593.53
# 铝冶炼	97202.32	43121.69
16. 金属制品业	28489.43	18451.98
# 轻工业	1315.50	2308.71
17. 通用及专用设备制造业	76276.60	71062.11
# 轻工业	54.53	68.94
18. 交通运输、电气、电子设备制造业	42195.55	45201.67
# 轻工业	1884.72	1869.50
# 交通运输设备制造业	3494.22	12019.18
19. 工艺品及其他制造业	5410.34	5341.44
20. 废弃资源和废旧材料回收	4854.94	6079.61
(三) 电力、煤气及水的生产及供应业	203478.27	145007.68
1. 电力、热力的生产和供应	174339.10	110500.86

5-3 续表 1-3

单位:万千瓦时

指　标	2011	2010
# 电厂生产全部耗用电量	32049.86	22914.06
线路损失电量	74289.60	84761.41
抽水蓄能抽水耗用电量	2465.68	2354.69
2. 燃气生产和供应业	9877.95	15608.43
3. 水的生产和供应业	19261.22	18898.39
# 轻工业	6867.43	6535.36
三、建筑业	**30567.33**	**24047.02**
四、交通运输、仓储和邮政业	**79123.70**	**77720.46**
1. 交通运输业	36849.68	31989.50
# 城市公共交通	917.94	968.16
管道运输业	20256.32	17239.19
电气化铁路	411.09	4923.37
2. 仓储业	40335.82	43856.04
3. 邮政业	1938.20	1874.92
五、信息传输、计算机服务和软件业	**11448.98**	**9526.47**
1. 电信和其他信息传输服务业	10886.44	9004.97
2. 计算机服务和软件业	562.54	521.50
六、商业、住宿和餐饮业	**61393.22**	**49731.49**
1. 批发和零售业	35522.86	29145.45
2. 住宿和餐饮业	25870.36	20586.04

5-3 续表 1-4

单位:万千瓦时

指　标	2011	2010
七、金融、房地产、商务及居民服务业	**66459.31**	**56536.10**
1. 金融业	3050.29	2975.57
2. 房地产业	21268.95	16734.24
3. 租赁和商务服务业、居名服务和其他服务业	42140.07	36826.29
八、公共事业及管理组织	**74769.28**	**75777.96**
1. 科学研究、技术服务和地质勘察业	6473.78	7158.50
# 地质勘察业	500.80	582.35
2. 水利、环境和公共设施管理业	11649.23	10020.47
# 水利管理业	3229.32	3222.14
公共照明业	1244.85	3332.50
3. 教育、文化、体育和娱乐业	12242.81	14981.56
# 教育	2592.39	5010.18
4. 卫生、社会保障和社会福利业	12380.36	11241.27
5. 公共管理和社会组织、国际组织	32023.10	32376.16

5-4 规模以上工业企业能源

指 标	单 位	年初库存量	购进量		合 计
			实物量	金额（万元）	
原煤	吨	1435199.99	24763810.96	16646929.70	54561344.00
#1. 无烟煤	吨	842.80	96830.00	74523.60	53856.20
2. 炼焦烟煤	吨	466928.18	8650916.11	6785736.90	38436631.86
3. 一般烟煤	吨	967429.01	15918220.85	9715650.80	15973011.94
4. 褐煤	吨		97844.00	71018.40	97844.00
洗精煤	吨	819140.89	13256022.67	17174722.77	17900288.72
其它洗煤	吨	50445.00	257582.52	65477.59	2458856.95
煤制品	吨	686.00	21241.53	10351.33	21241.00
焦炭	吨	121323.90	1032888.02	2037238.47	3203473.62
其它焦化产品	吨	25183.39	304222.43	1087178.00	317161.05
焦炉煤气	万立方米		47395.24	296498.42	303295.18
高炉煤气	万立方米				1132242.84
转炉煤气	万立方米				64439.00
天然气（气态）	万立方米	1.77	20651.40	460762.45	20642.74
液化天然气（液态）	吨		126.54	715.01	126.54
煤层气（煤田）	万立方米				7577.55
汽油	吨	116.64	16951.22	133013.67	16954.58
煤油	吨	56.83	6054.04	42500.20	5029.36
柴油	吨	5358.95	79147.05	581065.50	76824.43
燃料油	吨	7329.56	13896.10	61640.15	13783.90
液化石油气	吨		5667.80	41356.48	5667.80
润滑油	吨		3.04	21.76	3.04
石油焦	吨	559.00	24807.00	61753.00	24929.81
其它石油制品	吨	72.59	8667.32	27744.83	8687.09
热力	百万千焦		4622606.78	234822.41	24926904.48
电力	万千瓦时		883549.25	4488951.99	1662523.55
煤矸石用于燃料	吨		30195.00	2066.00	1005417.77
余热余压	百万千焦				11479111.18
能源合计	吨标准煤				69549689.13

购进、消费与库存情况

消费量				期末库存量
1. 工业生产消费	用于原材料	2. 非工业生产消费	合计中：运输工具消费	
54477220.22	88563.89	84123.78		1415234.71
53652.60	51171.00	203.60		43836.60
38406980.16		29651.70		395666.05
15918775.46	37392.89	54236.48		975732.06
97812.00		32.00		
17897572.95		2715.77		1070069.45
2457631.95		1225.00		50304.95
14978.84		6262.16		683.53
3203379.34	1567.78	94.28		162623.70
317161.05	107928.06			18089.95
301960.10	1064.49	1335.08		
1132242.84				
64439.00				
16171.21		4471.53		10.43
120.44		6.10		
7577.55				
9804.28	1966.07	7150.31	3518.15	230.06
4949.12	321.94	80.25	78.00	1081.78
61402.89	188.20	15421.55	9131.81	7697.76
13783.90				7441.77
5654.70		13.10		
3.04				
24929.81				
8671.09	8504.65	16.00		52.82
23500068.88		1426835.60		
1627044.46		35479.08		
1005417.77				
11465237.61		13873.57		
69298963.93		250725.30		

5-5 规模以上工业企业能源

指　标	单　位	工业生产消费量	加工转换投入合计
原煤	吨	53461756.26	51525622.86
#1. 无烟煤	吨	50321.00	
2. 炼焦烟煤	吨	38406980.16	38064930.94
3. 一般烟煤	吨	14906643.10	13362879.92
4. 褐煤	吨	97812.00	97812.00
洗精煤	吨	17857869.27	17857869.27
其它洗煤	吨	2442549.03	2360354.60
煤制品	吨	119.00	
焦炭	吨	2854784.00	
其它焦化产品	吨	201499.78	
焦炉煤气	万立方米	276305.58	22512.07
高炉煤气	万立方米	1072171.00	358948.00
转炉煤气	万立方米	64439.00	
天然气（气态）	万立方米	15059.57	
煤层气（煤田）	万立方米	7577.55	5317.55
汽油	吨	3866.04	
煤油	吨	4626.65	
柴油	吨	47231.20	
燃料油	吨	7922.00	
石油焦	吨	24929.81	24929.81
热力	百万千焦	19974072.15	
电力	万千瓦时	1105385.47	
煤矸石用于燃料	吨	1005417.77	1005417.77
余热余压	百万千焦	11465237.61	11346117.03
能源合计	吨标准煤	67043934.14	57758602.75

加工转换投入产出情况

				能源加工转换产出	回收利用
火力发电	供　热	原煤入洗	炼　焦		
10343840.86	2034093.91	39145253.65	2434.44		
993451.26	193255.78	36875789.46	2434.44		
9350389.60	1840838.13	2171652.19			
		97812.00			
			17857869.27	24987830.62	
2100871.40	251592.20		7891.00	5067473.97	
				13435488.01	
				468004.55	
14833.07	7679.00			401011.20	
57276.00	301672.00				1175351.17
					67792.72
5317.55					
			24929.81		
				38562037.70	
				3021294.77	
969539.87	35877.90			974367.77	
11346117.03					23067524.23
9511526.22	1903124.38	29680340.23	16663611.87	48387505.35	2299196.37

5-6 规模以上工业企业主要能源

指 标	原 煤 （吨）	无烟煤 （吨）	炼焦烟煤 （吨）	一般烟煤 （吨）	褐 煤 （吨）	洗精煤 （吨）
全部工业企业	54561344.00	53856.20	38436631.86	15973011.94	97844.00	17900288.72
一、按工业行业门类分						
（一）轻工业	46265.23	2390.20		43875.03		7788.58
（二）重工业	54515078.77	51466.00	38436631.86	15929136.91	97844.00	17892500.14
（三）采矿业	31527032.37		29815921.67	1711110.70		689921.80
煤炭开采和洗选业	31524499.37		29815921.67	1708577.70		689921.80
黑色金属矿采选业	2533.00			2533.00		
（四）制造业	14081326.99	53856.20	8620710.19	5308916.60	97844.00	17210366.92
农副食品加工业	27433.70	1491.20		25942.50		
食品制造业	17795.37	895.00		16900.37		
饮料制造业	567.00			567.00		
烟草制品业						4848.58
纺织业						
纺织服装、鞋、帽制造业						
木材加工及木、竹、藤等	250.16			250.16		
家具制造业						
造纸及纸制品业						
印刷业和记录媒介的复制						
文教体育用品制造业						
石油加工炼焦及核燃料加工业	8761711.18		8446333.19	315377.99		13303140.47
化学原料及化学制品制造业	598006.00	50321.00	174377.00	275496.00	97812.00	1043243.00
医药制造业	215.00			215.00		1940.00
化学纤维制造业						
橡胶制品业						
塑料制品业	4.00	4.00				1000.00
非金属矿物制品业	701071.68	145.00		700926.68		144.50
黑色金属冶炼及压延加工业	3677113.00			3677113.00		2855050.37
有色金属冶炼及压延加工业	110738.36			110738.36		
金属制品业	3583.20			3583.20		
通用设备制造业	29265.00	1000.00		28265.00		
专用设备制造业	119758.44			119758.44		
交通运输设备制造业	18051.90			18051.90		
电气机械及器材制造业	4832.00			4800.00	32.00	
通信设备、计算机及其他	9931.00			9931.00		1000.00
仪器仪表及文化、办公用	1000.00			1000.00		
工艺品及其他制造业						
（五）电力、燃气及水的生产和供应业	8952984.64			8952984.64		
电力、热力的生产和供应业	8952984.64			8952984.64		
燃气生产和供应业						
水的生产和供应业						

按工业行业分组消费量(一)

其它洗煤（吨）	煤制品（吨）	焦炭（吨）	其它焦化产品（吨）	焦炉煤气（万立方米）	高炉煤气（万立方米）	转炉煤气（万立方米）	天然气（气态）（万立方米）
2458856.95	21241.00	3203473.62	317161.05	303295.18	1132242.84	64439.00	20642.74
57682.20	7544.72		4411.06	910.49			436.84
2401174.75	13696.28	3203473.62	312749.99	302384.69	1132242.84	64439.00	20205.90
1968994.83	5440.00						
1968994.83	5440.00						
489862.12	15801.00	3203473.62	317161.05	303295.18	1132242.84	64439.00	20634.74
	576.72						260.06
4564.20	1378.00			420.00			44.00
620.00							82.34
							5.44
	1143.00						
	496.00						
	173.00						
52068.00	40.00						
	330.00						
241045.00				143008.88			
	617.00	3731.96	275335.84	23750.49			45.00
430.00							
	2910.00						
				4520.76			256.28
700.00							
	2635.28	12057.45		4216.72			
5.00		3174876.07	41825.21	102207.34	1132242.84	64439.00	18962.00
				6009.94			42.54
	1280.00	5067.14					5.40
	162.00	6469.18		32.92			
189219.20	1500.00	276.74		18514.00			856.83
1210.72	300.00	978.08		25.00			1.23
	2260.00	17.00		589.13			73.62
							8.00
							8.00

5-6 规模以上工业企业主要能源

指　标	液化天然气（液态）（吨）	煤层气（煤田）（万立方米）	汽油（吨）	煤油（吨）	柴油（吨）	燃料油（吨）
全部工业企业	126.54	7577.55	16954.58	5029.36	76824.43	13783.90
一、按工业行业门类分						
（一）轻工业	15.06		3270.42	316.00	2164.89	
（二）重工业	111.48	7577.55	13684.16	4713.36	74659.54	13783.90
（三）采矿业		7577.55	5755.33	3578.65	22232.74	
煤炭开采和洗选业		7577.55	5731.33	3578.65	20122.74	
黑色金属矿采选业			24.00		2110.00	
（四）制造业	126.54		9703.89	1450.37	53645.24	5861.90
农副食品加工业	15.06		349.59	78.00	454.33	
食品制造业			224.13		184.00	
饮料制造业			115.85		176.92	
烟草制品业			46.32		25.83	
纺织业			17.51		7.72	
纺织服装、鞋、帽制造业			74.78		16.02	
木材加工及木、竹、藤等			4.00			
家具制造业			45.79		6.75	
造纸及纸制品业			81.90		289.60	
印刷业和记录媒介的复制			124.98		707.49	
文教体育用品制造业			12.00		7.90	
石油加工炼焦及核燃料加工业			1218.59	998.05	5234.39	
化学原料及化学制品制造业			2072.95	241.35	858.02	
医药制造业			119.82		31.49	
化学纤维制造业						
橡胶制品业			193.99	2.90	38.16	
塑料制品业			47.75		144.90	
非金属矿物制品业	110.00		389.67	1.05	5514.66	5839.42
黑色金属冶炼及压延加工业			1274.55		36392.54	
有色金属冶炼及压延加工业			90.99		297.98	
金属制品业			464.76		820.01	
通用设备制造业			678.21	9.00	618.57	22.48
专用设备制造业			876.82	70.55	821.80	
交通运输设备制造业			275.97	43.75	435.89	
电气机械及器材制造业	1.20		188.49	0.99	23.67	
通信设备、计算机及其他	0.28		331.67	2.53	514.95	
仪器仪表及文化、办公用			361.15	2.20	15.00	
工艺品及其他制造业			21.66		6.65	
（五）电力、燃气及水的生产和供应业			1495.36	0.34	946.45	7922.00
电力、热力的生产和供应业			1306.36	0.34	836.45	7922.00
燃气生产和供应业			13.00			
水的生产和供应业			176.00		110.00	

按工业行业分组消费量(二)

液化石油气（吨）	润滑油（吨）	石油焦（吨）	其它石油制品（吨）	热力（百万千焦）	电力（万千瓦时）	煤矸石用于燃料（吨）	余热余压（百万千焦）
5667.80	3.04	24929.81	8687.09	24926904.48	1662523.55	1005417.77	11479111.18
4.55	0.04			602597.29	28100.96	31050.00	
5663.25	3.00	24929.81	8687.09	24324307.19	1634422.59	974367.77	11479111.18
				2586663.00	242275.26	932159.77	
				2586663.00	233126.41	932159.77	
					9148.85		
5667.80	3.04	24929.81	8687.09	22340241.48	1179300.82	73258.00	11479111.18
					3209.62		
				76892.00	2483.84		
				238611.00	1928.37		
					1139.30		
					624.24		
					68.08		
					288.20		
					47.52		
					4432.32	31050.00	
				21660.00	1274.63		
					51.00		
		24929.81		1757975.00	66105.63	42208.00	1325571.96
				1963913.00	154623.16		80430.22
				150640.29	1457.27		
					715.00		
					8799.26		
				96944.00	3520.41		
				7560.00	60368.11		
				14318711.00	656431.84		10073109.00
8.25					90080.57		
				3318.00	2510.38		
29.00	3.00			5725.79	6172.13		
			8505.67	2633423.45	46770.53		
			181.42	112360.95	4418.81		
	0.04				2645.09		
5626.00				885657.00	57246.69		
				66850.00	1826.98		
4.55					61.84		
					240947.47		
					236445.22		
					125.61		
					4376.64		

5-7　2006年以来节能减排情况

年　份	单位GDP能耗（吨标准煤/万元）	当年单位GDP能耗下降幅度（%）	完成目标进度（%）	累计下降幅度（%）
2006	2.29	2.62	8.44	2.62
2007	2.15	6.02	28.17	8.48
2008	1.96	8.93	57.89	16.65
2009	1.83	6.73	80.03	22.26
2010	1.71	6.28	100.64	27.15
2011	1.35	3.52	20.53	3.52

注:1. 2011年单位GDP能耗中GDP以2010年价格计算,2010年以前年份GDP以2005年价格计算。

2. 2011年完成目标进度以"十二五"节能降耗目标单位GDP能耗累计下降16%计算。

5-8　1949年以来能源工业固定资产投资及构成

年　份	全社会固定资产投资（万元）	# 能源工业投资				能源工业投资构成(%)		
		合计	# 煤炭	电力	焦炭	煤炭	电力	焦炭
1949	43							
1950	1278	14	13		1	92.86		7.14
1951	2662	128	49	79		38.28	61.72	
1952	6335	215	129	69	17	60.00	32.09	7.91
1953	13861	1383	115	1258	10	8.32	90.96	0.72
1954	19852	5296	857	4421	18	16.18	83.48	0.34
1955	13878	3203	768	2264	171	23.98	70.68	5.34
1956	32901	4928	1810	3118		36.73	63.27	
1957	37299	5612	1891	3721		33.70	66.30	
1958	62552	7116	5177	1870	69	72.75	26.28	0.97
1959	62839	6369	5283	932	154	82.95	14.63	2.42
1960	55929	8253	4884	3358	11	59.18	40.69	
1961	16865	4380	3305	1075		75.46	24.54	
1962	7854	2190	1883	307		85.98	14.02	
1963	10807	2368	1673	695		70.65	29.35	
1964	14095	2504	1706	797	1	68.13	31.83	
1965	18622	1348	666	682		49.41	50.59	
1966	28255	2140	358	1780	1	16.73	83.18	
1967	10855	1140	80	1049	11	7.02	92.02	0.96
1968	17788	1870	88	1776	6	4.71	94.97	0.32
1969	11546	384	123	253	8	32.03	65.89	2.08
1970	20218	1009	52	957		5.15	94.85	
1971	25293	2291	1174	1117		51.24	48.76	
1972	23480	2212	927	1285		41.91	58.09	
1973	26636	2532	1276	1256		50.39	49.61	
1974	19757	2260	1604	656		70.97	29.03	
1975	16884	1820	1018	802		55.93	44.07	
1976	15310	1417	1034	383		72.97	27.03	
1977	20398	2622	1889	723	10	72.04	27.57	0.38
1978	38930	4759	3794	965		79.72	20.28	
1979	49443	8264	7657	504	81	92.65	6.10	0.98

5-8 续表 1-1

年份	全社会固定资产投资（万元）	# 能源工业投资				能源工业投资构成(%)		
		合计	# 煤炭	电力	焦炭	煤炭	电力	焦炭
1980	61316	10609	9942	604	51	93.71	5.69	0.48
1981	66329	15640	13867	1710	52	88.66	10.93	0.33
1982	88769	18878	17746	1088		94.00	5.76	
1983	108722	32438	27433	1420	3492	84.57	4.38	10.77
1984	147907	50138	41994	2796	5331	83.76	5.58	10.63
1985	194510	52750	46010	3086	3617	87.22	5.85	6.86
1986	212774	64087	58409	3180	2422	91.14	4.96	3.78
1987	228535	47454	40854	4065	2535	86.09	8.57	5.34
1988	250602	63606	42294	19768	1489	66.49	31.08	2.34
1989	242409	84093	55145	26041	2771	65.58	30.97	3.30
1990	262924	98809	61195	35944	1566	61.93	36.38	1.58
1991	309434	104534	70720	32012	1402	67.65	30.62	1.34
1992	460913	139321	71679	57846	8336	51.45	41.52	5.98
1993	672115	182333	80821	88639		44.33	48.61	
1994	731619	143252	66561	67258	1305	46.46	46.95	0.91
1995	701894	139667	98796	23911	5076	70.74	17.12	3.63
1996	823902	193105	132367	33933	5587	68.55	17.57	2.89
1997	977429	270884	137407	120027	7477	50.73	44.31	2.76
1998	1093638	261055	95856	147601	4215	36.72	56.54	1.61
1999	917167	150674	35082	87721	1659	23.28	58.22	1.10
2000	1047702	140866	48973	87320	2315	34.77	61.99	1.64
2001	1227804	247617	57132	112246	45836	23.07	45.33	18.51
2002	1475955	249245	46749	120320	50786	18.76	48.27	20.38
2003	2044542	362697	112859	78596	95343	31.12	21.67	26.29
2004	3476681	687685	126505	216218	293877	18.40	31.44	42.73
2005	4385077	713589	267156	280121	123924	37.44	39.26	17.37
2006	5011273	787176	355268	298134	98559	45.13	37.87	12.52
2007	5767355	1064025	437367	289922	146505	41.10	27.25	13.77
2008	7022072	1320743	493574	656202	21776	37.20	49.70	1.70
2009	7820157	853252	312664	394037	41184	36.60	46.20	4.80
2010	9164811	871847	462297	274024	135526	53.03	31.43	15.54
2011	10241444	937383	671330	185035	81018	71.62	19.74	8.64

注:2011 年,投资统计制度进行改革,“固定资产投资额”代替“全社会固定资产投资”统计口径。

第六篇

物价指数

WUJIAZHISHU

资料整理、审核

焦昱红　　张锦龙

李玉琴　　孙　娜

6-1 城镇居民消费价格指数(以上年同期为 100)

指 标	2011	2010
居民消费价格总指数	105.4	103.0
一、食品	114.0	108.4
1. 粮食	108.0	108.1
2. 淀粉及制品	152.2	108.0
3. 干豆类及豆制品	107.0	109.1
4. 油脂	109.2	100.9
5. 肉禽及其制品	128.3	101.5
6. 蛋	114.3	106.1
7. 水产品	119.0	100.7
8. 菜	95.5	116.4
9. 调味品	107.6	106.1
10. 糖	116.0	103.8
11. 茶及饮料	105.6	103.7
12. 干鲜瓜果	127.2	120.3
13. 糕点饼干面包	120.8	108.0
14. 液体乳及乳制品	101.5	101.9
15. 在外用膳食品	115.3	106.3
16. 其他食品	104.1	96.8
二、烟酒	107.3	102.7
1. 烟草	109.2	102.6
2. 酒	103.7	103.2
三、衣着	102.0	97.2
1. 服装	102.4	98.7
2. 衣着材料	116.7	103.5

6-1 续表

指　标	2011	2010
3. 鞋帽袜	100.1	92.8
4. 衣着加工服务费	114.9	101.2
四、家庭设备用品及维修服务	106.1	100.8
1. 耐用消费品	102.1	99.6
2. 室内装饰品	100.9	90.3
3. 床上用品	99.1	113.1
4. 家庭日用杂品	103.0	99.6
5. 家庭服务及加工维修服务	130.2	106.0
五、医疗保健和个人用品	103.6	102.6
1. 医疗保健	104.2	102.8
2. 个人用品及服务	101.2	102.1
六、交通和通信	101.6	97.7
1.交通	104.4	101.1
2. 通信	98.1	95.8
七、娱乐教育文化用品及服务	101.8	101.8
1. 文娱用耐用消费品及服务	87.5	92.2
2. 教育	104.7	106.3
3. 文化娱乐类	100.0	99.3
4. 旅游	106.8	98.0
八、居住	99.8	101.2
1. 建房及装修材料	95.2	97.6
2. 住房租金	101.4	107.7
3. 自有住房	102.0	105.4
4. 水、电、燃料	99.4	100.8

6-2 商品零售价格指数(以上年同期为 100)

指　标	2011	2010
商品零售价格指数	104.8	102.6
一、食品	114.2	108.2
1. 粮食	108.0	108.1
2. 淀粉	152.2	108.0
3. 干豆类及豆制品	107.0	109.1
4. 油脂	109.2	100.9
5. 肉禽及其制品	128.3	101.5
6. 蛋	114.3	106.1
7. 水产品	119.0	100.7
8. 菜	95.5	116.4
9. 调味品	107.6	106.1
10. 糖	116.0	103.8
11. 干鲜瓜果	127.2	120.3
12. 糕点饼干面包	120.8	108.0
13. 液体乳及乳制品	101.5	101.9
14. 在外用膳食品	115.3	106.3
15. 其他食品	104.1	96.8
二、饮料、烟酒	107.0	103.0
1. 茶及饮料	105.6	103.7
2. 烟草	109.2	102.6
3. 酒	103.7	103.2
三、服装、鞋帽	101.8	96.9
1. 服装	102.4	98.7
2. 鞋帽袜	100.1	92.8
3. 其他	93.8	75.5
四、纺织品	101.1	109.6
1. 衣着材料	116.7	103.5
2. 床上用品	96.3	113.1
五、家用电器及音像器材	91.3	92.6
1. 家庭设备	98.3	97.8
2. 文娱用耐用消费品	84.3	84.5

6-2 续表

指　标	2011	2010
3. 专业音像器材	100.8	94.6
六、文化办公用品	93.5	97.6
七、日用品	101.7	99.0
1. 日用百货	102.6	100.1
2. 日用杂品	104.5	100.2
3. 洗涤用品	102.2	96.0
4. 其他日用品	98.0	99.9
八、体育娱乐用品	98.6	97.9
1. 体育用品	99.2	98.7
2. 娱乐用品	98.2	96.6
九、交通、通信用品	96.1	89.3
1. 交通运输机械	100.4	98.6
2. 通信器材	78.8	79.3
十、家具	108.0	103.8
十一、化妆品	100.8	99.7
十二、金银珠宝	108.1	108.4
十三、中西药品及医疗保健用品	106.7	105.8
1. 医疗器具及用品	109.4	113.0
2. 中药材及中成药	119.6	112.1
3. 西药	100.6	99.9
4. 保健器具及用品	108.1	101.9
十四、书报杂志及电子出版物	105.5	103.3
1. 教材及参考书	107.2	105.5
2. 书报杂志	101.0	100.1
3. 电子音像制品	101.3	98.8
十五、燃料	107.4	117.0
1. 煤炭及制品	102.6	129.5
2. 石油及制品	107.9	109.0
十六、建筑材料及五金电料	98.5	97.7
1. 建筑装璜材料	97.1	99.3
2. 五金电料	100.5	93.7

6-3 工业生产者出厂价格指数(以上年同期为 100)

指 标	2011	2010
全部工业品	105.5	120.0
#轻工业	105.4	102.6
以农产品为原料	106.0	104.7
以非农产品为原料	104.5	101.5
#重工业	105.5	113.0
采掘	107.1	115.4
原料	108.5	111.9
加工	104.0	113.5
按行业分		
煤碳开采和洗选业	109.1	115.9
农副食品加工业	112.3	105.0
食品制造业	108.4	106.9
饮料制造业	101.0	101.0
烟草制造业	100.0	100.0
纺织业	119.5	122.6
纺织服装、鞋帽制造业	102.0	102.8
家具制造业	105.4	100.0
造纸及纸制品业	111.1	117.3
印刷业和记录媒介的复制	100.1	109.3
石油加工、炼焦及核燃料加工业	108.3	110.0
化学原料及化学制品制造业	107.3	109.5

6-3 续表

指　标	2011	2010
医药制造业	110.8	101.6
化学纤维制造业	130.0	127.2
橡胶制品业	127.7	98.7
塑料制品业	104.0	100.3
非金属矿物制品业	104.0	101.8
黑色金属冶炼及压延加工业	106.3	118.3
有色金属冶炼及压延加工业	129.7	109.5
金属制品业	111.2	104.3
通用设备制造业	101.8	100.9
专用设备制造业	103.7	101.4
交通运输设备制造业	99.8	99.1
电器机械及器材制造业	95.6	101.5
通信设备、计算机及其它电子设备制造业	85.5	95.2
仪器仪表及文化、办公用机械制造业	100.8	98.6
工艺品及其他制造业	117.6	122.5
电力、热力的生产和供应业	105.4	108.0
燃气生产和供应业	107.1	102.6
水的生产和供应业	99.9	99.9

6-4 工业生产者购进价格指数（以上年同期为 100）

指　标	2011	2010
全部原材料	**114.1**	**109.2**
（一）燃料、动力类	108.0	108.0
（二）黑色金属材料类	121.2	105.0
# 钢材	111.6	104.6
其他	152.3	113.5
（三）有色金属材料和电线类	113.5	113.9
（四）化工原料类	120.8	121.9
（五）木材及纸浆类	108.5	108.8
（六）建筑材料及非金属矿类	102.0	100.5
（七）其他工业原材料及半成品类	114.8	109.1
（八）农副产品类	105.0	118.6
（九）纺织原料类	116.9	133.2
按行业分		
煤炭开采和洗选业	107.8	109.7
农副食品加工业	118.6	104.0
饮料制造业	100.0	105.4
烟草制造业	154.8	99.7
纺织业	116.9	119.8
造纸及纸制品业	104.7	117.5

6-4 续表 1-1

指　标	2011	2010
石油加工、炼焦及核燃料加工业	115.9	112.6
化学原料及化学制品制造业	120.9	111.3
医药制造业	114.6	114.0
塑料制品业	102.9	106.0
非金属矿物制品业	104.3	105.2
黑色金属冶炼及压延加工业	111.6	112.1
有色金属冶炼及压延加工业	113.5	111.5
金属制品业	109.9	98.6
通用设备制造业	105.1	100.3
专用设备制造业	125.3	102.5
交通运输设备制造业	99.5	104.5
电器机械及器材制造业	104.2	106.7
通信设备、计算机及其它电子设备制造业	100.1	102.7

6-4 续表 1-2

指　标	2011	2010
仪器仪表及文化、办公用机械制造业	100.0	105.5
电力、热力的生产和供应业	103.8	106.9
燃气生产和供应业	105.3	109.7
水的生产和供应业	104.3	105.2

6-5　土地交易价格指数(以上年同期为 100)

指　标	2011	2010
总　计	103.3	105.2
一、居民用地	103.3	105.3
普通住宅用地	103.3	105.3
二、工业用地	102.6	103.7
三、商业营业用地	102.8	105.1

6-6 房屋销售价格指数(以上年价格为 100)

项 目	2011
新建住宅	101.4
(一) 新建商品住宅	101.4
1. 90m² 及以下	101.2
2. 90-144m²	102.2
3. 144m² 以上	100.5
(二) 二手住宅	104.3
1. 90m² 及以下	104.8
2. 90-144m²	103.4
3. 144m² 以上	105.0

第七篇

城镇居民住户调查

CHENGZHENJUMINZHUHUDIAOCHA

资料整理、审核

于明娟　　田　冰

7-1 城镇住户家庭基本情况

项　目	单　位	2011	2010	为2010年%
调查户数	户	300	300	100.0
家庭人口数	人	771	798	96.6
平均每户家庭人口	人	2.57	2.66	96.6
就业人数	人	303	339	89.4
平均每户就业人数	人	1.01	1.13	89.4
平均每个就业者负担人数	人	2.54	2.35	108.1
人均年可支配收入	元	20149	17258	116.8
人均月可支配收入	元	1679	1438	116.8
人均年消费性支出	元	13111	12106	108.3
人均月消费性支出	元	1093	1009	108.3

7-2 城镇住户基本情况

项 目	单 位	2011	2010
调查户数	**户**	**300**	**300**
家庭人口数	**人**	**771**	**798**
（一）有收入者人数	**人**	**570**	**588**
1. 就业人口数	人	303	339
（1）国有经济单位职工人数	人	225	234
（2）城镇集体经济单位职工人数	人	15	18
（3）其他各种经济类型单位职工人数	人	12	6
（4）个体经营者人数	人	6	21
（5）个体被雇者人数	人	27	36
（6）离退休再就业者人数	人	3	3
（7）其他就业者人数	人	15	21
2. 离退休者人数	人	240	228
3. 其他有收入者人数	人	27	21
（二）无收入者人数	**人**	**201**	**210**

7-3 城镇住户住房情况

项 目	单 位	2011	2010
1. 家庭人口	人 / 户	2.57	2.66
2. 现住房总建筑面积	平方米 / 人	28.56	26.21
3. 房屋产权（合计）			
租赁公房	%	4.15	11.86
租赁私房	%	4.15	4.17
原有私房	%		1.28
房改私房	%	76.36	71.47
商品房	%	9.27	5.45
4. 住宅建筑式样（合计）			
四居室	%	2.88	1.28
三居室	%	14.38	22.44
二居室	%	75.4	65.38
一居室	%	5.43	5.45
普通楼房	%	1.28	1.60
平房及其他	%	0.63	3.85
5. 饮水情况（合计）			
自来水	%	100.00	99.04
纯净水	%		0.96

7-3 续表

项　目	单　位	2011	2010
6. 用水情况			
独用自来水	%	98.72	98.08
公用自来水	%	1.28	1.92
7. 卫生设备（合计）			
无卫生设备	%		2.56
有厕所浴室	%	69.33	64.74
有厕所无浴室	%	29.07	30.77
公用	%	1.60	1.92
8. 取暖设备（合计）			
暖气	%	99.04	97.44
其他	%	0.96	2.56
9. 炊用燃料使用情况（合计）			
煤炭	%	0.32	2.88
罐装液化石油气	%	5.75	10.58
管道液化石油气	%	4.15	3.21
管道煤气	%	20.45	22.12
管道天然气	%	66.45	59.29
10. 信息化调查			
（1）接入互联网的移动电话	部 / 百户	37.38	21.15
（2）接入有线电视网络的电视机	部 / 百户	85.94	83.33
（3）接入互联网的计算机	台 / 百户	52.72	35.58

7-4 城镇住户家庭年人均现金收入情况(300户抽样调查)

单位:元

项 目	2011	2010
一、期初手存现金	1015	1251
二、家庭总收入	22095	18712
#可支配收入	20149	17258
(一) 工薪收入	12435	10303
1. 工资及补贴收入	12077	9871
2. 其他劳动收入	358	431
(二) 经营净收入	174	660
(三) 财产性收入	284	126
利息收入	138	39
股利与红利收入	33	17
出租房屋收入	105	59
其他财产性收入	5	3
(四) 转移性收入	9202	7624
养老金或离退休金	7866	6571
社会救济收入	70	65
赔偿收入	0.19	0.44
保险收入	9	1

7-4 续表

单位:元

项　目	2011	2010
#失业保险金	9	
赡养收入	230	463
捐赠收入	837	381
提取住房公积金	91	
记帐补贴	93	90
其他转移性收入	3	52
三、出售财物收入	**1**	**59**
出售其他物品收入	1	59
四、借贷收入	**16778**	**11235**
提取储蓄存款	16674	10798
借入款	90	267
收回借出款	5	10
收回储蓄性保险本金	1	6
其他贷款	5.87	0.83
其他借贷收入	1.35	153

7-5　城镇住户家庭年人均现金支出情况(300户抽样调查)

单位:元

项　目	2011	2010
一、家庭总支出	19344	15823
(一) 消费支出	13111	12106
#服务性消费支出	3795	3432
食品	4286	3710
衣着	1414	1234
家庭设备用品及服务	957	636
医疗保健	1366	1283
交通和通信	1300	2080
教育文化娱乐服务	1784	1583
居住	1562	1172
其他商品和服务	441	408
(二) 购房与建房支出	1619	280
购房	1619	280
建房		0.25
(三) 转移性支出	2853	2119
交纳的个人收入税	103	60
捐赠支出	2160	1576
购买彩票	3	1
赡养支出	429	351
#在外就学子女费用	240	193
各种非储蓄性保险支出	124	111
#车辆保险支出	98	82
其他转移性支出	34	21

7-5 续表

单位:元

项　目	2011	2010
(四) 财产性支出	12	14
非生产性利息支出	12	10
其他		3
(五) 社会保障支出	1749	1304
个人交纳的养老基金	730	552
个人交纳的住房公积金	654	515
个人交纳的医疗基金	272	196
个人交纳的失业基金	56	33
其他社会保障支出	37	8
二、借贷支出	**19211**	**14207**
存入储蓄款	18504	13918
借出款	5	4
归还借款	215	86
储蓄性保险支出	135	54
购买有价证券	9	
其他投资支出	32	34
归还住房贷款	48	38
归还汽车贷款		38
其他借贷支出	263	36
三、期末手存现金	**1342**	**1245**

7-6 城镇住户家庭年人均消费支出情况(300户抽样调查)

单位:元

项　目	2011	2010
消费支出	**13111**	**12106**
# 服务性消费支出	3795	3432
一、食品	**4286**	**3710**
1. 粮油类	734	656
2. 肉禽蛋水产品类	904	779
3. 蔬菜类	452	432
4. 调味品	68	65
5. 糖烟酒饮料类	483	394
6. 干鲜瓜果类	462	376
7. 糕点、奶及奶制品	386	336
8. 其他食品	51	41
9. 饮食服务	746	631
二、衣着	**1415**	**1234**
1. 服装	1050	105
2. 衣着材料	20	10
3. 鞋类	306	105
4. 其他衣着用品	29	30
5. 衣着加工服务费	10	6
三、家庭设备用品及服务	**957**	**636**
1. 耐用品消费品	476	224
2. 室内装饰品	29	12
3. 床上用品	64	46
4. 家庭日用杂品	320	256
5. 家具材料	5	0.4

7-6 续表

单位:元

项　目	2011	2010
6. 家庭服务	63	97
四、医疗保健	**1366**	**1283**
1. 医疗器具	36	13
2. 保健器具	43	28
3. 药品费	471	571
4. 滋补保健品	146	170
5. 医疗费	667	492
6. 其他	3	9
五、交通和通讯	**1300**	**2080**
1. 交通	618	1366
2. 通讯	682	714
六、教育文化娱乐服务	**1784**	**1583**
1. 文化娱乐用品	414	360
2. 文化娱乐服务	491	454
3. 教育	879	770
七、居住	**1562**	**1172**
1. 住房	580	258
2. 水电燃料及其他	927	872
3. 居住服务费	55	42
八、其它商品和服务	**441**	**408**
1. 杂项商品	271	214
2. 服务	170	193

7-7 城镇住户每百户家庭主要消费品拥有量

项　目	单　位	2011	2010
调查户数	户	300	300
摩托车	辆	2	4
助力车	辆	24	21
家用汽车	辆	12	11
洗衣机	台	102	97
电冰箱	台	98	98
彩色电视机	台	107	110
家用电脑	台	75	63
组合音响	套	16	14
摄像机	架	10	9
照相机	架	44	46
钢琴	架	2	3
其他中高档乐器	件	1	3
微波炉	台	55	50
空调器	台	35	35
淋浴热水器	台	69	65
消毒碗柜	台	3	2
洗碗机	台	1	1
健身器材	套	4	4
固定电话	部	81	85
移动电话	部	163	141

7-8 城镇居民各月可支配收入(平均每人)

单位:元

月 份	2011	2010
全 年	**20149**	**17258**
一 月	1762	1425
二 月	2014	1648
三 月	1402	1299
四 月	1497	1334
五 月	1482	1296
六 月	1481	1287
七 月	1471	1302
八 月	1484	1394
九 月	1678	1438
十 月	1754	1528
十一月	1983	1574
十二月	2146	1737

7-9 城镇居民各月消费性支出(平均每人)

单位:元

月 份	2011	2010
全 年	**13111**	**12106**
一 月	1153	1116
二 月	1214	1287
三 月	813	630
四 月	967	830
五 月	967	825
六 月	891	715
七 月	1114	919
八 月	1311	1037
九 月	1266	1339
十 月	1053	1301
十一月	1130	1063
十二月	1232	1040

第八篇

农村住户调查

NONGCUNZHUHUDIAOCHA

资料整理、审核

冀晓洁

8-1 农村住户人口与就业情况

指　标	单　位	总　计
一、调查户数	户	800
二、家庭常住人口	人	2720
1. 6 岁及以下	人	154
2. 7～15 岁	人	322
3. 16～60 岁	人	2039
4. 61 岁以上	人	205
三、在校学生人数	人	477
# 7～15 岁以下在校学生人数	人	328
四、整半劳动力数	人	1769
# 整劳动力	人	1157
五、劳动力文化程度		
1. 不识字或识字很少	人	42
2. 小学程度	人	237
3. 初中程度	人	1218
4. 高中程度	人	181
5. 中专	人	44
6. 大专及以上	人	47
六、劳动力就业情况		
1. 一产业就业劳动力	人	549
2. 非农产业就业劳动力	人	911

8-1 续表 1-1

指 标	单 位	总 计
A. 二产业就业劳动力	人	339
(1) 采矿业	人	36
(2) 制造业	人	229
(3) 电力煤气及水的生产供应业	人	2
(4) 建筑业	人	72
B. 三产业就业劳动力	人	572
(1) 交通运输仓储及邮电通讯业	人	101
(2) 批发和零售贸易	人	63
(3) 住宿和餐饮业	人	27
(4) 居民服务和其他服务业	人	221
(5) 教育	人	36
(6) 卫生、社会保障和社会福利业	人	13
(7) 文化、体育和娱乐业	人	11
(8) 其他	人	100
七、劳动力年内从事各种行业的时间		
1. 从事农业的时间	月	3301.7
2. 从事非农产业的时间	月	8441.6

8-2 农村住户总收入与总支出

单位:元

指 标	总 计	人 均
一、总收入	27768894.0	10209.2
(一) 工资性收入	12351896.6	4541.1
1. 在非企业组织中劳动得到收入	538426.3	198.0
2. 在本乡地域内劳动得到收入	10684992.7	3928.3
(1) 在企业中劳动得到收入	6530894.4	2401.1
(2) 在国家投资基建项目得到收入	4210.7	1.5
(3) 提供其他劳务收入	4149887.7	1525.7
3. 外出从业得到收入	1128477.6	414.9
(1) 在乡外县内从业得到收入	404826.3	148.8
(2) 在县外省内从业得到收入	682381.4	250.9
(3) 在省外国内从业得到收入	41269.9	15.2
(二) 家庭经营收入	10996863.7	4043.0
1. 第一产业收入	5075608.2	1866.0
(1) 农业收入	4417053.0	1623.9
(2) 林业收入	126699.9	46.6
(3) 牧业收入	506274.0	186.1
(4) 渔业收入	25581.3	9.4
2. 第二产业收入	489839.2	180.1
(1) 工业收入	293548.6	107.9
(2) 建筑业收入	196290.6	72.2
3. 第三产业收入	5431416.3	1996.8
(1) 其他产品收入	202187.6	74.3
(2) 第三产业服务性收入	5229228.8	1922.5
①交通、运输、邮电业收入	2428748.6	892.9

8-2 续表 1-1

单位:元

指　标	总　计	人　均
②批零贸易业、饮食业收入	705996.1	259.6
③社会服务业收入	689957.5	253.7
④文教卫生业收入	57356.7	21.1
⑤其他行业收入	1347169.9	495.3
(三) 财产性收入	2623878.4	964.7
1. 利息	32109.9	11.8
2. 集体分配股息和红利	318721.2	117.2
3. 其他股息和红利	23883.8	8.8
4. 租金（包括农业机械）	1307640.1	480.8
5. 储蓄性保险投资收入	2351.6	0.9
6. 转让承包土地经营权收入	334547.9	123.0
7. 其他	604624.0	222.3
(四) 转移性收入	1796255.1	660.4
1. 家庭住户成员寄回和带回	1374.7	0.5
2. 城市亲友赠送	97913.6	36.0
3. 农村亲友赠送	180681.9	66.4
4. 离退休金、养老金	496771.0	182.6
5. 城市亲友支付赡养费	10695.3	3.9
6. 农村亲友支付赡养费	102912.1	37.8
7. 救济金、抚恤金、救灾款	35313.5	13.0
8. 退耕还林还草补贴	40572.1	14.9
9. 得到赔款	377.1	0.1
10. 各项补贴收入	344232.6	126.6
11. 其他	485411.2	178.5

8-2 续表 1-2

单位：元

指 标	总 计	人 均
二、总支出	**20563034.6**	**7559.9**
(一) 家庭经营费用支出	2969139.3	1091.6
1. 第一产业生产费用支出	1112601.0	409.0
(1) 农业生产费用支出	651865.8	239.7
(2) 林业生产费用支出	210636.8	77.4
(3) 牧业生产费用支出	250055.9	91.9
(4) 渔业生产费用支出	42.5	0.0
2. 第二产业生产费用支出	189524.9	69.7
(1) 工业生产费用支出	99222.6	36.5
(2) 建筑业生产费用支出	90302.3	33.2
3. 第三产业生产费用支出	1667013.4	612.9
(1) 交通运输邮电业生产费用支出	508329.2	186.9
(2) 批零贸易餐饮业生产费用支出	282769.8	104.0
(3) 社会服务业生产费用支出	192279.8	70.7
(4) 文教卫生业生产费用支出	10598.5	3.9
(5) 其他行业生产费用支出	673036.1	247.4
(二) 购置生产性固定资产支出	189609.1	69.7
(三) 建、造生产性固定资产雇工支出	3513.4	1.3
(四) 税费支出	241.4	0.1
(五) 生活消费支出	16004126.5	5883.9
1. 食品消费支出	5086187.5	1869.9
A. 食品消费品支出	4419043.5	1624.6
(1) 谷物	778169.3	286.1
(2) 薯类	123370.0	45.4
(3) 豆类	28487.5	10.5
(4) 食用油	240910.8	88.6

8-2 续表 1-3

单位:元

指　标	总　计	人　均
(5) 蔬菜及制品	468257.0	172.2
(6) 肉、禽、蛋、奶及制品	972614.0	357.6
(7) 水产品及制品	56778.6	20.9
(8) 烟、酒	693291.8	254.9
(9) 茶叶、饮料	73004.5	26.8
(10) 其他类食品	984160.0	361.8
B. 食品消费服务性支出	667143.9	245.3
2. 衣着消费支出	1928798.7	709.1
3. 居住消费支出	3171460.5	1166.0
4. 家庭设备、用品消费支出	1069448.2	393.2
5. 交通和通讯消费支出	2171870.2	798.5
6. 文化教育、娱乐消费支出	1154655.3	424.5
7. 医疗保健消费支出	950330.8	349.4
8. 其他商品和服务消费支出	471375.3	173.3
(六) 财产性支出	12570.9	4.6
(七) 转移性支出	1383834.0	508.8
1. 给大中专学生生活费和学杂费	478103.2	175.8
2. 赠送农村亲友	541892.4	199.2
3. 赠送城市亲友	63329.6	23.3
4. 交纳医疗保险	70568.5	25.9
5. 交纳社会保障基金	68658.4	25.2
6. 购买非储蓄性保险	44563.1	16.4
7. 赡养费	25840.0	9.5
8. 其他直接税	828.6	0.3
9. 捐赠	1971.3	0.7
10. 罚款、赔款	2433.3	0.9
11. 其他	85645.7	31.5
三、全年纯收入	24174675.4	8887.7
四、全年可支配收入	22958952.4	8440.8

8-3 农村住户现金收入与支出

单位:元

指 标	总 计	人 均
一、期内现金收入	26607449.1	9782.2
(一) 工资性收入	12350713.8	4540.7
1. 在非企业组织中劳动得到收入	538426.3	198.0
(1) 乡村干部收入	194164.8	71.4
(2) 乡村教师收入	88599.9	32.6
(3) 行政事业单位等职工收入	255661.6	94.0
2. 在本乡地域内劳动得到收入	10683809.9	3927.9
(1) 在企业中劳动得到收入	6529951.2	2400.7
(2) 在国家投资基建项目得到收入	4210.7	1.5
(3) 提供其他劳务收入	4149648.1	1525.6
3. 外出从业得到收入	1128477.6	414.9
(1) 在乡外县内从业得到收入	404826.3	148.8
(2) 在县外省内从业得到收入	682381.4	250.9
(3) 在省外国内从业得到收入	41269.9	15.2
(二) 家庭经营现金收入	10051922.7	3695.6
1. 第一产业现金收入	4130742.6	1518.7
(1) 农业现金收入	3217248.6	1182.8
(2) 林业现金收入	137138.8	50.4
(3) 牧业现金收入	750773.9	276.0
(3) 渔业现金收入	25581.3	9.4
2. 第二产业现金收入	489839.2	180.1
(1) 工业收入	293548.6	107.9
(2) 建筑业收入	196290.6	72.2
3. 第三产业现金收入	5431340.9	1996.8
第三产业服务性现金收入	5229153.3	1922.5
a. 交通、运输、邮电业收入	2428748.6	892.9
b. 批零贸易业、饮食业收入	705996.1	259.6

8-3 续表 1-1

单位:元

指　标	总　计	人　均
c. 社会服务业收入	689957.5	253.7
d. 文教卫生业收入	57356.7	21.1
e. 其他行业收入	1347094.4	495.3
（三）财产性收入	2710358.0	996.5
1. 利息	32109.9	11.8
2. 集体分配股息和红利	318721.2	117.2
3. 其他股息和红利	23883.8	8.8
4. 租金（包括农业机械）	1307640.1	480.8
5. 储蓄性保险投资收入	2351.6	0.9
6. 转让承包土地经营权收入	334547.9	123.0
7. 其他	691103.6	254.1
（四）转移性收入	1494454.6	549.4
1. 家庭住户成员寄回和带回	1374.7	0.5
2. 城市亲友赠送	72185.1	26.5
3. 农村亲友赠送	115398.6	42.4
4. 离退休金、养老金	496771.0	182.6
5. 城市亲友支付赡养费	10695.3	3.9
6. 农村亲友支付赡养费	102912.1	37.8
7. 救济金	16713.3	6.1
8. 抚恤金	499.9	0.2
9. 救灾款	18100.3	6.7
10. 退耕还林还草补贴	40572.1	14.9

8-3 续表 1-2

单位:元

指 标	总 计	人 均
11. 得到赔款	377.1	0.1
12. 粮食直接补贴	75156.3	27.6
13. 领取养殖业补贴	2887.1	1.1
14. 领取最低生活保障费	35551.9	13.1
15. 领取新型农村养老保险	24079.4	8.9
16. 其他来自政府的补贴	155339.2	57.1
17. 其他	325841.0	119.8
二、非收入现金所得	**11214841.5**	**4123.1**
(一) 非借贷性现金所得	7927807.5	2914.6
1. 出售财物	242396.8	89.1
2. 彩票中奖所得	819.8	0.3
3. 调查补贴	35235.4	13.0
4. 婚、丧、嫁、娶礼金	817335.4	300.5
5. 土地征用补偿	5441276.1	2000.5
6. 拆迁补偿	1335727.9	491.1
7. 报销医疗费	13602.9	5.0
8. 其他(包括赌博所得)	41413.2	15.2
(二) 借贷性现金所得	3287034.0	1208.5
1. 银行、信用社贷款	28494.5	10.5
2. 借入款	994740.4	365.7
3. 收回借出款	127811.4	47.0
4. 取回存款	2053722.8	755.0
5. 收回其他投资款	54784.3	20.1
6. 其他	27480.7	10.1
三、期内现金支出	**20332919.1**	**7475.3**
(一) 生产费用支出	3106290.7	1142.0

8-3 续表 1-3

单位:元

指　标	总　计	人　均
1. 家庭经营费用支出	2913168.2	1071.0
(1) 第一产业生产费用支出	1056703.1	388.5
①农业生产费用支出	616211.7	226.5
②林业生产费用支出	210251.3	77.3
③牧业生产费用支出	230197.6	84.6
④渔业生产费用支出	42.5	0.0
(2) 第二产业生产费用支出	189524.9	69.7
①工业生产费用支出	99222.6	36.5
②建筑业生产费用支出	90302.3	33.2
(3) 第三产业生产费用支出	1666940.2	612.8
①交通运输邮电业生产费用支出	508329.2	186.9
②批零贸易餐饮业生产费用支出	282696.6	103.9
③社会服务业生产费用支出	192279.8	70.7
④文教卫生业生产费用支出	10598.5	3.9
⑤其他行业生产费用支出	673036.1	247.4
2. 购置生产性固定资产支出	189609.1	69.7
(1) 购置建筑生产用建筑物材料	5522.2	2.0
(2) 购买农林牧渔业机械	25890.4	9.5
(3) 购买运输机械	5279.9	1.9
(4) 购买其他生产性固定资产	152916.6	56.2
3. 建、造生产性固定资产雇工支出	3513.4	1.3
(二) 税费支出	241.4	0.1

8-3 续表 1-4

单位:元

指 标	总 计	人 均
(三) 生活消费支出	15841498.3	5824.1
1. 食品消费支出	4923559.3	1810.1
2. 衣着	1928798.7	709.1
3. 居住	3171460.5	1166.0
4. 家庭设备、用品及服务	1069448.2	393.2
5. 交通和通讯	2171870.2	798.5
6. 文化教育、娱乐用品及服务	1154655.3	424.5
7. 医疗保健	950330.8	349.4
8. 其他商品和服务	471375.3	173.3
(四) 财产性支出	12570.9	4.6
(五) 转移性支出	1372317.7	504.5
1. 给大中专学生生活费和学杂费	478103.2	175.8
2. 赠送农村亲友	532636.2	195.8
3. 赠送城市亲友	61069.5	22.5
4. 交纳医疗保险	70568.5	25.9
5. 交纳社会保障基金	68658.4	25.2
6. 购买非储蓄性保险	44563.1	16.4
7. 赡养费	25840.0	9.5
8. 其他直接税	828.6	0.3
9. 捐赠	1971.3	0.7
10. 罚款、赔款	2433.3	0.9
11. 其他	85645.7	31.5
四、非消费性支出	**9224137.6**	**3391.2**
(一) 非借贷性支出	2731359.1	1004.2
1. 购买彩票	279.3	0.1

8-3 续表 1-5

单位:元

指　标	总　计	人　均
2. 婚、丧、嫁、娶支出	2708102.1	995.6
3. 交纳党费、团费	308.4	0.1
4. 迷信、宗教活动捐赠	1941.2	0.7
5. 其他	20728.0	7.6
（二）储蓄、借贷性支出	6492778.6	2387.1
1. 归还银行、信用社	40273.1	14.8
2. 借出款	66631.6	24.5
3. 归还借款	387963.1	142.6
4. 存款	5937749.9	2183.0
5. 购买储蓄性保险	58633.8	21.6
6. 其他	1527.1	0.6
五、期末金融资产余额	**25220971.2**	**9272.4**
1. 手存现金	5035241.8	1851.2
2. 存款余额	20185729.4	7421.2
六、期末债务余额	**1043447.6**	**383.6**
1. 银行、信用社贷款	517911.0	190.4
2. 个人借(欠)款	474299.1	174.4
3. 其他	51237.5	18.8

8-4 农村住户生活消费现金支出

单位:元

指　标	总　计	人　均
1. 食品消费支出	4923559.3	1810.1
A. 购买食品支出	4256415.3	1564.9
(1) 谷物	716454.0	263.4
(2) 薯类	64467.1	23.7
(3) 豆类	19631.4	7.2
(4) 食用油	240910.8	88.6
(5) 蔬菜及制品	445233.5	163.7
(6) 肉、禽、蛋、奶及制品	968764.8	356.2
(7) 水产品及制品	56778.6	20.9
(8) 烟、酒	693291.8	254.9
(9) 茶叶、饮料	72997.4	26.8
(10) 其它类食品	977886.0	359.5
B. 食品消费服务性支出	667143.9	245.3
(1) 在外饮食	660951.9	243.0
(2) 食品加工费	5578.2	2.1
(3) 其他服务	613.8	0.2
2. 衣着	1928798.7	709.1
A. 购买衣着支出	1926674.3	708.3
(1) 服装	1471272.3	540.9
(2) 服装材料	30616.7	11.3
(3) 鞋类	379046.5	139.4
(4) 其他	45738.8	16.8
B. 衣着消费服务性支出	2124.4	0.8
(1) 衣着加工费	1741.6	0.6
(2) 其他服务	382.8	0.1
3. 居住消费支出	3171460.5	1166.0
A. 居住消费品支出	2243310.4	824.7
(1) 购买建筑生活用房材料	519976.8	191.2
(2) 购买维修生活用房材料	100053.4	36.8

8-4 续表 1-1

单位:元

指标	总计	人均
(3) 购买装修生活用房材料	421237.5	154.9
(4) 购买生活用房	436887.8	160.6
(5) 购买生活用燃料	765154.9	281.3
B. 居住消费服务性支出	928150.1	341.2
(1) 建筑、维修生活用房雇工工资	258340.4	95.0
(2) 房租	38044.6	14.0
(3) 生活用水	26941.1	9.9
(4) 生活用电	496516.9	182.5
(5) 清洁费、卫生费	2479.5	0.9
(6) 其他	105827.6	38.9
4. 家庭设备、用品及服务	**1069448.2**	**393.2**
A. 购买家庭设备、用品支出	977151.3	359.2
(1) 日用品	384485.3	141.4
(2) 床上用品	95841.6	35.2
(3) 室内装饰品	34844.8	12.8
(4) 家俱类	137712.4	50.6
(5) 机电设备	324267.2	119.2
B. 家庭设备服务消费支出	92296.9	33.9
(1) 家庭设备修理费	52968.4	19.5
(2) 日杂用品加工修理费	2253.2	0.8
(3) 家政服务费	645.1	0.2
(4) 其他	36430.2	13.4
5. 交通和通讯	**2171870.2**	**798.5**
A. 购买交通和通讯用品支出	1267712.2	466.1
(1) 交通工具	693995.1	255.1
(2) 交通工具用燃料	381132.4	140.1
(3) 交通工具用零配件	88590.6	32.6

8-4 续表 1-2

单位:元

指 标	总 计	人 均
(4) 通讯工具	97618.0	35.9
(5) 通讯工具用零配件	6376.0	2.3
B. 交通和通讯服务消费支出	904158.1	332.4
(1) 交通消费服务支出	287081.6	105.5
(2) 通讯消费服务支出	617076.5	226.9
6. 文化教育、娱乐用品及服务	**1154655.3**	**424.5**
A. 购买文化教育、娱乐用品	386065.4	141.9
(1) 文教、娱乐用机电消费品	219128.5	80.6
(2) 书、报、杂志	38981.7	14.3
(3) 纸张、文具	42301.3	15.6
(4) 音像制品	777.7	0.3
(5) 电脑软件	525.2	0.2
(6) 体育用品	689.5	0.3
(7) 计算机零配件及耗材	1098.9	0.4
(8) 鲜花	2941.7	1.1
(9) 娱乐用品	17404.8	6.4
(10) 其他用品	62216.1	22.9
B. 教育服务消费	552825.0	203.2
(1) 托儿费	41871.2	15.4
(2) 幼儿园赞助费	16228.6	6.0
(3) 小学初中交纳各种教育费用(生活费除外)	181485.9	66.7
(4) 高中学杂费(不包括私立学校)	134351.9	49.4
(5) 入学赞助费(不包括私立学校)	21337.3	7.8
(6) 私立学校就读费	184.4	0.1
(7) 成人培训费	56450.9	20.8
(8) 其他	100914.8	37.0

8-4 续表 1-3

单位:元

指 标	总 计	人 均
C. 文化、体育、娱乐服务消费支出	215764.8	79.3
(1) 旅游	137313.6	50.5
(2) 休闲娱乐费	15986.4	5.9
(3) 文化、体育、娱乐用品修理费	358.3	0.1
(4) 上互联网费用	50329.7	18.5
(5) 其他	11777.0	4.3
7. 医疗保健	**950330.8**	**349.4**
A. 购买医疗保健用品	399173.0	146.8
(1) 购买医疗卫生用品	376648.3	138.5
(2) 保健用品	22524.7	8.3
B. 医疗保健服务消费支出	551157.8	202.6
(1) 医疗费	524888.9	193.0
(2) 医疗设备修理费	2822.9	1.0
(3) 保健费	8190.2	3.0
(4) 保健设备修理费	17.0	0.0
(5) 其他	15238.9	5.6
8. 其他商品和服务	**471375.3**	**173.3**
A. 购买其他商品支出	318940.6	117.3
(1) 首饰	88666.1	32.6
(2) 手表	2119.1	0.8
(3) 化妆品	46737.1	17.2
(4) 迷信、宗教用品	20310.8	7.5
(5) 其他	161107.6	59.2
B. 其他消费服务支出	152434.7	56.0
(1) 旅馆住宿费	2255.6	0.8
(2) 美容美发	40254.5	14.8
(3) 殡殓费	52517.0	19.3
(4) 生活消费借贷利息	2973.8	1.1
(5) 其他服务	54433.8	20.0

8-5 农村住户食品消费情况

单位:公斤

指　标	总　计	人　均
一、粮食消费量	317503.6	116.7
(一) 谷物消费量	293804.8	108.0
1. 小麦	190249.9	69.9
2. 稻谷	54956.9	20.2
3. 玉米	22236.5	8.2
(二) 薯类消费量	18143.7	6.7
1. 红薯	1160.4	0.4
2. 马铃薯	16107.8	5.9
3. 其他薯类	875.6	0.3
(三) 豆类消费量	5555.1	2.0
1. 大豆	2824.1	1.0
2. 其他豆类	2730.9	1.0
二、油脂类消费量	19524.7	7.2
1. 植物油	19496.4	7.2
2. 动物油	28.3	

8-5 续表 1-1

单位:公斤

指　标	总　计	人　均
三、烟叶消费量	36.6	
四、豆制品	7585.5	2.8
五、蔬菜及菜制品消费量	175350.7	64.5
六、 瓜类	35477.3	13.0
1. 西瓜	35006.6	12.9
2. 其他瓜果	470.7	0.2
七、水果类	60539.8	22.3
八、消费茶叶	2219.4	0.8
九、坚果消费量	3400.4	1.3
十、肉禽及其制品	26938.3	9.9
1. 猪肉	17627.0	6.5
2. 牛肉	287.5	0.1

8-5 续表 1-2

单位:公斤

指 标	总 计	人 均
3. 羊肉	1135.6	0.4
4. 家禽	1840.7	0.7
5. 其他肉禽及制品	6047.6	2.2
十一、蛋类及蛋制品	**17264.1**	**6.3**
十二、奶和奶制品	**24537.0**	**9.0**
十三、水产品	**3198.9**	**1.2**
1. 鱼类	2833.0	1.0
2. 虾、贝、蟹类	153.7	0.1
3. 藻类	36.0	
4. 其他	176.2	0.1
十四、食糖	**1693.3**	**0.6**
十五、酒	**10138.2**	**3.7**
#1. 白酒	4997.2	1.8
2. 啤酒	5092.3	1.9
3. 果酒	48.7	

8-6 县(市、区)农村

地　区	总收入	工资性收入	家庭经营收入	财产性收入	转移性收入
太 原 市	**10209.2**	**4541.1**	**4043.0**	**964.7**	**660.4**
小 店 区	13780.0	4790.4	5937.5	1862.7	1189.4
迎 泽 区	11811.5	5086.5	47.9	6415.7	261.4
杏花岭区	11627.0	6583.6	4338.7	286.0	418.9
尖草坪区	10134.0	4483.7	4147.7	966.7	535.9
万柏林区	12957.1	5960.7	1973.9	4402.8	619.7
晋 源 区	9245.7	5690.2	2895.9	31.3	628.3
清 徐 县	12410.8	4950.4	7023.4	118.6	318.4
阳 曲 县	4971.1	2433.6	2169.5	74.9	293.0
娄 烦 县	3801.0	1932.6	1179.6	74.2	614.6
古 交 市	10393.4	5148.8	2377.4	1239.4	1627.8

住户基本情况

单位:元/人

总支出	家庭经营费用支出	生活消费支出	食品消费支出	全年家庭纯收入	期内现金收入	期内现金支出
7559.9	1091.6	5883.9	1869.9	8887.7	9782.2	7475.3
11432.0	1146.0	9042.0	2577.0	12022.0	13110.5	11307.0
6459.3	4.3	6179.2	1923.4	11757.2	11811.5	6459.3
8055.5	1257.4	6283.0	2351.0	10324.9	11507.4	8055.5
5998.7	1044.1	4759.9	1807.6	8496.2	9817.5	5965.6
8351.6	337.1	7670.1	2420.2	12435.2	12807.9	8350.0
9912.3	839.9	8635.9	2299.4	8290.6	9096.0	9908.6
7927.7	2138.7	5108.0	1412.0	10251.1	11876.0	7891.8
3892.2	332.3	3368.0	1291.0	4563.0	4901.7	3892.2
2703.9	97.5	2389.0	1396.9	3592.2	3124.6	2408.3
8807.7	1289.2	6417.0	2179.0	8736.9	9632.8	8537.4

8-7 农村住户总收入

指　标	3000 元以下	3000-5000 元	5000-6000 元
一、总收入	3987.21	4845.89	6500.60
(一) 工资性收入	1468.17	2598.25	3412.98
1. 在非企业组织中劳动得到收入	16.41	46.36	94.05
(1) 乡村干部收入	3.97	38.27	44.59
(2) 乡村教师收入		8.09	43.92
(3) 行政事业单位等职工收入	12.44		5.54
2. 在本乡地域内劳动得到收入	1333.38	2293.89	3231.59
(1) 在企业中劳动得到收入	557.39	1278.16	1979.44
(2) 在国家投资基建项目得到收入		3.22	
(3) 提供其他劳务收入	775.99	1012.50	1252.15
3. 外出从业得到收入	118.37	258.00	87.34
(1) 在乡外县内从业得到收入	19.91	56.62	0.45
(2) 在县外省内从业得到收入	98.47	186.75	86.89
(3) 在省外国内从业得到收入		14.63	
(二) 家庭经营收入	1675.02	1785.74	2903.51
1. 第一产业收入	712.33	705.77	2392.08
(1) 农业收入	699.20	607.51	2307.65
(2) 林业收入	0.83	1.88	22.98
(3) 牧业收入	8.16	83.50	42.98
(4) 渔业收入	4.14	12.88	18.46
2. 第二产业收入	408.72	13.08	52.55
(1) 工业收入	393.67	5.43	33.86
(2) 建筑业收入	15.05	7.65	18.70
3. 第三产业收入	553.97	1066.89	458.88
①交通、运输、邮电业收入	469.35	249.45	458.39
②批零贸易业、饮食业收入	31.78	666.68	

按人均纯收入分组

单位:元 / 人

6000-7000 元	7000-8000 元	8000-9000 元	9000-10000 元	10000-12000 元	12000 元以上
6881.04	9681.31	9175.06	9979.92	11668.95	24659.05
4093.49	3665.55	5209.22	5589.36	6376.35	7358.00
217.62	202.93	132.63	30.46	466.27	417.72
126.46	172.76	122.76	2.68	81.40	143.38
	30.17	9.87	27.78	79.62	74.95
91.16				305.26	199.39
3470.01	3349.43	4372.74	5191.83	5345.36	6178.39
2139.13	1711.80	2852.15	2939.49	3149.14	3781.42
4.38	3.64	6.56			
1326.50	1634.00	1514.02	2252.34	2196.22	2396.98
405.86	113.20	703.86	367.06	564.72	761.89
98.74	38.92	258.87	284.33	206.19	265.26
301.12	74.28	437.69	82.74	351.16	465.59
6.00		7.29		7.36	31.04
1572.59	5126.61	2485.87	2968.37	3078.17	13490.66
1071.48	1069.10	1151.49	1834.64	2038.95	4125.25
1038.32	746.47	1090.62	1615.41	1836.16	3115.75
16.96	19.67			188.43	246.45
16.20	302.95	60.87	219.22	14.36	749.13
					13.93
18.93	160.13		115.71	24.20	816.77
3.46	151.25				509.10
15.47	8.87		115.71	24.20	307.67
482.17	3897.39	1334.38	1018.02	1015.01	8548.64
300.02	1420.19	1050.82	878.97	739.71	2283.45
106.82	20.30	193.68	132.50	82.50	1110.94

8-7 续表 1-1

指　标	3000 元以下	3000-5000 元	5000-6000 元
③社会服务业收入	7.48	150.50	0.11
④文教卫生业收入	45.36		
⑤其他行业收入		0.07	0.22
（三）财产性收入	39.46	88.17	-229.55
1. 利息		7.41	
2. 集体分配股息和红利		18.62	69.36
3. 其他股息和红利			
4. 租金（包括农业机械）	34.71	33.12	11.25
5. 储蓄性保险投资收入			0.79
6. 转让承包土地经营权收入			
7. 其他	4.75	29.01	-310.95
（四）转移性收入	804.56	373.73	413.66
1. 家庭住户成员寄回和带回			
2. 城市亲友赠送	6.35	15.58	20.70
3. 农村亲友赠送	419.01	51.69	21.36
4. 离退休金、养老金	35.38	34.52	109.27
5. 城市亲友支付赡养费	0.41	1.81	8.26
6. 农村亲友支付赡养费	88.96	35.80	18.53
7. 救济金、抚恤金、救灾款	34.63	13.47	9.12
8. 退耕还林还草补贴	7.92	16.92	15.80
9. 得到赔款			
10. 各项补贴收入	131.09	111.50	127.37
11. 其他	80.82	92.46	83.25
二、总支出	**7368.88**	**5713.78**	**5784.97**
（一）家庭经营费用支出	1262.56	661.01	999.09
1. 第一产业生产费用支出	120.07	201.07	968.67
（1）农业生产费用支出	119.13	100.13	492.92

单位:元 / 人

6000-7000 元	7000-8000 元	8000-9000 元	9000-10000 元	10000-12000 元	12000 元以上
33.71	2250.46	39.17		14.22	922.03
				110.87	56.47
41.61	206.44	50.70	6.55	67.72	3599.93
625.21	484.70	585.52	585.26	1198.40	2626.61
8.07			14.60	10.05	22.27
151.22	37.10	55.97	67.47	216.96	450.18
				11.21	16.24
129.68	261.85	326.62	269.44	471.07	1095.93
					2.99
280.96	164.63		90.62	389.32	141.57
55.28	21.11	202.93	143.12	99.79	897.43
589.75	404.45	894.45	836.93	1016.03	1183.78
					1.94
4.96	28.05	17.61	36.74	8.67	104.03
29.91	43.79	30.17	20.14	87.05	101.54
222.34	103.97	515.07	113.77	311.66	290.15
	4.53			1.64	9.16
18.45	19.45	34.23	118.13	74.39	22.38
23.79			5.59	0.55	3.87
33.18	7.50	34.76	15.61	7.83	14.13
			2.73		
153.57	123.37	92.49	289.85	350.86	87.33
103.56	73.78	170.12	234.38	173.39	549.24
5072.29	**9111.67**	**6473.87**	**7393.04**	**7025.31**	**16257.46**
269.81	1801.56	641.63	453.47	608.02	3985.41
223.80	103.10	496.56	261.22	352.29	714.89
190.25	99.23	227.05	235.22	231.98	341.09

8-7 续表 1-2

指　标	3000 元以下	3000-5000 元	5000-6000 元
(2) 林业生产费用支出		44.81	26.11
(3) 牧业生产费用支出	0.95	55.94	449.64
(4) 渔业生产费用支出		0.19	
2. 第二产业生产费用支出	670.30	2.19	2.73
(1) 工业生产费用支出	307.70		
(2) 建筑业生产费用支出	362.60	2.19	2.73
3. 第三产业生产费用支出	472.18	457.75	27.68
(1) 交通运输邮电业生产费用支出	445.51	45.61	26.54
(2) 批零贸易餐饮业生产费用支出	0.52	407.38	
(3) 社会服务业生产费用支出	1.37	4.62	1.15
(4) 文教卫生业生产费用支出	24.62		
(5) 其他行业生产费用支出	0.17	0.14	
(二) 购置生产性固定资产支出	1.04	8.45	24.75
(三) 建.造生产性固定资产雇工支出			
(四) 税费支出		0.03	
(五) 生活消费支出	5577.63	4745.02	4575.85
1. 食品消费支出	1580.29	1749.69	1443.11
A. 食品消费品支出	1422.10	1601.41	1333.19
(1) 谷物	341.52	295.15	265.56
(2) 薯类	42.38	53.34	54.92
(3) 豆类	9.40	9.04	8.15
(4) 食用油	79.40	110.07	78.69
(5) 蔬菜及制品	147.28	158.00	142.58
(6) 肉.禽.蛋.奶及制品	276.35	328.46	294.70
(7) 水产品及制品	11.83	13.20	14.96
(8) 烟.酒	221.18	229.68	174.81

单位:元/人

6000-7000 元	7000-8000 元	8000-9000 元	9000-10000 元	10000-12000 元	12000 元以上
29.51	2.72	161.63	10.90	117.91	96.51
4.04	1.15	107.88	15.09	2.40	277.29
9.90	99.99		5.24	20.06	124.75
1.25	99.99		5.24	0.07	109.69
8.65				19.98	15.06
36.11	1598.46	145.07	187.01	235.67	3145.77
21.13	547.59	107.79	43.16	176.76	441.37
1.65	3.38	36.95	8.27	17.36	534.68
3.11	1039.22	0.33	135.37	2.33	265.29
				26.16	4.47
10.22	8.27		0.22	13.05	1899.96
3.24				1.88	499.05
				10.76	
					0.42
4424.03	7055.58	5409.33	6098.05	5957.27	10646.47
1762.91	1735.79	1873.55	2401.70	2240.84	2721.05
1445.88	1524.32	1699.67	2033.72	2058.39	2315.61
284.62	308.96	395.49	461.36	511.57	294.97
48.86	39.21	49.29	68.96	88.67	37.64
9.31	9.24	44.50	8.64	8.30	10.23
96.92	80.94	110.42	168.99	179.94	106.38
157.20	138.11	166.31	190.85	161.68	235.63
322.34	419.70	344.88	423.70	377.96	537.06
10.92	15.53	16.82	26.14	25.40	36.39
198.05	238.91	173.49	177.73	260.42	447.88

8-7 续表 1-3

指　标	3000 元以下	3000-5000 元	5000-6000 元
(9) 茶叶.饮料	16.52	22.60	17.09
(10) 其他类食品	276.23	381.88	281.73
B. 食品消费服务性支出	158.19	148.28	109.92
2. 衣着消费支出	414.01	524.57	499.33
3. 居住消费支出	1723.81	826.70	991.74
4. 家庭设备.用品消费支出	468.20	296.36	213.29
5. 交通和通讯消费支出	239.39	438.08	781.42
6. 文化教育.娱乐消费支出	418.04	326.81	341.51
7. 医疗保健消费支出	655.51	324.68	188.91
8. 其他商品和服务消费支出	78.38	258.13	116.55
(六) 财产性支出		37.63	
(七) 转移性支出	527.65	261.64	185.28
1. 给大中专学生生活费和学杂费	281.95	32.97	16.73
2. 赠送农村亲友	168.14	140.86	83.75
3. 赠送城市亲友	5.36	9.99	18.92
4. 交纳医疗保险	19.75	19.81	18.66
5. 交纳社会保障基金	6.94	13.14	15.18
6. 购买非储蓄性保险	8.51	18.81	1.49
7. 赡养费	18.64	3.08	2.78
8. 其他直接税			0.40
9. 捐赠	0.07	0.38	0.29
10. 罚款.赔款		0.38	0.37
11. 其他	18.29	22.22	26.70
三、全年纯收入	**2212.51**	**4010.05**	**5462.90**
四、全年可支配收入	**2103.86**	**3762.47**	**5298.97**

单位:元/人

6000–7000元	7000–8000元	8000–9000元	9000–10000元	10000–12000元	12000元以上
15.98	20.20	27.23	28.95	23.20	48.10
301.68	253.52	371.25	478.41	421.25	561.33
317.04	211.47	173.87	367.98	182.45	405.44
598.36	762.19	806.08	934.80	860.24	1169.96
623.11	1445.04	988.28	713.82	736.33	2426.84
243.60	306.15	376.27	318.13	341.42	776.37
411.39	2067.00	575.34	631.83	838.16	1997.84
442.80	249.73	407.63	580.74	476.51	586.24
214.16	334.65	286.28	383.62	364.01	652.95
127.72	155.04	95.91	133.40	99.77	315.23
0.34					
374.87	254.53	422.91	841.53	447.37	1126.09
126.89	62.11	22.69	545.55	96.64	422.95
134.49	106.30	232.03	123.60	256.89	431.54
6.73	8.80	14.59	48.61	15.02	61.96
22.51	21.15	28.13	38.66	23.81	33.93
45.32	13.93	39.29	45.80	24.90	44.73
14.48	8.79	34.23	29.77	7.26	29.29
0.31	8.72	15.60	8.88	1.82	24.60
					0.88
0.38	0.22	0.35	0.33	0.44	2.00
0.23		0.93			5.05
23.54	24.52	35.07	0.34	20.60	69.17
6524.97	7577.62	8431.81	9423.41	10888.13	20185.47
6179.66	7366.88	8039.07	8602.02	10527.81	19160.92

8-8 农村住户现金

指 标	3000 元以下	3000-5000 元	5000-6000 元
一、期内现金收入	**3461.70**	**4525.92**	**7172.21**
（一）工资性收入	1468.17	2598.06	3412.98
1. 在非企业组织中劳动得到收入	16.41	46.36	94.05
（1）乡村干部收入	3.97	38.27	44.59
（2）乡村教师收入		8.09	43.92
（3）行政事业单位等职工收入	12.44		5.54
2. 在本乡地域内劳动得到收入	1333.38	2293.71	3231.59
（1）在企业中劳动得到收入	557.39	1278.08	1979.44
（2）在国家投资基建项目得到收入		3.22	
（3）提供其他劳务收入	775.99	1012.40	1252.15
3. 外出从业得到收入	118.37	258.00	87.34
（1）在乡外县内从业得到收入	19.91	56.62	0.45
（2）在县外省内从业得到收入	98.47	186.75	86.89
（3）在省外国内从业得到收入		14.63	
（二）家庭经营现金收入	1259.13	1570.50	3286.30
1. 第一产业现金收入	296.44	490.53	2774.87
（1）农业现金收入	284.03	392.04	1490.42
（2）林业现金收入	0.83	1.88	22.98
（3）牧业现金收入	7.45	83.73	1243.00
（4）渔业现金收入	4.14	12.88	18.46
2. 第二产业现金收入	408.72	13.08	52.55
（1）工业收入	393.67	5.43	33.86
（2）建筑业收入	15.05	7.65	18.70

收支按人均纯收入分组

单位:元/人

6000-7000元	7000-8000元	8000-9000元	9000-10000元	10000-12000元	12000元以上
6493.28	9180.86	8688.76	9481.75	10834.82	24038.27
4091.93	3665.55	5209.07	5589.36	6376.35	7356.71
217.62	202.93	132.63	30.46	466.27	417.72
126.46	172.76	122.76	2.68	81.40	143.38
	30.17	9.87	27.78	79.62	74.95
91.16				305.26	199.39
3468.45	3349.43	4372.58	5191.83	5345.36	6177.10
2137.56	1711.80	2852.15	2939.49	3149.14	3780.30
4.38	3.64	6.56			
1326.50	1634.00	1513.86	2252.34	2196.22	2396.81
405.86	113.20	703.86	367.06	564.72	761.89
98.74	38.92	258.87	284.33	206.19	265.26
301.12	74.28	437.69	82.74	351.16	465.59
6.00		7.29		7.36	31.04
1297.75	4732.75	2073.49	2708.38	2371.97	12972.46
797.48	675.24	739.11	1574.64	1332.76	3607.05
765.38	546.77	589.39	1357.03	1096.30	2354.41
18.11	19.67			213.13	257.64
13.99	108.80	149.72	217.61	23.33	981.08
					13.93
18.93	160.13		115.71	24.20	816.77
3.46	151.25				509.10
15.47	8.87		115.71	24.20	307.67

8-8 续表 1-1

指　标	3000 元以下	3000-5000 元	5000-6000 元
3. 第三产业现金收入	553.97	1066.89	458.88
#a. 交通、运输、邮电业收入	469.35	249.45	458.39
b. 批零贸易业、饮食业收入	31.78	666.68	
c. 社会服务业收入	7.48	150.50	0.11
d. 文教卫生业收入	45.36		
e. 其他行业收入		0.07	0.22
（三）财产性收入	39.31	88.03	141.28
1. 利息		7.41	
2. 集体分配股息和红利		18.62	69.36
3. 其他股息和红利			
4. 租金（包括农业机械）	34.71	33.12	11.25
5. 储蓄性保险投资收入			0.79
6. 转让承包土地经营权收入			
7. 其他	4.60	28.88	59.88
（四）转移性收入	695.10	269.32	331.65
1. 家庭住户成员寄回和带回			
2. 城市亲友赠送	3.72	8.55	12.37
3. 农村亲友赠送	396.84	40.09	11.01
4. 离退休金、养老金	35.38	34.52	109.27
5. 城市亲友支付赡养费	0.41	1.81	8.26
6. 农村亲友支付赡养费	88.96	35.80	18.53
7. 救济金	28.62	12.14	4.71
8. 抚恤金		1.13	

单位:元 / 人

6000-7000 元	7000-8000 元	8000-9000 元	9000-10000 元	10000-12000 元	12000 元以上
481.34	3897.39	1334.38	1018.02	1015.01	8548.64
300.02	1420.19	1050.82	878.97	739.71	2283.45
106.82	20.30	193.68	132.50	82.50	1110.94
33.71	2250.46	39.17		14.22	922.03
				110.87	56.47
40.78	206.44	50.70	6.55	67.72	3599.93
612.79	492.47	611.40	442.69	1194.88	2704.65
8.07			14.60	10.05	22.27
151.22	37.10	55.97	67.47	216.96	450.18
				11.21	16.24
129.68	261.85	326.62	269.44	471.07	1095.93
					2.99
280.96	164.63		90.62	389.32	141.57
42.86	28.88	228.81	0.55	96.26	975.47
490.81	290.08	794.80	741.32	891.62	1004.44
					1.94
1.78		16.22	20.44	4.82	88.52
13.85	32.14	12.50	6.12	68.89	46.66
222.34	103.97	515.07	113.77	311.66	290.15
	4.53			1.64	9.16
18.45	19.45	34.23	118.13	74.39	22.38
2.33			1.22		1.95
				0.55	

8-8 续表 1-2

指 标	3000 元以下	3000-5000 元	5000-6000 元
9. 救灾款	6.01	0.20	4.41
10. 退耕还林还草补贴	7.92	16.92	15.80
11. 得到赔款			
12. 粮食直接补贴	19.47	15.33	36.70
13. 领取养殖业补贴	0.12	0.92	
14. 领取最低生活保障费	16.59	23.16	19.21
15. 领取新型农村养老保险	9.43	15.09	15.50
16. 其他来自政府的补贴	70.87	42.93	47.45
17. 其他	10.76	20.73	28.43
二、非收入现金所得	**6333.43**	**6255.81**	**927.40**
(一) 非借贷性现金所得	2843.64	5439.37	234.46
1. 出售财物	3.99	61.30	52.23
2. 彩票中奖所得			
3. 调查补贴	13.46	8.91	9.42
4. 婚.丧.嫁.娶礼金	154.29	75.69	
5. 土地征用补偿	2613.48	5276.97	164.23
6. 拆迁补偿			
7. 报销医疗费	15.62		8.55
8. 其他(包括赌博所得)	42.80	16.50	0.03
(二) 借贷性现金所得	3489.79	816.44	692.94
1. 银行、信用社贷款	82.88	58.34	
2. 借入款	1692.32	105.83	353.51

单位:元 / 人

6000-7000 元	7000-8000 元	8000-9000 元	9000-10000 元	10000-12000 元	12000 元以上
21.46			4.37		1.92
33.18	7.50	34.76	15.61	7.83	14.13
			2.73		
31.44	11.90	14.08	38.18	56.21	23.42
	2.65		2.36	3.66	
	5.09		9.06	28.84	7.54
8.15	3.25	0.46	5.48	1.69	2.76
93.32	84.20	53.95	212.28	229.19	23.06
44.53	15.38	113.55	191.57	102.25	470.87
2224.48	4306.36	1117.05	1294.76	6709.45	7678.05
1642.70	3613.26	380.41	938.13	6074.49	4928.55
17.67	390.88	13.45	456.91	166.58	61.38
	3.40				
15.33	11.19	8.53	13.74	12.57	20.16
90.02	241.51	56.20	16.69	142.95	870.83
1519.68	2966.28	286.03	447.18	5657.58	1392.11
					2565.95
		8.65	3.61		6.34
		7.55		94.80	11.78
581.78	693.10	736.64	356.63	634.96	2749.50
81.03	361.74	554.40	155.30	36.33	584.98

8-8 续表 1-3

指　标	3000 元以下	3000-5000 元	5000-6000 元
3. 收回借出款	27.35	5.32	
4. 取回存款	1687.24	605.22	288.16
5. 收回其他投资款			
6. 其他		41.72	51.27
三、期内现金支出	**7306.43**	**5632.06**	**5643.36**
(一) 生产费用支出	1256.71	658.06	955.18
1. 家庭经营费用支出	1255.67	649.61	930.43
(1) 第一产业生产费用支出	113.19	189.66	900.02
①农业生产费用支出	113.19	89.85	425.40
②林业生产费用支出		44.81	26.11
③牧业生产费用支出		54.82	448.51
④渔业生产费用支出		0.19	
(2) 第二产业生产费用支出	670.30	2.19	2.73
①工业生产费用支出	307.70		
②建筑业生产费用支出	362.60	2.19	2.73
(3) 第三产业生产费用支出	472.18	457.75	27.68
①交通运输邮电业生产费用支出	445.51	45.61	26.54
②批零贸易餐饮业生产费用支出	0.52	407.38	
③社会服务业生产费用支出	1.37	4.62	1.15
④文教卫生业生产费用支出	24.62		
⑤其他行业生产费用支出	0.17	0.14	

单位：元 / 人

6000–7000 元	7000–8000 元	8000–9000 元	9000–10000 元	10000–12000 元	12000 元以上
		29.98		180.50	103.50
500.75	331.36	152.27	201.32	418.13	1956.85
					102.65
					1.52
5003.66	9035.64	6340.03	7301.34	6880.19	16150.83
267.87	1791.18	638.98	451.82	612.48	4432.52
264.63	1791.18	638.98	451.82	599.83	3933.47
218.62	92.72	493.91	259.57	344.11	663.03
185.59	89.52	224.54	234.82	224.59	315.30
29.51	2.72	161.63	10.90	117.61	95.81
3.52	0.48	107.74	13.85	1.91	251.92
9.90	99.99		5.24	20.06	124.75
1.25	99.99		5.24	0.07	109.69
8.65				19.98	15.06
36.11	1598.46	145.07	187.01	235.67	3145.70
21.13	547.59	107.79	43.16	176.76	441.37
1.65	3.38	36.95	8.27	17.36	534.61
3.11	1039.22	0.33	135.37	2.33	265.29
				26.16	4.47
10.22	8.27		0.22	13.05	1899.96

8-8 续表 1-4

指　标	3000 元以下	3000-5000 元	5000-6000 元
2. 购置生产性固定资产支出	1.04	8.45	24.75
(1) 购置建筑生产用建筑物材料		1.16	
(2) 购买农林牧渔业机械	1.04	5.02	
(3) 购买运输机械			24.75
(4) 购买其他生产性固定资产		2.27	
3. 建、造生产性固定资产雇工支出			
(二) 税费支出		0.03	
(三) 生活消费支出	5522.07	4678.80	4505.14
(四) 财产性支出		37.63	
其他		37.63	
(五) 转移性支出	527.65	257.54	183.03
1. 给大中专学生生活费和学杂费	281.95	32.97	16.73
2. 赠送农村亲友	168.14	138.20	82.82
3. 赠送城市亲友	5.36	8.54	17.59
4. 交纳医疗保险	19.75	19.81	18.66
5. 交纳社会保障基金	6.94	13.14	15.18
6. 购买非储蓄性保险	8.51	18.81	1.49
7. 赡养费	18.64	3.08	2.78
8. 其他直接税			0.40

单位:元/人

6000-7000元	7000-8000元	8000-9000元	9000-10000元	10000-12000元	12000元以上
3.24				1.88	499.05
				1.88	5.09
3.24					59.68
					434.29
				10.76	
					0.42
4362.12	6992.02	5280.39	6009.49	5826.47	10599.49
0.34					
0.34					
373.33	252.45	420.65	840.03	441.24	1118.39
126.89	62.11	22.69	545.55	96.64	422.95
133.18	104.55	229.77	122.11	250.76	424.51
6.50	8.46	14.59	48.61	15.02	61.30
22.51	21.15	28.13	38.66	23.81	33.93
45.32	13.93	39.29	45.80	24.90	44.73
14.48	8.79	34.23	29.77	7.26	29.29
0.31	8.72	15.60	8.88	1.82	24.60
					0.88

8-8 续表 1-5

指　标	3000 元以下	3000-5000 元	5000-6000 元
9. 捐赠	0.07	0.38	0.29
10. 罚款、赔款		0.38	0.37
11. 其他	18.29	22.22	26.70
四、非消费性支出	**3371.73**	**4471.12**	**491.02**
(一) 非借贷性支出	1182.91	432.91	447.72
1. 购买彩票		0.01	0.03
2. 婚.丧.嫁.娶支出	1182.21	429.01	444.55
3. 交纳党费.团费	0.32	0.01	0.21
4. 迷信.宗教活动捐赠		0.75	0.56
5. 其他	0.38	3.13	2.37
(二) 储蓄.借贷性支出	2188.83	4038.21	43.30
1. 归还银行.信用社		58.54	
2. 借出款		17.50	5.70
3. 归还借款		30.08	6.02
4. 存款	1805.76	3932.08	31.59
5. 购买储蓄性保险	383.07		
6. 其他			
五、期末金融资产余额	**7215.44**	**9983.73**	**5547.76**
1. 手存现金	951.68	1895.88	1144.34
2. 存款余额	6263.76	8087.86	4403.42
六、期末债务余额	**1993.26**		
1. 银行、信用社贷款	51.77		
2. 个人借（欠）款	1941.49		

单位:元/人

6000-7000元	7000-8000元	8000-9000元	9000-10000元	10000-12000元	12000元以上
0.38	0.22	0.35	0.33	0.44	2.00
0.23		0.93			5.05
23.54	24.52	35.07	0.34	20.60	69.17
1834.34	3419.50	1329.98	1548.47	5962.46	6185.45
638.02	822.87	940.51	683.64	923.78	2060.70
0.06	0.97	0.02	0.03	0.02	0.02
635.33	781.85	940.38	682.11	917.58	2056.37
0.15	0.23	0.02	0.00	0.04	0.20
2.15	1.34	0.10		0.21	0.88
0.33	38.49		1.51	5.93	3.24
1196.32	2596.62	389.47	864.83	5038.68	4124.75
					35.76
	65.85				51.00
9.70	64.91	111.96	54.98	47.62	451.01
1186.62	2465.86	277.51	796.17	4980.28	3567.07
			13.68	10.79	18.80
					1.11
6017.62	9212.47	7666.55	10148.19	15423.43	15413.13
1190.16	2146.06	1587.68	1195.33	2771.55	2936.24
4827.46	7066.41	6078.88	8952.87	12651.89	12476.90
84.36	273.61			1536.88	186.76
				1124.91	15.18
84.36	273.61			411.96	118.43

8-9 农村住户食品

指 标	3000 元以下	3000-5000 元	5000-6000 元
一、粮食消费量	142.11	120.20	110.26
（一）谷物消费量	133.77	110.42	100.04
1. 小麦	99.87	70.37	62.92
2. 稻谷	18.45	23.67	18.41
3. 玉米	6.40	6.05	5.61
（二）薯类消费量	6.65	7.82	8.52
1. 红薯	0.58	0.43	0.45
2. 马铃薯	5.92	6.94	7.81
3. 其他薯类	0.14	0.45	0.26
（三）豆类消费量	1.70	1.96	1.70
1. 大豆	0.33	1.24	0.85
2. 其他豆类	1.37	0.73	0.85
二、油脂类消费量	6.68	9.55	6.36
1. 植物油	6.68	9.55	6.30
2. 动物油		0.00	0.06
三、烟叶消费量		0.06	
四、豆制品	3.08	2.23	2.43
五、蔬菜及菜制品消费量	71.73	65.26	57.28
1. 鲜菜	70.98	63.90	56.52
2. 干菜	0.56	1.12	0.58
3. 菜制品	0.04	0.11	0.11
4. 鲜菌	0.15	0.11	0.06
5. 干菌		0.01	0.01
6. 菌制品			

消费按人均纯收入分组

单位：公斤

6000-7000元	7000-8000元	8000-9000元	9000-10000元	10000-12000元	12000元以上
114.27	132.06	169.25	175.90	195.37	119.26
105.04	123.72	149.49	162.67	178.60	112.80
63.24	80.18	82.11	101.91	92.97	80.88
25.65	27.78	30.79	41.04	48.33	19.26
7.07	7.64	24.22	13.59	11.32	4.94
7.44	6.04	7.58	11.62	15.38	4.58
0.38	0.26	0.19	0.37	0.65	0.39
6.83	5.67	7.10	11.10	14.49	3.66
0.23	0.10	0.29	0.15	0.24	0.54
1.79	2.30	12.18	1.62	1.39	1.88
0.65	1.64	11.41	1.01	0.52	1.07
1.14	0.66	0.77	0.61	0.86	0.81
7.48	6.51	9.75	11.39	11.60	8.88
7.47	6.51	9.75	11.38	11.59	8.87
0.00			0.00	0.01	0.01
					0.02
2.45	2.53	3.33	3.66	3.96	3.97
59.53	50.04	54.02	67.10	58.45	86.28
58.55	49.56	53.22	66.19	57.65	85.12
0.43	0.36	0.47	0.73	0.45	0.72
0.39	0.07	0.11	0.10	0.19	0.21
0.11	0.04	0.22	0.04	0.12	0.17
0.02			0.03	0.02	0.04
0.02				0.01	0.02

8-9 续表

指　标	3000 元以下	3000-5000 元	5000-6000 元
六、瓜类	13.56	10.69	10.77
1. 西瓜	13.54	10.54	10.74
2. 其他瓜果	0.02	0.15	0.03
七、水果类	15.98	17.97	14.98
八、消费茶叶	0.08	0.05	0.11
九、坚果消费量	1.48	1.39	0.87
十、肉禽及其制品	8.85	7.02	8.34
1. 猪肉	5.65	4.72	5.85
2. 牛肉	0.02	0.04	0.07
3. 羊肉	0.29	0.30	0.32
4. 家禽	0.41	0.51	0.90
5. 其他肉禽及制品	2.47	1.44	1.20
十一、蛋类及蛋制品	5.43	5.66	6.10
十二、奶和奶制品	5.19	9.08	7.54
十三、水产品	0.68	0.71	0.95
1. 鱼类	0.65	0.61	0.90
2. 虾、贝、蟹类		0.03	0.02
3. 藻类	0.00	0.03	0.01
4. 其他	0.03	0.04	0.02
十四、食糖	0.79	0.64	0.60
十五、酒	1.92	3.08	3.28
# 1. 白酒	1.42	1.52	1.73
2. 啤酒	0.50	1.47	1.53
3. 果酒		0.05	0.01

单位：公斤

6000-7000元	7000-8000元	8000-9000元	9000-10000元	10000-12000元	12000元以上
12.22	11.08	18.12	12.90	13.54	21.20
11.95	10.99	17.89	12.68	13.38	20.79
0.27	0.09	0.23	0.23	0.16	0.40
18.32	18.82	20.28	37.83	24.65	35.43
0.05	0.10	0.06	0.07	0.07	0.13
0.84	0.89	0.94	1.74	1.58	1.67
9.44	11.13	10.16	11.76	10.46	14.94
6.47	8.00	6.50	8.27	6.76	9.25
0.05	0.05	0.09	0.07	0.10	0.23
0.41	0.20	0.42	0.24	0.77	0.63
0.85	1.04	0.91	0.82	0.69	0.83
1.66	1.84	2.24	2.36	2.14	4.01
6.25	4.73	6.57	9.66	6.58	8.74
7.91	6.34	6.76	10.81	10.40	11.27
0.70	1.02	0.91	1.68	1.44	1.84
0.63	0.87	0.81	1.49	1.28	1.58
0.01	0.06	0.08	0.08	0.03	0.12
0.02	0.02	0.01	0.04	0.00	0.01
0.03	0.07	0.02	0.07	0.13	0.13
0.56	0.31	0.89	0.74	0.47	0.76
3.32	2.90	4.20	4.09	3.55	4.79
1.62	1.80	1.39	2.32	1.96	2.29
1.70	1.07	2.79	1.76	1.55	2.45
	0.04		0.01		0.04

8-10 农村住户粮食收支

单位:公斤

指　标	总　计	人　均
一、期内粮食收入合计	**1450176.0**	**533.2**
（一）家庭经营生产粮食	1080597.2	397.3
（二）购入粮食	323751.3	119.1
（三）其他粮食收入	45827.5	16.8
二、期内粮食支出合计	**961826.0**	**353.6**
（一）主食用粮	317503.6	116.7
（二）出售粮食	566399.9	208.2
（三）种籽用粮食	21834.5	8.0
（四）饲料用粮食	54353.9	20.1
（五）其他粮食支出	1734.1	0.6
四、期末粮食结存滚存计算数	**1083828.0**	**398.5**
五、期末粮食结存实际调查数	**899825.6**	**330.8**
（一）谷物	806697.1	296.6
（二）薯类	76821.2	28.2
（三）豆类	16307.3	6.0

第九篇

公用事业

GONGYONGSHIYE

资料整理、审核

苏人龙

9-1 城市设施水平

指　标	单　位	2011	2010
用水普及率	%	100.0	100.0
燃气普及率	%	98.6	98.6
每万人拥有公共交通车辆	标台	7.89	7.78
人均城市道路面积	平方米	8.6	8.1
污水处理率	%	84.0	84.0
人均公园绿地面积	平方米	10.09	9.6
建城区绿地率	%	33.2	32.0
建城区绿化覆盖率	%	38.0	36.8
生活垃圾无害化处理率	%	94.8	94.8

9-2 城市用地

指　标	单　位	2011	2010
建成区面积	平方公里	333.03	277.05
城市建设用地面积	平方公里	280.10	256.06
#居住用地	平方公里	66.30	60.73
工业用地	平方公里	73.15	70.08
仓储用地	平方公里	9.30	9.28
绿地	平方公里	29.20	27.28
本年征用土地面积	平方公里	9.87	10.21
#耕地	平方公里	4.45	4.97

9-3 城市公共汽车、电车、出租汽车

指　标	单　位	2011	2010
公共汽车、电车			
营运车辆数	辆	2677	2213
公共汽车	辆	2546	2080
无轨电车	辆	131	133
标准运营车数	标台	2981	2376
运营线路网长度	公里	3003	1107
客运总量	万人次	64300	44128
公共汽车	万人次	61321	38480
无轨电车	万人次	2979	3053
运营收入	万元	53136	37509
出租汽车			
出租车运营车数	辆	8719	8652
客运总量	万人次	16838	19866

9-4 城市公共供水

指　标	单　位	2011	2010
水厂个数	个	16	14
#地下水	个	14	11
地表水	万立方米	9589	9360
地下水	万立方米	12115	11042
综合生产能力	万立方米/日	92	92
供水管道长度	公里	1305	1384
供水总量	万立方米	21132	19956
最高日供水量	万立方米	71	62
售水量	万立方米	18529	17503
生产运营用水	万立方米	7027	3945
居民家庭用水	万立方米	10157	9567
免费供水量	万立方米	20	27
漏损水量	万立方米	2582	2426
用水户数	户	219642	227739
生产运营	户	3160	2884
公共服务	户	2648	2547
居民家庭	户	206930	215694
其他	户	6904	6614
用水人口	万人	303	273
制水、送(配)水耗电总量	万千瓦时	5041	4807

9-5 城市自建设施供水

指　标	单　位	2011	2010
自备水源单位个数	个	122	122
综合生产能力	万立方米 / 日	33.6	33.6
#地下水	万立方米 / 日	5.8	5.8
供水总量	万立方米	13110	9568
合计中:生产运营用水	万立方米	9738.4	9295.9
居民家庭用水	万立方米	135.75	96.14
供水管道长度	公里	307	244
用水户数	户	30845	13345
#居民家庭	户	28001	13001
用水人口	万人	46.0	57.9

9-6 城市人工煤气

指　标	单　位	2011	2010
生产能力	万立方米 / 日	50	49
自制气量	万立方米	1520	1500
供气管道长度	公里	2682	2510
储气能力	万立方米	50	51
供气总量	万立方米	57493	52179
销售气量	万立方米	57493	52171
#居民家庭	万立方米	9558	9348
用气户数	户	258973	331255
#居民家庭	户	252217	326044
用气人口	万人	105	107
燃气供应综合耗电总量	万千瓦时	902	951

9-7 城市液化石油气

指 标	单 位	2011	2010
供气管道长度	公里	118	116
储气能力	吨	1646	1589
供气总量	吨	32719	32728
销售气量	吨	32700	32708
#居民家庭	吨	23015	22957
燃气损失量	吨	19	20
用气户数	户	105810	105830
#居民家庭	户	99190	99460
用气人口	万人	82	77

9-8 城市天然气

指 标	单 位	2011	2010
供气管道长度	公里	240	185
供气总量	万立方米	39808	32323
最高日供气量	万立方米	211	165
销售气量	万立方米	36925	32320
#居民家庭	万立方米	5337	5020
用气户数	户	511579	398090
#居民家庭	户	508523	396316
用气人口	万人	154	138
汽车加气站座数	座	1	1
汽车加气站加气总量	万立方米	1262	1079

9-9 城市集中供热

指　标	单　位	2011	2010
供热能力	吨/小时|兆瓦	4370	3993
#热电厂	吨/小时|兆瓦	2199	2199
锅炉房	吨/小时|兆瓦	2171	1493
供热总量	万吉焦	2888	2359
#热电厂	万吉焦	1144	1037
锅炉房	万吉焦	1161	1162
供热管道长度	公里	1032	881
供热面积	万平方米	8330	8317
#住宅	万平方米	4158	3580

9-10 全社会用电量

单位:万千瓦时

指　标	2011	2010
总　计	2433400	2173148
1. 全行业用电	2176883	1962052
第一产业	17690	16036
第二产业	1865998	1676724
第三产业	293195	269292
2. 城乡居民生活用电	235805	211096
城镇居民	207638	185608
乡村居民	28167	25487
全行业用电分类	2176883	1962052
农、林、牧、渔业	17690	16036
工　业	1835431	1652677
建筑业	30567	24047
交通运输、仓储和邮政业	79124	77720
信息传输、计算机服务和软件业	11449	9526
商业、住宿和餐饮业	61393	49731
金融、房地产、商务及居民服务业	66459	56536
公共事业及管理机构	74770	75778
每一居民平均生活用电(千瓦时)	646.01	577.56

9-11 城市道路桥梁

指　标	单　位	2011	2010
道路长度	公里	2174	2122
道路面积	万平方米	3165	2853
车行道面积	万平方米	2481	2224
人行道面积	万平方米	684	629
桥梁座数	座	194	185
# 立交桥	座	16	16
人行过街天桥	座	12	9
人行地下通道	座	13	13
道路照明灯盏数	盏	111092	105328
防洪堤长度	公里	171	64
# 百年一遇	公里	1	1
五十年一遇	公里	63	63

9-12 城市排水

指　标	单　位	2011	2010
污水排放总量	万立方米	22705	22556
排水管道长度	公里	2000	1509
再生水生产能力	万立方米 / 日	3.45	2.00
再生水利用量	万立方米	319.08	
污水处理能力	万立方米 / 日	67.6	20.5
污水处理量	万立方米	19072	18916
全年 COD 削减量	万吨	6.64	1.89

9-13 城市园林绿化

指　标	单　位	2011	2010
绿化覆盖面积	公顷	12716	10336
绿地面积	公顷	11051	9344
# 公园绿地	公顷	3331	2885
生产绿地	公顷	803	818
附属绿地	公顷	3864	4199
公园个数	个	54	49
# 门票免费公园	个	48	46
公园面积	公顷	2859	2431
# 水域面积	公顷	502	691

9-14 城市市容环境卫生

指　标	单　位	2011	2010
道路清扫保洁面积	万平方米	3968	3854
# 机械化	万平方米	2633	2663
生活垃圾清运量	万吨	185	126
# 密闭车(箱)清运量	万吨	182	125
粪便清运量	万吨	0.78	0.33
生活垃圾转运站座数	座	66	65
公共厕所数量	座	574	546
# 三类以上	座	415	399
市容环卫专用车辆设备数	辆	1936	1915
生活垃圾(粪便)处理场处理能力	吨 / 日	4020	3000
生活垃圾(粪便)处理场处理量	万吨	185	110
本年运行天数	天	365	365
本年运行费用	万元	9765	7500

9-15 城市环境保护

指　标	单　位	2011	2010
二氧化硫排放量	万吨	14.12	14.38
烟尘排放量	万吨	6.47	6.71
工业粉尘排放量	万吨	1.77	1.83
化学需氧量排放量	万吨	2.65	2.78
氨氮排放量	万吨	0.5591	0.5572
市区环境空气综合污染指数	%	2.19	2.27
市区环境空气二级以上天数	天	308	304
集中式引用水源地水质达标率	%	100.0	100.0
市区水环境功能区水质达标率	%	62.5	50.0

第十篇

农　业

NONG YE

资料整理、审核

纪知明　　冀晓洁　　李建华

10-1 农村基本情况

指 标	单位	1995	2000	2005	2008	2009	2010	2011
农村基层组织								
乡镇政府	个	83	83	79	85	52	52	52
#镇政府	个	22	24	21	21	21	21	21
村民委员会	个	1285	1287	1017	974	973	965	955
乡村户数、人口、劳动力								
乡村户数	户	267535	289188	305763	310600	326636	337761	339572
乡村人口	人	1004788	1056552	1060881	1009063	1026448	1037667	1017208
乡村从业人员数(实有劳动力)	人	454648	481186	502875	487808	492658	491238	480410
男劳动力	人	250465	266935	278965	272547	272197	269930	269144
女劳动力	人	204183	214251	223910	215261	220461	221308	211266
按行业分								
农林牧渔业	人	251582	271173	260224	240744	239212	233253	231068
工业	人	92130	78455	82464	83157	80951	78812	77666
建筑业	人	12394	15903	20951	22011	22627	23708	23456
交通运输、仓储、邮电通信、信息传输、计算机业	人	39266	42795	52039	51090	50415	55320	53431
批发和零售贸易业、住宿及餐饮业	人	18125	29092	40666	38753	40792	44792	41558
其他行业	人	41151	43768	46531	52053	58661	55353	53231

注:2009年以后乡镇政府口径与以前不同,不包括农业街办。

10-2 农业生

指　标	单　位	合　计	小店区	迎泽区	杏花岭区
一、农村基层组织情况					
乡镇个数	个	79	6	1	3
1. 镇	个	21	1	1	
其中:城关镇	个	3			
2. 乡	个	31	2		2
3. 其他乡级单位	个	27	3		1
村委会个数	个	955	61	28	38
二、农村基础设施					
自来水受益村数	个	887	61	28	38
通汽车村数	个	955	61	28	38
通电话村数	个	955	61	28	38
三、乡村人口与从业人员					
乡村户数	户	339572	34201	8915	10977
乡村人口数	人	1017208	109216	24630	31216
1. 男	人	525843	57216	12154	16089
2. 女	人	491365	52000	12476	15127
乡村劳动力资源数	人	550421	70652	16162	17580
1. 男	人	295884	38315	8598	9124
2. 女	人	254537	32337	7564	8456
乡村从业人员数	人	480410	59663	13053	16006
1. 男	人	269144	33423	7094	8600
2. 女	人	211266	26240	5959	7406
其中：1. 农业从业人员	人	231068	30170	1414	3841
2. 工业从业人员	人	77666	6281	1443	4066
3. 建筑业从业人员	人	23456	2818	610	1152

产 条 件

尖草坪区	万柏林区	晋源区	清徐县	阳曲县	娄烦县	古交市
13	9	6	9	10	8	14
2		3	4	4	3	3
			1	1	1	
3	1		5	6	5	7
8	8	3				4
88	50	90	188	124	142	146
88	32	90	188	108	127	127
88	50	90	188	124	142	146
88	50	90	188	124	142	146
35695	14019	40018	84718	43528	30871	36630
109631	41177	127167	249671	113169	106614	104717
56678	20688	64565	125482	59564	56453	56954
52953	20489	62602	124189	53605	50161	47763
62456	25489	77610	123735	58204	58297	40236
31816	12962	41603	62663	33541	33880	23382
30640	12527	36007	61072	24663	24417	16854
52870	19507	66433	114174	53210	49336	36158
29186	10476	37011	60785	31193	28810	22566
23684	9031	29422	53389	22017	20526	13592
16368	4522	26470	67327	29130	34556	17270
8732	2286	12267	21106	6419	4839	10227
3608	816	4463	4452	2945	2092	500

10-2 续表

指　标	单位	合计	小店区	迎泽区	杏花岭区
4. 交运仓储和邮政业从业人员	人	48311	6519	2145	2198
5. 信息传输、计算机服务和软件业	人	5120	636	145	126
6. 批发与零售业从业人员	人	28070	4298	2516	2237
7. 住宿和餐饮业从业人员	人	13488	1838	834	652
8. 其他行业从业人员	人	53231	7103	3946	1734
四、农业主要能源及物耗					
1. 农村用电量	万千瓦时	50391	4433	1973	3792
2. 农用化肥施用量（实物量）	吨	94088	9068	9	105
#（1）氮肥	吨	40971	3089	4	64
（2）磷肥	吨	24430	1952	3	19
（3）钾肥	吨	3767	241		
（4）复合肥	吨	24920	3786	2	22
3. 农用化肥施用量（折纯量）	吨	27655	3171	3	30
#（1）氮肥	吨	9523	801	1	16
（2）磷肥	吨	3903	339	1	3
（3）钾肥	吨	1681	93		
（4）复合肥	吨	12548	1938	1	11
4. 农用塑料薄膜使用量	吨	3163	167	1	5
其中：地膜使用量	吨	1956	50	1	5
地膜覆盖面积	公顷	21696	722		32
5. 农用柴油使用量	吨	13743	2565	10	48
6. 农药使用量	吨	854	63	1	14

尖草坪区	万柏林区	晋源区	清徐县	阳曲县	娄烦县	古交市
6359	3007	9080	8269	4300	2832	3602
907	496	1126	472	352	585	275
3759	2000	4049	3679	2611	1211	1710
2330	1237	1845	955	1647	909	1241
10807	5143	7133	7914	5806	2312	1333
3825	3172	4642	20560	3842	725	3427
5020	106	3938	42085	28370	2697	2690
2119	46	1557	18035	12500	1600	1957
717		960	12863	7055	422	439
270		265	1267	1390	136	198
1914	60	1156	9920	7425	539	96
1548	41	1221	11930	8126	824	761
381	11	384	4328	2688	384	529
106		154	2061	1087	76	76
112		119	580	609	68	100
949	30	564	4961	3742	296	56
208	1	145	1499	912	72	153
57	1	91	648	905	72	126
643	9	670	5797	11722	665	1436
458	11	302	6376	2672	120	1181
41	1	47	455	184	15	33

10-3 主要农业

指　标	单位	合计	小店区	迎泽区	杏花岭区
一、农业机械总动力	**千瓦**	**1231555.1**	**169955**	**10090.1**	**17400**
柴油发动机	千瓦	979812.6	147742	3111.6	13140
汽油发动机	千瓦	118559	11303	2727	3500
电动机	千瓦	133183.5	10910	4251.5	760
二、耕作机械					
大中型拖拉机	台	3343	558	8	64
动力	千瓦	129330.2	25987	283.2	1180
小型拖拉机	台	5229	505	1	88
动力	千瓦	46606.6	4654	5.6	250
三、拖拉机配套农具					
大中型	部	4797	707	28	52
小型	部	7334	469	52	102
四、收获机械					
联合收割机	台	350	88		1
机动割晒机	台	108			
脱粒机	台	635	138	11	
五、运输机械					
农用运输车	台	25617	4799	115	390
#三轮运输车	台	14293	3127	115	163
六、农田基本建设机械	**台**	**617**	**76**	**1**	

机 械 拥 有 量

尖草坪区	万柏林区	晋源区	清徐县	阳曲县	娄烦县	古交市
37200	39566	167391	334439	164499	99400	191615
25671	37427	145715	252394	139139	66546	148927
9	21	510	38265	5631	24639	31954
11520	2118	21166	43780	19729	8215	10734
189	99	143	752	600	669	261
5850	2585	4649	34834	19417	27378	7167
242		145	752	2452	647	397
2039		1474	7370	20903	5989	3922
173	38	121	1567	1264	327	520
533	56	54	1411	3569	494	594
14		4	177	57		9
			10	4	9	85
97		54	242	93		
1010	1900	1975	5498	5996	1262	2672
695	1135	565	1802	4706	800	1185
30	33	58	73	55	220	71

10-4 农作物

指 标	合计	小店区	迎泽区	杏花岭区
农作物总播种面积	110040.2	15175.0	250.9	727.1
一、粮食作物	82236.5	9855.5	245.7	653.6
（一）夏收粮食	1230.4	420.9		
（二）秋收粮食	81006.1	9434.6	245.7	653.6
（一）谷　物	67638.7	9433.7	182.2	574.5
1. 稻谷	168.7			
2. 小麦	1230.4	420.9		
冬小麦	1230.4	420.9		
3. 玉米	53578.6	8974.9	94.8	358.9
# 糯玉米	626.7			
4. 谷子	6877.1		37.6	91.6
5. 高粱	1476.7	37.9	2.0	18.7
6. 其他谷物	4307.2		47.8	105.3
(1)夏杂谷物				
(2)秋杂谷物	4307.2		47.8	105.3
# 燕麦	688.8			
荞麦	1009.4		47.8	47.5
（二）豆类合计	7540.1	421.8	25.2	52.8
1. 大豆	5643.1	40.1	7.4	43.1

播种面积

单位:公顷

尖草坪区	万柏林区	晋源区	清徐县	阳曲县	娄烦县	古交市
6211.7	1017.9	5490.1	30915.5	28336.8	11840.0	10075.2
4903.4	898.6	3384.4	20723.1	23120.0	10176.1	8276.1
		128.7	680.8			
4903.4	898.6	3255.7	20042.3	23120.0	10176.1	8276.1
4324.8	878.5	3216.4	19975.7	20209.8	4928.8	3914.3
		168.7				
		128.7	680.8			
		128.7	680.8			
3787.9	643.4	2837.9	18332.0	16123.8	1334.4	1090.6
			40.0	586.7		
341.4	99.9	11.0	10.0	2764.7	2173.1	1347.8
74.3		70.1	952.9	195.4	123.4	2.0
121.2	135.2			1125.9	1297.9	1473.9
121.2	135.2			1125.9	1297.9	1473.9
				39.4	118.2	531.2
24.1				399.2	155.5	335.3
458.5	0.8	132.7	629.0	2181.3	1633.0	2005.0
373.4		93.6	599.1	1759.0	1368.8	1358.6

10-4 续表

指　标	合计	小店区	迎泽区	杏花岭区
2. 杂豆	1897.0	381.7	17.8	9.7
秋杂豆	1897.0	381.7	17.8	9.7
# 绿豆	226.1		4.0	1.0
红小豆	190.6		13.8	1.0
（三）薯类(折粮）	7057.7		38.3	26.3
1. 马铃薯	6877.3		38.3	20.1
2. 红薯	180.4			6.2
二、油料作物	**2830.2**	**0.3**	**0.5**	**5.3**
1. 花生	20.9			
2. 胡麻籽	1119.6		0.2	2.4
3. 向日葵籽	1279.3	0.3	0.3	2.9
4. 其他油料	410.4			
三、棉花	**96.3**	**7.3**		
四、药材类合计	**1284.6**			
# 甘草	244.7			
枸杞	17.4			
五、蔬菜（含菜用瓜）	**22050.7**	**5270.4**	**4.7**	**68.2**
六、瓜果类	**352.8**	**26.9**		
# 西瓜	127.4	7.2		
甜瓜	181.3			
七、其他农作物	**1189.1**	**14.6**		
# 青饲料	486.0	10.0		

单位:公顷

尖草坪区	万柏林区	晋源区	清徐县	阳曲县	娄烦县	古交市
85.1	0.8	39.1	29.9	422.3	264.2	646.4
85.1	0.8	39.1	29.9	422.3	264.2	646.4
3.0		20.0	29.9	72.2	96.0	
22.1		19.1		13.9	120.7	
120.1	19.3	35.3	118.4	728.9	3614.3	2356.8
93.4	19.3	26.2	6.7	702.2	3614.3	2356.8
26.7		9.1	111.7	26.7		
45.1			46.8	698.7	1204.8	828.7
			13.0	7.9		
				241.7	632.3	243.0
45.1			33.8	365.6	370.0	461.3
				83.5	202.5	124.4
			89.0			
25.7	2.0		24.7	910.9		321.3
4.0				90.0		150.7
			6.7			10.7
1170.5	60.7	2105.7	9764.1	2651.8	355.5	599.1
54.6			52.3	115.4	103.6	
			45.0	28.5	46.7	
30.2			7.3	86.9	56.9	
12.4	56.6		215.5	840.0		50.0
	56.6		66.7	302.7		50.0

10-5 农 作 物

指 标	合 计	小店区	迎泽区	杏花岭区
农作物总播种面积				
一、粮食作物	316043.3	72946.6	376.4	797.9
(一) 夏收粮食	6467.3	2176.4		
(二) 秋收粮食	309576.0	70770.2	376.4	797.9
(一) 谷 物	295559.2	72495.7	282.8	702.4
1. 稻谷	998.5			
2. 小麦	6467.3	2176.4		
冬小麦	6467.3	2176.4		
3. 玉米	262909.1	70023.9	164.7	466.6
# 糯玉米	4070.0			
4. 谷子	10938.9		54.9	99.7
5. 高粱	8825.7	295.4	2.8	25.2
6. 其他谷物	5419.7		60.4	110.9
秋杂谷物	5419.7		60.4	110.9
# 燕麦	672.4			
荞麦	829.7		60.4	36.7
(二) 豆类合计	9149.3	450.9	15.2	52.9
1. 大豆	7019.1	61.1	4.2	43.2
2. 杂豆	2130.2	389.8	11.0	9.7
秋杂谷	2130.2	389.8	11.0	9.7
# 绿豆	242.5		3.0	1.0
红小豆	207.3		8.0	0.8
(三) 薯类(折粮)	11334.8		78.4	42.6
1. 马铃薯	10706.2		78.4	30.5
2. 红薯	628.6			12.1
二、油料合计	2681.5	0.5	0.3	4.5
1. 花生	26.0			
2. 胡麻籽	967.2		0.1	2.5
3. 向日葵籽	1303.7	0.5	0.2	2.0
4. 其他油料	384.6			
三、棉花	138.7	13.0		
四、药材类合计	5974.1			
# 甘草	196.0			
枸杞	11.6			
五、蔬菜(含菜用瓜)	1277165.0	290212.0	120.0	1488.4
六、瓜果类	6361.8	1000.0		
# 西瓜	2794.0	300.0		
甜瓜	2244.8			

总 产 量

单位:吨

尖草坪区	万柏林区	晋源区	清徐县	阳曲县	娄烦县	古交市
13575.7	1182.9	20688.4	117042.7	65613.0	13776.6	10043.1
		668.5	3622.4			
13575.7	1182.9	20019.9	113420.3	65613.0	13776.6	10043.1
13129.2	1159.9	20333.7	115613.7	60176.8	6553.0	5112.0
		998.5				
		668.5	3622.4			
		668.5	3622.4			
12443.8	918.7	18200.4	104884.8	51845.8	2408.9	1551.5
			180.0	3890.0		
490.7	140.3	32.4	26.3	5717.4	2652.7	1724.5
83.6		433.9	7080.2	747.6	155.5	1.5
111.1	100.9			1866.0	1335.9	1834.5
111.1	100.9			1866.0	1335.9	1834.5
				32.5	79.8	560.1
12.7				335.3	133.2	251.4
360.4	0.3	183.3	944.8	3433.5	2068.3	1639.7
274.2		128.2	898.7	2766.7	1731.7	1111.1
86.2	0.3	55.1	46.1	666.8	336.6	528.6
86.2	0.3	55.1	46.1	666.8	336.6	528.6
1.9		26.9	46.1	39.0	124.6	
14.9		28.2		3.1	152.3	
86.1	22.7	171.4	484.2	2002.7	5155.3	3291.4
46.1	22.7	128.0	15.2	1938.6	5155.3	3291.4
40.0		43.4	469.0	64.1		
48.2			77.8	550.2	1269.2	730.8
			20.0	6.0		
				198.5	613.3	152.8
48.2			57.8	281.8	451.2	462.0
				63.9	204.7	116.0
			125.7			
149.1	10.0		248.0	5446.0		121.0
3.2				108.0		84.8
			6.0			5.6
76227.0	4624.3	147955.6	626944.5	77550.8	8916.7	43125.7
937.0			986.0	1812.4	1626.4	
			854.0	841.7	798.3	
324.0			132.0	970.7	818.1	

10-6 农作物

指　标	太原市	小店区	迎泽区	杏花岭区
农作物总播种面积				
一、粮食作物	3843.1	7401.6	1531.9	1220.8
（一）夏收粮食	5256.3	5170.8		
（二）秋收粮食	3821.6	7501.1	1531.9	1220.8
（一）谷　物	4369.7	7684.8	1552.1	1222.6
1. 稻谷	5918.8			
2. 小麦	5256.3	5170.8		
冬小麦	5256.3	5170.8		
3. 玉米	4907.0	7802.2	1737.3	1300.1
# 糯玉米	6494.3			
4. 谷子	1590.6		1460.1	1088.4
5. 高粱	5976.6	7794.2	1400.0	1347.6
6. 其他谷物	1258.3		1263.6	1053.2
秋杂谷物	1258.3		1263.6	1053.2
# 燕麦	976.2			
荞麦	822.0		1263.6	772.6
（二）豆类合计	1213.4	1069.0	603.2	1001.9
1. 大豆	1243.8	1523.7	567.6	1002.3
2. 杂豆	1122.9	1021.2	618.0	1000.0
秋杂谷	1122.9	1021.2	618.0	1000.0
# 绿豆	1072.5		750.0	1000.0
红小豆	1087.6		579.7	800.0
（三）薯类(折粮)	1606.0		2047.0	1619.8
1. 马铃薯	1556.7		2047.0	1517.4
2. 红薯	3484.5			1951.6
二、油料合计	947.5	1666.7	600.0	849.1
1. 花生	1244.0			
2. 胡麻籽	863.9		500.0	1041.7
3. 向日葵籽	1019.1	1666.7	666.7	689.7
4. 其他油料	937.1			
三、棉花	1440.3	1780.8		
四、药材类合计	4650.6			
# 甘草	801.0			
枸杞	666.7			
五、蔬菜（含菜用瓜）	57919.5	55064.5	25531.9	21824.0
六、瓜果类	18032.3	37174.7		
# 西瓜	21930.9	41666.7		
甜瓜	12381.7			

单 产 量

单位:公斤/公顷

尖草坪区	万柏林区	晋源区	清徐县	阳曲县	娄烦县	古交市
2768.6	1316.4	6112.9	5647.9	2837.9	1353.8	1213.5
		5194.3	5320.8			
2768.6	1316.4	6149.2	5659.0	2837.9	1353.8	1213.5
3035.8	1320.3	6321.9	5787.7	2977.6	1329.5	1306.0
		5918.8				
		5194.3	5320.8			
		5194.3	5320.8			
3285.1	1427.9	6413.3	5721.4	3215.5	1805.2	1422.6
			4500.0	6630.3		
1437.3	1404.4	2945.5	2630.0	2068.0	1220.7	1279.5
1125.2		6189.7	7430.2	3826.0	1260.1	750.0
916.7	746.3			1657.3	1029.3	1244.7
916.7	746.3			1657.3	1029.3	1244.7
				824.9	675.1	1054.4
527.0				839.9	856.6	749.8
786.0	375.0	1381.3	1502.1	1574.1	1266.6	817.8
734.3		1369.7	1500.1	1572.9	1265.1	817.8
1012.9	375.0	1409.2	1541.8	1579.0	1274.0	817.8
1012.9	375.0	1409.2	1541.8	1579.0	1274.0	817.8
633.3		1345.0	1541.8	540.2	1297.9	
674.2		1476.4		223.0	1261.8	
716.9	1176.2	4855.5	4089.5	2747.6	1426.4	1396.6
493.6	1176.2	4885.5	2268.7	2760.8	1426.4	1396.6
1498.1		4769.2	4198.7	2400.7		
1068.7			1662.4	787.5	1053.5	881.9
			1538.5	759.5		
				821.3	970.0	628.8
1068.7			1710.1	770.8	1219.5	1001.5
				765.3	1010.9	932.5
			1412.4			
5801.6	5000.0		10040.5	5978.7		376.6
800.0				1200.0		562.7
			895.5			523.4
65123.5	76182.9	70264.3	64209.1	29244.6	25082.1	71984.1
17161.2			18852.8	15705.4	15698.8	
			18977.8	29533.3	17094.2	
10728.5			18082.2	11170.3	14377.9	

10-7 水果生

指　标	太原市			小店区		
	果园面积	挂果面积	产量	果园面积	挂果面积	产量
一、茶叶	20.00	20.00	2.40			
二、园林水果	10798.90	9229.00	69407.90	657.6	605.8	1668.6
1. 苹果	4232.10	3684.90	9708.20	125.7	122.5	387.8
# 红富士苹果	1960.60	1720.00	4460.10	0.7	0.7	13.6
国光苹果	1415.50	1228.10	2698.30	50.9	50.9	166.2
嘎啦苹果	4.20	4.20	105.60	0.8	0.8	25
2. 梨	1615.60	1430.80	13975.30	216.8	213.9	355
# 雪花梨	262.00	220.90	755.10	1	1	23
鸭梨	114.80	99.90	296.90			
酥梨	937.30	870.20	11935.60	50.5	50.5	123.5
3. 桃	731.90	651.40	3090.70	67	56.7	232
4. 杏	422.60	247.20	674.60			
5. 葡萄	2054.30	1934.20	37994.40	53.5	37.1	153
6. 红枣	863.60	750.20	1869.30	122.7	107.2	382.8
7. 柿子	13.30	12.60	40.90			
8. 沙果	31.00	28.80	205.00			
9. 其他园林水果	834.50	489.00	1849.50	71.9	68.5	158
三、食用坚果			1276			10
# 核桃			1276			10

产情况

单位:公顷、吨

迎泽区			杏花岭区			尖草坪区		
果园面积	挂果面积	产量	果园面积	挂果面积	产量	果园面积	挂果面积	产量
56.3	38.3	175.1	695.4	575.4	1257	1542.6	1309.2	18530.6
2.8	2.6	10.2	461.9	451.7	708	643.8	529.1	3339.4
1.7	1.7	6.5	99.2	85.1	213	446.8	383.9	1579.1
1.1	0.9	3.7	361.5	326.9	492	96.3	71.9	700.3
50.7	34	155	54	31	137	101.7	95.5	881.1
			21.5	15.5	56	1	0.3	4
			13.6	10	44			
50.7	34	155	3.9	3.7	29	100.3	94.7	864.1
0.2	0.1	1	37.7	28.8	114	54.5	53.5	683.5
0.7	0.5	0.4	0.7	0.5	1	11.3	9.7	71.7
2	1.1	8.5	41.6	16.4	76	541.3	492.2	12479.4
			12.3	12.1	66	78.5	64.9	185.5
			0.2	0.2	1			
			4	3.3	50	16.5	15	93
			83	31.4	104	95	49.3	797
								4.2
								4.2

10-7 续表

指　标	万柏林区			晋源区		
	果园面积	挂果面积	产量	果园面积	挂果面积	产量
一、茶叶						
二、园林水果	52.4	51.5	328.2	506.7	468.8	2335.8
1. 苹果	4.9	4.9	12	120.5	115.4	1050.7
# 红富士苹果	4.6	4.6	8	66.8	63.7	488.5
国光苹果	0.3	0.3	4	14.2	14.1	483.2
嘎啦苹果						
2. 梨	15.4	15.4	69	24.5	23.3	90.1
# 雪花梨				13.9	13.3	21
鸭梨				4.8	4.6	14.7
酥梨	15.4	15.4	69	0.3		
3. 桃	1.8	1.3	3	62	56	343
4. 杏	0.3	0.3	2	95.3	85.3	244
5. 葡萄	22.3	22.3	211	61.3	57.5	418
6. 红枣				118.9	112.9	147.5
7. 柿子	5.3	5.3	0.2			
8. 沙果						
9. 其他园林水果	2.4	2	31	24.2	18.4	42.5
三、食用坚果						
# 核桃						

单位：公顷、吨

清徐县			阳曲县			娄烦县			古交市		
果园面积	挂果面积	产量	果园面积	挂果面积	产量	果园面积	挂果面积	产量	果园面积	挂果面积	产量
									20	20	2.4
2934.8	2862.1	40566.4	3315.3	2803.1	3465.8	298.6	250.3	389.3	739.1	264.5	691.1
190.4	186.4	1841.6	2350.6	2021.1	1827.2	157.1	133.3	197.8	174.4	117.9	333.5
99.1	96.3	1011.2	1213.1	1055.9	982.7	5.3	4.8	7.5	23.3	23.3	150
15	15	86	787.8	663.6	614.5	29.5	25.6	28.2	58.9	58.9	120.2
			2.7	2.7	78.6	0.7	0.7	2			
729.4	702.6	11717.3	338.5	268.1	457.1	26.5	18.9	58.2	58.1	28.1	55.5
43.9	43.9	428.2	173.2	140.2	213.8	7.5	6.7	9.1			
38	37.4	154.1	58.4	47.9	84.1						
603.7	584.4	10532	92.5	73.1	125	13.3	7.7	13	6.7	6.7	25
352.1	347.1	1428.2	92.5	63.8	178.8	26.9	25	52.9	37.2	19.1	54.3
60.7	60.7	173.2	8.3	6.8	20.4	26.5	21.1	23.4	218.8	62.3	138.5
1190.7	1171.8	24259.3	122.5	118.3	321	4.7	4.7	18	14.4	12.8	50.2
258	246.7	727.2	210.5	179.3	326.6	25	17.6	15.2	37.7	9.5	18.5
7.8	7.1	39.7									
			10.5	10.5	62						
145.7	139.7	379.9	181.9	135.2	272.7	31.9	29.7	23.8	198.5	14.8	40.6
		114.6			254.2			790			103
		114.6			254.2			790			103

10-8 畜牧业

指标		单位	太原市	小店区	迎泽区	杏花岭区
畜禽存栏	猪	头	293474	20393	4709	21874
	能繁母猪	头	34014	2807	450	1267
	牛	头	35567	8559	16	52
	1. 肉　牛	头	15898	759	6	35
	2. 奶　牛	头	19669	7800	10	17
	羊	只	325058	12212	6450	5465
	1. 山羊	只	113534	43	300	
	2. 绵羊	只	211524	12169	6150	5465
	家禽	万只	346.2	75.8	2.0	8.8
	蛋鸡	万只	217.7	28.8	1.8	8.6
畜禽出栏	猪	头	400918	30831	4571	19351
	牛	头	13513	1074		31
	羊	只	214226	7380	1643	6768
	家禽	万只	476.6	161.2	2.2	6.0
畜禽产品产量	猪肉	吨	33949	3013	357	1378
	牛肉	吨	1893	151		4
	羊肉	吨	3642	125	28	115
	禽肉	吨	6673	2257	31	83
	禽蛋	吨	27223	4725	184	679
	牛奶	吨	97352	41195	40	43

生 产 情 况

尖草坪区	万柏林区	晋源区	清徐县	阳曲县	娄烦县	古交市
28151	9346	16787	111901	39994	8266	32053
2937	1046	3043	15107	4344	847	2166
1303	114	2904	7598	7963	3710	3348
126	22	152	3534	4257	3710	3297
1177	92	2752	4064	3706		51
15675		14919	49949	61723	53650	105015
452		77	1322	21925	33799	55616
15223		14842	48627	39798	19851	49399
21.3	4.1	38.4	77.6	54.0	7.3	57.0
17.6	4.1	24.8	42.6	53.6	4.4	31.5
47748	10114	23322	188502	50439	11432	14608
109	23	231	7986	1687	1189	1183
18979	1761	8924	53420	35007	49337	31007
18.4	1.6	39.0	124.3	31.4	8.1	84.4
4039	753	2122	15596	4696	793	1204
15	3	32	1119	236	166	166
323	30	152	908	595	839	527
259	23	546	1740	439	113	1181
2186	411	3467	5514	6473	371	3213
5603	308	13585	20140	16263		175

10-8 续表

指 标			单 位	太原市	小店区	迎泽区	杏花岭区
大牲畜(除牛外)		年末存栏	头	8451	23	66	73
		当年出栏	头	1438			
		肉产量	吨	169.03			
	# 役用畜	年末存栏	头	5099	23	66	73
	# 1. 马	年末存栏	头	351			
		当年出栏	头	106			
		肉产量	吨	12.11			
	2. 驴	年末存栏	头	4735	6	60	15
		当年出栏	头	805			
		肉产量	吨	91.26			
	3. 骡	年末存栏	头	3361	17	6	58
		当年出栏	头	527			
		肉产量	吨	65.66			
	4. 骆驼	年末存栏	头	4			
兔		年末存栏	万只	5.20	0.43		
		当年出栏	万只	9.39	0.20		
		肉产量	吨	146.05	4.00		
其他奶产量			吨	58.70			
山羊毛产量			吨	31.16			
绵羊毛产量			吨	226.31	15.00	6.00	5.30
	细羊毛		吨	4.50			
	半细羊毛		吨	24.40		6.00	5.30
羊绒产量			吨	10.45			
蜂蜜产量			吨	104.64			
其他禽蛋产量			吨	2.10			
肉类总产量			吨	46470.81	5549.9	415	1580.7

尖草坪区	万柏林区	晋源区	清徐县	阳曲县	娄烦县	古交市
59	5	40	300	4395	2040	1450
6		3	12	883	519	15
0.67		0.42	1.40	101.38	63.48	1.68
59			92	2900	1315	571
13		28	64	234	9	3
		3		97	6	
		0.42		10.82	0.87	
20	3	2	78	2684	1270	597
3			10	462	320	10
0.33			1.11	51.12	37.60	1.10
26	2	6	158	1477	761	850
3			2	324	193	5
0.34			0.29	39.44	25.01	0.58
		4				
0.06		0.05	3.32	0.57	0.09	0.68
0.10		0.15	6.79	1.56	0.09	0.50
1.50		3.00	105.50	21.63	1.42	9.00
			58.70			
		0.05	0.73	8.37	10.37	11.64
10.00		11.20	51.25	92.34	24.15	11.07
		2.50		2.00		
		2.30		10.80		
			0.20	1.61	3.42	5.22
1.04	0.20		61.63	36.77	5.00	
			2.10			
4637.44	809.02	2854.84	19470.03	6089.67	1976.35	3088.47

10–9 农林牧渔

指标	太原市		小店区	
	按现行价格	按可比价格	按现行价格	按可比价格
农林牧渔业总产值	631629.6	580161.2	130165.9	124395.1
一、农业产值	379376.3	356296.8	90190.2	87408.9
（一）谷物及其他作物	100493.1	93979.5	20197.3	18523
1. 谷物	71052.1	65667.4	17089.3	15564
#小麦	1442.2		478.8	
稻谷	231.7			
玉米	61301.8		16551.4	
2. 薯类	9391.1	9243.2		
3. 油料	1394.8	1309.2	0.3	0.3
#花生	17.1			
油菜籽				
4. 豆类	4700.9	4178.5	231.6	220.5
#大豆	3256.8		36.7	
5. 棉花	234.3	208.9	20.4	18.5
6. 其他农作物	13719.9	13372.3	2855.7	2719.7
#饲料作物	524.9			
（二）蔬菜、食用菌及花卉盆景园艺产品	243219.8	231123.5	69392.8	68367.9
1. 蔬菜（含菜用瓜）	240308.7	228430.4	69262.7	68239.1
2. 食用菌	786.3	766.7		
3. 花卉	228.8	207.4	0.1	0.1
4. 盆景园艺	1896	1719	130	128.7
（三）水果、坚果、饮料及香料作物	29652.3	25739.1	600.2	518
1. 园林水果	25555	21786.1	580.2	498
# 苹果	2310.6		85.3	
梨	3492.4		85.2	
红枣	934.7		191.4	
2. 坚果	2975.6	2883.4	20	20
核桃	2975.6		20	
3. 茶及其他饮料	1036.8	987.4		
#茶	1036.8			
4. 香料原料	84.8	82.2		
#花椒	29.7			
（四）中草药材	6011.1	5454.7		

业总产值（一）

单位：万元

迎泽区		杏花岭区		尖草坪区		万柏林区	
按现行价格	按可比价格	按现行价格	按可比价格	按现行价格	按可比价格	按现行价格	按可比价格
7867.3	7831.4	13730.1	12901.9	47391.5	44100.7	14758.6	14464
237.7	237.3	819.5	787.3	27656.5	25897.6	1583.6	1526.3
125.6	126.5	241.9	231.3	3621.8	3446.7	369.4	365.8
63.3	60.3	162.6	153.4	2839.5	2678.8	294.6	291
30.3		98		2613.2		223.9	
31.4	35.2	30.3	30	61.1	59.9	16.2	16.2
0.2	0.2	2.5	2.4	20.7	20.3		
6.6	6.6	23.8	23.1	155.5	148.1	0.2	0.2
1.7		18.7		109.7			
24.2	24.2	22.7	22.4	545	539.6	58.4	58.4
						37.9	
72.2	70.9	351.6	340.7	16932.9	16593.6	1066.7	1015.9
18.2	18.5	236.2	227.1	16105.5	15789.7	1041.3	991.7
54	52.4	37.4	35.6	766.8	744.5	25.4	24.2
		78	78	60	58.8		
				0.6	0.6		
39.9	39.9	226.1	215.3	7101	5856.6	103.6	100.6
39.9	39.9	226.1	215.3	7084	5840	101.8	98.8
2.7		93.8		1168.8		3.2	
34.3		24.3		264.3		18.4	
		33		152.1			
				10.9	10.6		
				10.9			
				6.1	6	1.8	1.8
				6.1		1.8	
				0.8	0.7	44	44

10-9 续表 1-1

指标	太原市		小店区	
	按现行价格	按可比价格	按现行价格	按可比价格
二、林业产值	**54130.7**	**50689.7**	**5520.4**	**5454.9**
（一）林木的培育和种植	54036.7	50596.2	5520.4	5454.9
1. 育种育苗	6692.5		1126.2	
2. 造林	5016.6		48.3	
3. 抚育和管理	327.6			
（二）木材采运	18.3	17.9		
#村及村以下	18.3			
（三）林产品	75.6	75.6		
三、牧业产值	**171689.3**	**147357.9**	**30635.1**	**27759.7**
（一）牲畜饲养	61654.2	54473.3	17346.8	15928.1
1. 牛的饲养	11531.9	9975.7	961.9	847.5
2. 羊的饲养	17759.3	15204.9	724.1	646.5
3. 其他牲畜饲养	582.3	490.9		
4. 奶产品	31364.4	28461.4	15654.1	14427.7
#牛奶	31352.2		15654.1	
5. 毛绒产品	406.3	330.4	6.8	6.4
#羊毛	181.4		6.8	
羊绒	224.9			
6. 其他牲畜副产品	10	10		
（二）猪的饲养	75187	60830.9	5956.5	5026.6
（三）家禽饲养	33482.5	30799.9	7259.7	6734.4
1. 肉禽	9802.1		3385.2	
2. 禽蛋	23680.5		3874.5	
（四）狩猎和捕捉动物	464	452.4		
（五）其他畜牧业	901.6	801.4	72	70.6
蚕茧				
# 兔	230.7		6	
四、渔业产值	**3753**	**3650.8**	**133.2**	**121.1**
养殖	3753		133.2	
鱼类	3753		133.2	
五、农林牧渔服务业	**22680.3**	**22166**	**3687**	**365**

单位:万元

迎泽区		杏花岭区		尖草坪区		万柏林区	
按现行价格	按可比价格	按现行价格	按可比价格	按现行价格	按可比价格	按现行价格	按可比价格
6618.7	6618.7	9004.1	8726.9	5879.1	5652.8	7279.8	7279.8
6618.7	6618.7	8939.1	8661.9	5867.7	5642	7279.8	7279.8
30.6		60		422.3		741.6	
266.1		7609.1		266.8		598.3	
72				26.6			
				11.4	10.8		
				11.4			
		65	65				
966.9	931.4	3906.5	3387.7	13094.2	11809.1	2313	2076
127	116.6	522.4	435.4	2839.4	2696.6	225	211.2
		20.6	19	80.3	71.7	13.9	12.6
115	104.6	485.9	400.6	1195.7	1107.1	136.7	124.2
				3.8	3.6		
9	9	13.7	13.7	1553.9	1508.7	74.4	74.4
9		13.7		1553.9		74.4	
3	3	2.1	2.1	5.8	5.5		
3		2.1		5.8			
650.5	625.4	2678.2	2304.8	8422	7387.7	1711.3	1488.1
189.4	189.4	640.8	585.2	1748.6	1649.6	324.3	324.3
37.4		96.8		366.6		28.4	
152		544		1382		295.9	
		65.1	62.3	84.2	75.2	52.4	52.4
				2.5			
44	44			181.7	178.1	20.1	19.9
44						20.1	
44				181.7		20.1	
				580	563.1	3562	3562

10-9 农林牧渔

指标	晋源区		清徐县	
	按现行价格	按可比价格	按现行价格	按可比价格
农林牧渔业总产值	54622.4	50226.3	239506.9	213452.6
一、农业产值	33255	31008.5	164507.4	149719.1
（一）谷物及其他作物	5283.1	5008	32125.1	30460.2
1. 谷物	4305.7	4031.6	24393.8	22734.2
# 小麦	147.1		825.9	
稻谷	219.7			
玉米	3836.6		21850.6	
2. 薯类	124.2	124.2	409.5	405.5
3. 油料			41.4	40
# 花生			12.5	
油菜籽				
4. 豆类	93.7	92.7	464.9	464.9
# 大豆	54.5		418.8	
5. 棉花			213.7	213.7
6. 其他农作物	759.5	759.5	6601.9	6601.9
# 饲料作物			72.7	
（二）蔬菜、食用菌及花卉盆景园艺产品	27199.6	25365.4	115590.1	103686.9
1. 蔬菜（含菜用瓜）	24076.9	22650	112777.8	100874.6
2. 食用菌			162.6	162.6
3. 花卉	2943.3	2559.4		
4. 盆景园艺	179.4	156	2649.7	2649.7
（三）水果、坚果、饮料及香料作物	772.3	635.1	16504.4	15284.2
1. 园林水果	772.3	635.1	16229.3	15055
# 苹果	294.2		464.1	
梨	25.2		2976.2	
红枣	73.8		363.6	
2. 坚果			275	229.2
核桃			275	
3. 茶及其他饮料				
# 茶				
4. 香料原料				
# 花椒				
（四）中草药材			287.8	287.8

业总产值（二）

单位：万元

阳曲县		娄烦县		古交市	
按现行价格	按可比价格	按现行价格	按可比价格	按现行价格	按可比价格
67329.2	62942	23013.5	20960.8	33346.5	29160.3
38029.6	35112.6	10467	10243.5	14731.1	12786.7
19516.3	17782.1	6129.9	6041.5	5498.9	4547.2
14384.9	12775.2	1931	1750.7	1527.4	1207.4
11706.6		505.9		318.1	
1409.6	1395.6	2319.9	2442	1810.3	1349.5
269.8	245.3	561.8	561.8	358	278.6
3.6					
1533.3	1503.2	893.4	867.3	843.9	763.8
1175.8		701.3		590.2	
1918.6	1862.8	423.9	419.7	959.3	947.9
287.6				53	
11976.3	11244.5	1595.4	1548.9	7485.3	6355.2
11838	11115.5	1574.5	1528.6	7478.9	6348.8
18.5	16.8	20.9	20.3	6.4	6.4
4.8	4.7				
115	107.5				
1474.8	1398.8	2741.7	2653.1	1615	1773.4
1073.2	1026.9	459	393	327.6	292
365.4		43.9		204.1	
105.1		13.2		14.8	
130.6		6.1		9.3	
401.7	371.9	2282.7	2260.1	159.9	106.4
401.7		2282.7		159.9	
				1127.5	1375
				1127.5	
5062.2	4687.2			132	110.9

10-9 续表 2-1

指　标	晋源区		清徐县	
	按现行价格	按可比价格	按现行价格	按可比价格
二、林业产值	**3986.7**	**3947.2**	**4339.6**	**4296.6**
（一）林木的培育和种植	3814.7	3776.9	4339.6	4296.6
1. 育种育苗	488.5		494.4	
2. 造林	276.2		425.2	
3. 抚育和管理				
（二）木材采运				
# 村及村以下				
（三）林产品	172	170.3		
三、牧业产值	**13638.3**	**12143.4**	**62855.7**	**51764.1**
（一）牲畜饲养	5352.4	5132.5	18049.2	14824
1. 牛的饲养	219.9	177.3	6820	5984.1
2. 羊的饲养	910.2	734.1	4465.9	3952.1
3. 其他牲畜饲养	2.5	2.1	4.8	4.8
4. 奶产品	4211.2	4211.2	6517.5	4842.1
# 牛奶	4211.2		6505.3	
5. 毛绒产品	8.5	7.8	40.9	40.9
# 羊毛	8.5		36.7	
羊绒			4.3	
6. 其他牲畜副产品			200	
（二）猪的饲养	4512.8	3639.4	36569.4	29634.8
（三）家禽饲养	3735	3334.8	7362.6	6430.8
1. 肉禽	857.8		2563.3	
2. 禽蛋	2877.2		4799.4	
（四）狩猎和捕捉动物			91.6	91.6
（五）其他畜牧业	38.2	36.7	782.9	782.9
蚕茧				
# 兔	3.2		167.5	
四、渔业产值	**2962.4**	**2369.9**	**1591.2**	**1459.8**
养殖				
鱼类	2962.4		1591.2	
五、农林牧渔服务业	**780**	**757.3**	**6213**	**6213**

单位:万元

阳曲县		娄烦县		古交市	
按现行价格	按可比价格	按现行价格	按可比价格	按现行价格	按可比价格
4942.9	**4845.5**	**4245.7**	**3931.2**	**5294.5**	**4893.2**
4935.1	4838.3	4245.7	3931.2	5294.5	4893.2
969.3		469.2		852.7	
531.9		567.2		722.1	
31.9		17.4		21.6	
7.8	7.2				
7.8					
22084.9	**20746.1**	**6866.7**	**5390.4**	**9307.7**	**7577.1**
8861.5	8470.5	4226.7	3419	2897.9	2248.1
851.9	796.2	856.1	681.6	709.8	520
3080.6	2933.9	3088.1	2476.4	2015.5	1568.4
185.4	180	223.2	207.6	4.5	3.2
4656.5	4477.4			54.1	51.5
4656.5				54.1	
87.1	83	59.4	53.4	114	105
45.5		15.2		15.2	
41.6		44.2		98.8	
7709.9	7073.3	2114.9	1549.4	2220.4	1529.2
5407.9	5101.8	507.2	406.8	4089.9	3701.3
418.2		202.3		1519.2	
4989.7		305		2570.7	
				87.4	87.4
105.6	100.5	17.9	15.2	12.1	11.1
28.1		1.9		12.1	
35.8	**34.8**	**284**	**270.5**	**68.2**	**65.8**
35.8		284		68.2	
35.8		284		68.2	
2236	**2203**	**1150**	**1125.2**	**3945**	**3837.5**

10–10 农林牧

指 标	太原市	小店区	迎泽区	杏花岭区
农林牧渔业中间消耗合计	**293143.5**	**56288.5**	**4393.7**	**7376.2**
一、农业中间消耗合计	**144867.9**	**35154**	**90.1**	**289.7**
（一）物质消耗	118867.9	25154	63.1	264.7
1. 用种量	28735.3	136.1	12.1	12.7
2. 役畜用饲料、饲草	2496.3	17		11.6
3. 肥料	33777.4	2516.6	1.3	9.5
4. 燃料	12522.0	1912.1	2.6	55.4
5. 农药	4000.0	102	3	10
6. 农用塑料薄膜	4111.9	183.7	1.1	2.5
7. 用电量	7125.0	1286.5	10	100
8. 小农机具购置	7500.0	4000	10	10
9. 办公用品购置	9600.0	7000	8	23
10. 其他	9000.0	8000	15	30
（二）生产服务支出	26000.0	10000	27	25
二、林业中间消耗合计	**25795.7**	**3116.8**	**3652.8**	**4529.2**
（一）物质消耗	23505.7	3016.8	3552.8	4329.2
1. 用种量	16368.6	2644.1	2929.7	1058.9
2. 肥料	99.1	83.7	1.8	6.5
3. 燃料	940.5	195	1.3	20.8
4. 农药	270.0	24		8
5. 用电量	1187.5	20	320	2500

渔业中间消耗

单位:万元

尖草坪区	万柏林区	晋源区	清徐县	阳曲县	娄烦县	古交市
22199.2	7106.9	26548.2	111933.3	33245	10916.8	16423.7
10855.7	605.4	14260.6	67149.2	16229.8	3991.1	5972.2
5655.7	505.4	11660.6	48559.2	15939.8	3781.1	5362.2
1434.4	65.2	1385.9	5888.7	1913.7	1454	1157.2
16.9		10.5	39.7	2806.7	618.7	588.9
766.9	16.8	4836.8	18708	4681.9	785.8	550.4
621.6	3.9	1272.7	7806.9	1912.6	125.8	882
81.6	2	67.2	2240	217.9	50	62
156	0.5	72.5	1948.7	791.6	93.6	111.7
668.3	257	1401	6552.2	1783.4	382.2	985
430	30	689	2000	352	21	345
610	60	900	2000	750	120	330
870	70	1025	1375	730	130	350
5200	100	2600	18590	290	210	610
2988.2	3285.1	1932.4	2409.6	2599.1	1800.9	2614.4
2138.2	3070.1	1782.4	2383.6	2479.1	1800.9	2604.4
1056.3	1677.3	667.7	1339.1	1851.7	1736.3	1962.2
46.5	2	44.2	28.2	231.5	26.3	8
22.4	1.8	277.3	14.9	158	0.6	69.2
9.6		33.2	35	5	12	4
103.4	564	300	591.4	2.9	25.7	401

10-10 续表

指　标	太原市	小店区	迎泽区	杏花岭区
6. 小农机具购置	1500.0	50	100	300
7. 办公用品购置	1480.0		100	300
8. 其他	1660.0		100	135
（二）生产服务支出	2290.0	100	100	200
三、牧业中间消耗合计	**110108.6**	**16247.2**	**627.3**	**2557.3**
（一）物质消耗	108408.6	15047.2	619.3	2517.3
1. 用种量	589.1	216.2	3.2	9.9
2. 饲料、饲草	97751.3	10544	394.8	2438.6
3. 燃料	3008.2	387	1.3	48.8
4. 用电量	3800.0	900	187	
5. 畜牧用药品	1500.0	1000	25	
6. 其他	1760.0	2000	8	20
（二）生产服务支出	1700.0	1200	8	40
四、渔业中间消耗合计	**1716.3**	**60.5**	**23.5**	
（一）物质消耗	1366.3	55.5	18.5	
1. 饲料	479.4	30	1	
2. 燃料	96.9	4.5	1	
3. 用电量	380.0	10	6.5	
4. 办公用品购置	150.0	10	5	
5. 其他	260.0	1	5	
（二）生产服务支出	350.0	5	5	
五、农林牧渔服务业中间消耗合计	**10655.0**	**1710**		

单位：万元

尖草坪区	万柏林区	晋源区	清徐县	阳曲县	娄烦县	古交市
450	240	180	35	40		110
250	320	150	180	100		20
200	265	130	160	90		30
850	215	150	26	120		10
7965.3	**1405.9**	**8483.6**	**38493**	**13394.7**	**4405.1**	**5826.4**
7929.3	1375.9	8383.6	38207	13394.7	4405.1	5706.4
29	1.8	39.9	179.9	24.4	148.5	113.9
7090.3	1098.5	7594.6	35298.2	13218.2	4054.2	4937.2
82	0.6	22.3	210	70.8	180.9	92.6
624	190	316.8	2418.9	81.3	21.5	416.7
46	50	300	50			80
58	35	110	50			66
36	30	100	286			120
91	**9.5**	**1481.6**	**892.5**	**20.4**	**144.7**	**38.7**
51	9.5	1481.6	802.5	20.4	144.7	36.7
2	2.8	531.5	77.5	7.9	105.7	1.2
	0.8	61.5		9.5	15.6	24.4
	3.9	501.6	650	3	23.4	9.1
14	1	112	15			1
35	1	275	60			1
40			90			2
299	**1801**	**390**	**2989**	**1001**	**575**	**1972**

10-11 林业渔业

指标	单位	合计	小店区	迎泽区
林业生产情况				
一、当年造林面积	公顷	19704	193	887
（一）按造林方式分				
1. 人工造林	公顷	15406	193	887
2. 封山育林	公顷	4298		
（二）按林种用途分				
1. 经济林	公顷	4207	73	86
2. 防护林	公顷	15258	120	801
二、零星植树	万株	1000.00	106.00	125.00
三、育苗面积	公顷	3603.2	480	20
# 本年新育	公顷	1696.1	193.0	13.3
四、村及村以下木材采伐量	立方米	398		
渔业生产情况				
1. 养殖面积	公顷	2407	22	167
2. 水产品产量	吨	3162	111	40

生 产 情 况

杏花岭区	尖草坪区	万柏林区	晋源区	清徐县	阳曲县	古交市	娄烦县
1340	1067	2440	800	1267	2533	4814	4363
1207	800	2440	800	867	1799	3321	3092
133	267			400	734	1493	1271
47	73	60	153	634	834	1012	1235
1160	994	2380	647	633	1666	3769	3088
127.00	92.00	132.00	61.00	114.00	81.00	86.00	76.00
67	427	60	600	480	707	408.9	353.3
20.0	166.7	33.0	187.0	186.7	353.0	339.4	204.0
	253				122	23	
	218	11	603	400	37	15	934
	146	17	1305	1321	31	62	129

10-12 农民主要

指　标	单　位	太原市	小店区	迎泽区	杏花岭区
洗衣机	台	95	108	100	102
电冰箱	台	68	89	99	79
空调机	台	8	15	15	5
抽油烟机	台	20	20	84	24
吸尘器	台	2	1		4
微波炉	台	11	19	68	11
热水器	台	24	42	34	26
# 太阳能热水器	台	12	26	15	4
自行车	辆	119	161	72	82
# 电动自行车	辆	42	61	72	70
摩托车	台	13	10		10
汽车(生活用)	台	16	31	6	13
固定电话机	部	63	99	81	60
移动电话	部	168	221	135	198
# 入互联网的	部	11	9	14	3
彩色电视机	台	103	130	100	102
# 接入有线电视网的	台	45	38	63	40
黑白电视机	台	1	1	13	
摄像机	台	1	3	4	3
影碟机	台	8	25	6	
照相机	架	9	10	55	7
家用计算机	台	34	49	46	34
接入互联网的	台	21	28	34	17
中高档乐器	件		1		3

生 活 用 品（农村抽样每百户均数）

尖草坪区	万柏林区	晋源区	清徐县	阳曲县	娄烦县	古交市
97	102	101	101	88	53	94
81	94	85	69	30	34	57
4	17	13	10			1
28	78	30	9		3	10
1	16	4				
19	44	10	4	3		1
30	49	38	21	1		10
10	24	14	13	1		5
170	72	134	170	85	46	45
76	36	51	51	24	3	5
1	9	3	21	23	13	16
15	24	36	11	9		7
54	49	54	81	36	35	59
215	199	165	140	129	106	215
13	7	5	3	19		53
124	119	105	86	86	97	102
94	50	38	35	23	13	102
1						
3	5	1				
20	17	13	1			
11	41	14		1		
24	31	66	41	14	9	21
15	26	54	20	1	1	17
	1					

10-13 农村经济

指标	单位	太原市	小店区	迎泽区
一、农村经济总收入	**万元**	**5557754.58**	**851507.75**	**273854.23**
#出售产品收入	万元	2070258.33	415946.11	124258
1. 农业收入	万元	545237.7	170439.63	466.5
2. 林业收入	万元	27646.25	3715.72	
3. 牧业收入	万元	149733.86	16999.53	1126
4. 渔业收入	万元	1088.2	1.2	
5. 工业收入	万元	2338428.06	303045.51	43253.9
6. 建筑业收入	万元	369168.02	37713.63	44216.2
7. 运输业收入	万元	638203.41	66189.84	13575
8. 商饮业收入	万元	591888.65	50174.48	29785
9. 服务业收入	万元	500178.56	140681.52	133139.53
10. 其他收入	万元	396181.87	62546.69	8292.1
二、总费用	**万元**	**4316368.02**	**630680.66**	**227961.44**
三、净收入	**万元**	**1241386.56**	**220827.09**	**45892.79**
四、投资收益	**万元**	**7322.62**	**2413.27**	**95.8**
五、农民外出劳务收入	**万元**	**143802.47**	**14571.14**	**5704**
六、可分配净收入总额	**万元**	**1392511.65**	**237811.5**	**51692.59**
1. 国家税金	万元	212345.15	17817.42	4909.31
2. 上交有关部门	万元	6250.89	1145	112.1
3. 外来投资分利	万元	16950.53	1784	80
4. 外来人员带走劳务收入	万元	140661.69	51166.45	17509.37
5. 企业各项留利	万元	58989.91	127	1743.6
6. 乡村集体所得	万元	23611.42	1456.77	924
7. 农民经营所得	万元	933702.07	164314.86	26414.21
七、农民从乡镇集体企业得到收入	**万元**			
八、农民从集体再分配得到收入	**万元**	**59847.85**	**12645.54**	**2522.09**
九、农民所得总额	**万元**	**993549.92**	**176960.4**	**28936.3**
十、农民人均所得	**元**	**8922**	**12049**	**11757**

收 益 分 配

杏花岭区	尖草坪区	万柏林区	晋源区	清徐县
201897.17	416957.1	772482.87	557799.24	1188556.55
56127	87374.8	1069	128160.56	685258.44
1837.81	23241.9	1790.32	45582.56	234073.47
1	808.5	271.21	2492.1	4265.5
3306.53	13563.9	1566.3	9833.34	66844.78
			865	100
100865.58	166942.4	132224.43	215753.67	622324.36
23616.42	22348.4	99921.14	73658.72	54622.65
30329.33	82113.7	71710.85	95437.28	138117.95
18088.07	72556.9	277593.43	61496.87	32073.43
21406.93	19630.6	108705.05	25690.2	20783.83
2445.5	15750.8	78700.14	26989.5	15350.58
159705.89	322807.73	631491.42	439630.28	895497.02
42191.28	94149.37	140991.45	118168.96	293059.53
	234	3676.76	62.1	247
8279.3	26744.48	16493.41	14037.87	22942.46
50470.58	121127.85	161161.62	132268.93	316248.99
3604.63	17604	11112.93	17786.21	36029
16	357.4	1418.7	1028.21	33
55	703.5	6877	1420.03	267
3161	7343.18	31529.14	5795.23	8757
1572	6179.5	4137.89	5943.16	17918
1729	3070.51	14182.69	1942.32	116.63
40332.95	85869.76	91903.27	98353.78	253128.36
1171.26	10608.28	17898.14	6588.81	1510.06
41504.21	96478.04	109801.41	104942.59	254638.42
10392	8415	12301	8291	10253

10–13 续表

指　标	单　位	阳曲县	娄烦县	古交市
一、农村经济总收入	**万元**	**183801.92**	**52409.75**	**1058488**
#出售产品收入	万元	39475.83	8259.59	524329
1. 农业收入	万元	35265.5	13007.01	19533
2. 林业收入	万元	1346.03	1979.19	12767
3. 牧业收入	万元	20016.48	2571	13906
4. 渔业收入	万元		122	
5. 工业收入	万元	65854.21	16826	671338
6. 建筑业收入	万元	9043.86	2211	1816
7. 运输业收入	万元	24793.46	5236	110700
8. 商饮业收入	万元	17309.47	2279	30532
9. 服务业收入	万元	5173.55	1740.35	23227
10. 其他收入	万元	4999.36	6438.2	174669
二、总费用	**万元**	**129120.35**	**24579.23**	**854894**
三、净收入	**万元**	**54681.57**	**27830.52**	**203594**
四、投资收益	**万元**	**11.69**	**582**	
五、农民外出劳务收入	**万元**	**11752.03**	**11456.78**	**11821**
六、可分配净收入总额	**万元**	**66445.29**	**39869.3**	**215415**
1. 国家税金	万元	4086.45	911.2	98484
2. 上交有关部门	万元	5.48	74	2061
3. 外来投资分利	万元	180	1248	4336
4. 外来人员带走劳务收入	万元	157.32	4618	10625
5. 企业各项留利	万元	10697.76	88	10583
6. 乡村集体所得	万元	98.5	29	62
7. 农民经营所得	万元	51219.78	32901.1	89264
七、农民从乡镇集体企业得到收入	**万元**			
八、农民从集体再分配得到收入	**万元**	**620.77**	**5150.9**	**1132**
九、农民所得总额	**万元**	**51840.55**	**38052**	**90396**
十、农民人均所得	**元**	**4557**	**3585**	**8737**

第十一篇

工业、交通运输和邮电

GONGYEJIAOTONGYUNSHUHEYOUDIAN

资料整理、审核

李春宝　　亢会明　　高　宏

郭　瑞　　张　越　　张明敏

11-1 全市工业企业单位数

单位：个

指 标	2011	2010
全部工业企业单位数总计	5441	4227
# 规模以上工业企业数	439	480
在总计中：国有及国有控股	84	83
（一）按隶属关系分		
中央企业	29	25
省属企业	35	35
市属企业	36	37
县及县以下	339	383
（二）按轻重工业分		
轻工业	93	107
重工业	346	373
（三）按登记注册类型分组:		
国有企业	40	37
集体企业	24	40
股份合作企业	3	2
联营企业	1	
有限责任公司	103	126
股份有限公司	15	21
私营企业	228	223
其他企业	1	2
港、澳、台商投资企业	4	5
外商投资企业	20	24
（四）按企业规模分		
大型企业	24	25
中型企业	92	83
小型企业	300	372
微型企业	23	

11-2 全社会主要工业产品产量

指 标	单 位	2011	2010
原煤	万吨	3942.63	3774.80
洗煤	万吨	3109.44	3158.70
#洗精煤	万吨	2459.42	2424.20
生铁	万吨	717.91	696.90
粗钢	万吨	938.14	850.00
钢材	万吨	894.89	847.50
焦炭	万吨	1391.32	1268.00
水泥	万吨	666.12	582.50
氢氧化钠（烧碱）（折100%）	万吨	9.21	7.30
机制纸及纸板	万吨	11.06	9.90
白酒（折65度，商品量）	千升	3881	3367
饮料酒	千升	90088	9573
精制食用植物油	万吨	5.39	3.70
食醋	万吨	39.27	35.00
乳制品	万吨	14.73	15.80
软饮料	万吨	15.76	13.60

11-3 规模以上工业企业主要产品产量

指　标	单　位	2011	2010
原煤	万吨	3942.63	3774.80
洗煤	万吨	3109.44	3115.70
# 洗精煤	万吨	2459.42	2424.30
发电量	亿千瓦小时	306.69	203.80
小麦粉	万吨	1.57	2.68
配混合饲料	万吨	26.34	24.01
精制食用植物油	万吨	5.31	3.72
白酒（折 65 度，商品量）	千升	3881	3367
啤酒	千升	84960	6207
软饮料	万吨	15.76	13.57
卷烟	亿支	155.00	147.50
家具	万件	2.20	13.45
机制纸及纸板	万吨	11.06	9.90
焦炭	万吨	1391.32	1267.97
合成氨	万吨	2.82	12.22
烧碱（折 100%）	万吨	9.21	7.26
涂料（油漆）	万吨	3.01	4.82
橡胶轮胎外胎	万条	164.86	173.51
水泥	万吨	592.04	525.57
商品混凝土	万立方米	314.07	300.63
平板玻璃	万重量箱	171.47	190.93
生铁	万吨	701.41	677.92
粗钢	万吨	938.05	849.92
钢材	万吨	893.72	846.70

11-3 续表

指　标	单　位	2011	2010
铁合金	万吨	15.31	17.59
原铝（电解铝）	万吨	6.79	4.29
金属镁	万吨	3.66	5.40
钕铁硼	吨	2186	4805
铝材	万吨	1.18	1.12
工业锅炉	蒸发量吨	1202	952.17
金属切削机床	台	1937	1695
起重机	吨	90251	76904
采矿专用设备	吨	136901	115239
交流电动机	万千瓦	82.26	66.40
乳制品	万吨	14.73	15.83
食醋	万吨	39.27	35.03
单色印刷品	万令	92.11	82.31
多色印刷品	万对开色令	466.11	203.66
焦油	万吨	29.35	9.39
粗苯	万吨	5.47	4.47
纯苯	万吨	6.23	4.75
车轮	万吨	9.79	9.56
车轴	万吨	11.10	12.41
汽车	万辆	0.32	0.32
煤气生产量	亿立方米	139.52	135.68
自来水生产量	亿立方米	2.00	1.93

11-4　规模以上工业主要产品生产能力

指　标	单　位	生产能力
原煤	吨	46950000
发电设备容量总计／发电量	万千瓦／万千瓦小时	544
卷烟	万支	2592000
化学纤维	吨	10000
棉纺锭／纺纱量	锭／吨	5000
焦炭	吨	21060000
农用氮、磷、钾化学肥料总计（折纯）	吨	2619
水泥	吨	11160000
水泥熟料	吨	7110000
# 窑外分解窑熟料	吨	7110000
平板玻璃	重量箱	2580000
# 浮法玻璃	重量箱	2580000
生铁	吨	6400000
粗钢	吨	9427084
钢材	吨	11753467
铁合金	吨	280000
原铝（电解铝）	吨	100000
金属切削机床	台	2000
汽车	辆	15000

11-5 规模以上工业企业

指 标	企业单位数(个)	亏损企业	工业总产值(当年价格)	工业销售产值(当年价格)	出口交货值
总 计	439	119	24274969.6	23740731.1	1481128.9
一、按登记注册类型分组:					
内资企业	415	110	22346407.3	21848145.4	1105956.7
国有企业	40	11	919817.5	908523.3	1589.9
中央企业	11	3	520112.3	531086.4	200.0
地方企业	29	8	399705.2	377436.9	1389.9
集体企业	24	6	140589.5	138676.5	
股份合作企业	3		8206.9	7776.0	
联营企业	1		14206.3	12368.3	
国有联营企业	1		14206.3	12368.3	
有限责任公司	103	28	17217417.6	16912563.5	1074878.3
国有独资公司	13	1	12967903.8	12779609.0	933183.7
其他有限责任公司	90	27	4249513.8	4132954.5	141694.6
股份有限公司	15	2	694913.6	678214.6	7953.6
私营企业	228	63	3345420.8	3184188.1	21534.9
私营独资企业	16	6	104803.7	89294.6	255.4
私营合伙企业	1				
私营有限责任公司	202	57	3086880.1	2966780.9	21279.5
私营股份有限公司	9		153737.0	128112.6	
其他企业	1		5835.1	5835.1	
港、澳、台商投资企业	4	2	53924.4	53226.6	3006.0
合资经营企业(港或澳、台资)	1	1	10045.0	10235.0	3006.0
港澳台商独资经营企业	3	1	43879.4	42991.6	
外商投资企业	20	7	1874637.9	1839359.1	372166.2
中外合资经营企业	13	5	713315.0	699699.5	

主要经济指标（一）

单位：万元

年初存货	产成品	在产品	资产总计	流动资产合计	应收账款	存货	产成品	在产品
3686340.0	1249107.9	481981.9	34911947.4	16362222.5	3280306.1	4004842.0	1496705.8	583364.2
3449987.3	1189143.8	444410.6	32349028.4	14985684.3	2846524.9	3780823.6	1432896.6	550532.3
167034.6	58383.0	42283.0	1999496.7	851259.4	128747.2	198602.7	75069.4	57283.4
81997.0	19797.7	37034.0	885935.9	340964.3	72795.3	95574.6	24143.9	50674.9
85037.6	38585.3	5249.0	1113560.8	510295.1	55951.9	103028.1	50925.5	6608.5
8903.4	2923.9	3859.0	75855.4	62034.3	20047.2	8860.3	3989.4	2011.2
561.3		5.1	8121.7	6427.2	3435.8	2446.1	89.0	19.1
3675.0	3675.0		21528.5	18719.6	3580.6	3525.5	3525.5	
3675.0	3675.0		21528.5	18719.6	3580.6	3525.5	3525.5	
2697912.5	890748.7	359058.2	25272546.1	11107971.1	2027378.3	2963878.3	1083274.7	455603.5
1992199.5	608681.2	308337.6	18741046.3	8354057.5	1548774.4	2101992.5	751602.3	392047.1
705713.0	282067.5	50720.6	6531499.8	2753913.6	478603.9	861885.8	331672.4	63556.4
86555.1	17856.1	16095.3	1088371.0	483260.2	145091.4	88542.9	39952.2	10287.2
483242.8	215557.1	23110.0	3869590.2	2443296.1	516937.1	513865.2	226996.4	25327.9
24477.3	13762.2	1679.0	122840.2	90236.4	36906.8	35098.8	23169.2	2174.9
444.0	444.0		1563.6	1198.9	487.9	444.0	444.0	
446212.6	197487.5	21383.3	3614709.3	2311617.2	469624.8	456489.0	193655.0	23153.0
12108.9	3863.4	47.7	130477.1	40243.6	9917.6	21833.4	9728.2	
2102.6			13518.8	12716.4	1307.3	1102.6		
2003.3	708.9		35088.3	18552.0	6999.2	2741.9	1516.8	329.5
1338.4	321.6		24750.8	15082.7	5262.9	1888.0	1096.3	
664.9	387.3		10337.5	3469.3	1736.3	853.9	420.5	329.5
234349.4	59255.2	37571.3	2527830.7	1357986.2	426782.0	221276.5	62292.4	32502.4
104848.0	28706.3	12559.1	884217.0	514495.1	82900.5	114184.2	28521.1	8697.3

11-5 续表 1-1

指　标	企业单位数(个)	亏损企业	工业总产值（当年价格）	工业销售产值（当年价格）	出口交货值
外资企业	5	2	958514.9	946843.1	372166.2
外商投资股份有限公司	2		202808.0	192816.5	
二、按经济组织类型分组					
独资企业	88	26	2167605.0	2126329.1	374011.5
国有企业	40	11	919817.5	908523.3	1589.9
集体企业	24	6	140589.5	138676.5	
私营独资企业	16	6	104803.7	89294.6	255.4
港澳台商独资经营企业	3	1	43879.4	42991.6	
外资企业	5	2	958514.9	946843.1	372166.2
合作、合伙企业	6		28248.3	25979.4	
股份合作企业	3		8206.9	7776.0	
国有联营企业	1		14206.3	12368.3	
私营合伙企业	1				
其他企业（内资）	1		5835.1	5835.1	
股份有限公司	26	2	1051458.6	999143.7	7953.6
股份有限公司（内资）	15	2	694913.6	678214.6	7953.6
私营股份有限公司	9		153737.0	128112.6	
外商投资股份有限公司	2		202808.0	192816.5	
有限责任公司	319	91	21027657.7	20589278.9	1099163.8
国有独资公司	13	1	12967903.8	12779609.0	933183.7
私营有限责任公司	202	57	3086880.1	2966780.9	21279.5
合资经营企业（港或澳、台资）	1	1	10045.0	10235.0	3006.0
中外合资经营企业	13	5	713315.0	699699.5	

单位：万元

年初存货	产成品	在产品	资产总计	流动资产合计	应收账款	存货	产成品	在产品
124504.2	28998.5	25012.2	1601486.5	824123.5	338924.1	100769.6	32695.6	23805.1
4997.2	1550.4		42127.2	19367.6	4957.4	6322.7	1075.7	
325584.4	104454.9	72833.2	3810016.3	1831122.9	526361.6	344185.3	135344.1	85604.1
167034.6	58383.0	42283.0	1999496.7	851259.4	128747.2	198602.7	75069.4	57283.4
8903.4	2923.9	3859.0	75855.4	62034.3	20047.2	8860.3	3989.4	2011.2
24477.3	13762.2	1679.0	122840.2	90236.4	36906.8	35098.8	23169.2	2174.9
664.9	387.3		10337.5	3469.3	1736.3	853.9	420.5	329.5
124504.2	28998.5	25012.2	1601486.5	824123.5	338924.1	100769.6	32695.6	23805.1
6782.9	4119.0	5.1	44732.6	39062.1	8811.6	7518.2	4058.5	19.1
561.3		5.1	8121.7	6427.2	3435.8	2446.1	89.0	19.1
3675.0	3675.0		21528.5	18719.6	3580.6	3525.5	3525.5	
444.0	444.0		1563.6	1198.9	487.9	444.0	444.0	
2102.6			13518.8	12716.4	1307.3	1102.6		
103661.2	23269.9	16143.0	1260975.3	542871.4	159966.4	116699.0	50756.1	10287.2
86555.1	17856.1	16095.3	1088371.0	483260.2	145091.4	88542.9	39952.2	10287.2
12108.9	3863.4	47.7	130477.1	40243.6	9917.6	21833.4	9728.2	
4997.2	1550.4		42127.2	19367.6	4957.4	6322.7	1075.7	
3250311.5	1117264.1	393000.6	29796223.2	13949166.1	2585166.5	3536439.5	1306547.1	487453.8
1992199.5	608681.2	308337.6	18741046.3	8354057.5	1548774.4	2101992.5	751602.3	392047.1
446212.6	197487.5	21383.3	3614709.3	2311617.2	469624.8	456489.0	193655.0	23153.0
1338.4	321.6		24750.8	15082.7	5262.9	1888.0	1096.3	
104848.0	28706.3	12559.1	884217.0	514495.1	82900.5	114184.2	28521.1	8697.3

11-5 续表 1-2

指　标	企业单位数(个)	亏损企业	工业总产值（当年价格）	工业销售产值（当年价格）	出口交货值
其他有限责任公司	90	27	4249513.8	4132954.5	141694.6
三、在总计中：亏损企业	119	119	2171307.7	2061863.5	25304.6
在总计中：国有控股企业	84	18	17881229.0	17671203.1	1432933.6
在总计中：农村工业	3	3	15734.8	15621.0	
在总计中：轻工业	93	15	1746047.9	1687629.3	15739.0
重工业	346	104	22528921.7	22053101.8	1465389.9
在总计中：大型企业	24	4	16090487.3	15898528.5	1355735.8
中型企业	89	20	4879738.5	4666878.0	84173.6
小型企业	303	91	3151208.7	3035406.0	41019.5
微型企业	23	4	153535.1	139918.6	200.0
在总计中：中央企业	29	7	3586529.8	3566088.1	150771.6
省属企业	35	9	13078527.4	12895482.3	911321.0
市属企业	36	9	973979.5	934175.5	17464.1
县及县以下企业	339	94	6635932.9	6344985.2	401572.2
四、按行业分组：					
煤炭开采和洗选业	50	21	3408490.6	3370371.5	255.4
黑色金属矿采选业	7	3	136609.4	104841.8	
农副食品加工业	15	1	296174.0	288075.7	1248.7
食品制造业	12	1	323205.9	304609.7	79.5
酒、饮料和精制茶制造业	9	2	135368.7	128935.5	
烟草制品业	1		314534.8	315821.5	
纺织业	4	2	27980.5	18474.9	3006.0
纺织服装、服饰业	2		43186.2	43425.0	
木材加工及木、竹、藤、棕、草制品业	3		14209.8	12200.6	
家具制造业	2		8767.9	8767.9	

单位:万元

年初存货			资产总计					
	产成品	在产品		流动资产合计				
					应收账款	存货		
							产成品	在产品
705713.0	282067.5	50720.6	6531499.8	2753913.6	478603.9	861885.8	331672.4	63556.4
463784.3	202826.1	41252.1	4903895.0	2029044.9	287150.7	479557.0	223023.0	31218.6
2678486.6	844270.6	417166.2	27748508.2	11995640.4	2374667.4	2921680.5	1047535.8	525600.9
13601.9	1043.6		13158.8	9706.3	698.5	5542.2	762.2	
183730.4	73627.2	6974.3	1764402.6	907896.1	172597.9	229524.0	93056.4	9981.2
3502609.6	1175480.7	475007.6	33147544.8	15454326.4	3107708.2	3775318.0	1403649.4	573383.0
2425954.7	738862.5	382801.5	25023086.5	10815124.0	2160020.7	2602328.9	927245.5	477862.3
896138.7	361431.2	64058.4	6792249.8	3679974.9	616990.0	925895.3	376888.1	67123.0
338282.2	143075.7	33131.1	2849445.7	1737206.4	473908.0	439860.9	181948.6	36436.2
25964.4	5738.5	1990.9	247165.4	129917.2	29387.4	36756.9	10623.6	1942.7
553830.3	217315.3	95752.3	6158113.0	2428628.3	517978.8	709151.7	263816.2	112414.9
1976069.2	600723.7	305401.0	18903920.6	8280948.8	1502304.4	2066951.4	743093.2	390042.9
191023.0	66924.7	7121.3	1848270.2	994979.2	172312.7	212911.0	76191.2	7655.8
965417.5	364144.2	73707.3	8001643.6	4657666.2	1087710.2	1015827.9	413605.2	73250.6
189509.1	87185.1	7295.6	4854063.6	2753559.5	392391.2	249735.6	138406.0	10081.9
4386.1	1410.5		86567.5	32980.9	6925.1	7075.0	2209.8	
23189.3	8218.8	51.1	296810.0	155920.4	17951.6	30679.5	9031.4	46.5
29731.2	11132.9	699.5	208123.0	104416.3	17617.5	33161.1	13641.7	685.4
18887.1	8817.1	1132.2	106366.9	37645.1	2267.6	23433.2	10666.2	2303.5
29321.7	3623.7		262152.5	172020.2	36678.4	47155.4	8290.7	
17819.6	11262.3		55474.1	41948.4	5513.3	21877.2	19747.2	
3137.4	1271.5	1231.0	18337.8	13466.8	2913.9	3582.1	1649.8	1047.8
351.4	120.6	11.7	19780.5	8553.3	953.0	4648.3	2428.2	21.7
1105.5	51.0		9419.4	3774.5	1254.1	1105.9	5.0	

11-5 续表 1-3

指　标	企业单位数(个)	亏损企业	工业总产值（当年价格）	工业销售产值（当年价格）	出口交货值
造纸及纸制品业	5	1	48295.0	46190.2	
印刷和记录媒介复制业	10	3	62138.2	61953.4	
文教、工美、体育和娱乐用品制造业	1		25635.0	25635.0	
石油加工、炼焦和核燃料加工业	18	9	2625759.9	2548918.8	
化学原料和化学制品制造业	21	6	709218.1	700563.0	13325.1
医药制造业	11	3	111248.7	102858.0	
化学纤维制造业	1		5059.4	4838.5	
橡胶和塑料制品业	10	1	373677.0	380906.9	73035.7
非金属矿物制品业	38	10	439650.9	427306.0	
黑色金属冶炼和压延加工业	31	11	8381805.9	8273782.4	756198.6
有色金属冶炼和压延加工业	13	6	291480.4	262584.2	
金属制品业	39	8	1190623.3	1159834.2	79557.4
通用设备制造业	25	9	228372.9	221780.3	116.8
专用设备制造业	37	3	2144331.7	2025245.5	157851.1
汽车制造业	5	3	126567.6	121668.9	
铁路、船舶、航空航天和其他运输设备制造业	14	3	454448.4	456269.9	951.3
电气机械和器材制造业	11	3	172268.0	168782.1	10917.2
计算机、通信和其他电子设备制造业	21	4	1073667.3	1064192.9	376432.5
仪器仪表制造业	12		173991.7	172799.8	8153.6
其他制造业	2		7636.7	7389.0	
电力、热力生产和供应业	5	4	535273.2	535273.2	
燃气生产和供应业	2		313273.1	304450.2	
水的生产和供应业	2	2	72019.4	71984.6	

单位:万元

年初存货	产成品	在产品	资产总计	流动资产合计	应收账款	存货		
							产成品	在产品
5090.0	1201.8		47593.0	19693.7	6924.4	5992.5	2016.8	7.9
7725.8	3468.4	1235.6	85916.6	49283.7	8506.1	8727.1	3457.8	2077.6
483.0	483.0		6460.0	5879.6	5589.5			
369892.6	144127.1	44244.4	5018490.6	2149986.8	262845.3	424240.2	191542.3	48844.8
97853.3	46351.7	3385.8	1415998.7	593527.4	127451.9	126316.8	43602.6	7730.9
22422.1	12931.1	1185.9	141784.9	81393.8	10966.5	29163.9	15040.8	2650.1
327.1	90.5		4384.7	1976.2	712.8	268.4	174.3	
68109.4	38418.8	3243.1	357961.1	163095.8	33782.7	64157.9	35850.3	5285.7
59993.0	23522.5	2563.8	636941.3	276616.8	67887.9	57790.4	15187.0	3876.4
1550862.8	461964.9	169016.3	11072523.9	3481913.2	189044.2	1487389.3	488596.4	201566.1
45487.8	10178.7	617.2	198319.6	114083.9	17730.8	44042.5	6987.4	684.5
225985.2	90729.0	22074.5	1525875.5	846662.6	166175.3	247762.9	86057.4	16033.5
128781.5	57208.2	10088.2	374781.0	296998.6	52406.1	141089.4	63037.2	9516.6
434717.1	149909.5	130566.2	3277395.2	2661665.9	1103648.5	569157.5	234279.5	185925.7
24035.5	17072.9	454.3	119192.4	47476.7	4288.0	27339.7	19585.1	236.9
57426.8	10091.9	8819.6	608382.1	403003.7	172047.8	92574.8	22245.3	11207.0
24033.0	10675.9	2528.7	193381.5	149004.0	60205.1	23592.2	10084.3	2984.0
182350.6	32662.9	58073.5	1791106.5	975724.6	370296.2	140321.4	32611.3	52217.5
28093.3	3994.9	3795.1	272207.6	193757.2	64190.8	45171.9	18740.4	3256.7
607.5	309.0		5636.7	4179.6	2716.0	863.7	244.8	329.5
33186.8		9668.6	1016578.8	333814.8	50018.9	42584.5		14746.0
799.4	621.7		508380.6	96712.6	10757.9	3267.5	1288.8	
638.0			315559.8	91485.9	7647.7	574.2		

11-5 规模以上工业企业

指标	固定资产合计	固定资产原价	累计折旧	本年折旧	在建工程
总计	13111692.7	18450936.4	8040834.8	1244764.3	2683529.0
一、按登记注册类型分组:					
内资企业	12129358.5	16996261.5	7558417.0	1136495.3	2619137.7
国有企业	923908.9	1565803.6	768506.8	78040.0	205964.0
中央企业	504445.2	882089.5	473313.2	36639.5	97774.5
地方企业	419463.7	683714.1	295193.6	41400.5	108189.5
集体企业	12156.0	25341.7	13566.1	1269.4	2655.3
股份合作企业	1694.5	2601.9	1297.4	220.3	
联营企业	2767.0	4101.9	1334.9	315.5	0.2
国有联营企业	2767.0	4101.9	1334.9	315.5	0.2
有限责任公司	9747998.5	13690107.9	6291321.9	949216.2	2069919.9
国有独资公司	7258604.0	10594463.4	5027410.5	765604.9	1548065.2
其他有限责任公司	2489394.5	3095644.5	1263911.4	183611.3	521854.7
股份有限公司	306365.3	347475.9	105566.7	20095.0	199903.3
私营企业	1133666.0	1359784.9	376511.0	87338.9	140695.0
私营独资企业	23137.5	22353.5	5072.9	1343.6	7901.7
私营合伙企业	364.7	375.9	11.2		
私营有限责任公司	1022724.0	1220637.6	330453.3	75906.1	131063.9
私营股份有限公司	87439.8	116417.9	40973.6	10089.2	1729.4
其他企业	802.3	1043.7	312.2		
港、澳、台商投资企业	11922.2	18607.3	6712.9	1348.2	105.2
合资经营企业（港或澳、台资）	5797.7	9033.3	3235.6	231.4	77.4
港澳台商独资经营企业	6124.5	9574.0	3477.3	1116.8	27.8
外商投资企业	970412.0	1436067.6	475704.9	106920.8	64286.1
中外合资经营企业	266922.5	425805.3	165165.3	26933.0	44871.4

主要经济指标（二）

单位：万元

负债合计	流动负债合计	应付账款	非流动负债合计	所有者权益合计	实收资本	国家资本	集体资本	法人资本
23364957.2	15878731.0	4380113.8	7121112.8	11533874.2	4709184.3	1744986.1	25358.4	1760908.2
21657309.7	14281154.7	3935027.6	7012510.0	10682110.3	4117500.9	1739209.7	25358.4	1717962.7
1476476.3	746774.6	292757.3	705804.7	522433.8	312294.1	185020.9	264.1	126509.1
728209.7	246366.6	172119.9	466539.7	157726.0	82534.8	11778.0		70756.8
748266.6	500408.0	120637.4	239265.0	364707.8	229759.3	173242.9	264.1	55752.3
53932.1	49215.9	23217.5	257.2	21922.8	11124.8		10371.4	488.4
2597.9	2394.0	855.2	143.9	5523.7	3300.0			200.0
9901.2	8973.2	3478.0	928.0	11627.3	4497.0			4497.0
9901.2	8973.2	3478.0	928.0	11627.3	4497.0			4497.0
16714100.1	10647744.9	2932862.7	5777241.4	8555045.3	3113096.8	1544363.8	13702.9	1273214.1
12346644.3	8091971.8	2222307.8	4117330.6	6394401.9	1835242.2	1004870.8		830371.4
4367455.8	2555773.1	710554.9	1659910.8	2160643.4	1277854.6	539493.0	13702.9	442842.7
737579.2	375966.2	119897.8	361072.9	350382.9	157468.3	5025.0		123709.0
2651570.0	2438933.6	561366.3	167061.9	1212808.6	513639.9	4800.0	1020.0	189345.1
104426.0	103428.0	35787.1	998.0	18402.1	15493.8			5218.5
312.6	312.6			1251.0	100.0			100.0
2460810.6	2274855.2	516711.2	165993.9	1148699.2	471866.1	4800.0	1020.0	165646.6
86020.8	60337.8	8868.0	70.0	44456.3	26180.0			18380.0
11152.9	11152.3	592.8		2365.9	2080.0			
20406.8	19390.4	9733.3	943.0	14181.5	18423.6	876.4		11643.6
12669.6	12596.2	5090.0		12081.2	12520.0	876.4		11643.6
7737.2	6794.2	4643.3	943.0	2100.3	5903.6			
1687240.7	1578185.9	435352.9	107659.8	837582.4	573259.8	4900.0		31301.9
562522.3	519625.3	86309.3	41502.0	321694.6	127868.6	4900.0		28286.2

11-5 续表 2-1

指　标	固定资产合计	固定资产原价	累计折旧	本年折旧	在建工程
外资企业	683130.0	982112.6	301747.9	76770.0	19414.7
外商投资股份有限公司	20359.5	28149.7	8791.7	3217.8	
二、按经济组织类型分组					
独资企业	1648456.9	2605185.4	1092371.0	158539.8	235963.5
国有企业	923908.9	1565803.6	768506.8	78040.0	205964.0
集体企业	12156.0	25341.7	13566.1	1269.4	2655.3
私营独资企业	23137.5	22353.5	5072.9	1343.6	7901.7
港澳台商独资经营企业	6124.5	9574.0	3477.3	1116.8	27.8
外资企业	683130.0	982112.6	301747.9	76770.0	19414.7
合作、合伙企业	5628.5	8123.4	2955.7	535.8	0.2
股份合作企业	1694.5	2601.9	1297.4	220.3	
国有联营企业	2767.0	4101.9	1334.9	315.5	0.2
私营合伙企业	364.7	375.9	11.2		
其他企业（内资）	802.3	1043.7	312.2		
股份有限公司	414164.6	492043.5	155332.0	33402.0	201632.7
股份有限公司（内资）	306365.3	347475.9	105566.7	20095.0	199903.3
私营股份有限公司	87439.8	116417.9	40973.6	10089.2	1729.4
外商投资股份有限公司	20359.5	28149.7	8791.7	3217.8	
有限责任公司	11043442.7	15345584.1	6790176.1	1052286.7	2245932.6
国有独资公司	7258604.0	10594463.4	5027410.5	765604.9	1548065.2
私营有限责任公司	1022724.0	1220637.6	330453.3	75906.1	131063.9
合资经营企业（港或澳、台资）	5797.7	9033.3	3235.6	231.4	77.4
中外合资经营企业	266922.5	425805.3	165165.3	26933.0	44871.4

单位:万元

负债合计	流动负债合计	应付账款	非流动负债合计	所有者权益合计	实收资本	国家资本	集体资本	法人资本
1109494.1	1044069.6	340246.0	65424.5	491974.9	430720.2			
15224.3	14491.0	8797.6	733.3	23912.9	14671.0			3015.7
2752065.7	1950282.3	696651.2	773427.4	1056833.9	775536.5	185020.9	10635.5	132216.0
1476476.3	746774.6	292757.3	705804.7	522433.8	312294.1	185020.9	264.1	126509.1
53932.1	49215.9	23217.5	257.2	21922.8	11124.8		10371.4	488.4
104426.0	103428.0	35787.1	998.0	18402.1	15493.8			5218.5
7737.2	6794.2	4643.3	943.0	2100.3	5903.6			
1109494.1	1044069.6	340246.0	65424.5	491974.9	430720.2			
23964.6	22832.1	4926.0	1071.9	20767.9	9977.0			4797.0
2597.9	2394.0	855.2	143.9	5523.7	3300.0			200.0
9901.2	8973.2	3478.0	928.0	11627.3	4497.0			4497.0
312.6	312.6			1251.0	100.0			100.0
11152.9	11152.3	592.8		2365.9	2080.0			
838824.3	450795.0	137563.4	361876.2	418752.1	198319.3	5025.0		145104.7
737579.2	375966.2	119897.8	361072.9	350382.9	157468.3	5025.0		123709.0
86020.8	60337.8	8868.0	70.0	44456.3	26180.0			18380.0
15224.3	14491.0	8797.6	733.3	23912.9	14671.0			3015.7
19750102.6	13454821.6	3540973.2	5984737.3	10037520.3	3725351.5	1554940.2	14722.9	1478790.5
12346644.3	8091971.8	2222307.8	4117330.6	6394401.9	1835242.2	1004870.8		830371.4
2460810.6	2274855.2	516711.2	165993.9	1148699.2	471866.1	4800.0	1020.0	165646.6
12669.6	12596.2	5090.0		12081.2	12520.0	876.4		11643.6
562522.3	519625.3	86309.3	41502.0	321694.6	127868.6	4900.0		28286.2

11-5 续表 2-2

指　标	固定资产合计	固定资产原价	累计折旧	本年折旧	在建工程
其他有限责任公司	2489394.5	3095644.5	1263911.4	183611.3	521854.7
三、在总计中：亏损企业	1389972.1	2394215.1	1112536.6	148535.5	488893.7
在总计中：国有控股企业	11025895.0	15717512.5	7150225.1	1054542.9	2428346.8
在总计中：农村工业	3446.4	4756.6	1310.2	450.4	1132.3
在总计中：轻工业	657693.4	899567.5	302218.3	55157.3	55605.6
重工业	12453999.3	17551368.9	7738616.5	1189607.0	2627923.4
在总计中：大型企业	9984563.8	14002587.0	6391681.1	949085.8	2030644.0
中型企业	2214028.8	3201945.3	1184283.8	217037.8	442024.3
小型企业	881168.5	1202018.3	450219.3	76012.7	139083.6
微型企业	31931.6	44385.8	14650.6	2628.0	71777.1
在总计中：中央企业	2615920.3	3330954.7	1457666.8	155095.3	583308.6
省属企业	7242981.5	10571298.1	5008425.6	771317.6	1797471.2
市属企业	684445.2	1128771.9	494338.6	75570.3	83455.2
县及县以下企业	2568345.7	3419911.7	1080403.8	242781.1	219294.0
四、按行业分组：					
煤炭开采和洗选业	1753470.3	3132456.3	1693912.3	296636.6	282549.0
黑色金属矿采选业	26382.6	123367.7	98109.6	13977.6	2618.2
农副食品加工业	97785.7	107616.2	22399.1	4591.3	12748.4
食品制造业	84652.2	87496.5	24085.6	5297.9	20259.2
酒、饮料和精制茶制造业	64340.7	90238.4	29828.8	7530.8	1588.6
烟草制品业	87669.4	127503.8	40856.9	7312.5	1022.6
纺织业	9206.0	12791.3	4367.0	537.2	281.4
纺织服装、服饰业	4791.7	7359.7	2868.4	402.8	300.4
木材加工及木、竹、藤、棕、草制品业	10789.0	8441.6	674.4	387.3	2670.7
家具制造业	5378.1	5987.6	609.5	250.2	

单位：万元

负债合计	流动负债合计	应付账款	非流动负债合计	所有者权益合计	实收资本	国家资本	集体资本	法人资本
4367455.8	2555773.1	710554.9	1659910.8	2160643.4	1277854.6	539493.0	13702.9	442842.7
3951315.1	2558269.0	622752.7	1350164.4	950162.5	1069714.1	450755.5	8588.3	287377.1
18477072.9	11900936.6	3366699.1	6413295.4	9270848.3	3608502.3	1723083.9	2303.7	1347525.2
8507.8	7935.7	743.7		4651.0	3248.0		248.0	1000.0
868498.9	747094.3	234865.6	89195.3	891874.6	444210.1	134179.5	6543.3	125986.2
22496458.3	15131636.7	4145248.2	7031917.5	10641999.6	4264974.2	1610806.6	18815.1	1634922.0
16602037.9	10728169.9	3031308.4	5722722.5	8421048.4	3029430.1	1568089.7	2039.6	982837.9
4825455.1	3378751.2	829273.9	1283106.9	1965825.2	947187.9	37716.7	16918.8	560306.4
1849911.7	1692483.6	496136.1	107057.2	987388.3	654146.0	139059.7	6400.0	152005.3
87552.5	79326.3	23395.4	8226.2	159612.3	78420.3	120.0		65758.6
4065456.6	2148105.9	715805.1	1793869.1	2092656.0	1132428.0	544414.5		508013.5
12557143.7	8100107.0	2176894.4	4310854.6	6343048.5	1916942.4	1015470.4		898466.5
1215781.5	852981.1	217022.6	358212.1	631983.5	276058.3	166563.0	2169.6	42967.7
5526575.4	4777537.0	1270391.7	658177.0	2466186.2	1383755.6	18538.2	23188.8	311460.5
3142879.7	2221825.2	728619.5	919332.1	1709181.9	842618.9	36793.7	2100.0	747106.1
57619.8	57599.8	15794.4		28947.7	3600.1			2550.1
152875.0	149886.7	15427.2	2988.3	143826.8	44783.3	10852.8	3667.0	12522.0
89288.1	70760.9	15612.5	12143.6	115744.9	41154.0			17627.5
67624.6	46019.0	10982.1	3827.5	38682.2	44875.7	1874.9		3576.8
62811.2	62811.2	53078.0		199341.3	61319.6			61319.6
38454.8	37981.4	5292.5	400.0	17019.3	17100.0	876.4		11643.6
12674.7	9412.8	874.1		5663.0	2577.7		2089.3	488.4
11151.4	7585.2	10.6		8629.1	6000.0			5000.0
2785.4	2785.4	237.7		6634.0	1700.0			650.0

11-5 续表 2-3

指标	固定资产合计	固定资产原价	累计折旧	本年折旧	在建工程
造纸及纸制品业	22633.1	30543.8	10551.2	2454.2	2640.5
印刷和记录媒介复制业	23718.1	54306.0	32476.4	4593.7	6692.6
文教、工美、体育和娱乐用品制造业	580.4	699.9	119.5	83.2	
石油加工、炼焦和核燃料加工业	1695904.6	1802753.9	559657.8	102581.2	401656.1
化学原料和化学制品制造业	547701.9	763661.1	255357.6	25563.5	74074.0
医药制造业	43711.2	65687.4	30912.8	5360.3	2465.5
化学纤维制造业	507.7	462.8	38.0	18.3	82.9
橡胶和塑料制品业	192819.6	162735.6	36443.9	13201.7	65659.3
非金属矿物制品业	315995.2	415763.0	131886.1	20385.3	31597.1
黑色金属冶炼和压延加工业	4905082.2	6803809.1	3071213.8	465562.0	1220141.0
有色金属冶炼和压延加工业	58805.8	101475.4	43944.9	9774.9	2263.5
金属制品业	588261.4	726439.4	272212.8	30688.4	81062.8
通用设备制造业	69773.8	85043.0	26325.1	3064.1	8068.8
专用设备制造业	554731.2	535118.9	232662.6	31291.0	107136.3
汽车制造业	41101.4	52579.8	11731.5	5298.0	2924.4
铁路、船舶、航空航天和其他运输设备制造业	177036.9	176985.5	54119.1	10348.0	12324.2
电气机械和器材制造业	28139.6	32611.4	11509.8	1916.1	2428.5
计算机、通信和其他电子设备制造业	710520.6	1049452.0	345453.9	74106.1	34638.0
仪器仪表制造业	29909.1	38400.5	14029.3	3208.9	6837.5
其他制造业	573.5	970.9	397.4	98.3	44.5
电力、热力生产和供应业	647997.0	1432878.1	876901.4	75176.3	105743.5
燃气生产和供应业	159635.3	189817.6	30182.3	13535.8	187586.6
水的生产和供应业	152087.4	225482.2	74996.0	9530.8	3422.9

单位：万元

负债合计	流动负债合计	应付账款	非流动负债合计	所有者权益合计	实收资本	国家资本	集体资本	法人资本
29494.5	27106.0	9185.2	2388.5	18098.5	13408.5			5048.5
55452.5	49896.7	9576.5	4673.5	30464.1	21888.3	16025.9	522.9	1244.0
5380.3	5380.3	5105.0		1079.7	500.0			
3404433.2	2468954.4	505702.7	928905.5	1614057.2	746922.9	364562.2		192255.5
955058.7	832110.3	35805.8	122948.4	460939.8	268110.8	207743.0	80.0	12955.6
102167.3	91883.2	21256.8	8454.1	39617.5	41206.0			6360.0
2550.0	550.0	193.0		1834.7	1200.0			
247666.2	139969.4	34369.8	107696.8	110024.5	83247.9	654.7	264.1	59695.2
341495.2	256114.7	95715.8	76862.1	294627.2	155205.8	19600.9	1863.3	78930.1
7369551.7	4154790.2	778070.6	3214761.4	3702972.2	811958.3	651928.9	5473.8	67887.3
188743.0	161266.6	27601.9	2020.0	8630.9	46139.6	424.0	130.0	26335.2
939425.7	719021.9	192585.3	218621.3	585967.4	270703.5	141097.7	3994.4	110301.3
298172.2	257726.6	56022.3	39749.7	76596.3	52964.7	23562.9	4325.8	11288.0
2163559.7	1663370.3	880680.6	235679.3	1113534.7	256243.4	135403.7		54134.7
75007.5	60044.1	16609.9	13463.5	44184.9	35384.3			33343.3
416547.9	332626.4	149261.6	83921.5	191834.1	70039.8	4934.2	847.8	57233.6
116981.6	102937.0	54988.0	13946.5	76399.5	35835.7	2636.1		6926.2
1222309.2	1201761.6	388431.8	15890.4	564278.9	475976.2	6131.8		59952.3
148202.4	84663.9	14933.4	63538.4	124004.9	34652.2	6055.0		7735.5
3137.8	131.8	109.8	3006.0	1998.9	1242.0			
1115472.2	383240.8	170950.3	718427.9	-98898.4	73178.8	6381.0		66797.8
383187.2	124499.6	30008.6	258687.6	125193.2	43000.0	3000.0		40000.0
142796.5	94017.6	57020.5	48778.9	172763.3	104446.3	104446.3		

11-5 规模以上工业企业

指　　标	个人资本	港澳台资本	外商资本	营业收入	主营业务收入	营业成本
总　　计	638286.7	27045.1	512599.8	26093900.0	25683064.7	22366520.9
一、按登记注册类型分组：						
内资企业	613870.1	21100.0		24082340.6	23694565.3	20638799.9
国有企业	500.0			983830.1	929210.2	895073.9
中央企业				589810.2	545505.3	531530.5
地方企业	500.0			394019.9	383704.9	363543.4
集体企业	265.0			136326.1	134026.2	125620.4
股份合作企业	3100.0			8054.4	8017.1	6053.4
联营企业				29319.9	29319.9	19723.4
国有联营企业				29319.9	29319.9	19723.4
有限责任公司	261816.0	20000.0		18779093.9	18533399.8	15968026.9
国有独资公司				14568959.8	14411405.3	12462516.7
其他有限责任公司	261816.0	20000.0		4210134.1	4121994.5	3505510.2
股份有限公司	27634.3	1100.0		737646.4	714405.2	581683.8
私营企业	318474.8			3401427.3	3340608.3	3038525.0
私营独资企业	10275.3			93814.4	93639.6	89189.1
私营合伙企业						
私营有限责任公司	300399.5			3177527.7	3118022.4	2827471.6
私营股份有限公司	7800.0			130085.2	128946.3	121864.3
其他企业	2080.0			6642.5	5578.6	4093.1
港、澳、台商投资企业		5903.6		53347.3	53344.8	41538.0
合资经营企业（港或澳、台资）				7788.9	7788.9	6756.9
港澳台商独资经营企业		5903.6		45558.4	45555.9	34781.1
外商投资企业	24416.6	41.5	512599.8	1958212.1	1935154.6	1686183.0
中外合资经营企业	24416.6	41.5	70224.3	761903.1	759762.2	618614.2

主要经济指标（三）

单位:万元

主营业务成本	营业税金及附加	主营业务税金及附加	其他业务收入	其他业务利润	销售费用	管理费用	税金
22020270.3	285467.7	274211.2	410835.3	59975.2	530561.7	1845140.3	66213.9
20293204.8	276936.7	265680.2	387775.3	37602.8	475746.8	1729042.4	57699.1
884487.9	5333.6	4930.6	54619.9	45437.2	21934.9	82822.2	3762.4
531054.5	2094.4	1890.1	44304.9	43820.1	8528.1	24719.7	2156.0
353433.4	3239.2	3040.5	10315.0	1617.1	13406.8	58102.5	1606.4
124369.9	1242.9	1233.1	2299.9	452.6	456.2	11412.1	113.7
5553.4	54.0	54.0	37.3	37.3	286.1	1509.1	14.2
19723.4	160.1	160.1			1963.7	3465.4	
19723.4	160.1	160.1			1963.7	3465.4	
15707096.9	253213.7	242615.6	245694.1	−21723.8	326240.4	1451705.1	44158.2
12324525.8	88371.4	80960.9	157554.5	−11822.5	229203.5	1155135.0	30058.3
3382571.1	164842.3	161654.7	88139.6	−9901.3	97036.9	296570.1	14099.9
568557.7	2057.2	2057.2	23241.2	10114.8	30284.8	43678.8	913.2
2979322.5	14867.0	14621.4	60819.0	2220.8	94528.5	134108.8	8612.3
88612.6	598.6	598.6	174.8		2327.5	2149.4	19.5
2768845.6	14046.9	13801.3	59505.3	1185.1	90170.4	124141.5	4195.7
121864.3	221.5	221.5	1138.9	1035.7	2030.6	7817.9	4397.1
4093.1	8.2	8.2	1063.9	1063.9	52.2	340.9	125.1
41538.0	34.1	34.1	2.5	−45.9	166.3	4252.0	1590.7
6756.9	17.2	17.2			112.8	478.7	1.1
34781.1	16.9	16.9	2.5	−45.9	53.5	3773.3	1589.6
1685527.5	8496.9	8496.9	23057.5	22418.3	54648.6	111845.9	6924.1
617996.9	2463.1	2463.1	2140.9	1847.3	38639.8	31817.4	617.7

11-5 续表 3-1

指　标	个人资本	港澳台资本	外商资本	营业收入	主营业务收入	营业成本
外资企业			430720.2	1018917.1	998004.1	913498.6
外商投资股份有限公司			11655.3	177391.9	177388.3	154070.2
二、按经济组织类型分组						
独资企业	11040.3	5903.6	430720.2	2278446.1	2200436.0	2058163.1
国有企业	500.0			983830.1	929210.2	895073.9
集体企业	265.0			136326.1	134026.2	125620.4
私营独资企业	10275.3			93814.4	93639.6	89189.1
港澳台商独资经营企业		5903.6		45558.4	45555.9	34781.1
外资企业			430720.2	1018917.1	998004.1	913498.6
合作、合伙企业	5180.0			44016.8	42915.6	29869.9
股份合作企业	3100.0			8054.4	8017.1	6053.4
国有联营企业				29319.9	29319.9	19723.4
私营合伙企业						
其他企业（内资）	2080.0			6642.5	5578.6	4093.1
股份有限公司	35434.3	1100.0	11655.3	1045123.5	1020739.8	857618.3
股份有限公司（内资）	27634.3	1100.0		737646.4	714405.2	581683.8
私营股份有限公司	7800.0			130085.2	128946.3	121864.3
外商投资股份有限公司			11655.3	177391.9	177388.3	154070.2
有限责任公司	586632.1	20041.5	70224.3	22726313.6	22418973.3	19420869.6
国有独资公司				14568959.8	14411405.3	12462516.7
私营有限责任公司	300399.5			3177527.7	3118022.4	2827471.6
合资经营企业（港或澳、台资）				7788.9	7788.9	6756.9
中外合资经营企业	24416.6	41.5	70224.3	761903.1	759762.2	618614.2

单位:万元

主营业务成本	营业税金及附加	主营业务税金及附加	其他业务收入	其他业务利润	销售费用	管理费用	税金
913460.4	5735.3	5735.3	20913.0	20567.4	9972.9	67872.0	4136.6
154070.2	298.5	298.5	3.6	3.6	6035.9	12156.5	2169.8
2045711.9	12927.3	12514.5	78010.1	66411.3	34745.0	168029.0	9621.8
884487.9	5333.6	4930.6	54619.9	45437.2	21934.9	82822.2	3762.4
124369.9	1242.9	1233.1	2299.9	452.6	456.2	11412.1	113.7
88612.6	598.6	598.6	174.8		2327.5	2149.4	19.5
34781.1	16.9	16.9	2.5	-45.9	53.5	3773.3	1589.6
913460.4	5735.3	5735.3	20913.0	20567.4	9972.9	67872.0	4136.6
29369.9	222.3	222.3	1101.2	1101.2	2302.0	5315.4	139.3
5553.4	54.0	54.0	37.3	37.3	286.1	1509.1	14.2
19723.4	160.1	160.1			1963.7	3465.4	
4093.1	8.2	8.2	1063.9	1063.9	52.2	340.9	125.1
844492.2	2577.2	2577.2	24383.7	11154.1	38351.3	63653.2	7480.1
568557.7	2057.2	2057.2	23241.2	10114.8	30284.8	43678.8	913.2
121864.3	221.5	221.5	1138.9	1035.7	2030.6	7817.9	4397.1
154070.2	298.5	298.5	3.6	3.6	6035.9	12156.5	2169.8
19100696.3	269740.9	258897.2	307340.3	-18691.4	455163.4	1608142.7	48972.7
12324525.8	88371.4	80960.9	157554.5	-11822.5	229203.5	1155135.0	30058.3
2768845.6	14046.9	13801.3	59505.3	1185.1	90170.4	124141.5	4195.7
6756.9	17.2	17.2			112.8	478.7	1.1
617996.9	2463.1	2463.1	2140.9	1847.3	38639.8	31817.4	617.7

11-5 续表 3-2

指　标	个人资本	港澳台资本	外商资本	营业收入	主营业务收入	营业成本
其他有限责任公司	261816.0	20000.0		4210134.1	4121994.5	3505510.2
三、在总计中：亏损企业	260085.0	25000.0	37908.2	2138715.4	2071062.8	2100710.6
在总计中：国有控股企业	120255.0		415334.5	19701609.9	19407333.1	16766782.0
在总计中：农村工业	2000.0			15491.0	15491.0	15275.6
在总计中：轻工业	109998.9	25945.1	41557.1	1729417.3	1722488.2	1301839.0
重工业	528287.8	1100.0	471042.7	24364482.7	23960576.5	21064681.9
在总计中：大型企业	81128.4		395334.5	17871463.6	17607127.3	15364137.7
中型企业	250454.0		81792.0	4945884.7	4845768.3	4114480.0
小型企业	294162.6	27045.1	35473.3	3128443.9	3083363.4	2765176.5
微型企业	12541.7			148107.8	146805.7	122726.7
在总计中：中央企业	80000.0			3667655.4	3559717.0	3027052.2
省属企业	3005.5			14760632.1	14601853.9	12598287.5
市属企业	21532.7	7003.6	35821.7	868006.1	860505.2	745674.9
县及县以下企业	533748.5	20041.5	476778.1	6797606.4	6660988.6	5995506.3
四、按行业分组：						
煤炭开采和洗选业	56619.1			3215284.7	3112478.8	2365331.1
黑色金属矿采选业	1050.0			78421.7	77377.8	64417.2
农副食品加工业	17700.0	41.5		302581.0	302581.0	265058.8
食品制造业	11871.2		11655.3	284237.7	283634.1	221398.7
酒、饮料和精制茶制造业	8188.0	25000.0	6236.0	165885.5	165880.1	129207.9
烟草制品业				305725.3	304941.7	111808.8
纺织业	4580.0			15215.5	15205.7	12628.3
纺织服装、服饰业				42375.2	42375.2	42430.3
木材加工及木、竹、藤、棕、草制品业	1000.0			12200.6	12200.6	10500.4
家具制造业	1050.0			7903.4	7903.4	5279.3

单位:万元

主营业务成本	营业税金及附加	主营业务税金及附加	其他业务收入	其他业务利润	销售费用	管理费用	税金
3382571.1	164842.3	161654.7	88139.6	-9901.3	97036.9	296570.1	14099.9
2038141.1	13823.1	13749.0	67652.6	2675.2	39362.4	119226.5	7650.7
16527959.2	255574.0	244840.7	294276.8	53580.6	332620.3	1548604.3	48672.8
14699.1	30.1	21.9			101.0	414.0	
1291893.9	138195.0	137977.5	6929.1	1531.5	67301.7	103402.1	8599.1
20728376.4	147272.7	136233.7	403906.2	58443.7	463260.0	1741738.2	57614.8
15147892.3	118129.3	107637.6	264336.3	41344.1	277559.3	1433544.6	43770.7
4030563.9	149790.7	149504.7	100116.4	13837.1	178313.0	268501.9	11221.2
2720043.1	16964.4	16492.4	45080.5	4231.6	69616.6	129851.8	10332.8
121771.0	583.3	576.5	1302.1	562.4	5072.8	13242.0	889.2
2957803.2	155974.4	152853.6	107938.4	36056.5	81333.3	269964.1	12152.2
12457185.1	89780.7	82168.2	158778.2	-4298.7	243135.8	1152812.7	30346.7
716102.1	5691.4	5675.9	7500.9	1753.0	21417.3	84799.4	4118.0
5889179.9	34021.2	33513.5	136617.8	26464.4	184675.3	337564.1	19597.0
2224006.2	56698.3	54776.9	102805.9	-14429.1	43016.3	561500.2	9912.2
64337.0	3520.5	3302.4	1043.9	3.7	1386.0	5436.9	76.0
265058.8	430.7	430.7		-5.3	7347.0	7754.8	107.7
216429.4	945.3	945.3	603.6	384.5	26114.0	19360.6	2358.8
129207.9	2292.1	2292.1	5.4	5.4	11997.8	12630.4	2849.0
111035.6	131781.3	131781.3	783.6	10.3	4283.9	20311.8	759.2
12628.3	57.2	57.2	9.8	9.8	732.9	1255.8	6.8
42430.3	355.1	355.1			49.2	2560.8	22.0
10500.4	0.7	0.7			134.9	370.6	4.4
5279.3	14.4	14.4			1120.3	533.8	42.3

11-5 续表 3-3

指　标	个人资本	港澳台资本	外商资本	营业收入	主营业务收入	营业成本
造纸及纸制品业	8360.0			47315.9	47315.9	44704.3
印刷和记录媒介复制业	4095.5			64346.6	60462.3	55260.8
文教、工美、体育和娱乐用品制造业	500.0			21444.5	21444.5	17784.5
石油加工、炼焦和核燃料加工业	167015.0		23090.2	2743663.8	2705711.8	2454645.6
化学原料和化学制品制造业	25118.7		22213.5	834754.0	833269.2	755838.0
医药制造业	32846.0		2000.0	101136.6	99939.0	83374.2
化学纤维制造业	1200.0			4840.2	4838.5	4418.6
橡胶和塑料制品业	3020.0	161.6	19452.3	390742.3	389141.9	355949.3
非金属矿物制品业	43701.7		11109.8	419752.1	407773.1	366949.4
黑色金属冶炼和压延加工业	86668.3			10281218.4	10172912.9	9172325.4
有色金属冶炼和压延加工业	17290.6		1959.8	271475.4	264171.6	262232.0
金属制品业	15310.1			1184291.6	1166801.4	1024020.1
通用设备制造业	13788.0			207797.2	199277.6	181464.1
专用设备制造业	52856.6		13848.4	2005434.3	1998721.6	1685491.6
汽车制造业	2041.0			131073.9	131068.9	109536.8
铁路、船舶、航空航天和其他运输设备制造业	3274.2		3750.0	453833.0	435150.2	364680.9
电气机械和器材制造业	26273.4			184781.3	181540.9	143652.5
计算机、通信和其他电子设备制造业	14557.6		395334.5	1149464.9	1128818.5	1024980.4
仪器仪表制造业	17811.7	1100.0	1950.0	178334.7	178113.4	107562.6
其他制造业	500.0	742.0		6328.8	6328.8	5805.6
电力、热力生产和供应业				569373.2	522228.0	591550.1
燃气生产和供应业				340431.3	331450.2	256824.0
水的生产和供应业				72235.4	72006.1	69409.3

单位：万元

主营业务成本	营业税金及附加	主营业务税金及附加	其他业务收入	其他业务利润	销售费用	管理费用	税金
44704.3	216.9	216.9			261.3	1095.0	104.1
52191.1	507.9	290.4	3884.3	609.0	331.4	7233.8	205.9
17784.5	51.6	51.6			0.8	227.4	10.0
2410851.3	24473.7	22904.6	37952.0	−10920.2	91239.8	129938.9	6793.5
753805.7	5711.9	1111.9	1484.8	221.9	14744.3	50886.6	1754.5
82456.8	193.9	193.9	1197.6	144.0	3392.9	6564.7	1294.2
4418.6	15.1	15.1	1.7	1.7		105.8	
354753.5	1039.8	1039.8	1600.4	378.5	9297.2	6537.2	117.9
356447.4	2709.2	2655.5	11979.0	83.3	12856.9	24957.7	1397.1
9092187.9	29129.4	29123.5	108305.5	1211.1	137571.2	526270.1	18036.8
255520.8	1592.7	1592.7	7303.8	421.1	2400.8	11517.8	4452.1
1009502.5	2744.4	1434.8	17490.2	1359.8	16358.4	109600.2	1852.2
170398.0	1006.2	809.2	8519.6	1962.1	7457.2	21551.5	850.9
1684497.4	7722.5	6855.7	6712.7	1321.3	78550.8	111234.0	2686.2
109536.8	87.2	87.2	5.0	5.0	2935.7	5725.8	344.7
349057.7	1132.1	1094.3	18682.8	3123.5	10464.3	41953.0	849.5
141626.6	519.7	519.7	3240.4	717.6	5320.4	14154.5	315.4
1019869.9	5967.0	5921.8	20646.4	20566.2	11712.8	83928.3	5617.9
107040.5	1021.5	1014.7	221.3	121.0	8713.8	20142.3	267.1
5805.6	20.3	20.3		−48.4	121.3	467.7	6.3
590982.6	1781.2	1578.7	47145.2	43827.9		16953.7	2323.6
256508.3	1189.1	1184.0	8981.1	8660.2	17832.9	9606.0	209.7
69409.3	538.8	538.8	229.3	229.3	2815.2	12772.6	585.9

11-5 规模以上工业企业

指　标			财务费用		
	差旅费	工会经费		利息收入	利息支出
总　计	**40166.5**	**6396.2**	**429811.1**	**43717.1**	**472934.9**
一、按登记注册类型分组：					
内资企业	36616.2	5992.2	427786.8	44978.9	456218.3
国有企业	1729.0	588.3	44988.0	1325.4	45892.2
中央企业	809.6	119.0	31574.4	671.4	31923.8
地方企业	919.4	469.3	13413.6	654.0	13968.4
集体企业	214.6	64.3	141.6	49.7	120.3
股份合作企业	122.4	5.2	208.7	1.6	209.5
联营企业	122.1		114.7	58.5	76.7
国有联营企业	122.1		114.7	58.5	76.7
有限责任公司	26092.2	4424.7	308840.5	42796.3	346293.2
国有独资公司	16971.8	3474.6	245126.5	37340.4	280007.3
其他有限责任公司	9120.4	950.1	63714.0	5455.9	66285.9
股份有限公司	1682.7	430.0	15291.1	883.7	15676.3
私营企业	6653.2	479.7	58188.4	-136.3	47950.1
私营独资企业	89.4	7.9	957.3	6.8	807.0
私营合伙企业					
私营有限责任公司	6457.1	408.5	55410.6	-143.1	45606.1
私营股份有限公司	106.7	63.3	1820.5		1537.0
其他企业			13.8		
港、澳、台商投资企业	55.0	6.7	670.8	1.3	571.0
合资经营企业（港或澳、台资）	32.2	1.1	670.8	0.6	571.0
港澳台商独资经营企业	22.8	5.6		0.7	
外商投资企业	3495.3	397.3	1353.5	-1263.1	16145.6
中外合资经营企业	2620.3	206.2	19229.2	-180.1	7859.9

主要经济指标（四）

单位：万元

营业利润	资产减值损失	公允价值变动收益	投资收益	补贴收入	营业外收入	营业外支出	利润总额	应交所得税
798498.1	70650.7	−222599.8	−89234.0	37090.7	110836.3	160723.6	716505.6	191553.9
669472.2	65777.1	−155173.2	−83582.9	36783.9	120891.2	135062.7	623212.4	180342.8
−60527.2	1078.0		569.0	22943.2	39098.6	−2160.3	−41431.8	1970.5
−9756.0	383.9		−575.0	12810.4	16386.7	631.8	−6811.5	1238.0
−50771.2	694.1		1144.0	10132.8	22711.9	−2792.1	−34620.3	732.5
−2373.6	39.4	40.5		907.2	4082.5	255.8	1000.6	272.1
894.5					2.0	477.7	418.8	74.4
2705.8	86.8				873.7	2.1	3577.4	606.3
2705.8	86.8				873.7	2.1	3577.4	606.3
544882.2	62798.1	−64315.6	−17106.0	9499.6	67203.4	46421.0	556958.1	160795.2
380428.3	46803.5		6210.2	8410.6	40417.3	27512.1	384922.9	107788.1
164453.9	15994.6	−64315.6	−23316.2	1089.0	26786.1	18908.9	172035.2	53007.1
68559.0	1142.2	−9200.0	−1171.3	416.2	1577.0	33083.2	36636.6	6923.6
115032.7	632.6	−81698.1	−65874.6	3017.7	8054.0	56983.2	65753.9	9621.4
−572.6		−3741.3	−1000.0		362.4	7.6	−217.8	140.7
113192.8	908.6	−69434.9	−64874.6	3017.7	7639.8	56975.6	63507.4	9145.3
2412.5	−276.0	−8521.9			51.8		2464.3	335.4
298.8							298.8	79.3
2264.4					−2522.2	66.1	−323.9	15.4
−247.5						38.6	−286.1	
2511.9					−2522.2	27.5	−37.8	15.4
126761.5	4873.6	−67426.6	−5651.1	306.8	−7532.7	25594.8	93617.1	11195.7
61627.1		−52565.4	−5994.4	289.9	−8541.7	23303.6	29781.8	8300.9

11-5 续表 4-1

指　标	差旅费	工会经费	财务费用	利息收入	利息支出
外资企业	829.9	125.9	-18121.4	-1100.4	8184.5
外商投资股份有限公司	45.1	65.2	245.7	17.4	101.2
二、按经济组织类型分组					
独资企业	2885.7	792.0	27965.5	282.2	55004.0
国有企业	1729.0	588.3	44988.0	1325.4	45892.2
集体企业	214.6	64.3	141.6	49.7	120.3
私营独资企业	89.4	7.9	957.3	6.8	807.0
港澳台商独资经营企业	22.8	5.6		0.7	
外资企业	829.9	125.9	-18121.4	-1100.4	8184.5
合作、合伙企业	244.5	5.2	337.2	60.1	286.2
股份合作企业	122.4	5.2	208.7	1.6	209.5
国有联营企业	122.1		114.7	58.5	76.7
私营合伙企业					
其他企业（内资）			13.8		
股份有限公司	1834.5	558.5	17357.3	901.1	17314.5
股份有限公司（内资）	1682.7	430.0	15291.1	883.7	15676.3
私营股份有限公司	106.7	63.3	1820.5		1537.0
外商投资股份有限公司	45.1	65.2	245.7	17.4	101.2
有限责任公司	35201.8	5040.5	384151.1	42473.7	400330.2
国有独资公司	16971.8	3474.6	245126.5	37340.4	280007.3
私营有限责任公司	6457.1	408.5	55410.6	-143.1	45606.1
合资经营企业（港或澳、台资）	32.2	1.1	670.8	0.6	571.0
中外合资经营企业	2620.3	206.2	19229.2	-180.1	7859.9

单位:万元

营业利润	资产减值损失	公允价值变动收益	投资收益	补贴收入	营业外收入	营业外支出	利润总额	应交所得税
49928.7	4873.6	-14861.2	343.3	16.9	7306.3	1879.3	55338.8	2433.3
15205.7					-6297.3	411.9	8496.5	461.5
-11032.8	5991.0	-18562.0	-87.7	23867.3	48327.6	9.9	14652.0	4832.0
-60527.2	1078.0		569.0	22943.2	39098.6	-2160.3	-41431.8	1970.5
-2373.6	39.4	40.5		907.2	4082.5	255.8	1000.6	272.1
-572.6		-3741.3	-1000.0		362.4	7.6	-217.8	140.7
2511.9					-2522.2	27.5	-37.8	15.4
49928.7	4873.6	-14861.2	343.3	16.9	7306.3	1879.3	55338.8	2433.3
3899.1	86.8				875.7	479.8	4295.0	760.0
894.5					2.0	477.7	418.8	74.4
2705.8	86.8				873.7	2.1	3577.4	606.3
298.8							298.8	79.3
86177.2	866.2	-17721.9	-1171.3	416.2	-4668.5	33495.1	47597.4	7720.5
68559.0	1142.2	-9200.0	-1171.3	416.2	1577.0	33083.2	36636.6	6923.6
2412.5	-276.0	-8521.9			51.8		2464.3	335.4
15205.7					-6297.3	411.9	8496.5	461.5
719454.6	63706.7	-186315.9	-87975.0	12807.2	66301.5	126738.8	649961.2	178241.4
380428.3	46803.5		6210.2	8410.6	40417.3	27512.1	384922.9	107788.1
113192.8	908.6	-69434.9	-64874.6	3017.7	7639.8	56975.6	63507.4	9145.3
-247.5						38.6	-286.1	
61627.1		-52565.4	-5994.4	289.9	-8541.7	23303.6	29781.8	8300.9

11–5 续表 4–2

指　标	差旅费	工会经费	财务费用	利息收入	利息支出
其他有限责任公司	9120.4	950.1	63714.0	5455.9	66285.9
三、在总计中：亏损企业	3406.2	571.8	73616.4	938.3	56140.1
在总计中：国有控股企业	24890.0	5144.5	326986.7	43489.0	395127.5
在总计中：农村工业	128.7	16.6	399.0	1.1	399.6
在总计中：轻工业	3542.9	626.6	14501.3	2355.5	16132.9
重工业	36623.6	5769.6	415309.8	41361.6	456802.0
在总计中：大型企业	22236.9	4456.4	290969.5	40201.5	356627.5
中型企业	11177.5	1237.7	105879.2	2866.7	90384.2
小型企业	6207.7	632.2	32286.7	604.3	25225.8
微型企业	544.4	69.9	675.7	44.6	697.4
在总计中：中央企业	9762.3	1190.9	78547.6	6308.3	84061.6
省属企业	15846.9	3494.8	254090.5	36755.6	288228.6
市属企业	2446.9	554.4	22468.2	1533.9	26058.3
县及县以下企业	12110.4	1156.1	74704.8	–880.7	74586.4
四、按行业分组：					
煤炭开采和洗选业	5978.4	2557.5	51997.0	13554.9	64194.9
黑色金属矿采选业	102.4	6.5	246.8	13.3	168.4
农副食品加工业	308.5	73.5	4072.1	30.6	3810.5
食品制造业	686.0	46.3	2795.5	75.2	2622.2
酒、饮料和精制茶制造业	624.4	29.1	741.1	58.3	666.4
烟草制品业	282.0	143.8	–1760.3	1769.8	
纺织业	64.3	6.2	814.2	10.3	710.0
纺织服装、服饰业	39.9	15.3	16.5	8.3	23.7
木材加工及木、竹、藤、棕、草制品业	90.5	1.7	375.5		158.1
家具制造业	16.4	2.1	117.1		117.1

单位：万元

营业利润	资产减值损失	公允价值变动收益	投资收益	补贴收入	营业外收入	营业外支出	利润总额	应交所得税
164453.9	15994.6	-64315.6	-23316.2	1089.0	26786.1	18908.9	172035.2	53007.1
-185989.3	11475.7	-68613.5	-9452.8	21705.0	34395.2	9229.2	-181343.0	1195.0
552582.9	56815.6	-36937.1	-4468.9	31920.9	112773.7	70862.6	563507.8	166016.6
-138.2		-1741.3					-138.2	3.5
116496.4	10039.1	-6300.0	-4025.0	3245.8	-1493.9	11750.4	102090.2	18502.4
682001.7	60611.6	-216299.8	-85209.0	33844.9	112330.2	148973.2	614415.4	173051.5
461227.5	54899.4	-3937.1	8505.7	11413.8	77291.1	42572.2	484538.4	135348.3
213474.5	6027.4	-208691.1	-97913.9	21809.1	33511.1	65134.9	160956.9	44652.6
117654.3	9642.5	-9971.6	146.2	2903.6	-1963.7	52943.9	62943.3	10190.8
6141.8	81.4		28.0	964.2	1997.8	72.6	8067.0	1362.2
95106.4	7727.1	-34315.7	-13865.6	19852.9	57430.2	12931.2	119752.5	41994.4
425315.0	46326.4		8095.8	2376.3	24655.4	59684.8	388149.6	110165.7
17789.1	648.5		1106.2	9978.6	12043.5	-1546.1	22081.4	12058.0
260287.6	15948.7	-188284.1	-84570.4	4882.9	16707.2	89653.7	186522.1	27335.8
158602.0	7280.1		3125.6	1776.0	7444.7	19558.7	144722.0	86962.7
223.0					3.5	228.4	-1.9	173.0
18689.2				643.6	3120.5	166.3	22278.4	1977.1
27493.6		-4300.0	-4000.0		-4977.6	527.7	21988.3	2865.4
5116.9	9229.7				-1740.1	659.0	2717.8	856.9
39172.2			-127.5		35.1	255.3	38952.0	9862.7
-321.6		-2000.0	-1000.0	58.8	8.3	39.4	-352.7	121.4
-2840.8	39.4			541.3	3644.7	71.9	190.7	
1116.5	-276.0	-800.0					1116.5	
838.5					0.1	0.5	838.1	8.6

11-5 续表 4-3

指　标	差旅费	工会经费	财务费用	利息收入	利息支出
造纸及纸制品业	26.5	2.0	997.2	5.5	931.2
印刷和记录媒介复制业	136.7	49.1	1069.7	73.7	1044.7
文教、工美、体育和娱乐用品制造业	25.4		61.3	3.5	63.8
石油加工、炼焦和核燃料加工业	3634.2	382.4	68995.5	220.2	52190.8
化学原料和化学制品制造业	1010.5	84.3	12885.5	137.2	12665.6
医药制造业	280.4	43.6	1128.9	56.1	1023.9
化学纤维制造业			191.5		190.2
橡胶和塑料制品业	361.0	25.1	4853.4	267.0	5311.1
非金属矿物制品业	623.6	220.1	4060.1	1011.6	3588.9
黑色金属冶炼和压延加工业	4723.4	918.0	186212.7	20668.5	206566.1
有色金属冶炼和压延加工业	169.2	52.4	5513.6	72.6	2794.1
金属制品业	3871.6	300.4	13454.5	1858.8	14019.7
通用设备制造业	1625.2	39.3	1948.9	145.6	1196.1
专用设备制造业	8261.3	214.1	17010.6	2812.8	16715.4
汽车制造业	350.6	79.7	1786.9	75.8	1664.9
铁路、船舶、航空航天和其他运输设备制造业	1175.4	454.3	3480.5	427.9	6596.6
电气机械和器材制造业	587.0	61.3	1674.6	49.9	1572.2
计算机、通信和其他电子设备制造业	1694.0	249.6	-17262.7	-889.9	9236.1
仪器仪表制造业	2594.6	119.5	1946.6	52.4	1808.8
其他制造业	37.6	0.6	0.6	0.8	
电力、热力生产和供应业	399.6	40.6	49106.8	459.4	49331.5
燃气生产和供应业	332.2		8948.1	459.2	9349.6
水的生产和供应业	53.7	177.8	2330.8	227.8	2602.3

单位：万元

营业利润	资产减值损失	公允价值变动收益	投资收益	补贴收入	营业外收入	营业外支出	利润总额	应交所得税
35.9				613.1	635.7	39.6	622.1	8.7
1056.1	1.7		79.0		-200.2	79.9	776.3	45.3
3608.4						6.1	3602.3	104.4
81075.9	2273.4	-125255.5	-70942.2	278.4	12924.8	52250.4	41471.9	22017.5
23969.6	9.1	-1741.3	16.5	4463.8	9763.4	2821.5	26625.3	6414.1
3390.4	-0.8		-82.1	389.0	-1051.7	716.1	1376.6	273.9
109.2						29.4	79.8	
14166.8	428.9	-34300.0	-15000.0	2.0	-3035.1	651.6	10478.1	351.8
12536.5	292.0	-4999.9	-2.4	587.8	2551.1	-443.1	15530.7	1079.2
189027.4	26170.1	-30364.9	-11825.3	9.0	15544.4	8393.1	196178.7	8119.2
-4912.8		-9121.9			1205.0	4227.5	-7935.3	661.8
12648.8	3061.7	-6370.0	960.7	2471.9	15414.0	3234.9	22356.0	4129.2
-916.4	-33.9	40.5		124.8	1076.6	429.2	-263.2	307.6
98072.6	13784.0	434.6	5090.6	1398.8	12499.3	2299.6	107657.4	31333.2
2236.8	1076.0		-575.0	11200.0	10065.1	453.2	648.7	0.3
43772.6	752.6		816.4	558.1	-8642.9	188.5	34600.4	4074.6
19948.0	874.3			425.0	143.0	6710.8	13380.2	1744.0
52457.1	5799.5	-3821.4	352.6		10314.5	5001.7	57769.9	2759.0
40575.3	278.0		0.6	560.4	775.9	25174.1	16177.1	1055.1
586.0					-540.0	2.1	43.9	14.9
-77164.0	-489.2		6.0	9913.5	21417.2	-3343.5	-62316.8	
48691.4	100.1		2783.4	75.4	395.5	30160.6	18850.9	4232.3
-14563.0			1089.1	1000.0	2041.5	133.1	-13654.6	

11-5 规模以上工业企业

指标	亏损企业亏损总额	利税总额	应交税金及附加	本年应付职工薪酬	本年应交增值税
总计	181343.0	1884786.0	1426048.2	2229382.1	882812.7
一、按登记注册类型分组:					
内资企业	160173.7	1732822.7	1347652.2	2142330.4	832673.6
国有企业	58657.1	-4918.8	42245.9	108526.9	31179.4
中央企业	18626.2	9985.4	20190.9	50218.9	14702.5
地方企业	40030.9	-14904.2	22055.0	58308.0	16476.9
集体企业	501.5	9534.3	8919.5	18387.7	7290.8
股份合作企业		735.4	405.2	952.9	262.6
联营企业		4857.4	1886.3	1520.0	1119.9
国有联营企业		4857.4	1886.3	1520.0	1119.9
有限责任公司	65642.2	1508930.7	1156926.0	1880063.1	698758.9
国有独资公司	484.1	999145.8	752069.3	1484179.2	525851.5
其他有限责任公司	65158.1	509784.9	404856.7	395883.9	172907.4
股份有限公司	4576.4	45284.8	16485.0	48766.3	6591.0
私营企业	30796.5	168091.9	120571.7	83961.4	87471.0
私营独资企业	1113.2	2837.7	3215.7	3743.5	2456.9
私营合伙企业				4.5	
私营有限责任公司	29683.3	161409.4	111243.0	76772.8	83855.1
私营股份有限公司		3844.8	6113.0	3440.6	1159.0
其他企业		307.0	212.6	152.1	
港、澳、台商投资企业	369.9	284.2	2214.2	1097.2	574.0
合资经营企业（港或澳、台资）	286.1	6.5	293.7	371.6	275.4
港澳台商独资经营企业	83.8	277.7	1920.5	725.6	298.6
外商投资企业	20799.4	151679.1	76181.8	85954.5	49565.1
中外合资经营企业	17118.0	55051.6	34188.4	34141.8	22806.7

主要经济指标（五）

单位：万元

本年进项税额	本年销项税额	土地和固定资产支出	土地购置	房屋和建筑物	机器设备	运输工具	其他费用	全部从业人员年平均人数（人）
3786414.8	4618275.6	2869745.1	118350.9	790513.4	1696202.7	28561.1	236117.0	356398
3411855.1	4220754.7	1861851.9	98978.0	532024.9	1070753.0	25112.1	134983.9	279450
90624.7	119190.4	849412.6	28639.9	203136.0	605319.7	12065.5	251.5	20534
59111.6	73846.0	581080.0	15672.0	142793.3	418768.0	3685.6	161.1	6777
31513.1	45344.4	268332.6	12967.9	60342.7	186551.7	8379.9	90.4	13757
10301.3	15031.4	422.8		100.1	233.9	60.5	28.3	6361
1030.5	1287.5							261
3547.2	4557.6							314
3547.2	4557.6							314
2830067.2	3538068.9	950699.4	66877.1	308934.2	441303.4	8170.6	125414.1	208652
2382129.4	2884576.9	658939.7	28736.9	223942.7	296474.2	967.3	108818.6	141167
447937.8	653492.0	291759.7	38140.2	84991.5	144829.2	7203.3	16595.5	67485
81954.4	83511.2	4467.3		223.9	1026.0	373.7	2843.7	10371
394329.8	459107.7	56849.8	3461.0	19630.7	22870.0	4441.8	6446.3	32887
14539.7	14633.0	3731.7	870.1	1313.6	1394.7	147.7	5.6	1818
								5
361875.6	425455.7	48599.3	2590.9	17814.9	21475.3	4294.1	2424.1	29620
17914.5	19019.0	4518.8		502.2			4016.6	1444
								70
2431.4	2430.8	15.2			15.2			406
1087.5	817.1							176
1343.9	1613.7	15.2			15.2			230
372128.3	395090.1	1007878.0	19372.9	258488.5	625434.5	3449.0	101133.1	76542
93882.4	111095.9	73834.1	384.9	24059.6	46091.0	2593.6	705.0	6826

11-5 续表 5-1

指　标	亏损企业亏损总额	利税总额	应交税金及附加	本年应付职工薪酬	本年应交增值税
外资企业	3681.4	85025.7	36256.8	49470.9	23951.6
外商投资股份有限公司		11601.8	5736.6	2341.8	2806.8
二、按经济组织类型分组					
独资企业	64037.0	92756.6	92558.4	180854.6	65177.3
国有企业	58657.1	–4918.8	42245.9	108526.9	31179.4
集体企业	501.5	9534.3	8919.5	18387.7	7290.8
私营独资企业	1113.2	2837.7	3215.7	3743.5	2456.9
港澳台商独资经营企业	83.8	277.7	1920.5	725.6	298.6
外资企业	3681.4	85025.7	36256.8	49470.9	23951.6
合作、合伙企业		5899.8	2504.1	2629.5	1382.5
股份合作企业		735.4	405.2	952.9	262.6
国有联营企业		4857.4	1886.3	1520.0	1119.9
私营合伙企业				4.5	
其他企业（内资）		307.0	212.6	152.1	
股份有限公司	4576.4	60731.4	28334.6	54548.7	10556.8
股份有限公司（内资）	4576.4	45284.8	16485.0	48766.3	6591.0
私营股份有限公司		3844.8	6113.0	3440.6	1159.0
外商投资股份有限公司		11601.8	5736.6	2341.8	2806.8
有限责任公司	112729.6	1725398.2	1302651.1	1991349.3	805696.1
国有独资公司	484.1	999145.8	752069.3	1484179.2	525851.5
私营有限责任公司	29683.3	161409.4	111243.0	76772.8	83855.1
合资经营企业（港或澳、台资）	286.1	6.5	293.7	371.6	275.4
中外合资经营企业	17118.0	55051.6	34188.4	34141.8	22806.7

单位:万元

本年进项税额	本年销项税额	土地和固定资产支出						全部从业人员年平均人数(人)
			土地购置	房屋和建筑物	机器设备	运输工具	其他费用	
268224.9	272179.6	933853.2	18988.0	234428.9	579221.7	855.4	100359.2	69355
10021.0	11814.6	190.7			121.8		68.9	361
385034.5	422648.1	1787435.5	48498.0	438978.6	1186185.2	13129.1	100644.6	98298
90624.7	119190.4	849412.6	28639.9	203136.0	605319.7	12065.5	251.5	20534
10301.3	15031.4	422.8		100.1	233.9	60.5	28.3	6361
14539.7	14633.0	3731.7	870.1	1313.6	1394.7	147.7	5.6	1818
1343.9	1613.7	15.2			15.2			230
268224.9	272179.6	933853.2	18988.0	234428.9	579221.7	855.4	100359.2	69355
4577.7	5845.1							650
1030.5	1287.5							261
3547.2	4557.6							314
								5
								70
109889.9	114344.8	9176.8		726.1	1147.8	373.7	6929.2	12176
81954.4	83511.2	4467.3		223.9	1026.0	373.7	2843.7	10371
17914.5	19019.0	4518.8		502.2			4016.6	1444
10021.0	11814.6	190.7			121.8		68.9	361
3286912.7	4075437.6	1073132.8	69852.9	350808.7	508869.7	15058.3	128543.2	245274
2382129.4	2884576.9	658939.7	28736.9	223942.7	296474.2	967.3	108818.6	141167
361875.6	425455.7	48599.3	2590.9	17814.9	21475.3	4294.1	2424.1	29620
1087.5	817.1							176
93882.4	111095.9	73834.1	384.9	24059.6	46091.0	2593.6	705.0	6826

11-5 续表 5-2

指　标	亏损企业亏损总额	利税总额	应交税金及附加	本年应付职工薪酬	本年应交增值税
其他有限责任公司	65158.1	509784.9	404856.7	395883.9	172907.4
三、在总计中：亏损企业	181343.0	-124146.7	66042.0	124866.1	43373.2
在总计中：国有控股企业	94501.4	1523306.3	1174487.9	2009317.6	704224.5
在总计中：农村工业	138.2	115.3	257.0	1132.4	223.4
在总计中：轻工业	19000.3	309878.2	234889.5	108333.2	69593.0
重工业	162342.7	1574907.8	1191158.7	2121048.9	813219.7
在总计中：大型企业	33397.4	1242627.5	937208.1	1891642.1	639959.8
中型企业	105245.8	475841.4	370758.3	229696.6	165093.8
小型企业	41506.5	154564.5	112144.8	100706.4	74656.8
微型企业	1193.3	11752.6	5937.0	7337.0	3102.3
在总计中：中央企业	52114.8	402579.0	336973.1	431414.0	126852.1
省属企业	9527.5	1008702.0	761064.8	1476701.2	530771.7
市属企业	42343.0	64970.7	59065.3	88739.7	37197.9
县及县以下企业	77357.7	408534.3	268945.0	232527.2	187991.0
四、按行业分组：					
煤炭开采和洗选业	3250.2	537826.1	489979.0	955279.2	336405.8
黑色金属矿采选业	848.3	10721.4	10972.3	2033.1	7202.8
农副食品加工业	992.9	24759.3	4565.7	6815.3	2050.2
食品制造业	735.9	29062.3	12298.2	12472.2	6128.7
酒、饮料和精制茶制造业	84.0	9406.5	10394.6	9005.5	4396.6
烟草制品业		206106.2	177776.1	29884.6	35372.9
纺织业	894.4	179.2	660.1	1125.8	474.7
纺织服装、服饰业		2906.9	2738.2	4055.1	2361.1
木材加工及木、竹、藤、棕、草制品业		1123.2	11.1	551.9	6.0
家具制造业		945.4	158.2	626.6	92.9

单位：万元

本年进项税额	本年销项税额	土地和固定资产支出						全部从业人员年平均人数(人)
			土地购置	房屋和建筑物	机器设备	运输工具	其他费用	
447937.8	653492.0	291759.7	38140.2	84991.5	144829.2	7203.3	16595.5	67485
256605.0	303416.1	284839.0	7032.8	79936.0	187645.6	8699.5	1525.1	34443
3096275.3	3733312.2	2664042.0	106441.4	724922.1	1589674.0	18942.5	224062.0	284838
2155.5	2379.9							589
141684.1	239794.0	281681.7	13705.5	63144.7	193161.1	6671.2	4999.2	24103
3644730.7	4378481.6	2588063.4	104645.4	727368.7	1503041.6	21889.9	231117.8	332295
2906132.9	3485092.8	2486856.4	93004.8	663890.3	1494475.7	15943.2	219542.4	261415
565873.5	754565.5	197119.5	10709.9	66782.3	103695.5	5461.9	10469.9	57724
298929.8	360205.1	182212.8	14567.7	58204.6	96682.7	6777.6	5980.2	35575
15478.6	18412.2	3556.4	68.5	1636.2	1348.8	378.4	124.5	1684
398855.4	497770.7	824497.0	27908.9	225622.5	540621.5	9129.8	21214.3	63998
2396129.1	2907800.3	651294.4	24936.6	211946.7	310046.6	2452.0	101912.5	135939
77774.7	101007.6	302196.5	36508.7	56008.6	202795.1	6771.4	112.7	21964
913655.6	1111697.0	1091757.2	28996.7	296935.6	642739.5	10207.9	112877.5	134497
543242.6	859061.8	465250.0	16500.0	148229.2	218674.9	2726.6	79119.3	84058
6105.7	13308.5	717.0	98.0		477.0	142.0		812
15612.1	62525.1	7833.4	5325.0	1110.2	1255.8	124.2	18.2	3033
28277.9	33091.9	7737.0	1220.4	2252.1	3988.6	158.0	117.9	3533
16817.6	14836.3	4472.6		547.9	2810.5	96.3	1017.9	2357
18328.1	52001.7	989.9		69.1	920.8			1126
2518.7	2060.9	940.2			940.2			468
1492.5	2013.5	215.8		77.2	131.1	7.5		1632
58.8	64.9	4500.7			471.6		4029.1	299
828.8	863.8	31.0			20.9	8.7	1.4	198

11-5 续表 5-3

指　标	亏损企业亏损总额	利税总额	应交税金及附加	本年应付职工薪酬	本年应交增值税
造纸及纸制品业	14.6	2550.4	2041.1	1731.4	1711.4
印刷和记录媒介复制业	416.2	2812.2	2287.1	7627.9	1528.0
文教、工美、体育和娱乐用品制造业		4079.1	591.2	470.8	425.2
石油加工、炼焦和核燃料加工业	34976.1	176263.2	163602.3	197380.6	110317.6
化学原料和化学制品制造业	2213.9	41634.3	23177.6	36382.7	9297.1
医药制造业	2207.7	4114.6	4306.1	6079.1	2544.1
化学纤维制造业		201.5	121.7	207.3	106.6
橡胶和塑料制品业	37.1	14696.0	4687.6	15452.4	3178.1
非金属矿物制品业	4246.8	35924.4	22870.0	32471.0	17684.5
黑色金属冶炼和压延加工业	21978.1	438696.7	268674.0	489298.4	213388.6
有色金属冶炼和压延加工业	13163.1	-2018.1	11031.1	9334.6	4324.5
金属制品业	1589.4	37206.3	20831.7	120181.8	12105.9
通用设备制造业	2797.8	6140.1	7561.8	17987.4	5397.1
专用设备制造业	4445.4	160919.8	87281.8	61796.0	45539.9
汽车制造业	993.4	2190.9	1887.2	4058.6	1455.0
铁路、船舶、航空航天和其他运输设备制造业	390.5	43131.1	13454.8	43046.3	7398.6
电气机械和器材制造业	3126.7	18451.2	7130.4	8920.2	4551.3
计算机、通信和其他电子设备制造业	5054.2	86347.2	36954.2	61908.5	22610.3
仪器仪表制造业		22513.7	7658.8	14860.3	5315.1
其他制造业		117.5	94.8	396.0	53.3
电力、热力生产和供应业	63231.7	-49238.6	15401.8	48949.8	11297.0
燃气生产和供应业		23811.4	9402.5	10158.8	3771.4
水的生产和供应业	13654.6	-8795.4	5445.1	18832.9	4320.4

单位：万元

本年进项税额	本年销项税额	土地和固定资产支出	土地购置	房屋和建筑物	机器设备	运输工具	其他费用	全部从业人员年平均人数(人)
5203.1	6783.1							979
6420.4	8026.6	929.2		310.1	558.3	17.4	43.4	2412
3474.8	3645.5	233.0			65.1	167.9		115
364834.5	461984.1	186154.0	384.9	84727.7	82207.8	7561.6	11272.0	30614
39615.2	45933.6	17121.4	3679.0	5900.9	6506.2	900.3	135.0	15413
7130.9	8478.2	8436.4		2842.1	5037.4	246.8	310.1	2165
715.9	822.5	1905.5	1900.8	3.2	1.5			109
60147.1	61014.9	18045.6		2439.5	12093.6	103.4	3409.1	4002
28615.0	41391.7	76423.2	319.3	37285.6	36170.6	2005.0	642.7	10494
1903507.8	2121381.0	6652.6		5464.2	1124.4	37.7	26.3	35615
40437.9	44607.3	75.4			33.0	42.4		2930
134165.9	139926.6	102291.4	16166.4	22182.8	54747.6	1264.8	7929.8	26591
27967.7	32433.8	34834.6	25737.2	3314.5	4477.7	1271.8	33.4	6642
61283.8	99538.9	199687.8		70102.7	101352.5	1122.4	27110.2	19498
2674.3	2777.3							1206
50462.7	51219.6	33225.7		61.8	29711.2	509.2	2943.5	8477
21908.4	25045.5	7750.8	5300.0	1299.8	839.4	309.4	2.2	2588
269786.1	275134.0	921258.2	20620.0	232526.5	569542.3	857.8	97711.6	73662
17129.4	22413.0	3806.5	68.5	1266.9	1856.9	447.0	167.2	3581
377.1	408.3	32.1			15.2	16.6	0.3	190
73631.6	84808.9	534392.1	15672.0	114984.0	400246.2	3489.9		7398
33642.4	36208.4	764.2	100.1	210.3	394.9		58.9	1503
	4464.4	223037.8	5259.3	53305.1	159529.5	4926.4	17.5	2698

11-6 国有控股工业

指 标	企业单位数(个)	亏损企业	工业总产值（当年价格）	工业销售产值（当年价格）	出口交货值
总 计	84	18	17881229.0	17671203.1	1432933.6
煤炭开采和洗选业	7		2950531.3	2937189.3	
黑色金属矿采选业	1		13666.8	9254.0	
农副食品加工业	2		16129.6	16078.0	1248.7
食品制造业	1		1937.3	1937.3	
酒、饮料和精制茶制造业	1		4277.0	2511.4	
烟草制品业	1		314534.8	315821.5	
印刷和记录媒介复制业	5	1	28205.2	30238.4	
石油加工、炼焦和核燃料加工业	2	1	817780.1	825348.7	
化学原料和化学制品制造业	3		529862.6	526135.5	
医药制造业	2	1	12494.0	10361.4	
橡胶和塑料制品业	5	1	294604.3	306087.2	73035.7
非金属矿物制品业	9	1	137228.2	119936.6	
黑色金属冶炼和压延加工业	2	1	7823016.6	7753961.5	756001.5
有色金属冶炼和压延加工业	2		53612.8	53374.8	
金属制品业	7	1	991633.9	964317.4	76609.0
通用设备制造业	5	1	145090.2	142213.6	116.8
专用设备制造业	6	1	1545942.9	1457854.6	153907.3
汽车制造业	1	1	61881.4	58940.1	
铁路、船舶、航空航天和其他运输设备制造业	5	1	273749.6	286200.5	951.3
电气机械和器材制造业	2	1	27675.9	24272.6	1160.0
计算机、通信和其他电子设备制造业	5	1	921504.3	922518.8	369703.3
仪器仪表制造业	2		4815.8	4453.2	200.0
电力、热力生产和供应业	4	3	525761.9	525761.9	
燃气生产和供应业	2		313273.1	304450.2	
水的生产和供应业	2	2	72019.4	71984.6	

企业主要经济指标(一)

单位:万元

年初存货	产成品	在产品	资产总计	流动资产	应收账款	存货	产成品	在产品
2678486.6	**844270.6**	**417166.2**	**27748508.2**	**11995640.4**	**2374667.4**	**2921680.5**	**1047535.8**	**525600.9**
135242.0	58531.6	4703.5	4392933.0	2472676.3	286194.2	184353.0	107979.6	9067.5
301.5	211.0		9912.6	643.7		190.9	133.6	
6730.5	1999.6		47617.5	35361.1	5922.6	5074.9	1422.6	
960.6	669.9	49.2	2765.7	2306.0	280.8	1362.4	971.1	52.1
7162.4	3830.5		12731.6	9955.3		7162.4	3830.5	
29321.7	3623.7		262152.5	172020.2	36678.4	47155.4	8290.7	
5612.9	3335.8	1060.2	49760.6	29314.1	3109.0	6601.0	3331.2	1748.0
71604.9	19775.8	36926.4	2438986.0	499217.6	78540.4	137952.0	60722.4	44217.0
71631.5	35201.4	3092.0	1232761.1	484406.0	97454.9	93557.1	32727.7	4917.0
5287.6	5287.6		37105.2	23197.1	1898.5	4820.4	4093.5	
64334.0	36977.9	2820.1	295973.6	137651.2	24375.1	57433.7	32427.3	4816.7
21274.1	4311.9	989.5	252527.0	114023.6	19400.1	22103.7	8556.2	671.0
1408260.3	399912.5	164468.5	10350784.9	3147361.3	150554.5	1332421.5	412023.0	196203.7
6397.2	106.3		22615.0	21283.4	1356.3	11229.6	476.7	
188443.9	78743.9	15495.9	1377544.2	730945.3	130621.3	212238.7	73129.1	7277.4
115310.6	53106.9	3946.6	280655.1	226341.5	32223.5	126632.6	60329.4	4401.6
312068.2	89668.5	123370.8	2663438.4	2169341.3	947065.8	429711.2	176224.3	178069.7
14705.8	11181.7		86841.4	28337.3	667.9	17103.8	13599.0	
27465.5	8432.8	5146.2	413411.2	271214.7	130715.0	46924.5	16726.9	8680.3
8616.8	4563.7	262.6	46934.2	34927.1	13215.7	8339.8	4672.4	501.7
142181.3	23879.5	45104.3	1634729.3	865373.4	347150.5	121648.6	24278.7	49948.7
949.1	296.4	61.8	6373.6	3924.6	1168.7	1237.1	301.1	282.5
33186.8		9668.6	1006014.1	327619.8	47668.6	42584.5		14746.0
799.4	621.7		508380.6	96712.6	10757.9	3267.5	1288.8	
638.0			315559.8	91485.9	7647.7	574.2		

11-6 国有控股工业

指 标	固定资产合计	固定资产原价	累计折旧	本年折旧	在建工程
总 计	**11025895.0**	**15717512.5**	**7150225.1**	**1054542.9**	**2428346.8**
煤炭开采和洗选业	1626601.1	2984758.5	1654246.1	289540.1	278144.5
黑色金属矿采选业	1350.7	1724.7	374.0		319.1
农副食品加工业	7224.1	9100.5	5570.8	330.1	3694.4
食品制造业	399.7	984.3	584.6	67.6	
酒、饮料和精制茶制造业	2776.2	4110.3	1561.8		
烟草制品业	87669.4	127503.8	40856.9	7312.5	1022.6
印刷和记录媒介复制业	11652.8	31296.0	20638.2	2194.3	5870.8
石油加工、炼焦和核燃料加工业	994770.7	955533.5	320602.0	46147.5	298068.5
化学原料和化学制品制造业	491728.6	680362.2	221945.6	21723.9	70110.5
医药制造业	7803.2	18262.4	10459.2	1551.3	16.6
橡胶和塑料制品业	156459.8	112515.5	22412.7	7847.6	64588.4
非金属矿物制品业	119027.0	188492.1	74650.2	7448.6	4303.8
黑色金属冶炼和压延加工业	4641855.3	6487985.7	2996341.2	441240.4	1202444.5
有色金属冶炼和压延加工业	1105.3	3030.1	2024.8	198.6	
金属制品业	561014.5	675921.0	248938.5	27524.9	79775.8
通用设备制造业	52627.0	62405.9	17666.9	1772.1	2614.2
专用设备制造业	462308.2	389455.5	173291.5	20900.4	100232.1
汽车制造业	32164.4	41028.5	8864.2	4406.4	8.9
铁路、船舶、航空航天和其他运输设备制造业	121778.2	108578.3	40950.1	4979.4	6897.5
电气机械和器材制造业	11977.0	12402.0	6219.7	376.5	447.5
计算机、通信和其他电子设备制造业	675795.0	982047.1	306252.1	71155.2	13089.4
仪器仪表制造业	2335.4	4111.4	1776.0	290.8	
电力、热力生产和供应业	643748.7	1420603.4	868819.7	74468.1	105688.2
燃气生产和供应业	159635.3	189817.6	30182.3	13535.8	187586.6
水的生产和供应业	152087.4	225482.2	74996.0	9530.8	3422.9

企业主要经济指标(二)

单位:万元

负债合计	流动负债合计		非流动负债合计	所有者权益合计				
		应付账款			实收资本	国家资本	集体资本	法人资本
18477072.9	11900936.6	3366699.1	6413295.4	9270848.3	3608502.3	1723083.9	2303.7	1347525.2
2825457.8	1937553.3	658092.6	886302.7	1567475.2	799489.8	36793.7		741110.1
1518.5	1518.5	156.4		8394.1	100.1			100.1
37555.8	36992.3	2399.5	563.5	10061.7	10852.8	10852.8		
1824.0	1685.4	445.2	138.6	841.7	500.0			
11565.3	11505.3			1166.2	1874.9	1874.9		
62811.2	62811.2	53078.0		199341.3	61319.6			61319.6
31378.5	29269.9	4093.8	1439.7	18382.1	10665.4	9825.9		744.0
1574175.3	775175.6	159577.2	798999.6	864810.6	527989.9	364562.2		83427.7
837094.2	737045.2	16098.9	100049.0	395666.9	227743.0	207743.0		
24322.8	24322.8	4806.1		12782.4	18449.0			1200.0
214179.0	106832.2	31082.6	107346.8	81541.7	60005.2	654.7	264.1	59086.4
84968.5	57672.2	27582.4	19431.7	167330.3	53245.2	14700.9		38544.3
6725461.1	3802496.1	620947.6	2922965.0	3625323.7	697928.9	647928.9		50000.0
11332.4	11332.4	19.8		11282.6	5545.0	424.0		5121.0
845450.5	627340.3	178345.7	218110.2	532093.6	241341.0	140297.7		101043.3
231024.8	196207.1	36692.3	34817.7	49630.3	30090.5	23562.9	2039.6	4488.0
1830379.0	1483920.9	820706.8	209116.2	833059.4	143555.1	135403.7		8088.2
56383.1	41883.2	11241.2	13000.0	30458.3	28179.3			28179.3
278220.3	228298.8	123024.8	49921.5	135190.8	48786.5	4833.4		43953.1
35729.0	24452.9	13073.5	11276.0	11205.1	2997.4	2636.1		
1132178.4	1118834.6	362794.0	13343.7	502550.9	419188.6	6131.8		17322.3
2632.7	2053.6	803.0	579.1	3740.8	1030.0	1030.0		
1095447.0	363215.6	154608.6	718427.9	-89437.9	70178.8	6381.0		63797.8
383187.2	124499.6	30008.6	258687.6	125193.2	43000.0	3000.0		40000.0
142796.5	94017.6	57020.5	48778.9	172763.3	104446.3	104446.3		

11-6 国有控股工业

指标	个人资本	外商资本	营业收入	主营业务收入	营业成本
总计	**120255.0**	**415334.5**	**19701609.9**	**19407333.1**	**16766782.0**
煤炭开采和洗选业	21586.0		2693647.3	2592824.5	1896224.7
黑色金属矿采选业			3832.2	3832.2	3196.9
农副食品加工业			27292.3	27292.3	25472.9
食品制造业	500.0		6852.8	6852.8	4936.4
酒、饮料和精制茶制造业			3027.3	3027.3	2174.8
烟草制品业			305725.3	304941.7	111808.8
印刷和记录媒介复制业	95.5		33117.7	32503.4	27776.5
石油加工、炼焦和核燃料加工业	80000.0		830715.2	812599.9	714137.8
化学原料和化学制品制造业		20000.0	653857.8	652424.9	594043.5
医药制造业	17249.0		10832.7	10034.6	7779.2
橡胶和塑料制品业			312338.1	310899.6	288515.2
非金属矿物制品业			123408.4	117061.9	106071.4
黑色金属冶炼和压延加工业			9675130.2	9636879.6	8593042.8
有色金属冶炼和压延加工业			54001.9	53371.0	49375.5
金属制品业			978771.4	961578.7	841870.3
通用设备制造业			130495.1	123032.5	112822.7
专用设备制造业	63.2		1479963.2	1475691.1	1265936.1
汽车制造业			63080.7	63080.7	45668.7
铁路、船舶、航空航天和其他运输设备制造业			312732.0	294232.2	253828.5
电气机械和器材制造业	361.3		24634.8	23946.5	20867.8
计算机、通信和其他电子设备制造业	400.0	395334.5	998486.6	977958.0	892845.0
仪器仪表制造业			5222.4	5178.8	3324.4
电力、热力生产和供应业			561777.8	514632.6	578828.8
燃气生产和供应业			340431.3	331450.2	256824.0
水的生产和供应业			72235.4	72006.1	69409.3

企业主要经济指标(三)

单位:万元

主营业务成本	营业税金及附加	主营业务税金及附加	其他业务收入	其他业务利润	销售费用	管理费用	税金
16527959.2	255574.0	244840.7	294276.8	53580.6	332620.3	1548604.3	48672.8
1756478.1	53679.1	51757.7	100822.8	-14332.2	27211.6	543037.3	9027.8
3196.9	82.5	82.5			12.6	443.1	71.0
25472.9	85.6	85.6			987.6	2154.5	30.6
4936.4	67.8	67.8			991.5	366.8	8.5
2174.8	394.2	394.2			80.7	476.4	
111035.6	131781.3	131781.3	783.6	10.3	4283.9	20311.8	759.2
27609.5	132.6	132.6	614.3	447.4	139.6	4469.2	111.4
683369.6	16305.6	14736.5	18115.3	-12652.9	25171.9	60091.5	5639.8
592803.2	5224.5	624.5	1432.9	192.6	5185.4	44009.5	1583.0
7779.2	36.5	36.5	798.1		1003.9	1745.6	335.8
287319.4	904.8	904.8	1438.5	216.6	8497.7	3841.5	76.5
100475.4	1141.3	1141.3	6346.5		5016.5	10615.2	752.8
8579704.1	28580.4	28580.4	38250.6		133840.8	508613.6	17537.3
48965.5	29.3	29.3	630.9	284.4	406.9	1390.5	32.8
828180.7	2053.4	743.8	17192.7	1225.4	14108.2	100964.1	1707.3
102006.5	566.0	370.6	7462.6	1529.8	6364.0	16521.7	645.4
1265885.6	4304.3	3453.0	4272.1	25.5	56847.7	73413.6	1440.5
45668.7	3.9	3.9			2566.7	4667.7	325.7
238341.1	1025.6	987.8	18499.8	3005.2	8357.5	32488.3	799.6
20826.4	49.7	49.7	688.3	462.7	1667.6	5211.2	185.3
888234.5	5586.9	5545.8	20528.6	20448.4	8757.9	73408.3	4454.1
3316.2	29.6	29.6	43.6		472.0	1304.9	31.9
578261.3	1781.2	1578.7	47145.2	43827.9		16679.4	2320.9
256508.3	1189.1	1184.0	8981.1	8660.2	17832.9	9606.0	209.7
69409.3	538.8	538.8	229.3	229.3	2815.2	12772.6	585.9

11-6 国有控股工业

指标	差旅费	工会经费	财务费用	利息收入	利息支出
总计	24890.0	5144.5	326986.7	43489.0	395127.5
煤炭开采和洗选业	5482.9	2458.0	43404.8	13534.4	56346.3
黑色金属矿采选业	19.0		-0.5	0.7	
农副食品加工业	13.7	8.2	564.8	0.2	532.6
食品制造业	44.1	14.5	52.2	2.8	38.5
酒、饮料和精制茶制造业			0.4		
烟草制品业	282.0	143.8	-1760.3	1769.8	
印刷和记录媒介复制业	28.6	19.6	291.9	12.2	300.6
石油加工、炼焦和核燃料加工业	1678.8	241.5	20040.2	893.8	22141.2
化学原料和化学制品制造业	309.0	40.0	10925.6	130.6	10943.9
医药制造业	65.0	33.2	172.3		170.7
橡胶和塑料制品业	179.0	21.7	4720.2	254.5	4876.8
非金属矿物制品业	148.4	94.5	-282.1	808.4	426.0
黑色金属冶炼和压延加工业	4354.1	820.7	179073.2	20560.9	200956.9
有色金属冶炼和压延加工业	27.3	6.2	177.2	6.2	172.0
金属制品业	3155.4	272.7	11613.7	1798.1	12387.8
通用设备制造业	817.7	27.4	585.6	120.6	633.2
专用设备制造业	5180.4	44.7	13723.9	2604.8	13206.9
汽车制造业	313.1	21.2	1186.2	73.9	1232.0
铁路、船舶、航空航天和其他运输设备制造业	947.5	416.8	1950.6	533.4	2405.3
电气机械和器材制造业	144.9	51.8	57.9	12.6	64.1
计算机、通信和其他电子设备制造业	847.8	188.2	-19782.2	-778.4	7117.1
仪器仪表制造业	68.3	2.3	-5.6	3.1	1.2
电力、热力生产和供应业	397.1	39.7	48997.8	459.4	49222.5
燃气生产和供应业	332.2		8948.1	459.2	9349.6
水的生产和供应业	53.7	177.8	2330.8	227.8	2602.3

企业主要经济指标(四)

单位:万元

营业利润	资产减值损失	公允价值变动收益	投资收益	补贴收入	营业外收入	营业外支出	利润总额	应交所得税
552582.9	56815.6	-36937.1	-4468.9	31920.9	112773.7	70862.6	563507.8	166016.6
152911.2	7248.1		3105.2	1766.0	7076.2	18795.2	139426.2	84366.7
92.8					0.9	4.0	89.7	
-1959.1				370.6	2469.2	144.4	365.7	90.9
438.1					6.8	46.2	398.7	101.2
27.9							27.9	
39172.2			-127.5		35.1	255.3	38952.0	9862.7
296.4					16.7	55.8	257.6	4.2
32996.5	1680.3	-15.7	24.0		10380.9	9918.1	33459.3	19904.6
21234.2	2.0			4375.0	8886.7	498.2	25247.7	5796.9
-156.0			-82.1		0.5	543.1	-698.6	114.5
5415.0	428.9	-34300.0	-15000.0	2.0	70.6	10.8	5472.8	11.2
1077.0	275.2			249.1	823.6	-1387.5	3288.1	285.2
202984.2	26170.1		-2825.4		15385.0	8122.3	210246.9	7606.4
2690.3					1172.7	18.6	3844.4	641.1
6948.3	3000.0		960.7	2024.7	13920.6	1730.7	17113.5	3028.8
-910.3	-33.9				613.1	155.4	-446.8	137.3
63285.5	11596.0		5012.6	603.8	4384.4	1505.3	65869.7	24698.1
-859.6	1076.0		-575.0	11200.0	11233.2	57.5	-883.9	
17121.3	752.6		816.2	340.8	1310.2	177.1	17913.6	2463.3
-2824.8	105.2				14.4	7.7	-2818.1	191.9
50030.5	4904.2	-2621.4	343.3		10947.5	3277.0	57701.0	2432.6
97.7			0.6		209.6	2.7	304.6	46.7
-71654.8	-489.2		6.0	9913.5	21378.8	-3369.0	-56820.5	
48691.4	100.1		2783.4	75.4	395.5	30160.6	18850.9	4232.3
-14563.0			1089.1	1000.0	2041.5	133.1	-13654.6	

11-6 国有控股工业

指 标	亏损企业亏损总额	利税总额	应交税金及附加	本年应付职工薪酬	本年应交增值税
总 计	94501.4	1523306.3	1174487.9	2009317.6	704224.5
煤炭开采和洗选业		504545.3	458513.6	949030.1	311440.0
黑色金属矿采选业		402.1	383.4	278.3	229.9
农副食品加工业		458.1	213.9	892.5	6.8
食品制造业		896.1	607.1	1033.8	429.6
酒、饮料和精制茶制造业		748.4	720.5	826.4	326.3
烟草制品业		206106.2	177776.1	29884.6	35372.9
印刷和记录媒介复制业	226.2	1065.5	923.5	3846.0	675.3
石油加工、炼焦和核燃料加工业	12944.0	104263.3	96348.4	171590.2	54498.4
化学原料和化学制品制造业		36625.0	18757.2	30566.3	6152.8
医药制造业	1156.8	-212.1	936.8	1152.5	450.0
橡胶和塑料制品业	37.1	6686.5	1301.4	11771.1	308.9
非金属矿物制品业	1025.3	11496.8	9246.7	10610.5	7067.4
黑色金属冶炼和压延加工业	434.9	444530.2	259427.0	476062.1	205702.9
有色金属冶炼和压延加工业		3982.9	812.4	1049.0	109.2
金属制品业	484.1	27101.0	14723.6	105958.8	7934.1
通用设备制造业	1908.8	3067.5	4297.0	11266.2	2948.3
专用设备制造业	47.5	95396.6	55665.5	28083.2	25222.6
汽车制造业	883.9	-390.0	819.6	2576.6	490.0
铁路、船舶、航空航天和其他运输设备制造业	146.8	22492.9	7842.2	35820.5	3553.7
电气机械和器材制造业	2843.3	-2387.5	807.8	4228.8	380.9
计算机、通信和其他电子设备制造业	972.7	84592.2	33777.9	54792.4	21304.3
仪器仪表制造业		565.6	339.6	889.0	231.4
电力、热力生产和供应业	57735.4	-43742.3	15399.1	48117.0	11297.0
燃气生产和供应业		23811.4	9402.5	10158.8	3771.4
水的生产和供应业	13654.6	-8795.4	5445.1	18832.9	4320.4

企业主要经济指标(五)

单位:万元

本年进项税额	本年销项税额	土地和固定资产支出	土地购置	房屋和建筑物	机器设备	运输工具	其他费用	全部从业人员年平均人数(人)
3096275.3	3733312.2	2664042.0	106441.4	724922.1	1589674.0	18942.5	224062.0	284838
485472.4	781404.5	456470.4	16500.0	142879.0	216354.4	1925.0	78812.0	81423
946.9	1176.8	155.0	98.0		57.0			150
3109.7	3025.4	146.5		8.7	134.7		3.1	551
736.6	1165.0	112.1		4.8	81.0	24.0	2.3	115
194.9	502.5							355
18328.1	52001.7	989.9		69.1	920.8			1126
3551.1	4266.5	159.5			146.6	10.9	2.0	1312
98122.2	152581.5	132972.1		56145.3	62769.7	3827.1	10230.0	19269
14474.1	18553.3	9113.4	3679.0	5267.6	166.8			12737
1255.9	1466.4	309.0			309.0			504
52240.4	52478.4							3044
7925.8	12297.4	46057.6		27877.5	16976.4	1137.8	65.9	4693
1832185.9	2024873.0							29902
9051.3	9102.0	32.3				32.3		253
112336.5	113755.5	101192.2	16166.4	21931.8	54110.1	1094.0	7889.9	21094
18183.9	21100.0	30301.3	24348.6	1872.5	3043.0	1014.9	22.3	3894
32669.5	58060.6	194376.6		68280.3	99003.3	240.0	26853.0	12529
								631
36495.6	33780.6	7664.3		61.8	4278.1	392.7	2931.7	7072
3573.5	3789.6	5508.5	5000.0		508.5			1303
259100.0	263147.8	918946.8	19618.0	232024.3	569303.6	827.5	97173.4	71135
377.8	607.1	1340.4			1340.4			405
72300.8	83503.8	534392.1	15672.0	114984.0	400246.2	3489.9		7140
33642.4	36208.4	764.2	100.1	210.3	394.9		58.9	1503
	4464.4	223037.8	5259.3	53305.1	159529.5	4926.4	17.5	2698

11-7 集体工业企业

指　标	企业单位数（个）	亏损企业	工业总产值（当年价格）	工业销售产值（当年价格）
总　计	24	6	140589.5	138676.5
纺织服装、服饰业	2		43186.2	43425.0
印刷和记录媒介复制业	1		5132.8	5132.8
化学原料和化学制品制造业	1		5631.4	5843.0
非金属矿物制品业	1	1	2180.0	2180.0
黑色金属冶炼和压延加工业	2		9527.1	9267.8
有色金属冶炼和压延加工业	1		6608.6	6466.7
金属制品业	8		39730.3	38688.5
通用设备制造业	6	4	23673.5	23144.6
铁路、船舶、航空航天和其他运输设备制造业	2	1	4919.6	4528.1

主要经济指标(一)

单位:万元

年初存货			资产总计					
	产成品	在产品		流动资产合计				
					应收账款	存货		
							产成品	在产品
8903.4	**2923.9**	**3859.0**	**75855.4**	**62034.3**	**20047.2**	**8860.3**	**3989.4**	**2011.2**
3137.4	1271.5	1231.0	18337.8	13466.8	2913.9	3582.1	1649.8	1047.8
179.5	132.6		3492.1	3196.5	638.7	173.5	126.6	
210.3	112.5		1792.0	1609.7	922.6	223.7	81.2	
168.8	145.0		1281.3	834.5	3.9	86.0	66.5	
293.0	184.9		6215.0	4815.2	3553.4	206.0	131.4	
187.4			5347.4	4831.6	2671.9	275.2		
1334.2	691.0	2.8	18758.6	15328.2	4171.1	1971.1	1402.9	113.1
2901.1	385.6	2134.3	16022.7	13960.0	3766.7	1353.1	530.0	143.6
491.7	0.8	490.9	4608.5	3991.8	1405.0	989.6	1.0	706.7

11-7 集体工业企业

指标	固定资产合计	固定资产原价	累计折旧	本年折旧	在建工程
总计	12156.0	25341.7	13566.1	1269.4	2655.3
纺织服装、服饰业	4791.7	7359.7	2868.4	402.8	300.4
印刷和记录媒介复制业	295.5	1281.3	985.8	132.3	
化学原料和化学制品制造业	182.2	273.0	90.8	9.0	
非金属矿物制品业	440.7	774.3	333.6	69.5	1132.3
黑色金属冶炼和压延加工业	1399.7	2354.4	954.7	97.6	
有色金属冶炼和压延加工业	329.6	569.6	240.0	44.1	40.0
金属制品业	2149.0	5452.1	3304.2	259.7	1091.0
通用设备制造业	1950.9	5685.3	3812.2	177.1	91.6
铁路、船舶、航空航天和其他运输设备制造业	616.7	1592.0	976.4	77.3	

主要经济指标(二)

单位:万元

负债合计	流动负债合计	应付账款	非流动负债合计	所有者权益合计	实收资本	集体资本
53932.1	49215.9	23217.5	257.2	21922.8	11124.8	10371.4
12674.7	9412.8	874.1		5663.0	2577.7	2089.3
2678.4	2678.4	2626.6		813.7	522.9	522.9
1547.6	1547.6	16.6		244.3	80.0	80.0
1158.5	586.4	141.1		122.8	248.0	248.0
5590.8	5590.8	1720.0		624.2	437.8	172.8
4012.6	3187.6	2659.0	200.0	1334.8	130.0	130.0
10313.8	10256.6	5733.9	57.2	8444.7	3994.4	3994.4
12494.8	12494.8	7852.1		3527.7	2286.2	2286.2
3460.9	3460.9	1594.1		1147.6	847.8	847.8

11-7 集体工业企业

指 标			营业收入		营业成本
	法人资本	个人资本		主营业务收入	
总 计	488.4	265.0	136326.1	134026.2	125620.4
纺织服装、服饰业	488.4		42375.2	42375.2	42430.3
印刷和记录媒介复制业			4702.4	3720.8	3954.9
化学原料和化学制品制造业			5843.0	5843.0	5411.6
非金属矿物制品业			2050.0	2050.0	1975.9
黑色金属冶炼和压延加工业		265.0	8751.1	8468.3	7621.1
有色金属冶炼和压延加工业			5309.2	5309.2	4999.2
金属制品业			39547.4	39525.4	34891.8
通用设备制造业			22982.8	21969.7	20515.5
铁路、船舶、航空航天和其他运输设备制造业			4765.0	4764.6	3820.1

主要经济指标(三)

单位:万元

主营业务成本	营业税金及附加	主营业务税金及附加	其他业务收入	其他业务利润	销售费用	管理费用	税金
124369.9	1242.9	1233.1	2299.9	452.6	456.2	11412.1	113.7
42430.3	355.1	355.1			49.2	2560.8	22.0
3035.5	79.2	79.2	981.6	62.0		576.0	7.1
5411.6	25.0	25.0			294.2	31.6	
1975.9	8.2					161.6	
7621.1	76.1	76.1	282.8		29.0	564.3	4.6
4999.2	13.7	13.7				206.2	7.2
34881.7	300.1	300.1	22.0		1.0	3824.0	49.8
20265.6	333.6	332.0	1013.1	390.2	63.2	2318.5	21.2
3749.0	51.9	51.9	0.4	0.4	19.6	1169.1	1.8

11-7 集体工业企业

指标			财务费用		
	差旅费	工会经费		利息收入	利息支出
总计	214.6	64.3	141.6	49.7	120.3
纺织服装、服饰业	39.9	15.3	16.5	8.3	23.7
印刷和记录媒介复制业	1.0		-10.2	10.6	0.4
化学原料和化学制品制造业	5.0		30.2		
非金属矿物制品业					
黑色金属冶炼和压延加工业	14.4	2.5	43.6		
有色金属冶炼和压延加工业	89.4	11.0	3.5	3.5	
金属制品业	18.9	14.1	49.5	13.7	71.9
通用设备制造业	36.2	0.4	25.6	12.9	41.1
铁路、船舶、航空航天和其他运输设备制造业	9.8	21.0	-17.1	0.7	-16.8

主要经济指标(四)

单位:万元

营业利润	资产减值损失	公允价值变动收益	补贴收入	营业外收入	营业外支出	利润总额	应交所得税
-2373.6	39.4	40.5	907.2	4082.5	255.8	1000.6	272.1
-2840.8	39.4		541.3	3644.7	71.9	190.7	
102.3				8.3	7.3	103.3	25.8
50.4			88.8			139.2	0.2
-97.5						-97.5	
163.4				7.4	0.9	169.9	47.4
93.6						93.6	13.1
451.9				285.4	37.3	700.0	157.2
-93.5		40.5	59.8	96.7	138.3	-135.1	26.5
-203.4			217.3	40.0	0.1	-163.5	1.9

11-7 集体工业企业

指　标	亏损企业亏损总额	利税总额	应交税金及附加	本年应付职工薪酬	本年应交增值税
总　计	501.5	9534.3	8919.5	18387.7	7290.8
纺织服装、服饰业		2906.9	2738.2	4055.1	2361.1
印刷和记录媒介复制业		557.6	487.2	1478.5	375.1
化学原料和化学制品制造业		254.3	115.3	331.2	90.1
非金属矿物制品业	97.5	-12.4	85.1	213.9	76.9
黑色金属冶炼和压延加工业		670.3	552.4	693.1	424.3
有色金属冶炼和压延加工业		228.7	155.4	113.0	121.4
金属制品业		2742.6	2249.6	6586.7	1742.5
通用设备制造业	232.6	1874.0	2056.8	3656.4	1675.5
铁路、船舶、航空航天和其他运输设备制造业	171.4	312.3	479.5	1259.8	423.9

主要经济指标（五）

单位：万元

本年进项税额	本年销项税额	土地和固定资产支出	房屋和建筑物	机器设备	运输工具	其他费用	全部从业人员年平均人数（人）
10301.3	15031.4	422.8	100.1	233.9	60.5	28.3	6361
1492.5	2013.5	215.8	77.2	131.1	7.5		1632
257.4	632.5						360
410.2	500.3						68
17.0	94.9						70
809.2	1233.5	58.6	15.0		19.8	23.8	424
781.1	902.5	43.1		33.0	10.1		25
3832.9	5470.7	68.0	7.9	55.6		4.5	1963
2296.4	3355.0	5.7		5.7			1446
404.6	828.5	31.6		8.5	23.1		373

11-8 私营工业企业

指　标	企业单位数(个)	亏损企业	工业总产值（当年价格）	工业销售产值（当年价格）	出口交货值
总　计	228	63	3345420.8	3184188.1	21534.9
煤炭开采和洗选业	40	21	374364.0	379948.5	255.4
黑色金属矿采选业	3	1	31161.4	24928.9	
农副食品加工业	9		211708.7	205777.4	
食品制造业	6		75148.8	73314.9	
酒、饮料和精制茶制造业	5		16208.1	14703.8	
纺织业	3	1	17935.5	8239.9	
木材加工和木、竹、藤、棕、草制品业	2		11206.0	9083.9	
家具制造业	2		8767.9	8767.9	
造纸和纸制品业	5	1	48295.0	46190.2	
印刷和记录媒介复制业	3	1	18799.7	16988.2	
文教、工美、体育和娱乐用品制造业	1		25635.0	25635.0	
石油加工、炼焦和核燃料加工业	11	6	1195250.0	1124386.5	
化学原料和化学制品制造业	11	2	81118.5	78989.6	1647.6
医药制造业	2		10550.9	9592.2	
橡胶和塑料制品业	3		17225.3	15885.2	
非金属矿物制品业	19	6	181008.4	183952.5	
黑色金属冶炼和压延加工业	21	6	227495.7	213103.1	197.1
有色金属冶炼和压延加工业	8	5	217646.3	189882.4	
金属制品业	19	5	133955.8	134734.8	2948.4
通用设备制造业	12	3	48157.7	46546.2	
专用设备制造业	14		112651.4	104818.3	
汽车制造业	2	1	18294.9	16337.5	
铁路、船舶、航空航天和其他运输设备制造业	1	1	473.0	454.6	
电气机械和器材制造业	8	1	142968.5	142771.8	9757.2
计算机、通信和其他电子设备制造业	12	2	99797.5	89759.9	6729.2
仪器仪表制造业	5		17189.9	16992.9	
其他制造业	1		2406.9	2402.0	

主要经济指标(一)

单位:万元

年初存货			资产总计	流动资产合计	应收账款	存货		
	产成品	在产品					产成品	在产品
483242.8	215557.1	23110.0	3869590.2	2443296.1	516937.1	513865.2	226996.4	25327.9
51466.2	27707.3	2592.1	340739.9	250882.1	104628.9	55472.9	29223.6	1014.4
1358.6	448.4		15455.5	5414.2	434.7	2189.8	759.1	
12783.1	3776.6	39.3	181367.2	90429.3	9919.4	17030.2	4855.1	44.0
12396.1	3058.1	192.5	77720.8	39007.7	7285.3	11236.1	1435.0	201.9
4380.4	2472.7	886.6	21506.8	12765.5	1488.6	6764.6	2214.9	1775.1
16481.2	10940.7		30723.3	26865.7	250.4	19989.2	18650.9	
155.0	70.0		14946.0	6723.5	801.0	4389.5	2275.2	
1105.5	51.0		9419.4	3774.5	1254.1	1105.9	5.0	
5090.0	1201.8		47593.0	19693.7	6924.4	5992.5	2016.8	7.9
1202.8		175.4	19550.1	11470.3	2949.7	1564.0		329.6
483.0	483.0		6460.0	5879.6	5589.5			
208526.5	93225.4	2174.7	1871806.0	1201312.0	143505.6	190387.9	90590.1	1071.1
12419.2	6609.6	21.0	91287.1	45653.9	11532.8	17121.1	6074.9	2597.2
3200.9	487.9	636.6	19049.8	10740.2	2875.3	4792.0	562.6	1187.2
1024.2	785.6		13854.2	11852.3	3985.9	3427.8	2557.8	
22604.4	13320.0	523.1	216281.0	97774.6	37145.9	18434.2	2617.2	450.5
33463.9	19458.8	3587.4	247977.0	156925.7	20927.5	56636.8	32470.4	4434.9
37060.9	9904.7	617.2	160311.5	80727.9	12693.1	30606.3	6359.7	676.2
13271.8	5994.1	2116.5	89530.7	69975.4	25723.3	16977.1	4687.3	2404.4
8932.1	2219.6	4007.3	54004.0	39788.7	16173.7	8968.1	1488.1	4886.0
6808.3	2100.7	635.9	90987.6	69518.1	32670.2	10093.2	3303.1	1392.7
5384.0	3810.9		14858.6	11521.3	1110.3	6466.8	5247.6	
659.1	55.7	217.5	5290.1	1814.6	644.7	942.2	576.2	149.7
14545.8	5299.3	2266.1	144534.6	112583.9	46768.9	14462.5	4745.2	2482.3
6307.0	1653.6	2420.8	55466.5	37997.0	10049.6	6520.1	3917.8	222.8
1947.3	421.6		26214.9	20156.1	8123.2	2108.9	362.8	
185.5			2654.6	2048.3	1481.1	185.5		

11-8 私营工业企业

指 标	固定资产合计	固定资产原价	累计折旧	本年折旧	在建工程
总 计	1133666.0	1359784.9	376511.0	87338.9	140695.0
煤炭开采和洗选业	81543.0	101900.7	23713.9	4179.9	3113.1
黑色金属矿采选业	7641.3	24074.2	16432.9	2708.0	202.5
农副食品加工业	76242.4	81075.1	13371.9	3743.3	8539.2
食品制造业	32817.3	21331.3	3803.8	555.2	12741.2
酒、饮料和精制茶制造业	8737.9	10422.9	3660.6	301.7	1554.1
烟草制品业	3408.3	3758.0	1131.4	305.8	204.0
印刷和记录媒介复制业	8218.5	7098.8	330.0	330.0	1149.7
石油加工、炼焦和核燃料加工业	5378.1	5987.6	609.5	250.2	
化学原料和化学制品制造业	22633.1	30543.8	10551.2	2454.2	2640.5
医药制造业	6992.7	13130.3	7031.1	1265.9	54.9
橡胶和塑料制品业	580.4	699.9	119.5	83.2	
非金属矿物制品业	506682.4	572542.4	134902.2	38367.3	69026.6
黑色金属冶炼和压延加工业	33920.0	36646.8	7142.1	926.3	2292.5
有色金属冶炼和压延加工业	5422.4	7451.6	2029.2	430.8	501.9
金属制品业	1912.2	3095.0	1283.9	237.2	101.1
通用设备制造业	103789.0	129881.8	37353.0	6946.8	12309.5
专用设备制造业	88315.2	102777.0	36517.6	6514.7	13426.2
汽车制造业	54567.7	93811.8	40419.4	9279.7	2223.5
铁路、船舶、航空航天和其他运输设备制造业	15469.7	25839.2	10371.2	2390.8	196.0
电气机械和器材制造业	13149.6	14694.6	4289.6	1006.7	2744.6
计算机、通信和其他电子设备制造业	16229.7	17703.5	4232.5	1050.8	3488.0
仪器仪表制造业	3211.2	3856.9	645.7	6.6	126.1
电力、热力生产和供应业	2739.7	3781.3	1041.6	222.1	
燃气生产和供应业	15742.9	19556.9	5057.3	1539.6	1981.0
水的生产和供应业	14366.1	22653.4	8777.6	1889.0	826.6
	3932.4	5345.6	1590.6	349.1	1207.7
	22.8	124.5	101.7	4.0	44.5

主要经济指标(二)

单位:万元

负债合计	流动负债合计		非流动负债合计	所有者权益合计	实收资本	国家资本	集体资本	法人资本
		应付账款						
2651570.0	2438933.6	561366.3	167061.9	1212808.6	513639.9	4800.0	1020.0	189345.1
272028.6	259186.4	66284.3	12721.6	66709.3	39249.1			5996.0
6843.9	6843.9	2447.0		8611.6	700.0			150.0
83917.2	82587.4	5397.1	1329.8	97450.0	24547.0			7447.0
33722.0	25024.9	3406.7	2313.5	43998.8	13155.0			6443.8
6212.7	6147.6	1637.5	65.0	15234.1	9688.0			1500.0
25785.2	25385.2	202.5	400.0	4938.1	4580.0			
9886.2	6320.0			5059.8	4000.0			3000.0
2785.4	2785.4	237.7		6634.0	1700.0			650.0
29494.5	27106.0	9185.2	2388.5	18098.5	13408.5			5048.5
14133.6	10686.4	1072.5	3233.8	5416.5	4500.0			500.0
5380.3	5380.3	5105.0		1079.7	500.0			
1283696.8	1210676.5	246742.7	70023.1	588109.1	134535.0			81820.0
60375.4	58284.8	8309.6	2090.6	30911.6	18265.0			750.0
12495.8	10285.4	3629.0	2210.3	6553.9	2160.0			1160.0
9485.7	9135.7	549.7	350.0	4368.5	3628.8			608.8
161671.1	118623.6	52374.4	42965.8	54019.5	51155.0		1020.0	20637.3
168927.8	153823.1	42497.9	15104.6	79049.3	42722.3	4000.0		12207.0
167907.0	141255.6	23994.8	1820.0	-8541.2	36469.5			21095.5
61725.2	59992.7	5321.9	310.0	27323.3	15168.1	800.0		2058.0
36846.3	36407.3	9078.1	132.0	17145.5	14588.0			1800.0
54359.8	52517.9	16057.8	579.9	36627.7	25706.0			2800.0
10031.7	10031.7	871.5		4826.9	2201.0			160.0
181.6	181.6	180.1		5108.5	500.0			475.0
79583.2	76864.5	41830.2	2620.7	64951.1	32200.0			6926.2
40838.1	34000.8	10336.3	2546.7	13510.1	13997.6			3550.0
11082.8	9289.8	4507.7	1793.0	15131.9	3816.0			2562.0
2172.1	109.1	109.1	2063.0	482.5	500.0			

11-8 私营工业企业

指标	个人资本	营业收入	主营业务收入	营业成本	主营业务成本
总计	**318474.8**	**3401427.3**	**3340608.3**	**3038525.0**	**2979322.5**
煤炭开采和洗选业	33253.1	435093.3	433110.2	406056.9	404478.6
黑色金属矿采选业	550.0	20209.2	20209.2	17626.6	17626.6
农副食品加工业	17100.0	204235.4	204235.4	177340.1	177340.1
食品制造业	6711.2	69307.2	69307.2	50437.1	45686.9
酒、饮料和精制茶制造业	8188.0	15124.5	15121.6	11310.0	11310.0
烟草制品业	4580.0	7426.6	7416.8	5871.4	5871.4
印刷和记录媒介复制业	1000.0	9083.9	9083.9	8007.1	8007.1
石油加工、炼焦和核燃料加工业	1050.0	7903.4	7903.4	5279.3	5279.3
化学原料和化学制品制造业	8360.0	47315.9	47315.9	44704.3	44704.3
医药制造业	4000.0	18715.5	16495.6	16059.7	14396.9
橡胶和塑料制品业	500.0	21444.5	21444.5	17784.5	17784.5
非金属矿物制品业	52715.0	1255854.2	1237847.0	1130804.7	1118209.4
黑色金属冶炼和压延加工业	17515.0	84965.8	84913.9	72666.9	71874.9
有色金属冶炼和压延加工业	1000.0	10063.2	10063.2	7496.4	6834.4
金属制品业	3020.0	17811.5	17811.5	16184.8	16184.8
通用设备制造业	29497.7	173262.6	169483.8	158619.4	154737.0
专用设备制造业	26515.3	234173.5	207165.4	212496.2	186858.6
汽车制造业	15374.0	199135.0	192462.1	195005.8	188704.6
铁路、船舶、航空航天和其他运输设备制造业	12310.1	137007.9	136868.4	120310.2	119505.4
电气机械和器材制造业	12788.0	43117.2	43076.2	38813.6	38813.6
计算机、通信和其他电子设备制造业	22906.0	102210.7	102123.6	90680.0	90680.0
仪器仪表制造业	2041.0	16337.5	16337.5	15287.6	15287.6
电力、热力生产和供应业	25.0	6219.9	6209.9	5898.3	5898.3
燃气生产和供应业	25273.8	155905.0	155375.2	118553.9	118531.9
水的生产和供应业	10447.6	90643.3	90544.0	82782.4	82782.4
	1254.0	16458.5	16280.8	10194.3	9680.4
	500.0	2402.1	2402.1	2253.5	2253.5

主要经济指标（三）

单位：万元

营业税金及附加	主营业务税金及附加	其他业务收入	其他业务利润	销售费用	管理费用	税金
14867.0	14621.4	60819.0	2220.8	94528.5	134108.8	8612.3
1633.4	1633.4	1983.1	–96.9	13181.5	6874.0	873.3
227.3	227.3			16.7	1701.2	1.2
86.2	86.2		–5.3	2406.0	2633.1	67.5
374.0	374.0			10401.2	2598.8	75.1
347.6	347.6	2.9	2.9	589.8	868.5	2.1
40.0	40.0	9.8	9.8	620.1	777.1	5.7
				124.2	259.7	2.9
14.4	14.4			1120.3	533.8	42.3
216.9	216.9			261.3	1095.0	104.1
270.9	53.4	2219.9	31.1	190.5	1171.7	18.4
51.6	51.6			0.8	227.4	10.0
6724.5	6724.5	18007.2	266.0	38900.4	58088.9	484.9
334.7	334.7	51.9	29.3	5080.0	3385.6	66.9
17.3	17.3			320.3	813.8	17.0
13.9	13.9			277.3	441.4	4.7
1104.8	1087.7	3778.8	–103.5	5060.2	7475.2	249.7
346.3	346.2	27008.1	1400.3	2968.5	4796.3	124.1
1509.2	1509.2	6672.9	136.7	1954.8	9764.8	4412.1
339.8	339.8	139.5	11.6	1920.3	3419.6	56.4
95.0	95.0	41.0	39.2	957.4	2197.7	174.4
319.1	319.1	87.1	66.1	2532.5	5205.9	458.0
3.9	3.9			30.0	284.2	4.0
9.3	9.3	10.0	10.0	17.5	379.3	38.0
468.1	468.1	529.8	203.2	3591.3	8887.8	127.4
142.7	138.6	99.3	99.3	1004.3	5332.8	1107.9
171.9	165.1	177.7	121.0	927.9	4830.0	80.0
4.2	4.2			73.4	65.2	4.2

11-8 私营工业企业

指 标	差旅费	工会经费	财务费用	利息收入	利息支出
总 计	**6653.2**	**479.7**	**58188.4**	**-136.3**	**47950.1**
煤炭开采和洗选业	455.1	36.8	6761.4	17.3	6132.0
黑色金属矿采选业	26.7	1.0	-5.0	5.0	
农副食品加工业	266.5	59.5	3035.7	6.1	3037.9
食品制造业	242.1	2.7	1245.4	18.9	1077.5
酒、饮料和精制茶制造业	74.7	2.2	342.7	3.6	344.9
烟草制品业	32.1	5.1	143.4	9.7	139.0
印刷和记录媒介复制业	49.8		285.7		70.5
	16.4	2.1	117.1		117.1
石油加工、炼焦和核燃料加工业	26.5	2.0	997.2	5.5	931.2
化学原料和化学制品制造业	90.7	11.4	453.7	18.7	384.1
医药制造业	25.4		61.3	3.5	63.8
橡胶和塑料制品业	1398.1	86.7	26975.8	-566.0	22684.6
非金属矿物制品业	488.0	14.8	1315.8	6.0	1282.6
黑色金属冶炼和压延加工业	16.0	0.8	149.9	2.3	151.1
有色金属冶炼和压延加工业	51.1	2.5	83.2	2.1	38.6
金属制品业	330.5	78.9	2477.3	2.0	1315.9
通用设备制造业	281.2	74.3	3709.9	96.4	3240.6
专用设备制造业	51.7	35.0	5253.1	62.9	2622.1
汽车制造业	544.4	2.7	1179.0	2.1	934.9
	750.2	10.3	510.2	11.9	480.3
铁路、船舶、航空航天和其他运输设备制造业	287.4	13.5	673.6	20.2	591.3
电气机械和器材制造业	22.5		330.4	1.0	331.3
计算机、通信和其他电子设备制造业			-0.7	0.7	
仪器仪表制造业	442.1	9.5	1616.7	37.3	1508.1
电力、热力生产和供应业	277.2	19.6	452.3	85.2	442.2
燃气生产和供应业	390.7	8.1	23.0	11.0	28.5
水的生产和供应业	16.1	0.2	0.3	0.3	

主要经济指标(四)

单位:万元

营业利润	资产减值损失	公允价值变动收益	投资收益	补贴收入	营业外收入	营业外支出	利润总额	应交所得税
115032.7	632.6	-81698.1	-65874.6	3017.7	8054.0	56983.2	65753.9	9621.4
124.9	32.0		20.4	10.0	117.2	331.5	-89.4	1251.9
643.8						66.5	577.3	128.8
19492.0				273.0	550.1	12.0	20665.1	1566.5
9146.0		-1300.0			128.4	454.2	8820.2	680.0
1768.5						25.2	1743.3	404.3
-74.1		-2000.0	-1000.0	58.8	8.3	0.8	-66.6	121.4
705.2	-276.0	-800.0					705.2	
838.5					0.1	0.5	838.1	8.6
35.9				613.1	635.7	39.6	622.1	8.7
638.8			79.0		-147.8	6.1	484.9	15.3
3608.4						6.1	3602.3	104.4
39638.8	29.0	-60000.0	-65000.0	261.5	1456.1	40037.5	795.9	1269.4
3955.0		-1741.3	16.5		772.4	2275.7	2451.7	434.7
842.7				246.0	246.0	2.8	839.9	65.8
811.0						590.6	220.4	11.6
60.9	16.8		0.1	48.7	1535.8	156.6	1440.1	155.5
4216.6		-364.9	0.1	9.0	91.0	80.0	4227.6	416.8
-7558.6		-9121.9			1.5	4208.9	-11766.0	0.6
5610.3	61.7	-6370.0		447.2	991.8	1453.5	4701.4	885.0
12.3				15.0	365.8	3.7	374.4	73.1
2733.6				50.0	1428.0	31.0	4110.6	145.9
367.8							367.8	
-83.8					11.5		-72.3	
22889.1	769.1			425.0	122.6	6696.0	16315.7	1552.1
3801.6			9.3		-806.7	489.6	2505.3	210.9
802.3				560.4	546.2	14.8	1333.7	108.8
5.2							5.2	1.3

11-8 私营工业企业

指　标	亏损企业亏损总额	利税总额	应交税金及附加	本年应付职工薪酬	本年应交增值税
总　计	**30796.5**	**168091.9**	**120571.7**	**83961.4**	**87471.0**
煤炭开采和洗选业	3250.2	17450.7	19665.3	4101.3	15906.7
黑色金属矿采选业	79.3	2461.3	2014.0	581.9	1656.7
农副食品加工业		20990.7	1959.6	2595.9	239.4
食品制造业		11427.2	3362.1	2963.6	2233.0
酒、饮料和精制茶制造业		2386.3	1049.4	449.6	295.4
烟草制品业	608.3	172.7	366.4	754.2	199.3
印刷和记录媒介复制业		705.4	3.1	372.9	0.2
石油加工、炼焦和核燃料加工业		945.4	158.2	626.6	92.9
化学原料和化学制品制造业	14.6	2550.4	2041.1	1731.4	1711.4
医药制造业	120.5	1066.8	615.6	1150.2	311.0
橡胶和塑料制品业		4079.1	591.2	470.8	425.2
非金属矿物制品业	7171.0	45740.4	46698.8	15008.3	38220.0
黑色金属冶炼和压延加工业	280.1	4847.6	2897.5	4315.3	2061.2
有色金属冶炼和压延加工业		1026.4	269.3	921.3	169.2
金属制品业		359.7	155.6	1044.0	125.4
通用设备制造业	2480.3	9543.8	8508.9	9128.2	6998.9
专用设备制造业	2588.9	6356.4	2669.7	5944.1	1782.5
汽车制造业	12981.7	-6446.7	9732.0	7340.1	3810.1
铁路、船舶、航空航天和其他运输设备制造业	398.3	7026.1	3266.1	5718.8	1984.9
电气机械和器材制造业	318.2	1151.8	1024.9	2809.2	682.4
计算机、通信和其他电子设备制造业		6458.0	2951.3	4295.5	2028.3
仪器仪表制造业	56.3	471.0	107.2	616.5	99.3
电力、热力生产和供应业	72.3	-1.0	109.3	112.2	62.0
燃气生产和供应业	166.0	20936.5	6300.3	4591.9	4152.7
水的生产和供应业	210.5	3655.4	2468.9	4336.3	1007.4
		2689.9	1545.0	1881.3	1184.3
		40.6	40.9	100.0	31.2

主要经济指标(五)

单位:万元

本年进项税额	本年销项税额	土地和固定资产支出	土地购置	房屋和建筑物	机器设备	运输工具	其他费用	全部从业人员年平均人数(人)
394329.8	459107.7	56849.8	3461.0	19630.7	22870.0	4441.8	6446.3	32887
51978.2	62944.8	8529.7		5350.2	2128.1	774.1	277.3	1931
1778.9	3435.6	562.0			420.0	142.0		227
9340.4	9557.2	1873.7		1074.5	713.1	71.0	15.1	1087
4106.4	5587.9	7434.2	1220.4	2247.3	3785.8	134.0	46.7	1043
1094.2	1133.0							240
1431.2	1243.8	940.2			940.2			292
	0.2	4016.6					4016.6	242
828.8	863.8	31.0			20.9	8.7	1.4	198
5203.1	6783.1							979
1660.3	2009.7	769.7		310.1	411.7	6.5	41.4	490
3474.8	3645.5	233.0			65.1	167.9		115
172279.0	197475.0	12262.0		4915.2	4620.2	1831.0	895.6	7210
11493.0	13836.9	16.0			16.0			1657
386.2	566.7	323.5			304.5	19.0		247
2896.0	3021.4							488
9556.5	13996.6	6850.1		52.7	5833.6	459.1	504.7	3583
29846.2	32328.4	2379.5		1323.5	1036.8	17.9	1.3	2302
28818.0	32548.1							2346
13514.8	15778.2	773.6		23.2	545.1	170.4	34.9	2372
5522.3	6381.2	3867.7	870.1	1398.0	1427.8	160.7	11.1	1191
11616.0	13507.5	272.2			230.4	41.8		1200
2674.3	2777.3							353
15.2	77.3							46
17630.7	20534.9	2242.3	300.0	1299.8	330.9	309.4	2.2	1226
5222.6	5924.7	2052.1	1002.0	502.2		10.4	537.5	1252
1585.6	2740.6	1403.8	68.5	1134.0	39.8	101.3	60.2	528
377.1	408.3	16.9				16.6	0.3	42

11-9 外商投资和港澳台商投资

指　标	企业单位数(个)	亏损企业	工业总产值（当年价格）	工业销售产值（当年价格）	出口交货值
总　计	24	9	1928562.3	1892585.7	375172.2
农副食品加工业	1		15882.1	15763.7	
食品制造业	1		159376.0	149384.5	
酒、饮料和精制茶制造业	2	1	79501.1	78553.8	
纺织业	1	1	10045.0	10235.0	3006.0
石油加工、炼焦和核燃料加工业	3	2	307717.2	296912.9	
化学原料和化学制品制造业	2		122713.4	121974.7	
医药制造业	1	1	5264.7	5264.7	
橡胶和塑料制品业	2		61847.4	58934.5	
非金属矿物制品业	2	1	11192.2	16691.1	
有色金属冶炼和压延加工业	1	1	7125.1	6372.7	
专用设备制造业	2	2	17681.5	12804.3	3875.1
汽车制造业	1		43432.0	43432.0	
铁路、船舶、航空航天和其他运输设备制造业	1		154199.4	143979.9	
计算机、通信和其他电子设备制造业	2		847325.0	847264.5	368291.1
仪器仪表制造业	1		80030.4	80030.4	
其他制造业	1		5229.8	4987.0	

工业企业主要经济指标(一)

单位:万元

年初存货			资产总计					
	产成品	在产品		流动资产	应收账款	存货	产成品	在产品
236352.7	59964.1	37571.3	2562919.0	1376538.2	433781.2	224018.4	63809.2	32831.9
976.7	964.9	11.8	7949.8	1826.7	700.0	309.7	307.2	2.5
2378.5	208.6		31042.9	14542.9	3073.2	3742.2	1075.7	
6262.2	2513.9		40903.4	11432.5	659.8	7288.7	3788.7	
1338.4	321.6		24750.8	15082.7	5262.9	1888.0	1096.3	
57571.5	22726.7	5143.3	485626.7	329302.3	22378.5	55539.2	23451.5	3556.7
5081.1	1280.1		158116.8	37143.9	15026.4	5154.1	1177.7	
990.0	310.6		20591.3	13351.3	1005.1	2533.2	1949.0	
2751.2	655.3	423.0	48133.3	13592.3	5421.7	3296.4	865.2	469.0
5430.2	2512.3	442.9	26469.8	13677.8	442.8	5629.7	1875.0	530.0
1281.0			8370.9	5925.1	485.1	1368.2		
5919.4	2066.1	2086.4	25057.3	9883.2	4158.6	4856.5	1547.9	1309.3
2618.7	1341.8		11084.3	4824.7	1884.2	2580.5		
22997.3	190.6	1751.9	165667.6	109731.5	32928.9	36244.7	3630.2	926.3
113770.0	22061.1	24589.2	1464059.8	762475.0	330657.1	86586.4	22382.1	23336.1
6564.5	2501.5	3122.8	42112.2	31615.0	8462.0	6322.7	417.9	2372.5
422.0	309.0		2982.1	2131.3	1234.9	678.2	244.8	329.5

11-9 外商投资和港澳台商投资

指　标	固定资产合计	固定资产原价	累计折旧	本年折旧	在建工程
总　计	982334.2	1454674.9	482417.8	108269.0	64391.3
农副食品加工业	6123.1	6487.1	369.1	51.5	5.1
食品制造业	15458.6	21280.2	6823.1	2415.4	
酒、饮料和精制茶制造业	28225.2	49699.5	21502.1	4124.8	34.5
纺织业	5797.7	9033.3	3235.6	231.4	77.4
石油加工、炼焦和核燃料加工业	98877.7	148936.9	54018.3	8730.3	14655.2
化学原料和化学制品制造业	83025.9	156191.0	73178.9	10152.5	37910.3
医药制造业	5364.9	1817.0	1452.1		
橡胶和塑料制品业	34447.6	47125.1	12747.3	5116.9	969.8
非金属矿物制品业	8185.9	15602.8	7416.9	848.8	
有色金属冶炼和压延加工业	2444.3	3535.0	1090.7	252.5	
专用设备制造业	14673.8	26629.5	11955.7	816.0	500.3
汽车制造业	4900.9	6869.5	1968.6	802.4	
铁路、船舶、航空航天和其他运输设备制造业	48794.4	57260.5	8466.1	4796.1	5405.3
计算机、通信和其他电子设备制造业	621325.9	896679.9	275354.0	69266.0	4564.2
仪器仪表制造业	4137.6	6681.2	2543.6	570.1	269.2
其他制造业	550.7	846.4	295.7	94.3	

工业企业主要经济指标(二)

单位:万元

负债合计	流动负债合计	应付账款	非流动负债合计	所有者权益合计	实收资本	国家资本	法人资本	个人资本
1707647.5	1597576.3	445086.2	108602.8	851763.9	591683.4	5776.4	42945.5	24416.6
2797.2	1702.2	738.9	1095.0	5152.5	116.5		75.0	
11355.6	11085.8	6913.4	269.8	16697.3	11667.0		11.7	
27533.4	22375.9	8022.2	3762.5	13370.0	13312.8		2076.8	
12669.6	12596.2	5090.0		12081.2	12520.0	876.4	11643.6	
363726.8	303844.0	47823.3	59882.8	121899.9	48598.0		3007.8	22500.0
62804.5	62804.5	12337.4		95312.3	24340.1		2126.6	
13469.4	13069.4	354.4	400.0	7121.9	2000.0			
24001.5	24001.5	2737.5		24114.3	19613.9			
21576.8	26092.7	4256.6	-4515.9	4893.0	16009.8	4900.0		
4181.7	4181.7			4189.2	3876.4			1916.6
14617.5	14617.5	3557.3		10439.8	20548.4		6700.0	
3868.7	3405.2	1884.2	463.5	7215.6	3004.0		3004.0	
120313.8	86313.8	19590.8	34000.0	45353.8	15000.0		11250.0	
1009336.5	1001084.6	330692.8	8251.9	454723.3	395334.5			
14428.8	10378.6	1086.7	4050.2	27683.4	5000.0		3050.0	
965.7	22.7	0.7	943.0	1516.4	742.0			

11-9 外商投资和港澳台商投资

指　标			营业收入		营业成本
	港澳台资本	外商资本		主营业务收入	
总　计	5945.1	512599.8	2011559.4	1988499.4	1727721.0
农副食品加工业	41.5		15755.6	15755.6	14852.8
食品制造业		11655.3	128406.5	128402.9	107448.2
酒、饮料和精制茶制造业	5000.0	6236.0	111743.5	111741.0	86103.2
纺织业			7788.9	7788.9	6756.9
石油加工、炼焦和核燃料加工业		23090.2	350312.6	348483.1	323979.6
化学原料和化学制品制造业		22213.5	122182.1	121918.2	91986.1
医药制造业		2000.0	4820.5	4820.5	4499.7
橡胶和塑料制品业	161.6	19452.3	60592.7	60430.8	51249.3
非金属矿物制品业		11109.8	17830.1	17592.6	13524.5
有色金属冶炼和压延加工业		1959.8	6541.7	6541.7	6465.0
专用设备制造业		13848.4	12492.8	12337.2	13326.9
汽车制造业			48985.4	48985.4	46622.0
铁路、船舶、航空航天和其他运输设备制造业		3750.0	109558.0	109558.0	84160.8
计算机、通信和其他电子设备制造业		395334.5	917670.0	897264.5	820594.9
仪器仪表制造业		1950.0	92952.3	92952.3	52599.0
其他制造业	742.0		3926.7	3926.7	3552.1

工业企业主要经济指标(三)

单位:万元

主营业务成本	营业税金及附加	主营业务税金及附加	其他业务收入	其他业务利润	销售费用	管理费用	税金
1727065.5	8531.0	8531.0	23060.0	22372.4	54814.9	116097.9	8514.8
14852.8					65.3	295.2	4.4
107448.2	234.2	234.2	3.6	3.6	5843.5	11502.1	2169.8
86103.2	358.8	358.8	2.5	2.5	11291.0	6697.4	1859.4
6756.9	17.2	17.2			112.8	478.7	1.1
323548.8	839.5	839.5	1829.5	1483.9	17509.4	6051.4	252.6
91898.8	656.2	656.2	263.9	176.6	2729.5	3056.2	147.2
4499.7	22.9	22.9			173.4	566.7	
51249.3	121.1	121.1	161.9	161.9	522.2	2254.3	36.7
13473.8	139.1	139.1	237.5	186.8	591.3	2429.8	28.2
6465.0	28.7	28.7			39.1	141.1	
13240.2	73.1	73.1	155.6		502.0	2351.6	1.9
46622.0	64.3	64.3			192.4	654.4	
84160.8	10.0	10.0			1934.3	6002.8	9.3
820594.9	5515.2	5515.2	20405.5	20405.5	8367.5	65148.0	3948.5
52599.0	434.6	434.6			4893.3	8065.7	53.6
3552.1	16.1	16.1		-48.4	47.9	402.5	2.1

11-9 外商投资和港澳台商投资

指 标			财务费用		
	差旅费	工会经费		利息收入	利息支出
总 计	3550.3	404.0	2024.3	-1261.8	16716.6
农副食品加工业		0.8	46.9	2.3	44.6
食品制造业	45.1	7.8	-25.1	17.4	
酒、饮料和精制茶制造业	490.0	20.6	304.1	7.8	181.8
纺织业	32.2	1.1	670.8	0.6	571.0
石油加工、炼焦和核燃料加工业	269.7	50.6	17852.0	-156.9	3546.7
化学原料和化学制品制造业	179.9	64.8	187.9	29.6	209.9
医药制造业			102.8	-5.0	102.8
橡胶和塑料制品业	130.9	0.9	50.0	10.4	395.7
非金属矿物制品业	6.2	5.5	339.5	19.1	159.3
有色金属冶炼和压延加工业			79.8		
专用设备制造业	18.4	0.5	477.8	0.5	430.4
汽车制造业		57.4	270.8		101.2
铁路、船舶、航空航天和其他运输设备制造业	153.0	16.5	1304.9	-109.4	3974.2
计算机、通信和其他电子设备制造业	639.3	124.5	-19699.2	-1113.2	6914.7
仪器仪表制造业	1564.1	52.6	61.0	34.5	84.3
其他制造业	21.5	0.4	0.3	0.5	

工业企业主要经济指标(四)

单位:万元

营业利润	资产减值损失	公允价值变动收益	投资收益	补贴收入	营业外收入	营业外支出	利润总额	应交所得税
129025.9	4873.6	-67426.6	-5651.1	306.8	-10054.9	25660.9	93293.2	11211.1
495.4							495.4	
12423.9					-5129.2	16.2	7278.5	461.5
2582.3					-1343.1	292.4	946.8	452.6
-247.5						38.6	-286.1	
-15114.0		-65239.8	-5991.9	16.9	1072.2	749.5	-14808.2	46.2
23801.3					62.4	384.4	23479.3	6012.2
-865.8					20.3	21.6	-867.1	
7940.8					-3105.7	50.2	4784.9	329.0
9.4			-2.5	289.9	3.4	0.5	12.3	82.4
-212.2					30.8		-181.4	
-4390.5		434.6				7.4	-4397.9	
2781.8					-1168.1	395.7	1218.0	
26744.7					-10054.9	11.2	16678.6	1553.4
45596.8	4873.6	-2621.4	343.3		10097.0	1451.2	54242.6	2106.1
26898.7						22239.9	4658.8	154.1
580.8					-540.0	2.1	38.7	13.6

11-9 外商投资和港澳台商投资

指　标	亏损企业亏损总额	利税总额	应交税金及附加	本年应付职工薪酬	本年应交增值税
总　计	**21169.3**	**151963.3**	**78396.0**	**87051.7**	**50139.1**
农副食品加工业		495.4	4.4	40.1	
食品制造业		9453.8	4806.6	1596.3	1941.1
酒、饮料和精制茶制造业	83.8	4113.9	5479.1	6114.1	2808.3
纺织业	286.1	6.5	293.7	371.6	275.4
石油加工、炼焦和核燃料加工业	14861.1	-4568.3	10538.7	7712.3	9400.4
化学原料和化学制品制造业		29694.0	12374.1	3600.7	5558.5
医药制造业	867.1	-723.6	143.5	226.0	120.6
橡胶和塑料制品业		7649.8	3230.6	2637.3	2743.8
非金属矿物制品业	491.9	832.9	931.2	7560.4	681.5
有色金属冶炼和压延加工业	181.4	97.2	278.6	688.7	249.9
专用设备制造业	4397.9	-4210.2	189.6	3108.2	114.6
汽车制造业		2148.0	930.0	745.5	865.7
铁路、船舶、航空航天和其他运输设备制造业		19764.0	4648.1	4378.8	3075.4
计算机、通信和其他电子设备制造业		80539.8	32351.8	44886.6	20782.0
仪器仪表制造业		6593.2	2142.1	3089.1	1499.8
其他制造业		76.9	53.9	296.0	22.1

工业企业主要经济指标(五)

单位:万元

本年进项税额	本年销项税额	土地和固定资产支出						全部从业人员年平均人数(人)
			土地购置	房屋和建筑物	机器设备	运输工具	其他费用	
374559.7	397520.9	1007893.2	19372.9	258488.5	625449.7	3449.0	101133.1	76948
		8.3			8.3			26
10021.0	11814.6	190.7			121.8		68.9	194
13801.3	11547.4	1494.9		144.3	761.9	12.1	576.6	1436
1087.5	817.1							176
50390.0	59984.0	40650.3	384.9	23667.2	14737.2	1783.5	77.5	2822
15333.9	20870.6	6358.1		188.2	5321.0	798.0	50.9	775
								122
5010.7	5515.1	18045.6		2439.5	12093.6	103.4	3409.1	470
1676.6	2350.0	59.9		59.9				525
878.8	1112.1							220
552.6	9.3	139.8			104.0	25.5	10.3	450
								167
10947.2	13579.7	25262.6			25262.6			443
256025.2	259586.3	915667.8	18988.0	231989.4	567024.1	726.5	96939.8	68202
8834.9	10334.7							772
		15.2			15.2			148

11-10 大中型工业企业

指　标	企业单位数(个)	亏损企业	工业总产值（当年价格）	工业销售产值（当年价格）	出口交货值
总　计	116	26	21121991.9	20725244.3	1454592.2
煤炭开采和洗选业	5		2993281.8	2946849.7	
农副食品加工业	1		29822.3	29822.3	
食品制造业	4		121777.6	113639.8	79.5
酒、饮料和精制茶制造业	3	1	82744.9	78461.0	
烟草制品业	1		314534.8	315821.5	
纺织服装、服饰业	2		43186.2	43425.0	
造纸和纸制品业	1		25871.8	23572.8	
印刷和记录媒介复制业	2		11544.8	10728.0	
石油加工、炼焦和核燃料加工业	13	5	2324188.2	2254829.2	
化学原料和化学制品制造业	6		574907.9	570700.6	
医药制造业	2	1	34113.0	33440.4	
橡胶和塑料制品业	4		350507.6	357580.9	73035.7
非金属矿物制品业	10	1	277519.6	275526.3	
黑色金属冶炼和压延加工业	4	2	8060922.1	7973257.2	756001.5
有色金属冶炼和压延加工业	3	2	155176.6	135043.0	
金属制品业	12	2	1037989.2	1009967.3	76609.0
通用设备制造业	6	2	147026.1	144133.0	116.8
专用设备制造业	10	1	1906894.1	1797975.9	153907.3
汽车制造业	2	1	72031.4	67195.1	
铁路、船舶、航空航天和其他运输设备制造业	5		420774.0	423005.4	951.3
电气机械和器材制造业	3	1	121596.6	119083.1	10917.2
计算机、通信和其他电子设备制造业	6	2	979377.0	974472.5	375020.3
仪器仪表制造业	4		140646.3	140014.0	7953.6
电力、热力生产和供应业	5	4	535273.2	535273.2	
燃气生产和供应业	1		308173.6	299350.7	
水的生产和供应业	1	1	52111.2	52076.4	

主要经济指标(一)

单位:万元

年初存货			资产总计	流动资产合计	流动资产合计			
	产成品	在产品			应收账款	存货		
							产成品	在产品
3326485.1	1091722.9	451236.5	31949430.1	14529999.4	2783177.2	3550435.6	1304674.9	550039.4
136809.8	58810.2	4694.2	4490315.9	2483877.8	283779.4	185765.1	108109.0	9067.5
787.5			43483.0	14929.4	806.6	5068.9		
19273.9	7837.9	192.5	126229.8	59650.2	9193.7	22009.9	9659.8	201.9
14362.7	6335.0	245.6	78272.3	24296.2	779.0	16668.6	8451.3	528.4
29321.7	3623.7		262152.5	172020.2	36678.4	47155.4	8290.7	
3137.4	1271.5	1231.0	18337.8	13466.8	2913.9	3582.1	1649.8	1047.8
2852.8	305.0		23001.0	6831.4	943.5	2852.8	1187.0	
1922.2	697.5	427.1	24278.6	11115.0	2177.3	2905.7	1057.9	850.5
344354.7	125685.1	43573.3	4836068.5	2024074.3	234432.7	398309.1	173249.4	48842.6
75907.3	36479.4	3092.0	1297103.3	517200.9	109356.8	102265.6	34645.0	6617.0
10434.6	8871.0		45589.7	30747.5	3471.0	14151.9	11103.3	
65148.3	36055.4	2971.5	336548.1	148481.8	28760.3	60107.8	32896.5	4754.8
37817.4	17393.3	2288.9	412637.9	159369.9	29935.6	31516.4	8281.9	3741.7
1502757.3	436988.0	163724.1	10677613.6	3271997.2	159780.6	1404608.5	443500.8	195485.9
32648.9	8752.5		102255.3	49609.9	11327.9	21446.6	5306.6	
204218.5	79288.6	19950.1	1412193.2	765146.7	139940.9	224384.0	74407.4	13342.3
115271.4	52997.0	4017.3	285633.8	228424.3	32412.4	126622.2	60219.5	4501.1
408518.1	144841.1	126295.4	3018164.3	2465820.6	1030101.1	547204.9	228660.6	181900.0
19966.6	14983.7		99567.5	39484.2	1785.6	23437.0	18784.2	
49798.9	8620.8	6898.1	571476.5	373413.7	162523.4	78417.4	20357.1	9606.6
17770.9	8019.4	1266.9	125275.3	91482.7	33809.7	16483.6	7075.3	689.3
174087.2	30019.1	57192.8	1707377.9	930353.3	360814.8	129812.5	28804.9	51158.5
24792.8	3229.1	3507.1	218139.1	148935.9	44917.5	39458.3	17750.1	2957.5
33186.8		9668.6	1016578.8	333814.8	50018.9	42584.5		14746.0
796.3	618.6		502325.5	95525.5	10757.9	3205.5	1226.8	
541.1			218810.9	69929.2	1758.3	411.3		

11-10 大中型工业企业

指标	固定资产合计	固定资产原价	累计折旧	本年折旧	在建工程
总计	12278010.0	17264730.4	7575189.3	1170087.4	2489970.1
煤炭开采和洗选业	1667719.1	3026141.2	1669431.1	291970.6	279334.8
农副食品加工业	5300.1	8023.9	2723.8	428.9	245.9
食品制造业	51815.7	46698.0	12114.9	2109.1	19800.6
酒、饮料和精制茶制造业	50042.0	71154.6	23040.3	6206.6	6.7
烟草制品业	87669.4	127503.8	40856.9	7312.5	1022.6
纺织服装、服饰业	4791.7	7359.7	2868.4	402.8	300.4
造纸和纸制品业	14751.2	23274.0	8590.4	2007.8	67.6
印刷和记录媒介复制业	5250.3	17163.4	11913.1	1019.4	5859.0
石油加工、炼焦和核燃料加工业	1650529.9	1739750.5	532880.6	98507.8	392509.4
化学原料和化学制品制造业	514503.3	713129.1	231951.6	22303.5	70143.1
医药制造业	10403.9	20744.8	11741.9	1246.1	1378.4
橡胶和塑料制品业	186110.3	153470.5	33787.0	12866.8	65558.2
非金属矿物制品业	227218.0	305391.6	86502.3	14399.7	9811.9
黑色金属冶炼和压延加工业	4799393.3	6675262.0	3026299.8	458045.6	1134596.8
有色金属冶炼和压延加工业	47925.2	83955.2	37025.1	8681.0	2223.5
金属制品业	562979.5	687125.9	257868.8	29744.6	80681.9
通用设备制造业	56010.1	64405.4	18965.1	1853.7	3940.2
专用设备制造业	507053.5	466468.8	208518.5	27769.7	100864.2
汽车制造业	33617.5	43120.7	9503.3	4406.4	135.0
铁路、船舶、航空航天和其他运输设备制造业	170502.8	165695.2	49342.4	9775.5	12302.8
电气机械和器材制造业	22226.5	25429.4	8997.6	1409.6	447.5
计算机、通信和其他电子设备制造业	689417.2	1027017.1	337618.3	72512.8	9736.7
仪器仪表制造业	23173.0	28128.3	10315.8	2473.3	5629.8
电力、热力生产和供应业	647997.0	1432878.1	876901.4	75176.3	105743.5
燃气生产和供应业	156438.1	186038.6	29600.5	13192.5	186028.3
水的生产和供应业	85171.4	119400.6	35830.4	4264.8	1601.3

主要经济指标(二)

单位:万元

负债合计	流动负债合计		非流动负债合计	所有者权益合计				
		应付账款			实收资本	国家资本	集体资本	法人资本
21509499.8	14168100.6	3878045.0	7012698.8	10439894.4	4012237.3	1611668.0	17911.1	1547391.1
2852697.5	1944485.2	650203.5	906610.5	1637618.4	800289.8	35793.7	2100.0	740810.1
16991.6	16991.6	6104.5		26491.3	3667.0		3667.0	
54552.7	43690.1	4737.6	10862.6	71677.1	16947.0			15615.8
54724.3	33183.8	4775.8	3762.5	23547.9	30187.7	1874.9		2076.8
62811.2	62811.2	53078.0		199341.3	61319.6			61319.6
12674.7	9412.8	874.1		5663.0	2577.7		2089.3	488.4
17418.9	16144.6	3766.1	1274.3	5582.1	6060.0			
16330.0	15850.1	3305.9	479.9	7948.6	4603.4	3536.5	522.9	544.0
3254492.9	2326127.0	465261.2	924789.7	1581575.4	733687.9	364562.2		188075.5
880926.6	779745.3	21821.5	101181.3	416176.7	238083.1	207743.0		2876.6
28736.8	27736.8	11885.3	1000.0	16852.9	21749.0			
235389.1	128203.5	33276.7	107185.6	101141.5	77540.7			58068.4
196830.8	133015.0	49351.9	63815.7	215806.8	91810.5	11640.0		62071.5
7149714.0	3952857.2	724080.1	3196856.8	3527899.6	712569.7	647928.9	5473.8	279.0
121983.8	96632.4	15599.6	520.0	−19728.4	27292.0			18600.0
866492.0	648979.1	179071.7	217432.9	545701.1	251215.3	140016.2	1655.8	107043.3
235478.3	200660.6	34816.1	34817.7	50143.3	31353.2	23562.9	2402.3	4388.0
2016396.8	1520943.2	838126.4	233186.2	1001767.5	176722.6	135403.7		29398.9
66210.7	51710.8	12111.2	13000.0	33356.8	30179.3			28179.3
390878.0	306956.5	137013.9	83921.5	180598.4	63586.5	4833.4		55003.1
76813.0	63193.2	31573.6	13619.7	48462.1	14097.4	2636.1		1179.2
1188309.2	1176004.1	379747.4	12305.0	519068.7	459668.6	4931.8		59402.3
120661.5	59688.8	6036.7	60972.7	97477.6	28051.8	5025.0		5173.5
1115472.2	383240.8	170950.3	718427.9	−98898.4	73178.8	6381.0		66797.8
380404.5	122456.9	29099.5	257947.6	121920.9	40000.0			40000.0
96108.7	47380.0	11376.4	48728.7	122702.2	15798.7	15798.7		

11-10 大中型工业企业

指 标						
	个人资本	港澳台资本	外商资本	营业收入	主营业务收入	营业成本
总 计	337040.6	21100.0	477126.5	22957221.7	22594055.2	19600820.3
煤炭开采和洗选业	21586.0			2735216.1	2634393.3	1917522.8
农副食品加工业				34888.8	34888.8	27859.9
食品制造业	1331.2			112466.4	112466.4	83293.6
酒、饮料和精制茶制造业		20000.0	6236.0	111334.7	111334.7	88367.4
烟草制品业				305725.3	304941.7	111808.8
纺织服装、服饰业				42375.2	42375.2	42430.3
造纸和纸制品业	6060.0			21883.7	21883.7	20691.2
印刷和记录媒介复制业				14817.1	13397.0	11795.5
石油加工、炼焦和核燃料加工业	157960.0		23090.2	2419846.8	2382266.1	2183779.8
化学原料和化学制品制造业	5250.0		22213.5	704907.1	703451.6	637880.0
医药制造业	21749.0			27775.2	26577.6	24117.9
橡胶和塑料制品业	20.0		19452.3	372014.4	370414.0	340478.7
非金属矿物制品业	12999.0		5100.0	261304.2	255503.2	225595.8
黑色金属冶炼和压延加工业	58888.0			9938567.9	9857431.5	8853950.6
有色金属冶炼和压延加工业	8692.0			142523.1	136372.7	141142.2
金属制品业	2500.0			1027006.8	1009966.4	880369.6
通用设备制造业	1000.0			132763.5	124737.5	114223.5
专用设备制造业	11920.0			1772929.6	1767696.7	1484686.5
汽车制造业	2000.0			71335.7	71335.7	52910.9
铁路、船舶、航空航天和其他运输设备制造业			3750.0	415149.9	397599.6	331334.6
电气机械和器材制造业	10282.1			131445.3	130757.0	99681.1
计算机、通信和其他电子设备制造业			395334.5	1059742.3	1039259.6	953613.7
仪器仪表制造业	14803.3	1100.0	1950.0	144328.6	144328.6	86210.4
电力、热力生产和供应业				569373.2	522228.0	591550.1
燃气生产和供应业				335173.6	326350.7	252922.4
水的生产和供应业				52327.2	52097.9	42603.0

主要经济指标(三)

单位:万元

	营业税金及附加		其他业务收入	其他业务利润	销售费用	管理费用	
主营业务成本		主营业务税金及附加					税金
19296891.1	269248.2	258498.7	363166.5	55526.2	458974.0	1716678.3	57362.8
1777776.2	54788.9	52867.5	100822.8	-14332.2	27675.7	554083.0	9032.0
27859.9	258.9	258.9			3246.8	2116.9	5.2
78543.4	422.9	422.9			16246.3	5877.9	154.6
88367.4	1944.5	1944.5			11408.0	8443.7	1259.4
111035.6	131781.3	131781.3	783.6	10.3	4283.9	20311.8	759.2
42430.3	355.1	355.1			49.2	2560.8	22.0
20691.2	149.5	149.5			145.1	581.3	85.7
10748.9	125.3	125.3	1420.1	373.4	91.4	2567.6	7.1
2139985.5	20740.8	19171.7	37580.7	-11186.2	84709.2	125623.4	6734.0
636424.2	5470.8	870.8	1455.5	192.6	9632.9	46805.9	1653.4
23862.5	54.0	54.0	1197.6	144.0	2041.7	1977.0	81.3
339282.9	983.4	983.4	1600.4	397.6	8534.1	5301.2	111.6
220412.5	1646.9	1646.9	5801.0	190.5	8956.5	15154.5	949.4
8799450.7	28650.3	28644.5	81136.4	-350.2	134087.6	519363.4	17815.4
135231.7	1269.6	1269.6	6150.4	136.7	1650.6	8665.8	4406.4
866666.9	2290.0	980.4	17040.4	1091.8	14547.0	102971.0	1739.6
103186.2	602.7	407.3	8026.0	1919.4	6442.2	17533.3	657.0
1483869.4	6663.9	5797.1	5232.9	184.4	73472.4	95027.9	2029.0
52910.9	7.0	7.0			2593.0	4930.3	329.7
316789.7	1031.2	993.4	17550.3	3005.2	9976.3	38183.1	808.9
99639.7	295.7	295.7	688.3	462.7	2391.0	9213.5	279.5
949007.0	5696.1	5655.0	20482.7	20406.2	10257.5	79414.1	5419.0
86210.4	711.8	711.8			6482.6	13091.5	147.9
590982.6	1781.2	1578.7	47145.2	43827.9		16953.7	2323.6
252922.4	1158.5	1158.5	8822.9	8822.8	17237.8	9606.0	209.7
42603.0	367.9	367.9	229.3	229.3	2815.2	10319.7	342.2

11-10 大中型工业企业

指　标			财务费用		
	差旅费	工会经费		利息收入	利息支出
总　计	33844.3	5747.5	398163.1	43121.5	448537.5
煤炭开采和洗选业	5518.8	2520.1	44803.7	13534.4	57802.4
农副食品加工业	28.3	5.0	185.5	22.0	194.6
食品制造业	525.0	12.0	1938.8	22.1	1826.2
酒、饮料和精制茶制造业	548.4	21.7	398.3	54.5	321.5
烟草制品业	282.0	143.8	-1760.3	1769.8	
纺织服装、服饰业	39.9	15.3	16.5	8.3	23.7
造纸和纸制品业	5.2		453.4		453.4
印刷和记录媒介复制业	14.3	10.2	72.3	14.0	80.1
石油加工、炼焦和核燃料加工业	3196.8	375.3	68041.0	184.5	51305.8
化学原料和化学制品制造业	640.0	65.3	11603.6	134.4	11567.4
医药制造业	86.8	15.9	388.3	58.8	276.2
橡胶和塑料制品业	282.3	19.7	4768.3	265.1	5270.4
非金属矿物制品业	410.1	167.4	3540.8	847.0	3077.0
黑色金属冶炼和压延加工业	4387.2	824.4	181688.1	20569.3	203293.3
有色金属冶炼和压延加工业	42.8	35.0	2656.0	62.8	2617.1
金属制品业	3504.2	284.7	12399.3	1795.5	13156.7
通用设备制造业	842.7	27.4	564.5	129.1	647.7
专用设备制造业	7718.9	156.7	15935.3	2891.4	15592.7
汽车制造业	334.1	21.2	1482.9	74.9	1529.7
铁路、船舶、航空航天和其他运输设备制造业	1100.5	433.3	3255.3	423.5	6379.5
电气机械和器材制造业	360.0	51.8	1467.4	35.4	1565.0
计算机、通信和其他电子设备制造业	1315.8	213.8	-17896.3	-985.7	8655.4
仪器仪表制造业	1906.4	109.1	1747.6	36.5	1618.7
电力、热力生产和供应业	399.6	40.6	49106.8	459.4	49331.5
燃气生产和供应业	332.2		8952.9	464.4	9349.2
水的生产和供应业	22.0	177.8	2353.1	250.1	2602.3

主要经济指标(四)

单位:万元

营业利润	资产减值损失	公允价值变动收益	投资收益	补贴收入	营业外收入	营业外支出	利润总额	应交所得税
687927.1	70391.4	-209768.8	-88408.2	33213.8	110061.8	108699.3	656987.8	180809.1
158212.0	7248.1		3105.2	1766.0	7300.3	19227.0	144519.3	85693.2
1220.8					62.5	4.3	1279.0	319.7
11550.6		-4300.0	-4000.0		138.4	13.6	11675.4	1905.3
1424.6	9229.7				242.1	608.4	1058.3	452.6
39172.2			-127.5		35.1	255.3	38952.0	9862.7
-2840.8	39.4			541.3	3644.7	71.9	190.7	
-136.8				613.1	630.9	39.1	445.1	
129.0					25.0	18.3	135.7	30.0
43689.9	2244.4	-125255.5	-70942.2	16.9	12638.3	12403.8	43907.5	21900.3
22460.0	2.0			4375.0	9177.2	573.7	26688.5	6031.1
-754.2			-82.1	143.0	143.5	545.4	-1156.1	
13505.5	428.9	-34300.0	-15000.0	2.0	-3035.1	52.2	10416.2	327.2
12090.0	278.2		-2.5		757.9	938.2	11909.7	393.2
185352.5	26162.6	-30000.0	-11825.4		15368.4	8171.1	192549.8	7631.4
-6275.8		-9121.9			1.5	1222.6	-7496.9	
9206.9	3000.0	-4170.0	940.7	2471.9	14882.0	1747.6	19869.4	3529.1
-1148.4	-33.9				746.7	170.6	-566.5	156.6
92180.7	13690.8		5062.6	754.9	10576.5	1694.3	100468.0	30077.4
-435.5	1076.0		-575.0	11200.0	11233.2	57.5	-459.8	
44008.7	752.6		816.2	340.8	-8744.7	184.2	34739.0	4016.7
18884.5	874.3				124.4	6697.1	12311.8	1689.2
43837.9	5768.9	-2621.4	343.3		10262.6	2569.6	51530.9	2144.4
36820.1	18.5				18.8	24485.0	12353.9	572.0
-77164.0	-489.2		6.0	9913.5	21417.2	-3343.5	-62316.8	
47979.2	100.1		2783.4	75.4	376.3	30160.6	18119.5	4077.0
-5042.5			1089.1	1000.0	2038.1	131.4	-4135.8	

11-10 大中型工业企业

指　标	亏损企业亏损总额	利税总额	应交税金及附加	本年应付职工薪酬	本年应交增值税
总　计	139097.6	1736008.1	1317192.2	2131363.7	809772.1
煤炭开采和洗选业		516910.7	467116.6	950551.8	317602.5
农副食品加工业		3341.9	2387.8	2468.4	1804.0
食品制造业		15357.8	5742.3	8327.6	3259.5
酒、饮料和精制茶制造业	0.2	6834.2	7487.9	8203.1	3831.4
烟草制品业		206106.2	177776.1	29884.6	35372.9
纺织服装、服饰业		2906.9	2738.2	4055.1	2361.1
造纸和纸制品业		1835.2	1475.8	945.2	1240.6
印刷和记录媒介复制业		710.2	611.6	3144.1	449.2
石油加工、炼焦和核燃料加工业	32229.5	169930.9	154657.7	195068.2	105282.6
化学原料和化学制品制造业		39988.6	20984.6	33127.3	7829.3
医药制造业	1156.8	-538.3	699.1	2648.6	563.8
橡胶和塑料制品业		14177.5	4200.1	14220.5	2777.9
非金属矿物制品业	1305.5	24844.7	14277.6	23321.7	11288.1
黑色金属冶炼和压延加工业	18223.4	431312.5	264209.5	480934.8	210112.4
有色金属冶炼和压延加工业	7624.7	-3226.8	8676.5	4955.9	3000.5
金属制品业	485.7	31421.0	16820.3	111442.0	9261.6
通用设备制造业	2085.9	3349.0	4729.1	13616.5	3312.8
专用设备制造业	47.5	145686.5	77324.9	50463.6	38554.6
汽车制造业	883.9	132.2	921.7	3083.6	585.0
铁路、船舶、航空航天和其他运输设备制造业		42399.3	12485.9	39766.7	6629.1
电气机械和器材制造业	2843.3	15629.8	5286.7	6553.3	3022.3
计算机、通信和其他电子设备制造业	4843.7	78554.9	34587.4	58017.5	21327.9
仪器仪表制造业		16141.6	4507.6	11374.2	3075.9
电力、热力生产和供应业	63231.7	-49238.6	15401.8	48949.8	11297.0
燃气生产和供应业		22082.2	8249.4	9811.5	2804.2
水的生产和供应业	4135.8	-642.0	3836.0	16428.1	3125.9

主要经济指标（五）

单位：万元

本年进项税额	本年销项税额	土地和固定资产支出	土地购置	房屋和建筑物	机器设备	运输工具	其他费用	全部从业人员年平均人数(人)
3483554.0	4254812.1	2694745.1	105590.2	732393.8	1604154.7	22054.0	230552.4	322319
485965.8	788471.2	456670.4	16500.0	142879.0	216524.4	1925.0	78842.0	81948
3162.0	49942.5	5804.9	5325.0	27.0	399.7	53.2		1109
15061.3	17604.3	1005.4	1005.4					2468
14379.5	12089.6	4472.6		547.9	2810.5	96.3	1017.9	2070
18328.1	52001.7	989.9		69.1	920.8			1126
1492.5	2013.5	215.8		77.2	131.1	7.5		1632
2611.0	3720.2							451
1487.8	2183.6	149.1			136.2	10.9	2.0	1015
321861.6	414533.9	180036.7	384.9	79812.5	81815.5	6754.8	11269.0	29792
21450.5	27258.0	15471.5	3679.0	5455.8	5487.8	798.0	50.9	13780
4333.7	4705.9	7926.2		2842.1	4546.2	227.8	310.1	1140
58286.5	58831.7	18045.6		2439.5	12093.6	103.4	3409.1	3494
20501.8	29620.8	71097.2		36884.8	33025.0	584.7	602.7	6763
1870166.2	2084360.2	223.2		90.8	87.6	19.8	25.0	32511
20258.7	23215.8							1591
118272.3	121019.0	93416.8	8557.9	21590.3	54275.5	1073.4	7919.7	23523
17973.0	21181.5	32992.0	25218.7	2517.2	4123.1	1110.7	22.3	4795
42601.9	70159.4	196160.5		68280.3	100266.3	655.5	26958.4	16579
1308.3	1403.3							941
47442.8	47360.3	32926.9		61.8	29540.7	392.7	2931.7	7434
16374.0	18511.4	5508.5	5000.0		508.5			2054
260064.7	264271.1	917241.3	18988.0	232024.3	568271.2	783.7	97174.1	72369
13863.0	16938.8	594.0		4.0	460.8	129.2		2508
73631.6	84808.9	534392.1	15672.0	114984.0	400246.2	3489.9		7398
32675.4	35479.6							1427
	3125.9	119404.5	5259.3	21806.2	88484.0	3837.5	17.5	2401

11-11 民用汽车拥有量

单位:辆

指 标	2011	2010	比2010年增长(%)
总 计	**752788**	**642550**	**17.2**
一、汽车	714049	605271	18.0
# 载客汽车	594554	494701	20.2
载货汽车	102527	95554	7.3
其他汽车	16968	15016	13.0
# 个人汽车	561235	460558	21.9
二、电车	168	172	-2.3
三、摩托车	21716	22107	-1.8
四、拖拉机	8572	8030	6.7
五、挂车	8075	6762	19.4
六、其他类型	208	208	0.0

11-12 公路运输线路长度

单位:公里

指 标	2011	2010
公路线路里程	**6748**	**6181**
#等级公路	6617	6047
#晴雨通车里程	6672	6104
#高速公路	288	222
小 店 区	945.2	943
迎 泽 区	138.3	106
杏花岭区	272.2	266
尖草坪区	613.1	494
万柏林区	452.3	351
晋 源 区	385.8	375
清 徐 县	1268.3	1198
阳 曲 县	1066.7	963
娄 烦 县	651.3	588
古 交 市	954.5	897
每百平方公里平均里程	96.57	88.5

11–13 旅客运输量及周转量

指 标	2011	比 2010 年增长（%）
旅客发送量总计（万人）	5193.23	8.2
铁 路	2550.63	15.4
公 路	2055.00	-0.5
民 航	587.60	11.9
旅客周转量总计（百万人公里）	12301.14	14.2
铁 路	6899.93	26.6
公 路	5401.21	1.6

11–14 货物运输量及周转量

指 标	2011	比 2010 年增长（%）
货物运输量总计（万吨）	13542.89	-2.2
铁 路	4714.92	-6.9
公 路	8824.00	0.5
民 航	3.97	-3.6
货物周转量总计（百万吨公里）	43273.15	-4.4
铁 路	33003.23	-5.4
公 路	10269.92	-1.1

11-15 全社会公路分货类运输量

单位:万吨

指 标	2011	2010
总 计	8824.00	8783.00
煤炭及制品	3684.90	3667.78
石油天然气及制品	66.18	65.87
金属矿石	32.65	32.50
钢 铁	348.55	346.93
矿建材料	874.46	870.40
水 泥	1246.83	1241.04
木 材	64.42	64.12
非金属矿石	9.71	9.66
化肥及农药	22.94	22.84
盐	25.59	25.47
粮 食	90.00	89.59
机械、设备、电器	253.25	252.07
化工原料及制品	69.71	69.39
有色金属	13.24	13.17
轻工、医药产品	37.94	37.77
农林牧渔业产品	248.84	247.68
其他	1734.70	1726.72

11-16 铁路线路长度

线路名称	起始地点	营业里程（公里）	延展里程（公里）
太原铁路局		2761.17	7465.09
京 包 线	郭磊庄	155.50	435.63
太 焦 线	修文	190.80	233.13
南同蒲线	榆次	478.72	1271.08
侯 西 线	侯马	76.11	131.82
侯 月 线	侯马北	150.60	423.32
北同蒲线	大同	335.48	1133.03
京 原 线	灵丘	184.58	264.36
石 太 线	赛鱼	123.94	540.00
口泉支线	平旺	9.73	101.01
宁岢支线	宁武	95.37	160.83
忻 河 线	忻州	39.96	57.90
兰村支线	汾河	12.66	17.06
太岚支线	太北一场	55.36	113.53
西山支线	太北四场	23.60	92.64
介西支线	介休	46.91	115.13
二峰山支线	翼城东	4.23	7.49
礼垣支线	礼元	44.28	52.53
大 秦 线	韩家岭	652.00	1813.69

11-17 邮电局(所)邮电线路及通信工具拥有量

指 标	单 位	2011	2010	比2010年增长%
邮电局所总数（包括代办点）	个	1232	1197	2.9
设在农村	个	650	652	-0.3
邮路总条数	条	105	67	56.7
邮路总长度	公里	76327	57285	33.2
汽车邮路	公里	16674	11675	42.8
铁路邮路	公里	8033	4835	66.1
航空邮路	公里	51268	40775	25.7
已通电话的行政村	个	2032	980	107.3
局用电话交换机容量	门	1473413	1453722	1.4
接入网交换机容量	门	235154	215951	8.9
软交换接入设备容量	门	338313	240495	40.7

11-18 邮电业务量

指 标	单 位	2011	2010	比2010年增长%
邮电业务总量	**万 元**	**702781**	**637088**	**10.3**
函 件	万 件	14210.4	13176.8	7.8
包 裹	万 件	261.7	253.3	3.3
特快专递	万 件	1137.2	999.4	13.8
汇票	万 笔	155.5	161.9	-4.0
订销报纸	万 份	8505.9	8240.6	3.2
订销杂志	万 份	661.3	629.9	5.0
长途电话通话时长	万分钟	246715	53846	358.2
固定电话用户	户	1399293	1344717	4.1
# 住宅电话	户	839488	865166	-3.0
无线市话	户	96666	237070	-59.2
公用电话	部	179614	188585	-4.8
# IC 电话	部	13396	13521	-0.9
移动电话用户	户	6608822	4860210	36.0

注：邮电业务总量按新口径计算。

第十二篇

企业调查

QIYEDIAOCHA

资料整理、审核

魏纪元　　武景萍

12-1 企业家信心指数

分 类	一季度	二季度	三季度	四季度
企业家信心指数	130.40	129.05	126.96	114.58
按行业门类分				
工业	121.25	111.47	110.95	87.76
建筑业	138.18	132.02	113.10	100.31
交通运输、仓储和邮政业	101.39	126.18	135.47	135.19
批发和零售业	160.34	162.91	156.11	162.68
房地产业	109.52	102.31	97.55	76.19
社会服务业	137.50	156.25	156.25	150.00
信息传输、计算机服务和软件	157.73	149.39	166.06	149.39
住宿和餐饮业	127.78	138.89	141.18	141.18
按企业登记注册类型分				
国有企业	123.39	134.77	130.21	121.25
集体企业	100.00	111.11	122.22	122.22
股份合作企业	100.00	100.00	100.00	100.00
有限责任公司	134.14	125.29	120.41	107.23
股份有限公司	126.72	126.55	126.72	85.03
港、澳、台投资企业	125.00	100.00	133.33	133.33
外商投资企业	143.22	143.22	143.22	146.54
按企业规模分				
大中型	133.28	129.64	124.49	106.93
大型	142.86	126.30	119.58	94.53
中型	125.77	132.29	128.42	116.84
小型	121.51	119.35	119.57	112.22
特殊分组				
国家重点企业	146.81	100.00	95.91	51.37
国家试点企业集团成员	100.00	100.00	42.75	
出口企业	136.67	122.11	116.86	85.54
上市公司	128.37	128.15	128.37	81.05
国有控股企业	130.79	128.27	118.32	101.86

12-2 企业景气指数

分 类	一季度	二季度	三季度	四季度
企业景气指数	**132.51**	**129.30**	**128.56**	**129.50**
按行业门类分				
工业	130.13	114.93	117.72	115.06
建筑业	133.40	146.06	129.56	121.12
交通运输、仓储和邮政业	94.49	107.83	122.95	142.10
批发和零售业	162.91	157.78	150.38	154.98
房地产业	119.05	109.52	119.05	114.29
社会服务业	131.25	137.50	131.25	143.75
信息传输、计算机服务和软件	157.12	149.39	141.06	157.73
住宿和餐饮业	116.67	138.89	147.06	135.29
按企业登记注册类型分				
国有企业	121.26	128.88	126.02	124.02
集体企业	100.00	111.11	122.22	122.22
股份合作企业	100.00	100.00	100.00	100.00
有限责任公司	132.51	123.82	127.10	125.87
股份有限公司	156.05	153.49	126.58	126.58
私营企业	100.00	100.00	100.00	100.00
港、澳、台投资企业	75.00	100.00	100.00	133.33
外商投资企业	170.49	161.40	143.22	166.54

12-2 续表

分　类	一季度	二季度	三季度	四季度
按企业规模分				
大中型	140.03	135.85	131.94	130.12
大型	159.55	141.65	138.97	140.15
中型	124.74	131.25	126.32	122.11
小型	115.05	112.90	116.30	118.89
特殊分组				
国家重点企业	146.81	102.28	149.10	149.10
国家试点企业集团成员	142.75	142.75	100.00	100.00
出口企业	140.12	123.47	121.94	137.29
上市公司	170.80	165.68	121.23	128.37
国有控股企业	130.63	128.74	127.72	125.09
生产总量景气指数	101.02	138.75	132.55	114.19
盈利(亏损)变化景气指数	109.36	115.48	116.28	104.05
流动资金景气指数	81.34	75.19	73.18	78.43
货款拖欠景气指数	101.48	105.86	92.10	91.68
劳动力需求景气指数	103.90	125.34	111.72	111.56
固定资产投资景气指数	91.84	114.60	112.63	113.53

12-3 国民经济各行业企业景气指数

分　类	一季度	二季度	三季度	四季度
一、工业				
煤炭开采和洗选业	199.72	135.32	199.72	199.72
非金属矿采选业	100.00	100.00	100.00	100.00
农副食品加工业	150.00	150.00	150.00	150.00
食品制造业	66.67	66.67	133.33	100.00
饮料制造业	100.00	100.00	100.00	100.00
烟草制品业	200.00	100.00	100.00	100.00
纺织业	100.00	100.00	100.00	100.00
家具制造业	200.00	100.00	200.00	200.00
造纸及纸制品业	100.00	100.00	100.00	100.00
印刷业和记录媒介的复制	100.00	100.00	100.00	100.00
文教体育用品制造业	100.00	100.00	100.00	100.00
石油加工及炼焦业	140.40	135.46	135.46	95.06
化学原料及化学制品制造业	136.29	83.71	116.29	116.29
医药制造业	140.00	100.00	80.00	100.00
橡胶制品业	100.00	100.00	100.00	100.00
塑料制品业	100.00	50.00	150.00	150.00
非金属矿物制品业	128.57	116.67	150.00	133.33
黑色金属冶炼及压延加工业	142.75	142.75	100.00	100.00
有色金属冶炼及压延加工业	100.00	100.00	50.00	66.67

12-3 续表 1-1

分　类	一季度	二季度	三季度	四季度
金属制品业	100.00	50.00	50.00	50.00
通用设备制造业	147.89	136.78	135.92	115.41
专用设备制造业	75.91	100.45	93.45	89.37
交通运输设备制造业	150.00	130.43	150.00	150.00
电气机械及器材制造业	200.00	166.67	200.00	200.00
通信设备、计算机及其他电子设备制造业	100.00	112.50	87.50	112.50
仪器仪表及文化、办公用机械制造业	150.00	125.00	125.00	150.00
工艺品及其他制造业	200.00	200.00	200.00	100.00
电力、热力的生产和供应业	95.52	99.42	82.51	75.62
水的生产和供应业	100.00	100.00	100.00	100.00
二、建筑业				
房屋和土木工程建筑业	132.63	148.20	128.61	119.78
建筑安装业	150.00	100.00	150.00	150.00
建筑装饰业	100.00	100.00	100.00	100.00
其他建筑业	100.00	100.00	100.00	100.00
三、交通运输、仓储及邮政业				
铁路运输业	100.00	100.00	100.00	200.00
道路运输业	50.00	50.00	66.67	66.67

12-3 续表 1-2

分　类	一季度	二季度	三季度	四季度
航空运输业	200.00	200.00	200.00	200.00
仓储业	100.00	140.00	160.00	140.00
邮政业	100.00	100.00	200.00	100.00
四、批发和零售业				
批发业	157.57	157.57	157.57	165.91
零售业	162.08	154.67	145.45	145.80
五、房地产业				
房地产业	119.05	109.52	119.05	114.29
六、社会服务业				
租赁业	100.00	100.00	100.00	100.00
商务服务业	133.33	150.00	150.00	158.33
公共设施管理业	100.00	100.00	100.00	100.00
居民服务业	100.00	100.00	66.67	66.67
七、信息传输和计算机服务及软件业				
信息传输业	125.00	150.00	125.00	150.00
计算机服务业	100.00	100.00	100.00	100.00
软件业	150.00	137.50	137.50	150.00
八、住宿和餐饮业				
住宿业	121.43	142.86	153.85	146.15
餐饮业	100.00	125.00	125.00	100.00

第十三篇

国内外贸易和旅游

GUONEIWAIMAOYIHELVYOU

资料整理、审核

师　超　　李红令　　马　娜

郑慧华　　陶姝钰

13–1 社会消费品零售总额

单位:万元

指　标	2011	2010	比 2010 年增长%
社会消费品零售额	9732937	8258458	17.9
一、按销售地区分			
城镇	9530940	8090866	17.8
乡村	201997	167592	20.5
二、按行业分			
批发、零售贸易业	8998748	7647024	17.7
住宿和餐饮业	734189	611434	20.1

13–2 限额以上连锁零售餐饮业经营情况

指　标	单　位	总　计	直营店	加盟店
绝对量				
门店总数	个	1938	945	993
营业面积	平方米	644526	581394	63132
从业人员	人	27047	21463	5584
销售总额	万元	1842019	1738551	103468
# 零售	万元	1689963	1580338	109625
比 2010 年增长速度				
门店总数	%	11.1	12.0	10.2
营业面积	%	8.9	8.0	18.1
从业人员	%	16.1	22.5	-3.3
销售总额	%	20.6	20.8	17.6
# 零售	%	25.3	25.4	24.6

13-3 限额以上批发零售贸易业

指 标	法人企业数（人）	年末从业人数（人）	商品购进总额
总 计	494	51275	24738247
一、批发业	227	19274	19899803
1. 按批发行业小类分			
农畜产品批发	5	373	30225
谷物、豆及薯类批发	5	373	30225
食品、饮料及烟草制品批发	25	3788	673450
米、面制品及食用油批发	1	74	57195
糕点、糖果及糖批发	1	8	2376
果品、蔬菜批发	2	486	28613
肉、禽、蛋及水产品批发	1	17	980
盐及调味品批发	3	943	29628
饮料及茶叶批发	11	1304	146682
烟草制品批发	1	751	377850
其他食品批发	5	205	30125
纺织、服装及日用品批发	12	1224	97753
服装批发	5	900	59812
鞋帽批发	2	83	19890
厨房、卫生间用具及日用杂货批发	1	20	2950
其他日用品批发	4	221	15102
文化、体育用品及器材批发	5	626	429901
文具用品批发	1	114	89343
体育用品批发	1	21	19110
图书批发	2	444	261361
首饰、工艺品及收藏品批发	1	47	60087
医药及医疗器材批发	28	1944	500271
西药批发	15	1233	348593
中药材及中成药批发	11	491	104725
医疗用品及器材批发	2	220	46953
矿产品、建材及化工产品批发	114	8901	17280548
煤炭及制品批发	42	6064	9278252
石油及制品批发	9	757	964604
非金属矿及制品批发	1	9	1597

商品购进、销售、库存总额

单位:万元

	商品销售总额	批发额		零售额	年末商品库存总额
进口额			出口额		
580065	26780453	21468549	275986	5311903	2401812
472120	21068564	20908999	275986	159565	1886757
	34662	34662			20526
	34662	34662			20526
	868907	848960		19947	77842
	54190	52867		1323	8627
	2227	2227			149
	24925	22621		2304	3911
	1584	1584			1005
	35574	35574			8732
	217241	203032		14209	19755
	499917	499917			33214
	33249	31138		2111	2450
	129365	125781	2047	3584	21631
	83427	82235		1192	15268
	19006	18552		454	2936
	2158	2158			792
	24774	22836	2047	1938	2636
19110	460465	459208	24059	1258	39484
	91449	91449			6160
19110	24059	24059	24059		
	284692	284496		196	32723
	60266	59204		1062	601
	599889	598683		1206	46168
	445053	445053			30146
	111533	110327		1206	8799
	43304	43304			7222
330084	18001216	17892509	217651	108708	1602420
268994	9828669	9812255	149607	16414	425206
	944611	858843		85768	142442
123	1483	1483	778		213

13-3 续表 1-1

指　标	法人企业数（人）	年末从业人数（人）	商品购进总额
金属及金属矿批发	43	1381	5661669
建材批发	11	334	991738
化肥批发	3	245	314339
其他化工产品批发	5	111	68350
机械设备、五金交电及电子产品批发	29	2091	520641
农业机械批发	1	138	13734
汽车、摩托车及零配件批发	1	24	4228
五金、交电批发	3	80	5722
家用电器批发	7	1008	230370
计算机、软件及辅助设备批发	3	52	17897
通讯及广播电视设备批发	1	30	44790
其他机械设备及电子产品批发	13	759	203900
贸易经纪与代理	1	114	318967
其他批发	8	213	48046
再生物资回收与批发	3	68	12048
其他未列明的批发	5	145	35999
2. 按登记注册类型分			
内资企业	225	18520	19835192
国有企业	30	5246	6462339
集体企业	3	734	20341
股份合作企业	1	158	282712
有限责任公司	46	4950	6865731
国有独资公司	7	951	4082541
其他有限责任公司	39	3999	2783190
股份有限公司	7	1304	2583814
私营企业	136	5947	3618743
私营有限责任公司	136	5947	3618743
其他企业	2	181	1512
港澳台商投资企业	2	754	64611
与港澳台商合资经营企业	1	240	50827
港澳台商独资企业	1	514	13784

单位:万元

进口额	商品销售总额	批发额	出口额	零售额	年末商品库存总额
60966	5888580	5885817	50284	2763	917669
	986568	982805	16982	3763	55612
	282377	282377			57373
	68929	68929			3905
	589208	564730		24477	43751
	17648	17648			928
	4460	4460			738
	10028	8207		1821	1190
	241106	240658		449	28559
	18180	15175		3005	682
	46340	46340			3133
	251445	232244		19202	8521
122927	331923	331923	32229		32726
	52928	52543		385	2210
	14636	14251		385	226
	38293	38293			1984
472120	21005331	20845766	275986	159565	1880117
314	6997573	6985514	24612	12059	232065
	27454	27069		385	8035
	250884	250884			56385
309636	7122769	7032660	151792	90109	289654
	4127254	4042951		84303	131086
309636	2995515	2989709	151792	5806	158568
56109	2645023	2645023			277692
106061	3932921	3875910	99582	57012	988884
106061	3932921	3875910	99582	57012	988884
	28706	28706			27403
	63233	63233			6640
	50827	50827			
	12406	12406			6640

13-3 续表 1-2

指　标	法人企业数（人）	年末从业人数（人）	商品购进总额
3.按控股情况分			
国有控股	62	8893	15164369
集体控股	4	817	198088
私人控股	147	7907	4286742
港澳台商控股	2	754	64611
其他	12	903	185993
4.按经营形式分			
独立门店	171	13313	13138552
连锁总店(总部)	2	171	412657
其他	54	5790	6348593
二、零售业	**267**	**32001**	**4838444**
1. 按零售行业小类分			
综合零售	20	9926	785768
百货零售	10	2536	360976
超级市场零售	8	6804	304110
其他综合零售	2	586	120681
食品、饮料及烟草制品专门零售	20	2167	165252
粮油零售	8	551	17859
糕点、面包零售	1	780	7000
果品、蔬菜零售	2	97	92089
饮料及茶叶零售	5	487	27567
烟草制品零售	1	88	9957
其他食品零售	3	164	10781
纺织、服装及日用品专门零售	25	2483	222858
服装零售	22	2118	199425
钟表、眼镜零售	3	365	23432
文化、体育用品及器材专门零售	19	1152	137285
文具用品零售	1	20	2287
体育用品零售	1	12	
图书零售	8	646	21292
珠宝首饰零售	4	384	105111
照相器材零售	2	39	5273

单位:万元

进口额	商品销售总额	批发额	出口额	零售额	年末商品库存总额
243133	15818305	15719289	119007	99017	781661
	205198	204813		385	8038
228988	4669534	4611461	156979	58073	1045754
	63233	63233			6640
	312294	310204		2090	44664
328543	13795031	13744805	207174	50226	1476578
60652	377727	377727			124255
82925	6895806	6786467	68812	109338	285924
107945	5711889	559550		5152339	515055
107	820867	93		820774	45817
107	389575	93		389482	5959
	306586			306586	37087
	124705			124705	2771
	177244	33633		143612	18737
	14941	2860		12080	5779
	7901			7901	150
	92606	27802		64804	10
	29743	165		29577	8898
	12337			12337	1710
	19717	2805		16912	2190
	268706	2483		266222	30543
	249829	2483		247346	18332
	18876			18876	12211
	127923	30132		97792	21291
	2453			2453	386
	2035			2035	200
	20980	248		20731	4161
	92149	28933		63216	14860
	6320			6320	532

13-3 续表 1-3

指　标	法人企业数（人）	年末从业人数（人）	商品购进总额
其他文化用品零售	3	51	3322
医药及医疗器材专门零售	12	3491	316808
药品零售	12	3491	316808
汽车、摩托车、燃料及零配件专门零售	135	10093	2866408
汽车零售	103	7585	2380236
汽车零配件零售	1	221	2592
机动车燃料零售	31	2287	483580
家用电器及电子产品专门零售	23	2250	241085
家用电器零售	9	1580	151892
计算机、软件及辅助设备零售	8	242	39272
通信设备零售	5	396	37500
其他电子产品零售	1	32	12420
五金、家具及室内装修材料专门零售	4	71	9744
五金零售	2	21	2407
家具零售	1	25	5164
其他室内装修材料零售	1	25	2173
无店铺及其他零售	9	368	93236
其他未列明的零售	9	368	93236
2. 按登记注册类型分			
内资企业	262	30776	4769147
国有企业	15	1858	252426
集体企业	10	637	89563
股份合作企业	2	803	10277
联营企业	1	20	770
国有联营企业	1	20	770
有限责任公司	34	4241	899104
国有独资公司	1	20	3266
其他有限责任公司	33	4221	895838
股份有限公司	10	8191	764252
私营企业	187	14889	2744041
私营独资企业	4	260	19782
私营有限责任公司	180	14283	2649953

单位:万元

进口额	商品销售总额	批发额	出口额	零售额	年末商品库存总额
	3986	950		3037	1152
	343994	86342		257652	44295
	343994	86342		257652	44295
107838	3449495	387233		3062263	292050
101855	2446538	146189		2300349	263276
	3176			3176	90
5983	999781	241043		758738	28684
	374951	19635		355317	23335
	283158	702		282456	18523
	38512	17643		20869	3573
	40627	1290		39337	812
	12654			12654	426
	9501			9501	922
	2282			2282	255
	5137			5137	577
	2082			2082	91
	139208			139208	38066
	139208			139208	38066
86577	5651662	559550		5092112	504330
5983	323896	8720		315176	11632
	92147	2805		89342	9052
	11163			11163	196
	840			840	
	840			840	
	969498	97709		871789	117910
	2776			2776	490
	966722	97709		869013	117420
107	1199013	237873		961140	60461
80487	3044370	212443		2831927	304837
	20294	853		19441	935
80487	2956665	194751		2761914	296220

13-3 续表 1-4

指　标	法人企业数（人）	年末从业人数（人）	商品购进总额
私营股份有限公司	3	346	74306
其他企业	3	137	8716
港澳台商投资企业	4	556	61646
与港澳台商合资经营企业	2	255	43638
港澳台商独资企业	1	110	6733
港澳台商投资股份有限公司	1	191	11275
外商投资企业	1	669	7651
中外合资经营企业	2	255	43638
外资企业	1	110	6733
外商投资股份有限公司	1	191	11275
3. 按控股情况分			
国有控股	24	5135	848815
集体控股	15	1244	247452
私人控股	206	22460	3307275
港澳台商控股	3	481	54177
外商控股	1	669	7651
其他	18	2012	373075
4. 按经营形式分			
独立门店	215	22196	3773261
连锁总店（总部）	13	8000	722466
连锁门店	2	28	1027
其他	37	1777	341690
5. 按零售业态分			
有店铺零售	267	32001	4838444
便利店	3	605	121184
超市	12	1515	69206
大型超市	4	6100	356073
百货店	20	3716	327485
专业店	119	12193	2371885
专卖店	101	7220	1470424
购物中心	2	511	107677
厂家直销中心	6	141	14511

单位:万元

进口额	商品销售总额	批发额	出口额	零售额	年末商品库存总额
	67412	16839		50573	7683
	10735			10735	242
21367	55598			55598	7703
21367	37593			37593	7624
	6733			6733	72
	11271			11271	7
	4629			4629	3022
21367	37593			37593	7624
	6733			6733	72
	11271			11271	7
6090	1402601	325640		1076962	76797
	255269	31267		224002	25066
80487	3620426	196898		3423528	367635
21367	47682			47682	7257
	4629			4629	3022
	381281	5745		375536	35279
107945	4015815	312720		3703095	380908
	1302653	231155		1071498	67891
	2093	248		1845	107
	391327	15427		375901	66150
107945	5711889	559550		5152339	515055
	125284			125284	2854
	99669	248		99420	11886
107	351630			351630	27531
	459741	4707		455033	19302
5983	2974033	488040		2485993	269719
101855	1567145	65853		1501293	180158
	120520			120520	889
	13868	702		13166	2716

13-4 限额以上住宿业和

指 标	法人企业数（个）	年末从业人员数（人）	营业额	客房收入
总 计	222	41945	595411	158668
一、住宿业	84	13392	162112	100291
1. 按住宿行业小类分				
旅游饭店	53	10724	126919	73961
一般旅馆	28	2127	27005	19229
其他住宿服务	3	541	8189	7100
2. 按登记注册类型分				
内资企业	80	12423	143760	88146
国有企业	27	5008	59684	32801
集体企业	6	652	3557	2456
有限责任公司	9	1818	23640	10806
国有独资公司	1	81	1726	1250
其他有限责任公司	8	1737	21914	9555
股份有限公司	1	215	1020	786
私营企业	37	4730	55859	41297
私营独资企业	2	248	3281	1701
私营有限责任公司	35	4482	52578	39596
港澳台商投资企业	3	586	12588	9155
与港澳台商合资经营企业	3	586	12588	9155
外商投资企业	1	383	5765	2990
中外合资经营企业	1	383	5765	2990
3. 按控股情况分				
国有控股	30	6073	69560	38248
集体控股	7	938	7020	4085
私人控股	38	4895	59248	41475
港澳台商控股	2	191	10417	8159
外商控股	1	383	5765	2990

餐饮业经营情况

单位:万元

			客房间数(间)	床位数(个)
餐费收入	商品销售收入	其他收入		
412108	6281	18354	17042	29400
48667	1800	11355	11553	19972
41044	1704	10210	8168	14019
7588	23	165	3105	5523
35	73	980	280	430
43189	1691	10735	10951	18946
21318	581	4983	4230	7404
1062	18	21	750	1469
10681	716	1437	1346	2330
394		81	187	328
10287	716	1356	1159	2002
		235	60	120
10128	376	4059	4565	7623
1506	3	72	318	572
8622	373	3987	4247	7051
2771	109	553	401	716
2771	109	553	401	716
2708		67	201	310
2708		67	201	310
25047	581	5683	4840	8484
2573	220	143	933	1804
12672	206	4896	4993	8251
2137	109	12	170	336
2708		67	201	310

13-4 续表 1-1

指 标	法人企业数（个）	年末从业人员数（人）	营业额	客房收入
其他	6	912	10103	5334
4. 按经营形式分				
独立门店	77	12507	151985	94209
连锁总店(总部)	1	48	516	327
连锁门店	4	734	9125	5269
其他	2	103	487	486
5. 按星级分				
五星	3	1377	21706	9659
四星	4	942	5507	3716
三星	34	5043	81335	53833
二星	7	6766	85688	3009
一星	65	10461	129117	44383
其他	20	1817	17864	7942
二、餐饮业	**138**	**28553**	**433298**	**58378**
1. 按餐饮行业小类分				
正餐服务	135	22901	356139	58378
快餐服务	3	5652	77160	
2. 按登记注册类型分				
内资企业	129	21328	340528	55992
国有企业	12	1832	31605	8780
集体企业	1	69	600	133
股份合作企业	1	50	459	240
有限责任公司	18	3385	54464	17412
其他有限责任公司	18	3385	54464	17412
股份有限公司	3	268	2688	736

单位:万元

餐费收入	商品销售收入	其他收入	客房间数(间)	床位数(个)
3531	684	554	416	787
45671	1793	10313	10530	18056
40	7	142	79	144
2956		900	775	1402
	1		169	370
9785		2262	851	1287
711	8	1073	600	1028
22586	1503	3413	4544	7826
80825	90	1764	643	1051
80165	1299	3270	5727	9990
8994	200	727	1663	3171
363441	4480	6999	5489	9428
286282	4480	6999	5489	9428
77160				
275503	4362	4671	5125	8912
20708	1739	378	935	1842
468			30	60
219			20	45
34912		2140	972	1449
34912		2140	972	1449
1935	16	1	118	220

13-4 续表 1-2

指　标	法人企业数（个）	年末从业人员数（人）	营业额	客房收入
私营企业	93	14262	242419	28692
私营独资企业	8	640	8583	581
私营合伙企业	1	40	444	
私营有限责任公司	83	13159	220228	28111
私营股份有限公司	1	423	13164	
其他企业	1	1462	8294	
港澳台商投资企业	3	917	11213	2019
与港澳台商合资经营企业	1	260	2483	
与港澳台商合作经营企业	1	180	2660	559
港澳台商投资股份有限公司	1	477	6070	1460
外商投资企业	6	6308	81558	367
中外合资经营企业	4	706	5515	367
外资企业	2	5602	76042	
3. 按控股情况分				
国有控股	14	3301	58472	21716
集体控股	1	69	600	133
私人控股	105	15968	267014	33077
港澳台商控股	2	657	8730	2019
外商控股	6	6308	81558	367
其他	10	2250	16924	1067
4. 按经营形式分				
独立门店	131	21985	344383	57818
连锁总店(总部)	2	6043	78754	
连锁门店	3	283	6494	
其他	2	242	3667	559

单位：万元

			客房间数(间)	床位数(个)
餐费收入	商品销售收入	其他收入		
208968	2607	2152	3050	5296
7698	267	37	129	226
444				
189341	1286	1490	2921	5070
11484	1054	625		
8294				
7037	119	2039	285	382
2483				
2101			70	130
2453	119	2039	215	252
80901		289	79	134
4859		289	79	134
76042				
33670	1739	1347	1475	2503
468			30	60
229161	2623	2154	3429	5920
4554	119	2039	285	382
80901		289	79	134
14687		1170	191	429
275085	4480	6999	5419	9298
78754				
6494				
3108			70	130

13-5 限额以上批发和零售业

指标	法人企业数(个)	执行《2006年企业会计准则》企业数(个)	年初存货	流动资产合计
总计	491	441	1544063	9770010
一、批发业	227	201	936812	7569925
1. 按批发行业小类分				
农畜产品批发	5	5	13797	21604
谷物、豆及薯类批发	5	5	13797	21604
食品、饮料及烟草制品批发	25	20	27279	205598
米、面制品及食用油批发	1		5622	12351
糕点、糖果及糖批发	1	1	243	129
果品、蔬菜批发	2	2	288	9977
肉、禽、蛋及水产品批发	1	1	1004	1937
盐及调味品批发	3	1	1281	18425
饮料及茶叶批发	11	9	3889	37923
烟草制品批发	1	1	13448	116749
其他食品批发	5	5	1504	8108
纺织、服装及日用品批发	12	10	15173	103514
服装批发	5	5	13438	81397
鞋帽批发	2	2	850	16724
厨房、卫生间用具及日用杂货批发	1	1	91	447
其他日用品批发	4	2	794	4947
文化、体育用品及器材批发	5	4	18196	194769
文具用品批发	1	1	5285	26071
体育用品批发	1	1		23582
图书批发	2	2	12619	140604
首饰、工艺品及收藏品批发	1		292	4512
医药及医疗器材批发	28	28	35512	277488
西药批发	15	15	23609	178980
中药材及中成药批发	11	11	8327	74185
医疗用品及器材批发	2	2	3576	24324
矿产品、建材及化工产品批发	114	102	748742	6450939
煤炭及制品批发	42	37	261281	4288112
石油及制品批发	9	9	109236	224589
非金属矿及制品批发	1	1	113	1177
金属及金属矿批发	43	41	307489	1505936

法人企业财务状况(一)

单位:万元

		固定资产合计	固定资产原价	累计折旧		在建工程
应收帐款	存货				本年折旧	
1342224	1763755	715934	980108	312106	90202	1334614
1113859	1077490	459593	631380	190812	73656	1290963
3509	15781	14996	22403	7407	249	5395
3509	15781	14996	22403	7407	249	5395
10110	54637	69001	75514	18879	4133	20309
310	8627	871	1775	903	215	
-35	149	2	6	4	1	
-2018	4637	11726	11837	314	216	12948
62	980	18	118	101	45	
4511	1088	7998	12433	4435	57	96
2905	7984	4563	8476	3940	449	
	28609	43523	40255	8840	3058	7265
4375	2563	301	613	341	93	
22551	19554	5324	7986	2761	1080	286
10175	14977	4582	6900	2343	975	156
9813	2938	277	353	76	37	
195	103	45	65	20	8	
2368	1536	420	667	322	60	129
68252	39383	18280	24621	6493	887	3155
10208	6487	606	1115	510	40	
13451		861	830	120	50	151
41944	32383	16780	22637	5857	792	3005
2649	514	34	40	6	5	
142260	48130	10483	13650	4241	1785	6208
97265	31306	7700	8748	2005	1398	836
34712	9602	2657	4749	2209	366	5296
10283	7223	126	153	27	21	77
795176	815720	317793	455648	142153	64681	1254377
513634	399514	213641	281367	69233	51051	187613
46688	138841	61148	115803	57377	10458	1066509
229	227	126	329	202	15	
183812	197905	22596	31918	9364	1636	54

13-5 续表 1-1

指　标	法人企业数(个)	执行《2006 年企业会计准则》企业数(个)	年初存货	流动资产合计
建材批发	11	7	52543	335290
化肥批发	3	2	15586	81909
其他化工产品批发	5	5	2492	13927
机械设备、五金交电及电子产品批发	29	27	42829	192341
农业机械批发	1	1	2182	4504
汽车、摩托车及零配件批发	1	1	847	2089
五金、交电批发	3	3	1326	7529
家用电器批发	7	7	24799	63238
计算机、软件及辅助设备批发	3	3	677	3657
通讯及广播电视设备批发	1	1	4683	4240
其他机械设备及电子产品批发	13	11	8314	107084
贸易经纪与代理	1	1	34251	107270
其他批发	8	4	1034	16402
再生物资回收与批发	3	2	843	8525
其他未列明的批发	5	2	191	7876
2. 按登记注册类型分				
内资企业	225	199	931550	7552016
国有企业	30	24	167263	1483260
集体企业	3	3	1338	16710
股份合作企业	1		13332	62954
有限责任公司	46	44	206434	2092725
国有独资公司	7	6	112157	979641
其他有限责任公司	39	38	94277	1113085
股份有限公司	7	7	215504	2039812
私营企业	136	119	326298	1847244
私营有限责任公司	136	119	326298	1847244
其他企业	2	2	1381	9312
港澳台商投资企业	2	2	5262	17909
与港澳台商合资经营企业	1	1		11344
港澳台商独资企业	1	1	5262	6564
3. 按控股情况分				
国有控股	62	54	529968	5082001

单位:万元

		固定资产合计	固定资产原价	累计折旧		在建工程
应收帐款	存货				本年折旧	
39664	50535	13231	17472	4241	1014	
9238	25298	5983	7260	1278	426	1
1911	3399	1068	1499	458	82	200
66421	49208	8719	11505	3821	618	1036
2400	229	4053	5294	1241	63	
	738	4	4			
3980	1191	133	232	100	39	
5017	30463	703	1339	637	111	
1731	675	64	71	7	7	
87	3133	19	22	3	1	
53207	12779	3745	4543	1834	396	1036
	32909	12380	15972	3593		
5583	2168	2619	4081	1463	224	199
3602	524	1976	2460	483	5	27
1981	1644	642	1622	979	219	172
1112905	1070850	458666	629376	189734	73089	1290963
243901	216602	250924	307407	69757	45732	201154
2590	770	9641	14331	4690		123
7219	24310	54	75	21	2	
358745	288765	82635	110971	32454	9189	18754
105961	144599	28362	38417	11798	5630	4766
252785	144166	54273	72555	20656	3559	13988
238132	278421	56257	110515	54258	12799	65481
258707	261385	54770	80327	27191	5333	1005024
258707	261385	54770	80327	27191	5333	1005024
3612	597	4387	5750	1363	35	428
954	6640	927	2005	1078	567	
1030		124	167	43	43	
-76	6640	803	1837	1035	524	
742857	737055	351373	481062	145889	65561	272174

13-5 续表 1-2

指　标	法人企业数(个)	执行《2006 年企业会计准则》企业数(个)	年初存货	流动资产合计
集体控股	4	4	1338	235209
私人控股	147	129	378559	2145938
港澳台商控股	2	2	5262	17909
其他	12	12	21685	88869
4. 按经营形式分				
独立门店	171	149	713379	4632862
连锁总店(总部)	2	2	87892	173233
其他	54	50	135540	2763830
二、零售业	**264**	**240**	**607251**	**2200085**
1. 按零售行业小类分				
综合零售	20	14	30518	484819
百货零售	10	7	4152	142029
超级市场零售	8	5	23058	325534
其他综合零售	2	2	3309	17256
食品、饮料及烟草制品专门零售	20	14	13700	41720
粮油零售	8	6	3728	13479
糕点、面包零售	1	1		7356
果品、蔬菜零售	2	1	10	828
饮料及茶叶零售	5	4	3530	9533
烟草制品零售	1	1	2180	4964
其他食品零售	3	1	4253	5560
纺织、服装及日用品专门零售	25	25	27520	121821
服装零售	22	22	24224	108730
钟表、眼镜零售	3	3	3295	13091
文化、体育用品及器材专门零售	19	16	10114	23884
文具用品零售	1	1	338	1359
体育用品零售	1		300	263
图书零售	8	6	4045	5553
珠宝首饰零售	4	4	3864	12617
照相器材零售	2	2	589	1134
其他文化用品零售	3	3	977	2958
医药及医疗器材专门零售	12	11	29539	132108

单位:万元

		固定资产合计	固定资产原价	累计折旧		在建工程
应收帐款	存货				本年折旧	
34216	772	10046	15075	5030	110	123
316122	318094	83040	114701	33501	6234	1018204
954	6640	927	2005	1078	567	
19709	14929	14208	18536	5315	1184	462
747290	676975	352690	455038	118119	53328	1209543
31989	124255	46748	94708	47960	8993	65325
334581	276260	60156	81634	24733	11335	16095
228364	686266	256341	348727	121295	16546	43651
30416	50182	77621	111114	33779	3587	9286
3921	4790	14636	23590	9205	2079	2364
26080	42348	46268	68189	21956	561	5940
415	3044	16717	19336	2618	946	981
4116	16225	16641	27930	11512	406	263
1900	7225	6614	9546	3089	146	156
900	600					
52	10	211	308	97	24	63
751	5208	6355	13568	7212	1	44
117	1710	192	497	305	38	
397	1473	3268	4012	809	196	
-11391	31026	30875	42763	12053	1162	495
-12259	19933	30279	42018	11833	1091	495
868	11092	595	745	220	70	
1856	11930	15308	11709	6049	486	8214
91	330	10	19	10	3	
2	220					
1006	3541	6293	7997	3839	318	699
168	6129	8958	3494	2051	133	7514
380	533	31	173	142	26	
209	1177	17	25	8	6	
62592	38555	4654	9328	4674	811	446

13-5 续表 1-3

指　标	法人企业数(个)	执行《2006 年企业会计准则》企业数(个)	年初存货	流动资产合计
药品零售	12	11	29539	132108
汽车、摩托车、燃料及零配件专门零售	132	127	441178	1130246
汽车零售	101	98	401525	738899
汽车零配件零售	1	1	3140	5757
机动车燃料零售	30	28	36512	385590
家用电器及电子产品专门零售	23	23	29178	152335
家用电器零售	9	9	26466	130948
计算机、软件及辅助设备零售	8	8	1953	13628
通信设备零售	5	5	416	5710
其他电子产品零售	1	1	344	2049
五金、家具及室内装修材料专门零售	4	4	445	3803
五金零售	2	2	5	838
家具零售	1	1	181	2024
其他室内装修材料零售	1	1	259	941
无店铺及其他零售	9	6	25060	109350
其他未列明的零售	9	6	25060	109350
2. 按登记注册类型分				
内资企业	259	236	601496	2186842
国有企业	15	11	10789	356445
集体企业	9	5	12056	25603
股份合作企业	2	1	46	7590
联营企业	1	1	7	58
国有联营企业	1	1	7	58
有限责任公司	34	30	59155	409169
国有独资公司	1	1	430	654
其他有限责任公司	33	29	58725	408515
股份有限公司	10	10	49590	348027
私营企业	185	175	469587	1037876
私营独资企业	4	4	598	3411
私营有限责任公司	178	168	467631	1028123
私营股份有限公司	3	3	1358	6342
其他企业	3	3	265	2074

单位:万元

		固定资产合计	固定资产原价	累计折旧		在建工程
应收帐款	存货				本年折旧	
62592	38555	4654	9328	4674	811	446
111499	478018	100976	131285	48895	9326	24945
64016	221978	96961	123095	44719	8836	23213
21	3237	389	1352	963	107	5
47462	252804	3626	6838	3213	383	1727
24241	22820	4096	6061	1966	175	0
14138	18154	3659	5339	1682	88	0
6520	3567	103	237	134	35	
3364	756	299	423	124	52	
219	344	36	62	27		
1074	811	187	374	187	37	
497	144	109	209	100	10	
572	577	75	135	60	26	
4	91	3	30	27	1	
3961	36698	5984	8164	2180	557	2
3961	36698	5984	8164	2180	557	2
241799	668817	223912	315609	120605	16058	43473
48361	225012	12922	17863	7075	461	699
4670	8741	3389	6438	3115	189	
1101	622	46	49	3	3	
-39	25	8	97	90	8	
-39	25	8	97	90	8	
70048	85023	26687	47067	20467	2413	6077
50	488	19	48	29	7	
69998	84535	26668	47019	20438	2406	6077
29021	68334	26348	39060	12963	813	4524
88245	280818	154280	204438	76529	11989	32173
198	957	92	127	36	8	
87837	277621	145777	201740	74821	11877	24658
210	2241	8412	2570	1673	105	7514
392	242	232	596	364	181	

13-5 续表 1-4

指　标	法人企业数(个)	执行《2006 年企业会计准则》企业数(个)	年初存货	流动资产合计
港澳台商投资企业	4	4	5755	10059
与港澳台商合资经营企业	2	2	5738	22309
港澳台商独资企业	1	1	4	571
港澳台商投资股份有限公司	1	1	14	-12822
外商投资企业	1			3184
中外合资经营企业	2	2	5738	22309
外资企业	1	1	4	571
外商投资股份有限公司	1	1	14	-12822
3. 按控股情况分				
国有控股	24	20	64071	527936
集体控股	14	10	25768	58783
私人控股	204	193	486119	1462251
港澳台商控股	3	3	27	1551
外商控股	1			3184
其他	18	14	31266	146379
4. 按经营形式分				
独立门店	212	190	487584	1630379
连锁总店(总部)	13	11	76467	351483
连锁门店	2	2	59	316
其他	37	37	43142	217907
5. 按零售业态分				
有店铺零售	264	240	607251	2200085
食杂店				
便利店	3	3	3309	18133
超市	12	9	14156	151982
大型超市	4	3	10760	191428
百货店	20	17	27065	218578
专业店	118	108	183472	981876
专卖店	99	94	366805	565057
购物中心	2	2	442	64515
厂家直销中心	6	4	1244	8516

单位：万元

应收帐款	存货	固定资产合计	固定资产原价	累计折旧	本年折旧	在建工程
-13434	14427	25632	26143	511	310	
2104	14337	7267	7578	311	310	
65	72	108	228	120		
-15603	18	18256	18337	80		
	3022	6797	6975	178	178	179
2104	14337	7267	7578	311	310	
65	72	108	228	120		
-15603	18	18256	18337	80		
108855	292720	23711	39259	17933	1095	2501
6751	25836	12639	10794	5734	634	7514
119499	321217	179421	252269	91791	13723	33390
-14192	6677	25632	26143	511	310	
	3022	6797	6975	178	178	179
7452	36794	8142	13287	5147	605	68
189157	539312	200943	272780	97164	13691	37151
19641	81292	40412	59051	18675	1807	2905
	90	119	207	89	11	
19567	65572	14867	16690	5367	1037	3596
228364	686266	256341	348727	121295	16546	43651
498	3127	16718	19339	2620	946	981
2333	15499	16053	29439	13421	473	3319
25992	28844	30871	39507	8886	188	2926
-574	18267	43613	63832	20219	2884	2362
149389	452901	82806	107011	44916	5364	23165
48456	164744	64703	87171	30380	6460	10476
128	808	887	1214	327	136	423
2143	2076	690	1214	525	95	

13-5 限额以上批发和零售业

指 标	资产总计	流动负债合计	应付帐款	非流动负债合计
总 计	13603300	8013451	1649655	1853045
一、批发业	10684328	6184178	1190076	1188595
1. 按批发行业小类分				
农畜产品批发	57464	30507	9221	11005
谷物、豆及薯类批发	57464	30507	9221	11005
食品、饮料及烟草制品批发	300538	118954	26338	1868
米、面制品及食用油批发	13245	12645	8037	
糕点、糖果及糖批发	131	55		
果品、蔬菜批发	38302	22195	143	58
肉、禽、蛋及水产品批发	5219	4883	449	
盐及调味品批发	30147	10318	2778	871
饮料及茶叶批发	44611	37248	5640	409
烟草制品批发	160271	26138	8715	
其他食品批发	8612	5472	576	530
纺织、服装及日用品批发	641744	40969	-1810	20
服装批发	92723	6888	-9453	20
鞋帽批发	17046	15013	7235	
厨房、卫生间用具及日用杂货批发	492	7		
其他日用品批发	531483	19062	408	
文化、体育用品及器材批发	231797	177671	103521	5700
文具用品批发	28247	25919	2389	
体育用品批发	27942	25032	18214	
图书批发	171062	122351	79266	5700
首饰、工艺品及收藏品批发	4546	4369	3653	
医药及医疗器材批发	313868	246701	124417	13457
西药批发	190450	153922	79727	7187
中药材及中成药批发	98764	74625	37928	6075
医疗用品及器材批发	24655	18154	6762	195
矿产品、建材及化工产品批发	8764509	5268770	753494	1155795
煤炭及制品批发	6041992	3178957	339986	958589
石油及制品批发	446556	240409	164136	181200
非金属矿及制品批发	1523	1307	237	
金属及金属矿批发	1813743	1404280	222121	8764

法人企业财务状况(二)

单位:万元

负债合计	所有者权益合计	实收资本				
			国家资本	集体资本	法人资本	个人资本
9866496	3736804	1735702	349143	110544	935240	316696
7372773	3311555	1422406	316301	105024	797310	181956
41512	15952	9158	9158			
41512	15952	9158	9158			
120822	179716	33371	2931	3607	19633	7200
12645	600	600				600
55	76	50			50	
22253	16049	16120			16000	120
4883	337	100				100
11189	18958	4017		3607		410
37657	6954	9079	2931		427	5721
26138	134133	1684			1684	
6002	2611	1722			1472	250
40989	600755	531993			506547	3631
6908	85816	29279			5597	1867
15013	2034	1000			500	500
7	484	450			450	
19062	512421	501264			500000	1264
183371	48426	27252	24052		200	3000
25919	2328	660	660			
25032	2910	3000				3000
128051	43011	23392	23392			
4369	177	200			200	
260157	53711	44756	1627		17870	25259
161109	29341	25378	30		11899	13449
80700	18064	13153	1597		2196	9360
18349	6306	6225			3775	2450
6424566	2339944	730720	253461	99980	247783	129496
4137547	1904445	436135	187670	29253	160666	58546
421609	24947	25523	5906		14661	4956
1307	216	500				500
1413044	400700	229612	57085	70727	47176	54624

13-5 续表 2-1

指　标	资产总计	流动负债合计	应付帐款	非流动负债合计
建材批发	350631	361330	10421	
化肥批发	92074	74342	15667	3228
其他化工产品批发	17990	8145	927	4014
机械设备、五金交电及电子产品批发	224346	188038	81457	170
农业机械批发	8557	5755	2509	
汽车、摩托车及零配件批发	2093	1569	629	
五金、交电批发	7709	4919	1947	
家用电器批发	64196	73013	18720	170
计算机、软件及辅助设备批发	3721	2335	553	
通讯及广播电视设备批发	4259	3795	1566	
其他机械设备及电子产品批发	133812	96653	55535	
贸易经纪与代理	130569	98116	89146	
其他批发	19493	14452	4292	580
再生物资回收与批发	10975	8629	2028	580
其他未列明的批发	8519	5823	2264	
2. 按登记注册类型分				
内资企业	10664053	6185718	1195219	1188595
国有企业	2112475	1263792	334013	359059
集体企业	30372	9018	1415	1451
股份合作企业	63009	55749	14424	
有限责任公司	2653269	1869429	592934	64044
国有独资公司	1132639	876036	299729	5700
其他有限责任公司	1520631	993394	293205	58344
股份有限公司	2873380	1422873	276322	481310
私营企业	2916656	1555584	-26693	282524
私营有限责任公司	2916656	1555584	-26693	282524
其他企业	14892	9273	2804	208
港澳台商投资企业	20275	-1540	-5143	
与港澳台商合资经营企业	11469	11469	7866	
港澳台商独资企业	8806	-13009	-13009	
3. 按控股情况分				
国有控股	6787611	4095930	1054084	896023

单位：万元

负债合计	所有者权益合计	实收资本	国家资本	集体资本	法人资本	个人资本
361330	-10699	20100			15280	4820
77570	14504	13000	2800		5350	4850
12159	5832	5850			4650	1200
188208	36138	35794	23678		5145	6970
5755	2801	1345	1345			
1569	524	500			500	
4919	2790	2600			300	2300
73183	-8987	1905	100		555	1250
2335	1386	1350			800	550
3795	464	350			350	
96653	37159	27744	22234		2640	2870
98116	32453	5000				5000
15032	4461	4362	1393	1437	133	1400
9209	1766	2169		1437	133	600
5823	2696	2193	1393			800
7374313	3289740	1400591	316301	105024	797310	181956
1622851	489624	108341	80762	1406	24973	1200
10468	19904	5390		5390		
55749	7259	5000	2800			2200
1933473	719796	322193	121153	70727	106743	23569
881736	250903	136448	80692		55757	
1051738	468893	185744	40461	70727	50986	23569
1904184	969196	124332	84056		30273	10003
1838107	1078548	834335	27530	27500	634321	144984
1838107	1078548	834335	27530	27500	634321	144984
9481	5412	1000			1000	
-1540	21815	21815				
11469						
-13009	21815	21815				
4991953	1795658	426756	288771	1406	125815	10765

13-5 续表 2-2

指　标	资产总计	流动负债合计		非流动负债合计
			应付帐款	
集体控股	477220	212921	6052	6277
私人控股	3277956	1788747	112134	282524
港澳台商控股	20275	-1540	-5143	
其他	121266	88120	22948	3772
4. 按经营形式分				
独立门店	6692537	3980412	715502	703886
连锁总店(总部)	372405	184390	144288	180172
其他	3619387	2019376	330285	304538
二、零售业	**2918972**	**1829273**	**459580**	**664450**
1. 按零售行业小类分				
综合零售	633596	501380	175930	59765
百货零售	204750	109262	82303	58019
超级市场零售	386147	359226	79209	777
其他综合零售	42699	32892	14418	969
食品、饮料及烟草制品专门零售	75211	55973	5794	12141
粮油零售	22641	15708	1784	3082
糕点、面包零售	20471	16545		2384
果品、蔬菜零售	1207	945	294	
饮料及茶叶零售	16287	18590	2489	6481
烟草制品零售	5156	316	146	
其他食品零售	9450	3869	1081	194
纺织、服装及日用品专门零售	182680	128388	53082	42108
服装零售	167770	116503	48282	41558
钟表、眼镜零售	14910	11885	4800	550
文化、体育用品及器材专门零售	46978	29562	8242	1729
文具用品零售	1369	1246	21	
体育用品零售	263	163	163	
图书零售	16506	11982	7189	954
珠宝首饰零售	24645	13893	348	775
照相器材零售	1165	417	151	
其他文化用品零售	3030	1861	370	
医药及医疗器材专门零售	148106	117619	61995	7375

单位:万元

负债合计	所有者权益合计					
		实收资本				
			国家资本	集体资本	法人资本	个人资本
219198	258022	76118		76118		
2071270	1206686	882214	27530	27500	662246	164938
-1540	21815	21815				
91892	29374	15504			9250	6254
4684298	2008239	1116156	173401	103271	663130	154540
364562	7843	10106	2906		5400	1800
2323914	1295473	296143	139994	1753	128780	25617
2493723	425249	313296	32842	5520	137930	134740
561145	72451	61720	2102	122	37163	20670
167281	37469	16596	2102	122	13648	710
360003	26144	40624			23515	15460
33861	8838	4500				4500
68114	7097	13353	9413	1431	1826	682
18790	3850	5785	4138		1616	30
18929	1542	106		106		
945	262	130			110	20
25070	-8783	5595	5275		100	220
316	4840	221		221		
4063	5387	1516		1105		412
170496	12184	32061	100	38	14832	16491
158061	9709	30744	100	38	13515	16491
12435	2475	1317			1317	
31291	15687	7344	698	842	2941	2863
1246	123	120				120
163	100	100				100
12936	3570	1048	698		350	
14668	9977	4326		842	2591	893
417	748	600				600
1861	1169	1150				1150
124994	23112	19901	11568		2959	5374

13-5 续表 2-3

指　标	资产总计	流动负债合计	应付帐款	非流动负债合计
药品零售	148106	117619	61995	7375
汽车、摩托车、燃料及零配件专门零售	1543508	750360	94243	541199
汽车零售	897144	713940	93052	8410
汽车零配件零售	7690	5047	172	2
机动车燃料零售	638674	31373	1019	532787
家用电器及电子产品专门零售	167653	135759	44312	30
家用电器零售	144840	122006	37576	
计算机、软件及辅助设备零售	13963	8928	4262	
通信设备零售	6765	4795	2475	30
其他电子产品零售	2085	30		
五金、家具及室内装修材料专门零售	4148	1939	1359	104
五金零售	1104	613	533	104
家具零售	2099	1137	722	
其他室内装修材料零售	944	189	104	
无店铺及其他零售	117093	108292	14623	
其他未列明的零售	117093	108292	14623	
2. 按登记注册类型分				
内资企业	2870438	1790846	437400	661929
国有企业	590186	42301	8024	535101
集体企业	31478	20278	12525	216
股份合作企业	20751	16590		2384
联营企业	82	52		
国有联营企业	82	52		
有限责任公司	468944	416996	100258	16916
国有独资公司	673	498	65	
其他有限责任公司	468271	416498	100193	16916
股份有限公司	422804	269731	97224	21403
私营企业	1333851	1018731	216402	85809
私营独资企业	4127	2725	1322	
私营有限责任公司	1311791	1005087	214626	85323
私营股份有限公司	17933	10918	454	486
其他企业	2341	6167	2966	100

单位:万元

负债合计	所有者权益合计					
		实收资本				
			国家资本	集体资本	法人资本	个人资本
124994	23112	19901	11568		2959	5374
1291559	251949	154942	8960	3087	70749	72146
722350	174794	135744	500	2937	69756	62551
5049	2640	3000				3000
564159	74514	16198	8460	150	994	6595
135789	31865	14560			6780	7780
122006	22834	6094			4454	1640
8928	5035	4766			1726	3040
4825	1941	1700			600	1100
30	2055	2000				2000
2043	2104	1300			550	750
717	387	300			50	250
1137	962	500				500
189	755	500			500	
108292	8801	8115			130	7985
108292	8801	8115			130	7985
2452775	417663	301658	32842	5482	128580	134740
577402	12785	7070	5972	20	1078	
20494	10984	4064		3964	100	
18974	1777	606		106	475	25
52	30	30	30			
52	30	30	30			
433912	35032	57405	19844	588	21050	15924
498	175	100			100	
433414	34857	57305	19844	588	20950	15924
291134	131670	25526	6957		17870	700
1104540	229311	201892	40	804	83143	117891
2725	1402	1550			530	1020
1090410	221381	197054	40	550	80522	115928
11405	6529	3288		254	2091	943
6267	-3926	5064			4864	200

13-5 续表 2-4

指　标	资产总计	流动负债合计	应付帐款	非流动负债合计
港澳台商投资企业	38171	29590	16681	2520
与港澳台商合资经营企业	31509	22569	13894	2520
港澳台商独资企业	1035	1062	765	
港澳台商投资股份有限公司	5627	5959	2022	
外商投资企业	10363	8838	5499	
中外合资经营企业	31509	22569	13894	2520
外资企业	1035	1062	765	
外商投资股份有限公司	5627	5959	2022	
3. 按控股情况分				
国有控股	822474	191485	79060	548620
集体控股	76985	54455	25680	691
私人控股	1809161	1405255	324260	109261
港澳台商控股	29664	21136	8764	2520
外商控股	10363	8838	5499	
其他	170325	148105	16316	3357
4. 按经营形式分				
独立门店	2205291	1289803	274871	639464
连锁总店(总部)	470589	331394	155959	24504
连锁门店	501	410	102	
其他	242592	207668	28648	481
5. 按零售业态分				
有店铺零售	2918972	1829273	459580	664450
食杂店				
便利店	43577	33092	14618	969
超市	182218	187127	46785	1212
大型超市	230127	193784	47841	26
百货店	316151	214681	117799	58135
专业店	1370831	609486	133122	553564
专卖店	677754	544196	79534	9105
购物中心	88395	38976	16256	41440
厂家直销中心	9920	7930	3626	

单位：万元

负债合计	所有者权益合计	实收资本				
			国家资本	集体资本	法人资本	个人资本
32110	6061	8638		38	8000	
25090	6419	8038		38	8000	
1062	–27	100				
5959	–331	500				
8838	1525	3000			1350	
25090	6419	8038		38	8000	
1062	–27	100				
5959	–331	500				
740105	82370	35735	32802	20	1638	1274
55147	21839	8808		4844	2771	1193
1514516	294645	248179	40	550	120047	127528
23657	6007	8600			8000	
8838	1525	3000			1350	
151461	18863	8974		106	4123	4745
1929267	276024	232882	26476	5414	116888	83490
355898	114691	47538	6326	106	16982	22474
410	91	40	40			
208149	34444	32836			4060	28776
2493723	425249	313296	32842	5520	137930	134740
34061	9516	4600	100			4500
188339	–6121	35897	87	50	18897	16850
193810	36317	9477	1957		5350	520
272817	43334	26684	106	293	22126	3660
1163050	207781	130007	29641	4355	47885	48027
553301	124453	95471	953	742	40543	53234
80416	7980	9600			3000	6600
7930	1990	1560		80	130	1350

13-5 限额以上批发和零售业

指　标			营业收入	
	港澳台资本	外商资本		主营业务收入
总　计	22429	1650	26249768	25383197
一、批发业	21815		20862921	20073545
1. 按批发行业小类分				
农畜产品批发			33580	33580
谷物、豆及薯类批发			33580	33580
食品、饮料及烟草制品批发			1511905	805755
米、面制品及食用油批发			56420	56420
糕点、糖果及糖批发			2227	2227
果品、蔬菜批发			25631	25631
肉、禽、蛋及水产品批发			1584	1584
盐及调味品批发			35297	34890
饮料及茶叶批发			929909	224319
烟草制品批发			427408	427279
其他食品批发			33429	33406
纺织、服装及日用品批发	21815		124348	124310
服装批发	21815		77410	77371
鞋帽批发			20007	20007
厨房、卫生间用具及日用杂货批发			2158	2158
其他日用品批发			24774	24774
文化、体育用品及器材批发			347664	346869
文具用品批发			78150	78150
体育用品批发			24059	24059
图书批发			193946	193150
首饰、工艺品及收藏品批发			51509	51509
医药及医疗器材批发			561962	560161
西药批发			413371	412166
中药材及中成药批发			105268	105158
医疗用品及器材批发			43323	42838
矿产品、建材及化工产品批发			17349096	17273804
煤炭及制品批发			9399448	9328359
石油及制品批发			942162	942162
非金属矿及制品批发			964	964
金属及金属矿批发			5697430	5694626

法人企业财务状况(三)

单位:万元

营业成本		营业税金及附加		其他业务利润	销售费用	管理费用
	主营业务成本		主营业务税金及附加			
23996869	23961315	77725	75974	140379	688579	313335
19086968	19071270	61546	60470	76775	461595	179731
30488	29226	385	385		1393	2500
30488	29226	385	385		1393	2500
610659	610586	32670	32670	1446	26627	32189
54190	54190	28	28		1792	534
2093	2093	4	4		109	
23456	23456	197	197	841	2242	429
1489	1489	10	10	136	177	275
28219	28146	145	145	335	2322	3392
162171	162171	6332	6332	108	12743	6296
308009	308009	25902	25902		5885	20791
31032	31032	53	53	27	1356	471
99306	99306	466	466	54	7800	6218
56253	56253	391	391	39	5592	5513
17802	17802	25	25		1179	153
1950	1950	4	4		42	128
23301	23301	46	46	15	987	424
323271	323137	546	533	643	10722	8556
75523	75523	40	40		792	769
22869	22869				496	321
173744	173610	475	462	649	9189	7383
51134	51134	31	31	-7	245	83
529805	529789	877	844	1529	14043	9015
391683	391683	547	514	784	8485	5805
96056	96040	272	272	238	4723	2762
42066	42066	58	58	507	835	448
16622489	16609750	24519	23577	68363	369754	107615
8881127	8868869	16728	15890	63666	313846	89255
916008	916008	551	551		19747	-3722
818	818	1	1	12	98	77
5515730	5515450	6855	6752	2441	27507	14718

13-5 续表 3-1

指　标			营业收入	
	港澳台资本	外商资本		主营业务收入
建材批发			964134	964134
化肥批发			283217	282354
其他化工产品批发			61742	61206
机械设备、五金交电及电子产品批发			553725	548739
农业机械批发			16957	16957
汽车、摩托车及零配件批发			4460	4460
五金、交电批发			10377	10377
家用电器批发			213025	212257
计算机、软件及辅助设备批发			16869	16869
通讯及广播电视设备批发			46340	46340
其他机械设备及电子产品批发			245697	241479
贸易经纪与代理			331923	331923
其他批发			48717	48405
再生物资回收与批发			13133	12827
其他未列明的批发			35584	35577
2. 按登记注册类型分				
内资企业			20796815	20007612
国有企业			6519383	6490122
集体企业			27177	26464
股份合作企业			250862	250862
有限责任公司			6848054	6806668
国有独资公司			3997756	3980240
其他有限责任公司			2850298	2826429
股份有限公司			2635981	2629959
私营企业			4484939	3773716
私营有限责任公司			4484939	3773716
其他企业			30419	29821
港澳台商投资企业	21815		66106	65933
与港澳台商合资经营企业			50962	50827
港澳台商独资企业	21815		15144	15105
3. 按控股情况分				
国有控股			15109306	15038322

单位:万元

营业成本		营业税金及附加		其他业务利润	销售费用	管理费用
	主营业务成本		主营业务税金及附加			
971712	971712	205	205	863	4487	3783
277807	277807	164	164	972	3502	2807
59288	59086	16	15	408	568	698
506805	505330	1116	1106	4688	23172	8905
16199	16199	3	3	196	700	818
4334	4334	2	2		4	28
9721	9721	41	41	5	351	208
201069	200583	230	230	435	12557	919
16613	16504	8	8	1	124	185
45472	45472	18	18		640	139
213398	212517	815	805	4051	8798	6609
318967	318967	732	732	50	6732	3128
45179	45179	235	157	3	1352	1608
11615	11615	111	111	3	364	684
33564	33564	123	46		988	924
19025689	19009991	61487	60411	76602	457931	178875
5988480	5980771	35150	35024	22867	275510	78706
21190	21118	96	96	335	770	3710
245253	245253	8	8	109	2996	1976
6661062	6655468	13620	13061	34783	75406	48572
3934466	3933393	4161	4110	16387	21684	18601
2726596	2722075	9459	8951	18396	53722	29971
2550196	2550196	1614	1311	6490	57725	10523
3532528	3530381	10817	10730	11523	45180	34077
3532528	3530381	10817	10730	11523	45180	34077
26981	26804	183	182	495	344	1311
61279	61279	58	58	174	3664	856
48846	48846	38	38	135	1824	
12433	12433	20	20	39	1840	856
14367488	14354834	46375	45421	58340	380350	123321

13-5 续表 3-2

指　标			营业收入	
	港澳台资本	外商资本		主营业务收入
集体控股			205012	204208
私人控股			5193735	4477484
港澳台商控股	21815		66106	65933
其他			288762	287598
4. 按经营形式分				
独立门店	21815		14108290	13358201
连锁总店(总部)			377727	377727
其他			6376903	6337617
二、零售业	**614**	**1650**	**5386847**	**5309652**
1. 按零售行业小类分				
综合零售	14	1650	821314	785409
百货零售	14		337344	328559
超级市场零售		1650	363601	338830
其他综合零售			120369	118020
食品、饮料及烟草制品专门零售			182581	182290
粮油零售			14272	13981
糕点、面包零售			13664	13664
果品、蔬菜零售			92606	92606
饮料及茶叶零售			29985	29985
烟草制品零售			12337	12337
其他食品零售			19717	19717
纺织、服装及日用品专门零售	600		242112	233502
服装零售	600		224851	216241
钟表、眼镜零售			17262	17262
文化、体育用品及器材专门零售			124110	121428
文具用品零售			2097	2097
体育用品零售			2035	2035
图书零售			19987	17570
珠宝首饰零售			90383	90119
照相器材零售			5622	5622
其他文化用品零售			3986	3986
医药及医疗器材专门零售			292306	291796

单位:万元

营业成本		营业税金及附加		其他业务利润	销售费用	管理费用
	主营业务成本		主营业务税金及附加			
196712	196639	111	111	426	833	7446
4188364	4185569	14547	14459	16782	70054	43777
61279	61279	58	58	174	3664	856
273125	272949	454	420	1054	6694	4331
12529236	12520128	50910	50478	41771	361443	135370
369581	369581	228	228		12357	-6397
6188151	6181560	10408	9764	35005	87796	50758
4909901	4890046	16179	15505	63604	226984	133604
697164	693717	5893	5709	36837	69197	29466
280324	278737	3157	3088	10647	22925	14348
305633	304167	2369	2254	24236	43068	11429
111208	110812	367	367	1954	3204	3689
165670	165666	771	771	756	6309	5943
13453	13449	8	8	287	863	721
9691	9691	74	74		2457	1190
91738	91738	8	8		627	220
26268	26268	120	120	4	1379	2043
10427	10427	52	52	242	82	989
14093	14093	509	509	224	900	781
208865	202173	2000	1710	8456	17027	16367
195296	188605	1961	1670	8456	15486	15676
13569	13569	39	39		1542	691
109645	109283	1433	1433	944	5758	3532
1963	1963	4	4		97	30
2000	2000	3	3		12	13
13255	12892	67	67	510	2986	1397
83419	83419	1348	1348	434	2289	1951
5315	5315	8	8		178	80
3694	3694	4	4		197	62
258265	258255	578	578	740	17308	11760

13-5 续表 3-3

指 标			营业收入	
	港澳台资本	外商资本		主营业务收入
药品零售			292306	291796
汽车、摩托车、燃料及零配件专门零售			3226820	3210549
汽车零售			2370984	2355563
汽车零配件零售			2715	2715
机动车燃料零售			853122	852271
家用电器及电子产品专门零售			352758	340317
家用电器零售			263439	251800
计算机、软件及辅助设备零售			40407	40334
通信设备零售			36257	35528
其他电子产品零售			12654	12654
五金、家具及室内装修材料专门零售			9369	9369
五金零售			2076	2076
家具零售			5137	5137
其他室内装修材料零售			2156	2156
无店铺及其他零售			135477	134991
其他未列明的零售			135477	134991
2. 按登记注册类型分				
内资企业	14		5330077	5252882
国有企业			281088	277517
集体企业			83092	83092
股份合作企业			16916	16916
联营企业			840	840
国有联营企业			840	840
有限责任公司			878423	875072
国有独资公司			2776	2776
其他有限责任公司			875647	872295
股份有限公司			1116070	1086838
私营企业	14		2944726	2904313
私营独资企业			18407	17759
私营有限责任公司	14		2859237	2819473
私营股份有限公司			67082	67082
其他企业			8922	8294

单位：万元

营业成本	主营业务成本	营业税金及附加	主营业务税金及附加	其他业务利润	销售费用	管理费用
258265	258255	578	578	740	17308	11760
3026116	3023378	4574	4418	4186	81640	53347
2223414	2221455	3671	3516	3950	59719	44613
2216	2216	10	10	34	342	293
800486	799708	893	892	203	21579	8441
307242	306734	794	749	11170	20426	10029
223459	222998	648	648	10238	17039	8572
38499	38475	43	39	46	1014	624
32946	32923	97	57	887	2236	721
12338	12338	6	6		137	111
7576	7576	53	53	184	939	372
1778	1778	31	31		31	64
4019	4019	13	13	16	649	294
1779	1779	9	9	169	259	15
129358	123264	83	83	330	8380	2787
129358	123264	83	83	330	8380	2787
4858372	4838516	16080	15406	62846	219980	131313
257005	255859	272	271	843	11823	4818
75217	75217	694	694	638	1620	2762
12880	12880	76	76		2567	1247
770	770	2	2	7		81
770	770	2	2	7		81
806567	805597	1569	1449	8067	33812	30613
2617	2617	2	2	4	53	91
803950	802980	1567	1447	8063	33759	30522
988341	986576	4988	4915	27520	62505	18400
2709742	2693788	8440	7960	25165	106790	72495
16569	16546	57	21	626	1351	271
2631531	2615599	7209	6765	24385	103381	70653
61642	61642	1174	1174	154	2059	1572
7851	7830	40	40	607	864	897

13-5 续表 3-4

指　标	港澳台资本	外商资本	营业收入	主营业务收入
港澳台商投资企业	600		52814	52814
与港澳台商合资经营企业			36443	36443
港澳台商独资企业	100		6733	6733
港澳台商投资股份有限公司	500		9637	9637
外商投资企业		1650	3957	3957
中外合资经营企业			36443	36443
外资企业	100		6733	6733
外商投资股份有限公司	500		9637	9637
3. 按控股情况分				
国有控股			1197789	1191951
集体控股			232343	231977
私人控股	14		3528742	3459509
港澳台商控股	600		46048	46048
外商控股		1650	3957	3957
其他			377968	376210
4. 按经营形式分				
独立门店	614		3834762	3776659
连锁总店(总部)		1650	1162727	1144376
连锁门店			1950	1946
其他			387409	386672
5. 按零售业态分				
有店铺零售	614	1650	5386847	5309652
食杂店				
便利店			120943	118582
超市	14		98659	96552
大型超市		1650	390842	365903
百货店	500		411902	390088
专业店	100		2723094	2718474
专卖店			1524030	1506184
购物中心			103998	100490
厂家直销中心			13379	13378

单位:万元

营业成本	主营业务成本	营业税金及附加	主营业务税金及附加	其他业务利润	销售费用	管理费用
47941	47941	99	99	564	5619	1829
34856	34856	1	1	104	1491	1069
4878	4878	33	33		1852	268
8208	8208	65	65	460	2276	491
3588	3588			194	1385	463
34856	34856	1	1	104	1491	1069
4878	4878	33	33		1852	268
8208	8208	65	65	460	2276	491
1094912	1093732	2445	2375	3196	48246	19664
215050	215050	2060	2060	1285	4634	5865
3209413	3192275	11012	10448	56367	151827	97162
41557	41557	99	99	564	5619	1829
3588	3588			194	1385	463
345382	343844	564	522	1998	15273	8622
3502859	3490412	12786	12120	44600	155459	103394
1038608	1037482	3136	3136	17552	56287	23284
1908	1732	5	5	3	169	45
366526	360420	252	244	1449	15070	6881
4909901	4890046	16179	15505	63604	226984	133604
111710	111315	368	368	1954	3243	3774
86664	86185	417	303	3012	13049	3073
322983	321488	3206	3137	23568	44233	10055
347286	339897	2959	2669	24430	22580	24314
2534077	2526708	5259	5249	3783	92307	50592
1407825	1406113	2999	2809	4364	46655	32764
87830	86815	937	937	2493	4008	8409
11525	11525	33	33		910	624

13-5 限额以上批发和零售业

指　标				
	税金	差旅费	工会经费	财务费用
总　计	21048	10833	1851	156433
一、批发业	9487	6762	753	118295
1. 按批发行业小类分				
农畜产品批发	3	12	8	403
谷物、豆及薯类批发	3	12	8	403
食品、饮料及烟草制品批发	1548	473	223	973
米、面制品及食用油批发		82	2	98
糕点、糖果及糖批发				0
果品、蔬菜批发	14	154	1	-8
肉、禽、蛋及水产品批发	0	2	1	59
盐及调味品批发	42	0	0	116
饮料及茶叶批发	1034	180	17	695
烟草制品批发	456	56	202	-149
其他食品批发	1	0	0	164
纺织、服装及日用品批发	231	595	26	1146
服装批发	204	525	20	795
鞋帽批发	8	41	3	248
厨房、卫生间用具及日用杂货批发	1	20	1	1
其他日用品批发	18	9	1	102
文化、体育用品及器材批发	431	60	87	758
文具用品批发	16	18	11	254
体育用品批发	16	3		538
图书批发	400	38	76	-32
首饰、工艺品及收藏品批发		0		-2
医药及医疗器材批发	734	737	75	2462
西药批发	332	622	9	1671
中药材及中成药批发	390	101	65	793
医疗用品及器材批发	12	14	1	-2
矿产品、建材及化工产品批发	5439	4463	283	110653
煤炭及制品批发	3467	3237	173	74972
石油及制品批发	474	502	38	7112
非金属矿及制品批发				1
金属及金属矿批发	1197	430	48	16264

法人企业财务状况(四)

单位:万元

		资产减值损失	公允价值变动收益	投资收益	营业利润	补贴收入
利息收入	利息支出					
32452	111833	18505	–416	145890	454455	4144
30425	105434	18327	–417	148191	387954	2843
69	332				–326	1307
69	332				–326	1307
225	814	–9		131	104296	34
2	100				–222	34
		–14			36	
14	4				155	
2	57				–290	
–26	105			131	1235	
85	548	5			36185	
149					66842	
0					356	
33	1163	200			9229	
25	819	200			8666	
6	243				600	
					34	
3	101				–70	
215	475			229	4035	
14	242				773	
32	167				–165	
165	65			229	3416	
3	1				11	
179	2074	147		63	5453	
81	1458	106		63	4748	
97	570	–35			840	
1	46	76			–135	
29423	99948	17911	–417	146693	248731	1499
25572	65654	17388	–417	64472	75859	75
47	6372	380		–1569	518	
					–19	
2962	18163	138		83309	199548	3

13-5 续表 4-1

指　标	税金	差旅费	工会经费	财务费用
建材批发	186	184	6	10706
化肥批发	84	96	12	1183
其他化工产品批发	31	14	6	416
机械设备、五金交电及电子产品批发	206	367	46	690
农业机械批发	96	78		1
汽车、摩托车及零配件批发				92
五金、交电批发	2	33	5	55
家用电器批发	12	137	1	31
计算机、软件及辅助设备批发		1		25
通讯及广播电视设备批发	14	9		63
其他机械设备及电子产品批发	84	109	40	424
贸易经纪与代理	793			1246
其他批发	101	56	7	-35
再生物资回收与批发	96	1		-26
其他未列明的批发	6	55	7	-9
2. 按登记注册类型分				
内资企业	9472	6698	740	118300
国有企业	1999	1885	316	24819
集体企业				52
股份合作企业	44	71	10	260
有限责任公司	2605	1060	174	6611
国有独资公司	516	251	86	-2588
其他有限责任公司	2089	809	88	9199
股份有限公司	1404	1279	93	37643
私营企业	3418	2385	143	48863
私营有限责任公司	3418	2385	143	48863
其他企业	1	18	3	52
港澳台商投资企业	15	63	14	-4
与港澳台商合资经营企业				-4
港澳台商独资企业	15	63	14	
3. 按控股情况分				
国有控股	4271	3305	541	65562

单位：万元

		资产减值损失	公允价值变动收益	投资收益	营业利润	补贴收入
利息收入	利息支出					
705	8238			450	–25894	90
2	1005				–2136	1331
135	515	5		30	856	
222	606	78		1068	15214	
4					–567	
					1	
0	55				7	
155	177	–48			–1580	
		1			25	
4	64				8	
59	310	125		1068	17320	
				8	1176	
59	22				147	4
32	5				82	4
27	18				65	
30424	105435	18327	–417	148191	387701	2843
18375	26467	1821		5125	121462	1382
6	110			131	1184	
	260				480	1331
6853	18701	10813	–417	121317	152420	
5637	11201	9527		39093	50992	
1216	7500	1286	–417	82224	101428	
1102	38477	801		22583	832	
4070	21368	3489		–965	111104	130
4070	21368	3489		–965	111104	130
18	53	1403			220	
1					253	
					258	
1					–5	
25490	81716	13262	–417	67201	180695	2713

13-5 续表 4-2

指　标	税金	差旅费	工会经费	财务费用
集体控股	678	126	24	293
私人控股	4466	3173	149	51482
港澳台商控股	15	63	14	-4
其他	56	94	26	962
4. 按经营形式分				
独立门店	6925	4726	555	80380
连锁总店(总部)	328	302	32	7679
其他	2234	1733	166	30236
二、零售业	**11561**	**4072**	**1098**	**38138**
1. 按零售行业小类分				
综合零售	852	732	82	7404
百货零售	574	310	55	3716
超级市场零售	254	376	10	3221
其他综合零售	24	47	17	467
食品、饮料及烟草制品专门零售	31	19	17	981
粮油零售	12	3	1	203
糕点、面包零售				642
果品、蔬菜零售	1	14	5	7
饮料及茶叶零售	6			84
烟草制品零售	5		11	23
其他食品零售	6	2		22
纺织、服装及日用品专门零售	5681	340	31	6587
服装零售	5676	335	28	6219
钟表、眼镜零售	5	4	4	367
文化、体育用品及器材专门零售	95	43	31	411
文具用品零售	29		1	
体育用品零售				
图书零售	52	14	27	29
珠宝首饰零售	1	22	4	359
照相器材零售				3
其他文化用品零售	14	6		20
医药及医疗器材专门零售	3083	228	71	1836

单位:万元

		资产减值损失	公允价值变动收益	投资收益	营业利润	补贴收入
利息收入	利息支出					
309	575			81947	81258	
4535	22962	3716		-958	123800	130
1					253	
90	182	1349			1948	
23511	62906	7244	-417	87181	331243	2126
45	7687				-5722	
6868	34841	11083		61010	62433	717
2028	**6399**	**179**	**1**	**-2301**	**66501**	**1301**
311	1909	132	1	-2387	14234	
45	28	20	1	1	16373	
264	1571	90		-2388	-3551	
3	311	22			1413	
31	931	29			3348	1157
5	207				-977	927
	619				-390	230
					6	
17	100	29			67	
					1007	
9	4				3635	
102	5048				-1906	132
101	5048				-2959	132
1					1053	
13	45				1955	
					4	
					7	
7	30				709	
4	13				1187	
					38	
2	2				10	
154	166			3	2803	2

13-5 续表 4-3

指 标	税金	差旅费	工会经费	财务费用
药品零售	3083	228	71	1836
汽车、摩托车、燃料及零配件专门零售	1619	2402	857	19014
汽车零售	878	1347	257	18424
汽车零配件零售		8		8
机动车燃料零售	741	1047	599	583
家用电器及电子产品专门零售	164	143	8	1347
家用电器零售	21	38	7	1056
计算机、软件及辅助设备零售	96	22	1	138
通信设备零售	47	83	1	119
其他电子产品零售				34
五金、家具及室内装修材料专门零售	4	5		8
五金零售	4	5		8
家具零售				-1
其他室内装修材料零售				1
无店铺及其他零售	34	160	1	552
其他未列明的零售	34	160	1	552
2. 按登记注册类型分				
内资企业	11557	4034	1076	37821
国有企业	621	998	609	324
集体企业	120	56	17	199
股份合作企业	1	1		642
联营企业				
国有联营企业				
有限责任公司	3204	501	109	7952
国有独资公司	2	3	1	
其他有限责任公司	3202	498	108	7952
股份有限公司	342	686	41	5018
私营企业	7269	1788	295	23643
私营独资企业	21	21	1	41
私营有限责任公司	7248	1767	294	23275
私营股份有限公司				327
其他企业		4	5	42

单位：万元

		资产减值损失	公允价值变动收益	投资收益	营业利润	补贴收入
利息收入	利息支出					
154	166			3	2803	2
1299	–2079	16		3	32923	10
1040	–2481	16		3	11773	10
	8				–121	
259	394				21271	
36	22	2		81	12281	
25	1	2		81	11803	
9	–11				90	
1					358	
1	32				30	
1					606	
0					165	
1					179	
					262	
81	358				256	
81	358				256	
1983	6367	179	1	–2301	70214	1301
303	280				5265	927
4	98				3237	
	619				–495	230
					–5	
					–5	
736	4626	29		3	3691	
					17	
736	4626	29		3	3674	
277	1866	90		–2385	34470	
662	–1123	61	1	81	24823	144
2	2				154	
660	–1124	61	1	81	24207	144
					463	
1	1				–771	

13-5 续表 4-4

指　标	税金	差旅费	工会经费	财务费用
港澳台商投资企业	4	38	22	128
与港澳台商合资经营企业		11	19	72
港澳台商独资企业				18
港澳台商投资股份有限公司	4	27	4	38
外商投资企业				189
中外合资经营企业		11	19	72
外资企业				18
外商投资股份有限公司	4	27	4	38
3. 按控股情况分				
国有控股	3759	1312	701	3500
集体控股	132	73	23	826
私人控股	7567	2559	341	29698
港澳台商控股	4	38	22	128
外商控股				189
其他	99	89	11	3798
4. 按经营形式分				
独立门店	11171	3266	975	28645
连锁总店(总部)	178	340	83	6251
连锁门店	3		2	
其他	209	466	39	3242
5. 按零售业态分				
有店铺零售	11561	4072	1098	38138
食杂店				
便利店	24	47	17	455
超市	94	47	23	2085
大型超市	187	423	13	2190
百货店	1160	334	67	4814
专业店	4587	2075	829	11703
专卖店	493	996	146	12950
购物中心	4994	64	4	3684
厂家直销中心	21	86		257

单位：万元

		资产减值损失	公允价值变动收益	投资收益	营业利润	补贴收入
利息收入	利息支出					
45	32				-2238	
4	32				-942	
					-315	
41					-982	
					-1475	
4	32				-942	
					-315	
41					-982	
489	853	29		3	27605	927
15	190				4828	
1192	3151	150	1	-2304	32013	144
45	32				-2620	
					-1475	
287	2173				6149	230
1858	2611	154	1	-2385	28690	770
30	1267	24		84	35548	230
					-1	
140	2522				2264	301
2028	6399	179	1	-2301	66501	1301
14	311	22			1359	
34	250	20	1	1	-5149	
247	1350	90		-2388	5891	
83	1918			446	20691	
659	6398	47		-360	35291	344
950	-7190				9258	824
38	3118				-870	132
3	243				30	

13-5 限额以上批发和零售业

指　标	营业外收入	利润总额	应交所得税	应付职工薪酬（本年贷方累计发生额）
总　计	21042	292710	70287	162808
一、批发业	13518	235395	54462	80169
1. 按批发行业小类分				
农畜产品批发	664	216		584
谷物、豆及薯类批发	664	216		584
食品、饮料及烟草制品批发	462	68659	18177	14252
米、面制品及食用油批发	2	-220	2	106
糕点、糖果及糖批发		36	10	37
果品、蔬菜批发	87	232		413
肉、禽、蛋及水产品批发		-290		31
盐及调味品批发		1226	281	1343
饮料及茶叶批发	22	474	304	4308
烟草制品批发	183	66677	17479	7500
其他食品批发	169	523	102	514
纺织、服装及日用品批发	1117	9810	2612	3642
服装批发	1117	9714	2461	2964
鞋帽批发		132	149	184
厨房、卫生间用具及日用杂货批发		34	1	72
其他日用品批发		-70	1	422
文化、体育用品及器材批发	318	4261	1068	1844
文具用品批发		773	199	769
体育用品批发	200	35	9	137
图书批发	117	3443	857	826
首饰、工艺品及收藏品批发		11	4	112
医药及医疗器材批发	310	6083	1489	6915
西药批发	141	5286	1326	4246
中药材及中成药批发	168	931	196	2282
医疗用品及器材批发		-134	-34	387
矿产品、建材及化工产品批发	9602	142426	29864	45558
煤炭及制品批发	4911	76203	26414	30052
石油及制品批发	1139	1587	1293	4792
非金属矿及制品批发	17	-3		46
金属及金属矿批发	911	88539	1687	8956

法人企业财务状况(五)

单位:万元

应交增值税	土地和固定资产支出	土地购置	房屋和建筑物	机器设备	运输工具	其他费用
352590	115498	14754	56586	24274	12125	7759
236738	80425	14303	35918	19120	6377	4707
1309	57		6		50	1
1309	57		6		50	1
42672	25412	3705	16032	4413	1243	20
87	259				259	
5						
191	15040	3705	8903	2148	284	
19						
637	4				4	
22536	308			190	98	20
18931	9794		7129	2074	591	
267	7				7	
6315	115				75	40
5942						
200	85				45	40
35						
138	30				30	
2494	2127			48	731	1349
274						
2194	2127			48	731	1349
26						
4159	1484		309	410	475	290
2241	1260		309	294	375	282
1619	96			94		2
299	128			22	100	6
158947	50475	10599	19505	14021	3349	3002
97610	18555		4928	8781	2312	2533
4048	29940	10599	13758	5175	285	123
8						
55984	940		153	48	612	127

13-5 续表 5-1

指　标	营业外收入	利润总额	应交所得税	应付职工薪酬（本年贷方累计发生额）
建材批发	62	-25392	7	815
化肥批发	2453	1614	446	536
其他化工产品批发	110	-122	16	362
机械设备、五金交电及电子产品批发	43	1617	1144	6254
农业机械批发		-570	5	285
汽车、摩托车及零配件批发		1		21
五金、交电批发	27	34	5	146
家用电器批发	13	-1648	119	3167
计算机、软件及辅助设备批发		25	7	155
通讯及广播电视设备批发		8	4	92
其他机械设备及电子产品批发	2	3767	1004	2388
贸易经纪与代理	975	2150	79	468
其他批发	29	174	29	653
再生物资回收与批发	9	91	4	80
其他未列明的批发	20	83	26	573
2. 按登记注册类型分				
内资企业	13506	235136	54379	78364
国有企业	2391	120578	31959	29102
集体企业	9	1185	279	838
股份合作企业	3	1807	445	351
有限责任公司	4739	152914	18113	24383
国有独资公司	1940	50310	11733	5297
其他有限责任公司	2799	102604	6380	19086
股份有限公司	2252	2681	2577	9421
私营企业	3750	-42884	758	13851
私营有限责任公司	3750	-42884	758	13851
其他企业	363	-1145	249	419
港澳台商投资企业	12	259	83	1805
与港澳台商合资经营企业	12	269	83	362
港澳台商独资企业		-10		1443
3. 按控股情况分				
国有控股	6490	181738	48812	53165

单位:万元

应交增值税	土地和固定资产支出	土地购置	房屋和建筑物	机器设备	运输工具	其他费用
1161	294				77	218
135	746		665	16	64	2
20395	686		66	160	455	5
25	8			8		
1						
102						
1686	21			21		
55						
133						
18395	656		66	131	455	5
448	69			69		
130						
318	69			69		
231311	80425	14303	35918	19120	6377	4707
60864	26791		11189	11588	2536	1478
670						
66766	24052	3705	12245	3182	3073	1847
7019	4453		1684	126	1194	1450
59747	19598	3705	10562	3056	1879	397
5943	28316	10599	12457	4330	83	848
96708	1235		27	20	653	534
96708	1235		27	20	653	534
360	33				33	
5427						
358						
5069						
128334	62300	10599	26781	16608	4335	3977

13-5 续表 5-2

指　标	营业外收入	利润总额	应交所得税	应付职工薪酬（本年贷方累计发生额）
集体控股	367	80147	279	2881
私人控股	5882	-28217	4344	19416
港澳台商控股	12	259	83	1805
其他	768	1469	944	2903
4. 按经营形式分				
独立门店	7455	172065	36075	47745
连锁总店(总部)	1128	-4595		1775
其他	4935	67924	18387	30650
二、零售业	**7524**	**57315**	**15825**	**82639**
1. 按零售行业小类分				
综合零售	2040	15818	3304	24026
百货零售	186	16176	3197	5555
超级市场零售	1691	-1918	4	16357
其他综合零售	163	1560	103	2114
食品、饮料及烟草制品专门零售	324	1370	684	2411
粮油零售	10	-40	2	318
糕点、面包零售		-390		257
果品、蔬菜零售				271
饮料及茶叶零售	314	367	2	570
烟草制品零售			256	534
其他食品零售		1433	425	463
纺织、服装及日用品专门零售	3275	-4466	529	6049
服装零售	3261	-5519	300	5011
钟表、眼镜零售	13	1053	228	1038
文化、体育用品及器材专门零售	52	1974	328	3464
文具用品零售		4	1	59
体育用品零售		7	2	10
图书零售	41	750	28	1974
珠宝首饰零售	11	1165	286	1275
照相器材零售		38	10	78
其他文化用品零售		10	1	68
医药及医疗器材专门零售	125	2825	885	9799

单位:万元

应交增值税	土地和固定资产支出	土地购置	房屋和建筑物	机器设备	运输工具	其他费用
1148	234			36	198	
99962	17185	3705	8996	2341	1566	578
5427						
1867	705		141	135	278	152
174265	33357		13335	11803	4523	3696
1892	27514	10599	12484	4336	96	
60581	19554	3705	10099	2981	1758	1011
115852	**35073**	**451**	**20668**	**5154**	**5748**	**3052**
38959	9316		8652	129	157	377
30578	351				83	268
7632	180			128	38	14
749	8785		8652		37	95
12469	41			23	5	14
9401	5				5	
661						
57						
112	14					14
296	23			23		
1943						
5296	45		26	1		18
5264	45		26	1		18
32						
1332	567		377	59	17	115
24						
26						
484	455		377	59	17	3
711	112					112
59						
28						
7028	2182		295	1524	164	199

13-5 续表 5-3

指　标	营业外收入	利润总额	应交所得税	应付职工薪酬（本年贷方累计发生额）
药品零售	125	2825	885	9799
汽车、摩托车、燃料及零配件专门零售	1502	26722	8345	29398
汽车零售	1464	5761	3032	23397
汽车零配件零售	2	-125	1	237
机动车燃料零售	35	21087	5312	5765
家用电器及电子产品专门零售	193	12211	1559	5832
家用电器零售	183	11801	1464	4547
计算机、软件及辅助设备零售	6	87	38	626
通信设备零售	2	292	49	598
其他电子产品零售	1	31	8	61
五金、家具及室内装修材料专门零售	11	612	108	139
五金零售		164	13	44
家具零售	10	185	46	45
其他室内装修材料零售	1	263	49	50
无店铺及其他零售	2	249	85	1521
其他未列明的零售	2	249	85	1521
2. 按登记注册类型分				
内资企业	7507	61029	15822	81158
国有企业	131	6254	1443	4480
集体企业		25	275	2037
股份合作企业		-495		312
联营企业		-5	2	40
国有联营企业		-5	2	40
有限责任公司	1190	4633	1821	15951
国有独资公司		17	4	72
其他有限责任公司	1190	4616	1816	15880
股份有限公司	894	34884	6505	19950
私营企业	5285	16500	5777	38305
私营独资企业	2	78	28	184
私营有限责任公司	5276	15956	5609	36947
私营股份有限公司	7	465	140	1174
其他企业	7	-767		84

单位:万元

应交增值税	土地和固定资产支出	土地购置	房屋和建筑物	机器设备	运输工具	其他费用
7028	2182		295	1524	164	199
20843	20963	130	10996	2448	5123	2265
16472	20946	130	10996	2436	5119	2265
1						
4370	16			12	4	
29311	1099			963	96	40
28649	963			959		4
254	44			1	43	
394	92			3	53	36
14						
224						
44						
120						
61						
389	861	321	323	7	186	24
389	861	321	323	7	186	24
113608	27486	451	14895	4628	5642	1870
13450	446		377	59	9	2
2252	67			67		
670						
3						
3						
7751	4442		296	1952	1730	464
21						
7729	4442		296	1952	1730	464
15975	284			3	57	224
73472	22237	451	14222	2538	3846	1180
178	43				7	36
72834	22194	451	14222	2538	3839	1144
461						
35	9					

13-5 续表 5-4

指　标	营业外收入	利润总额	应交所得税	应付职工薪酬（本年贷方累计发生额）
港澳台商投资企业	17	-2239	3	1301
与港澳台商合资经营企业	2	-942		757
港澳台商独资企业	15	-300	3	165
港澳台商投资股份有限公司		-998		379
外商投资企业		-1475		180
中外合资经营企业	2	-942		757
外资企业	15	-300	3	165
外商投资股份有限公司		-998		379
3. 按控股情况分				
国有控股	496	28655	5837	16004
集体控股	7	1621	613	3840
私人控股	6614	24760	7937	57764
港澳台商控股	17	-2620	3	1155
外商控股		-1475		180
其他	389	6374	1436	3695
4. 按经营形式分				
独立门店	6769	19208	6594	62108
连锁总店(总部)	708	35566	8343	16156
连锁门店		-1	3	106
其他	46	2542	885	4268
5. 按零售业态分				
有店铺零售	7524	57315	15825	82639
食杂店				
便利店	163	1506	103	2134
超市	852	-4361	61	3939
大型超市	847	6737	2	14882
百货店	324	19532	4877	6704
专业店	749	33595	7554	33015
专卖店	1358	3710	3224	19881
购物中心	3232	-3426		1781
厂家直销中心		22	5	303

单位：万元

应交增值税	土地和固定资产支出	土地购置	房屋和建筑物	机器设备	运输工具	其他费用
2115	7587		5773	527	106	1182
83	7587		5773	527	106	1182
24						
2008						
129						
83	7587		5773	527	106	1182
24						
2008						
21959	2470		671	1425	172	202
3413	114			92	22	
84310	24134	451	14222	3076	4756	1629
2032	7587		5773	527	106	1182
129						
4010	768		2	35	692	40
75380	23816		11693	4174	5369	2580
37820	10168		8652	959	112	444
37	9			9		
2616	1080	451	323	12	267	28
115852	35073	451	20668	5154	5748	3052
750	8785		8652		37	95
1280	182			130	38	14
12084						
33491	442			26	126	290
52810	8805	321	2648	3667	1651	518
13503	16827	130	9368	1330	3864	2135
1588						
346	33				33	

13-6 限额以上住宿和餐饮业

指 标	法人企业数(个)	执行《2006年企业会计准则》企业数(个)	年初存货	流动资产合计
总 计	221	203	20903	305262
一、住宿业	84	77	6194	95602
1. 按住宿行业小类分				
旅游饭店	53	49	4519	80621
一般旅馆	28	25	1308	12985
其他住宿服务	3	3	366	1996
2. 按登记注册类型分				
内资企业	80	73	5546	87096
国有企业	27	25	2202	40520
集体企业	6	5	105	1579
有限责任公司	9	7	543	9960
国有独资公司	1	1	65	362
其他有限责任公司	8	6	478	9598
股份有限公司	1	1	154	195
私营企业	37	35	2543	34843
私营独资企业	2	2	178	4745
私营有限责任公司	35	33	2365	30098
港澳台商投资企业	3	3	356	6285
与港澳台商合资经营企业	3	3	356	6285
外商投资企业	1	1	292	2221
中外合资经营企业	1	1	292	2221
3. 按控股情况分				
国有控股	30	28	2481	46450
集体控股	7	6	141	2044
私人控股	38	35	2518	34161
港澳台商控股	2	2	251	2584
外商控股	1	1	292	2221
其他	6	5	511	8143
4. 按经营形式分				
独立门店	77	70	5895	91823
连锁总店(总部)	1	1	17	203
连锁门店	4	4	274	3417
其他	2	2	7	159
5. 按星级分				
五星	3	2	292	13161
四星	4	3	522	3382
三星	34	30	2786	39080
二星	7	7	2412	25494
一星	65	64	5634	104614

法人企业财务状况(一)

单位:万元

		固定资产合计	固定资产原价	累计折旧		在建工程
应收帐款	存货				本年折旧	
37657	26737	329339	524506	209496	27454	36589
15314	7300	202511	314457	118937	9453	18200
13686	5756	184531	284798	107081	8340	17682
1459	1150	17707	28805	11199	1041	443
169	394	273	855	657	72	75
13751	6552	178218	277075	105847	8059	16548
10371	2845	103783	167526	64684	3245	4955
84	107	3323	5578	2255	266	8763
1203	729	20321	29423	9102	1089	1694
79	69	4499	6413	1914	272	
1124	661	15822	23010	7188	817	1694
22	142	113	147	34	14	
2072	2729	50678	74400	29773	3446	1137
96	130	112	2641	2537	290	158
1975	2600	50565	71759	27236	3156	979
1258	400	19827	31116	11290	1083	400
1258	400	19827	31116	11290	1083	400
305	347	4466	6266	1800	312	1252
305	347	4466	6266	1800	312	1252
12396	3080	135063	213362	79240	4591	6567
84	166	8154	12204	4050	603	8844
1164	2889	51837	74625	28839	3391	1137
127	361	644	1907	1262	64	400
305	347	4466	6266	1800	312	1252
1238	456	2346	6093	3747	492	
15073	7155	191377	293169	108668	8586	18137
50	19	1258	2742	1484	36	
182	118	9803	18230	8541	793	63
9	8	72	316	244	38	
2229	1408	41192	48506	7314	1443	1252
276	494	6441	13913	7481	882	10
6491	2956	68805	110942	42807	3392	11660
484	3729	19628	20011	11014	718	1267
12417	7781	101245	183901	83050	6152	19762

13-6 续表 1-1

指 标	法人企业数(个)	执行《2006 年企业会计准则》企业数(个)	年初存货	流动资产合计
其他	20	19	983	6904
二、餐饮业	**137**	**126**	**14709**	**209660**
1. 按餐饮行业小类分				
正餐服务	134	123	12741	196469
快餐服务	3	3	1968	13191
2. 按登记注册类型分				
内资企业	128	118	11769	190987
国有企业	12	10	741	10082
集体企业	1	1		175
股份合作企业	1	1	6	61
有限责任公司	17	16	1897	31517
其他有限责任公司	17	16	1897	31517
股份有限公司	3	3	170	3065
私营企业	93	86	8796	142896
私营独资企业	8	7	160	2199
私营合伙企业	1	1	28	293
私营有限责任公司	83	77	8533	130558
私营股份有限公司	1	1	75	9846
其他企业	1	1	160	3191
港澳台商投资企业	3	3	821	4026
与港澳台商合资经营企业	1	1	145	379
与港澳台商合作经营企业	1	1	178	704
港澳台商投资股份有限公司	1	1	498	2943
外商投资企业	6	5	2119	14647
中外合资经营企业	4	3	221	1617
外资企业	2	2	1899	13030
3. 按控股情况分				
国有控股	14	12	1233	32223
集体控股	1	1		175
私人控股	104	97	10306	153768
港澳台商控股	2	2	676	3647
外商控股	6	5	2119	14647
其他	10	9	376	5200
4. 按经营形式分				
独立门店	130	119	12303	190176
连锁总店(总部)	2	2	2076	16451
连锁门店	3	3	150	1486
其他	2	2	180	1548

单位:万元

应收帐款	存货	固定资产合计	固定资产原价	累计折旧	本年折旧	在建工程
1079	1005	10431	15661	5416	821	134
22343	19438	126829	210049	90559	18000	18389
22343	16066	122096	209997	90534	17998	17605
	3371	4732	52	25	2	784
21843	14997	120007	204283	86910	17737	17600
1126	768	7141	11154	4042	676	3731
	27	115	311	197	13	
15	5	69	103	34		
1964	2579	29479	59637	30228	8091	18
1964	2579	29479	59637	30228	8091	18
2331	232	7088	7711	623	409	
16245	11243	75492	124180	51222	8457	13852
450	200	1772	2763	992	497	18
5	102	93	330	237	28	
15625	10828	71860	117579	48253	7696	13834
166	113	1767	3507	1741	236	
161	143	622	1187	564	92	
533	867	1219	2249	1031	133	
35	154	1054	1591	537	133	
121	267	165	658	494		
378	446					
-33	3574	5604	3517	2619	131	789
-33	280	893	3511	2618	131	5
	3294	4710	6	1		784
1862	2074	32657	63098	30447	8428	3708
	27	115	311	197	13	
19343	12664	85821	138159	54924	9197	13864
498	713	165	658	494		
-33	3574	5604	3517	2619	131	789
672	387	2468	4307	1879	232	29
21870	15659	117009	197750	83256	17343	17493
249	3354	6744	5851	3924	260	896
103	156	2455	5212	2758	397	
121	269	621	1236	622		

13-6 限额以上住宿和餐饮业

指　标	资产总计	流动负债合计	应付帐款	非流动负债合计
总　计	761803	419301	103622	142685
一、住宿业	338257	161648	24194	55942
1. 按住宿行业小类分				
旅游饭店	298216	135833	20940	53097
一般旅馆	37738	22420	3179	2845
其他住宿服务	2303	3395	75	
2. 按登记注册类型分				
内资企业	303311	145406	21716	51093
国有企业	155002	53245	8460	29464
集体企业	14449	6946	1540	6395
有限责任公司	34819	20329	1723	1000
国有独资公司	5197	1387	6	
其他有限责任公司	29622	18942	1717	1000
股份有限公司	309	227	48	
私营企业	98732	64659	9944	14235
私营独资企业	6626	2598	1039	
私营有限责任公司	92106	62061	8905	14235
港澳台商投资企业	26747	12275	1972	4849
与港澳台商合资经营企业	26747	12275	1972	4849
外商投资企业	8200	3966	505	
中外合资经营企业	8200	3966	505	
3. 按控股情况分				
国有控股	194611	67357	9301	34313
集体控股	20551	11149	1694	6395
私人控股	99436	67566	9161	12468
港澳台商控股	3719	3792	1685	
外商控股	8200	3966	505	
其他	11741	7817	1847	2767
4. 按经营形式分				
独立门店	322459	149023	22895	54154
连锁总店(总部)	1853	1442	3	
连锁门店	13705	9719	1243	1789
其他	241	1463	53	
5. 按星级分				
五星	56202	10450	1525	140
四星	14777	9381	832	8245
三星	126967	68491	19301	19975
二星	60604	38469	5612	-1
一星	254717	168624	38728	62673

法人企业财务状况(二)

单位:万元

负债合计	所有者权益合计					
		实收资本				
			国家资本	集体资本	法人资本	个人资本
561985	199818	190577	64787	2815	64119	47506
217590	120667	109140	56201	2102	31474	12112
188930	109287	90763	53971	1705	20229	7608
25265	12472	17108	2230	397	11234	3246
3395	-1092	1269			11	1258
196500	106811	95031	56201	2102	24615	12112
82709	72293	49119	45444		3675	
13341	1107	2102		2102		
21329	13490	17104	10757		3609	2738
1387	3810	4273	4273			
19942	9680	12831	6484		3609	2738
227	82	11			11	
78893	19839	26695			17320	9374
2598	4028	4028			4028	
76295	15811	22666			13292	9374
17124	9623	6109			6059	
17124	9623	6109			6059	
3966	4234	8000			800	
3966	4234	8000			800	
101670	92941	65806	56131		9675	
17544	3007	3902		2102	562	1238
80034	19402	27726			19420	8306
3792	-73	109			59	
3966	4234	8000			800	
10584	1156	3596	70		958	2568
203177	119282	98770	49142	2102	28299	11977
1442	411	3175			3175	
11508	2197	7060	7060			
1463	-1223	135				135
10590	45612	13939	3939		2800	
17626	-2849	4877			3905	972
88466	38501	54680	37783	1263	2427	13208
38469	22136	9727		605	4175	3208
231297	23420	48719	13676	244	28271	5539

13-6 续表 2-1

指　标	资产总计	流动负债合计	应付帐款	非流动负债合计
其他	20118	9618	3255	1104
二、餐饮业	**423546**	**257653**	**79429**	**86742**
1. 按餐饮行业小类分				
正餐服务	394966	249119	75994	86743
快餐服务	28580	8534	3435	-1
2. 按登记注册类型分				
内资企业	386315	239639	73735	86509
国有企业	25609	17789	6061	847
集体企业	289	127		
股份合作企业	130	12	6	
有限责任公司	67508	18925	6523	37552
其他有限责任公司	67508	18925	6523	37552
股份有限公司	11482	10777	8306	56
私营企业	276464	191186	52676	48053
私营独资企业	4349	2322	467	
私营合伙企业	387	82	82	1688
私营有限责任公司	253663	175386	46431	46365
私营股份有限公司	18066	13397	5697	
其他企业	4833	823	163	
港澳台商投资企业	5965	4434	1010	
与港澳台商合资经营企业	1876	2713	354	
与港澳台商合作经营企业	1138	206		
港澳台商投资股份有限公司	2951	1515	655	
外商投资企业	31266	13580	4685	234
中外合资经营企业	2868	5150	1250	234
外资企业	28398	8430	3435	-1
3. 按控股情况分				
国有控股	74157	27604	8374	36608
集体控股	289	127		
私人控股	304189	211569	64563	49840
港澳台商控股	4089	1721	655	
外商控股	31266	13580	4685	234
其他	9556	3052	1152	60
4. 按经营形式分				
独立门店	380070	239561	73892	86517
连锁总店(总部)	37019	15177	4525	-1
连锁门店	4019	2157		
其他	2438	758		226

单位:万元

负债合计	所有者权益合计					
		实收资本	国家资本	集体资本	法人资本	个人资本
10722	9396	7760	4435		2481	795
344395	79151	81437	8586	712	32645	35393
335862	59104	79658	8586	702	32625	35383
8533	20047	1779		10	20	10
326148	60167	75009	7747	712	31656	34893
18637	6972	5210	4990		220	
127	162	137		137		
12	119	100				100
56477	11031	15420	2120		8089	5211
56477	11031	15420	2120		8089	5211
10834	649	1030		10	10	1010
239238	37225	52786	637	565	23012	28572
2322	2027	2382			100	2282
1770	-1383	100			100	
221750	31912	49004	637	565	22812	24990
13397	4669	1300				1300
823	4010	325			325	
4434	1531	2123	839		459	500
2713	-837	500				500
206	933	900	441		459	
1515	1435	723	398			
13814	17452	4305			530	
5384	-2516	2556			520	
8430	19969	1749			10	
64212	9945	12167	6947		5220	
127	162	137		137		
261410	42779	61696	637	575	25391	35093
1721	2368	1623	839		459	
13814	17452	4305			530	
3113	6443	1509	164		1045	300
326078	53992	72929	7576	712	30136	32143
15177	21842	4689				2950
2157	1862	2350			2050	300
984	1454	1469	1010		459	

13-6 限额以上住宿和餐饮业

指标			营业收入	
				主营业务收入
	港澳台资本	外商资本		
总计	7576	3775	583926	582206
一、住宿业	7250		155540	154106
1. 按住宿行业小类分				
旅游饭店	7250		120367	119001
一般旅馆			27045	26977
其他住宿服务			8129	8129
2. 按登记注册类型分				
内资企业			140091	138657
国有企业			58930	58927
集体企业			3589	3589
有限责任公司			23641	23489
国有独资公司			1726	1574
其他有限责任公司			21916	21916
股份有限公司			1020	1020
私营企业			52911	51632
私营独资企业			3282	3282
私营有限责任公司			49629	48350
港澳台商投资企业	50		9685	9685
与港澳台商合资经营企业	50		9685	9685
外商投资企业	7200		5765	5765
中外合资经营企业	7200		5765	5765
3. 按控股情况分				
国有控股			68807	68652
集体控股			7052	7052
私人控股			56300	55021
港澳台商控股	50		7514	7514
外商控股	7200		5765	5765
其他			10103	10103
4. 按经营形式分				
独立门店	7250		145508	144229
连锁总店(总部)			519	516
连锁门店			9025	8873
其他			489	489
5. 按星级分				
五星	7200		21064	21064
四星			5507	4296
三星			75434	75283
二星		1739	85553	85550
一星		989	125774	125445

法人企业财务状况(三)

单位:万元

营业成本	主营业务成本	营业税金及附加	主营业务税金及附加	其他业务利润	销售费用	管理费用
257374	257023	32676	32280	1759	167117	93867
60485	60163	8158	7973	160	49141	42456
47030	46759	6350	6164	5	38828	35158
8328	8277	1630	1630	154	8764	6702
5127	5127	179	179		1549	596
54506	54184	7280	7095	160	45003	35891
20835	20834	2810	2810	2	15856	21201
1112	1112	211	211		1430	958
11466	11466	1260	1260		8054	2449
209	209	85	85		851	488
11257	11257	1175	1175		7203	1962
341	341	58	58		439	171
20753	20431	2941	2756	158	19225	11111
800	800	192	192	56	1287	911
19953	19631	2749	2564	102	17938	10200
3353	3353	548	548		3238	4090
3353	3353	548	548		3238	4090
2626	2626	330	330		899	2475
2626	2626	330	330		899	2475
27221	27220	3391	3391	2	17588	24844
2116	2116	369	369		3310	1176
21683	21361	3038	2852	158	22061	10642
2865	2865	426	426		2544	1579
2626	2626	330	330		899	2475
3975	3975	606	606		2739	1741
55051	54729	7604	7419	157	46339	40599
12	11	30	30	2	88	387
5235	5235	498	498		2471	1370
188	188	27	27		243	100
8809	8809	790	790		9358	2871
2106	1835	329	144		1934	1347
33920	33920	3884	3884	3	20605	14004
39030	39029	4904	4904	13	22656	6525
49860	49781	7386	7263	638	37955	34799

13-6 续表 3-1

指　标			营业收入	
				主营业务收入
	港澳台资本	外商资本		
其他	50		17867	17857
二、餐饮业	**326**	**3775**	**428386**	**428100**
1. 按餐饮行业小类分				
正餐服务	326	2036	351226	350940
快餐服务		1739	77160	77160
2. 按登记注册类型分				
内资企业			335815	335544
国有企业			31743	31483
集体企业			600	600
股份合作企业			459	459
有限责任公司			54008	54008
其他有限责任公司			54008	54008
股份有限公司			2633	2633
私营企业			238078	238067
私营独资企业			8583	8583
私营合伙企业			444	444
私营有限责任公司			216513	216502
私营股份有限公司			12538	12538
其他企业			8294	8294
港澳台商投资企业	326		11229	11213
与港澳台商合资经营企业			2499	2483
与港澳台商合作经营企业			2660	2660
港澳台商投资股份有限公司	326		6070	6070
外商投资企业		3775	81343	81343
中外合资经营企业		2036	5300	5300
外资企业		1739	76042	76042
3. 按控股情况分				
国有控股			58612	58352
集体控股			600	600
私人控股			262177	262150
港澳台商控股	326		8730	8730
外商控股		3775	81343	81343
其他			16924	16924
4. 按经营形式分				
独立门店	326	2036	339549	339262
连锁总店(总部)		1739	78676	78676
连锁门店			6494	6494
其他			3667	3667

单位:万元

营业成本	主营业务成本	营业税金及附加	主营业务税金及附加	其他业务利润	销售费用	管理费用
5886	5886	915	915	9	5378	3533
196889	196860	24518	24307	1599	117977	51411
160679	160651	20211	20000	1599	100658	46202
36209	36209	4307	4307		17319	5210
155151	155123	19359	19148	1584	94786	43927
16681	16681	1747	1747		5753	3628
310	310	37	37		132	117
252	252	27	27		140	10
18163	18163	3340	3340	427	14201	16879
18163	18163	3340	3340	427	14201	16879
973	973	196	196		1418	516
113831	113803	13547	13336	1157	71118	22227
4123	4123	532	503		2837	1083
241	241	40	40			
101991	101963	12231	12050	531	65768	20237
7477	7477	744	744	625	2514	907
4942	4942	467	467		2024	550
3430	3429	639	639	15	4053	1714
920	919	142	142	15	899	450
1122	1122	155	155		1285	
1387	1387	342	342		1869	1265
38308	38308	4520	4520		19138	5770
2686	2686	299	299		2158	677
35622	35622	4222	4222		16981	5093
22302	22302	3300	3300	427	8559	18595
310	310	37	37		132	117
123672	123644	15025	14815	1172	82622	24030
2510	2510	497	497		3153	1265
38308	38308	4520	4520		19138	5770
9787	9787	1139	1139		4372	1635
156763	156735	19452	19241	1566	93530	46155
36012	36012	4481	4481	11	19241	5137
2572	2572	375	375	22	3487	4
1542	1542	211	211		1720	116

13-6 限额以上住宿和餐饮业

指标	税金	差旅费	工会经费	财务费用
总计	1813	846	201	14444
一、住宿业	1271	364	110	1750
1. 按住宿行业小类分				
旅游饭店	1183	271	85	1592
一般旅馆	86	84	24	128
其他住宿服务	3	9	1	31
2. 按登记注册类型分				
内资企业	1084	337	102	1641
国有企业	683	97	58	964
集体企业	32	5	3	6
有限责任公司	178	64	19	238
国有独资公司	23	14		8
其他有限责任公司	155	50	19	230
股份有限公司		0		13
私营企业	191	170	23	421
私营独资企业				26
私营有限责任公司	191	170	23	395
港澳台商投资企业	188	27	8	58
与港澳台商合资经营企业	188	27	8	58
外商投资企业				51
中外合资经营企业				51
3. 按控股情况分				
国有控股	960	138	69	994
集体控股	121	6	3	194
私人控股	190	193	23	374
港澳台商控股				51
外商控股				51
其他	1	27	15	87
4. 按经营形式分				
独立门店	1051	329	101	1673
连锁总店(总部)	17	2	1	3
连锁门店	199	25	7	73
其他	4	7	1	2
5. 按星级分				
五星		15	15	95
四星	29	2	1	50
三星	524	153	43	764
二星	24	6	1	250
一星	933	394	60	6851

法人企业财务状况(四)

单位:万元

		资产减值损失	公允价值变动收益	投资收益	营业利润
利息收入	利息支出				
549	2097	520		111	18825
76	327	499		96	-7620
71	342	485		96	-9885
6	-27	14		0	1617
0	13				648
72	327	32		96	-4934
61	88	32		96	-2672
1					-128
3	190				22
1					-67
3	190				89
	13				-2
7	37				-2154
					123
7	37				-2277
3		467			-2071
3		467			-2071
1					-615
1					-615
66	88	499		96	-5786
1	187				-113
8	40				-2112
					51
1					-615
1	13				955
73	266	499		96	-6776
					0
3	62				-774
					-71
12					-858
1					-1014
46	278	17		57	2150
170					12200
188	467	467		-4	-11036

13-6 续表 4-1

指　标	税金	差旅费	工会经费	财务费用
其他	24	36	11	83
二、餐饮业	**542**	**482**	**91**	**12693**
1. 按餐饮行业小类分				
正餐服务	541	482	91	12863
快餐服务	1			-170
2. 按登记注册类型分				
内资企业	492	459	81	12701
国有企业	30	22	8	67
集体企业				
股份合作企业				
有限责任公司	17	51	44	3593
其他有限责任公司	17	51	44	3593
股份有限公司		1	0	12
私营企业	444	385	28	9026
私营独资企业	164	2	3	93
私营合伙企业				
私营有限责任公司	280	383	25	8622
私营股份有限公司				312
其他企业				2
港澳台商投资企业	49	22	10	68
与港澳台商合资经营企业	14	4	1	21
与港澳台商合作经营企业	0	16	9	14
港澳台商投资股份有限公司	35	1		33
外商投资企业	1			-76
中外合资经营企业				94
外资企业	1			-170
3. 按控股情况分				
国有控股	38	58	52	3396
集体控股				
私人控股	468	396	30	9315
港澳台商控股	36	18	9	47
外商控股	1			-76
其他		10		11
4. 按经营形式分				
独立门店	541	465	82	12473
连锁总店(总部)				143
连锁门店				63
其他		16	9	14

单位：万元

		资产减值损失	公允价值变动收益	投资收益	营业利润
利息收入	利息支出				
3	25	14			2057
473	1770	21		15	26444
303	1769	21		15	12159
170					14285
296	1730			15	11459
151	-90				3608
					5
					30
13	129			50	-1691
13	129			50	-1691
1	4				-482
131	1688			-35	9678
	29				-56
					163
126	1480			-35	8360
5	179				1211
					311
6	39	21			1304
					67
					85
6	39	21			1153
170					13681
1					-613
170					14295
164	-86				2627
					5
132	1817			15	8913
6	39	21			1238
170					13681
					-20
303	1735	21		15	12689
170					13674
	34				16
					66

13-6 限额以上住宿和餐饮业

指　标	营业外收入	利润总额	应付职工薪酬（本年贷方累计发生额）
总　计	1917	6055	91371
一、住宿业	1430	-266	32193
1. 按住宿行业小类分			
旅游饭店	1367	-552	26492
一般旅馆	59	282	4581
其他住宿服务	5	4	1120
2. 按登记注册类型分			
内资企业	1370	-306	28204
国有企业	1194	227	15355
集体企业	50	5	685
有限责任公司	11	70	3432
国有独资公司	1		82
其他有限责任公司	9	70	3350
股份有限公司			355
私营企业	115	-607	8377
私营独资企业	15	3	570
私营有限责任公司	100	-610	7807
港澳台商投资企业	56	40	2337
与港澳台商合资经营企业	56	40	2337
外商投资企业	4		1652
中外合资经营企业	4		1652
3. 按控股情况分			
国有控股	1203	276	17384
集体控股	51	9	1038
私人控股	115	-601	9254
港澳台商控股	56	40	1504
外商控股	4		1652
其他	1	11	1362
4. 按经营形式分			
独立门店	1066	-266	30537
连锁总店（总部）	1		121
连锁门店	363		1407
其他	1		129
5. 按星级分			
五星	646		4719
四星	4	4	1148
三星	543	-587	10934
二星	39	3386	9554
一星	351	645	27266

法人企业财务状况(五)

单位:万元

应交增值税	土地和固定资产支出	土地购置	房屋和建筑物	机器设备	运输工具	其他费用
5008	8873	3732	2494	1127	164	1358
426	6298	3732	424	899	82	1161
63	5683	3732	93	704	81	1074
363	602		332	195	1	75
	13					13
426	6298	3732	424	899	82	1161
350	4650	3732	99	530	31	259
76	47			47		
	1031			166	50	815
	99			59	40	
	932			107	10	815
	570		325	156	1	88
	570		325	156	1	88
63	4840	3732	99	679	71	259
76	47			47		
0	597		325	164	11	97
287	815			9		806
426	6021	3732	424	674	41	1150
	276			225	40	11
	1					1
	261		21	33	22	185
1185	1914		363	579	59	914
3	4602	3732	176	371	73	251

13-6 续表 5-1

指　标	营业外收入	利润总额	应付职工薪酬（本年贷方累计发生额）
其他	49	240	3213
二、餐饮业	**487**	**6321**	**59178**
1. 按餐饮行业小类分			
正餐服务	469	3037	51523
快餐服务	18	3284	7655
2. 按登记注册类型分			
内资企业	466	2980	48428
国有企业	56	167	3854
集体企业		4	29
股份合作企业		14	166
有限责任公司	68	257	8570
其他有限责任公司	68	257	8570
股份有限公司			439
私营企业	342	2265	33088
私营独资企业	33	60	1020
私营合伙企业			90
私营有限责任公司	309	1902	30600
私营股份有限公司		303	1378
其他企业		274	2283
港澳台商投资企业	3	56	2160
与港澳台商合资经营企业	3		681
与港澳台商合作经营企业		55	216
港澳台商投资股份有限公司			1263
外商投资企业	18	3286	8590
中外合资经营企业		2	986
外资企业	18	3284	7604
3. 按控股情况分			
国有控股	105	165	8890
集体控股		4	29
私人控股	359	2500	36379
港澳台商控股		56	1479
外商控股	18	3286	8590
其他	5	311	3812
4. 按经营形式分			
独立门店	424	2903	48775
连锁总店(总部)	33	3347	8530
连锁门店	8	15	1597
其他	22	56	276

单位:万元

应交增值税	土地和固定资产支出	土地购置	房屋和建筑物	机器设备	运输工具	其他费用
349	129			128		1
4582	**2575**		**2070**	**228**	**82**	**196**
4582	2575		2070	228	82	196
4581	2575		2070	228	82	196
1638	166			166		
	1329		1177	47		105
	1329		1177	47		105
	1					1
2942	1079		893	14	82	90
77						
2866	1079		893	14	82	90
1						
1						
1638	452		135	212		105
2942	2124		1935	16	82	92
1						
4582	2575		2070	228	82	196

13-7 对外贸易进出口情况(海关数)

单位:万美元

指　标	2011	2010	比2010年增长(%)
地区进出口总额	853438	791250	7.9
出口总额	350524	313841	11.7
进口总额	502914	477409	5.3

注:地区外贸进出口总额为不含阳城电厂口径。

13-8 三资企业情况

指　标	单　位	2011	2010	比2010年增长(%)
年内新批三资企业	个	20	19	5.3
总投资额	万美元	629151.2	111930	462.1
合同外资额	万美元	85483	68955	24.0
直接到位外资额	万美元	67914	58501	16.1

注:直接到位外资额为省商务厅口径。

13-9　旅游人数及收入

指　标	2011	2010
一、海外旅游人数（人次）	348841	283194
外国人	244623	197616
香港同胞	60280	49466
澳门同胞	6934	6028
台湾同胞	37004	30084
二、国内旅游人数（万人次）	2427.08	1994.53
三、旅游外汇收入（万美元）	19797.54	16376.56
四、国内旅游收入（亿元）	263.55	219.27

13-10 出境旅游人数

单位：人次

指　标	2011	2010
出境旅游人数	96105	41094
# 出国游	47292	15845
香港游	28655	17882
澳门游	12707	1352
台湾游	7451	6015
首站前往国家		
日本	3008	2106
泰国	6818	2350
韩国	9008	3720
德国	1144	946
澳大利亚	2334	482
新加坡	3293	499
马来西亚	3070	302
印度尼西亚	1256	188
法国	1676	500
其他	15685	4752

第十四篇

财政、金融、税务和保险

CAIZHENGJINRONGSHUIWUHEBAOXIAN

资料整理、审核

师　超　　马　娜　　陶姝钰

李红令　　郑慧华

14-1 财政一般预算收入

单位:万元

指标	2011	2010
收入合计	**1747179**	**1384809**
增值税	243171	208400
营业税	452765	373516
企业所得税	199917	164691
个人所得税	71236	56221
资源税	20132	17226
城市维护建设税	146336	107934
房产税	48810	46681
印花税	36854	36655
城镇土地使用税	40942	35118
土地增值税	34224	12175
车船税	19778	15420
耕地占用税	12856	3787
契税	89861	37670
国有资本经营收入	-7960	-3542
国有资源(资产)有偿使用收入	26218	32700
行政事业性收费收入	88436	79676
罚没收入	53453	49358
专项收入	163798	107890
其他收入	6352	3233

14-2 财政一般预算支出

单位:万元

指　标	2011	2010
支出合计	**2393147**	**1896358**
一般公共服务	209443	197546
公共安全	160084	155123
教育	447751	359491
科学技术	77561	47015
文化体育与传媒	32455	25122
社会保障和就业	321451	296215
医疗卫生	140771	101174
环境保护	62009	82217
城乡社区事务	481696	268875
农林水事务	112358	88095
交通运输	81737	44624
采掘电力信息等事务	57343	44968
粮油物资储备管理等事务	4746	7848
金融监管支出	1147	12489
地震灾后恢复重建支出		8301
国债还本付息支出	2056	14880
其他支出	200539	142375

14-3 财政收入分级情况

单位：万元

指　标	全　市	市　级	县　区
财政总收入合计	3930441	2216776	1713665
增值税	243171	134129	109042
营业税	452765	150159	302606
企业所得税	199917	147631	52286
个人所得税	71236	48097	23139
资源税	20132	11752	8380
城市维护建设税	146336	89038	57298
房产税	48810	22031	26779
印花税	36854	18990	17864
城镇土地使用税	40942	18978	21964
土地增值税	34224	5303	28921
车船税	19778	288	19490
耕地占用税	12856		12856
契税	89861	84292	5569
国有资本经营收入	-7960	-15425	7465
国有资源（资产）有偿使用收入	26218	19419	6799
行政事业性收费收入	88436	56613	31823
罚没收入	53453	28350	25103
专项收入	163798	55803	107995
其他收入	6352	5114	1238
一般预算收入小计	1747179	880562	866617

14-4 财政支出分级情况

单位：万元

指 标	全 市	市 级	县 区
支出合计	2393147	1099030	1294117
一般公共服务	209443	67718	141725
国防	4015	2587	1428
公共安全	160084	115968	44116
教育	447751	167931	279820
科学技术	77561	24701	52860
文化体育与传媒	32455	25891	6564
社会保障和就业	321451	143476	177975
医疗卫生	140771	57280	83491
环境保护	62009	34892	27117
城乡社区事务	481696	282679	199017
农林水事务	112358	12836	99522
交通运输	81737	62403	19334
资源勘探电力信息等事务	57343	35688	21655
商业服务业等事务	30200	13093	17107
金融监管等事务支出	1147	193	954
国土资源气象等事务	111892	16209	95683
住房保障支出	43269	22065	21204
粮油物资储备管理等事务	4746	3854	892
储备事务支出	660	600	60
国债还本付息支出	2056	1919	137
其他支出	10503	7047	3456

14-5 金融机构(含外资)本外币信贷收支

单位:万元

指　标	年末余额
资金来源	81099341
一、各项存款	76410337
1. 单位存款	43567828
(1)活期存款	22658682
(2)定期存款	10437063
(3)通知存款	960277
(4)保证金存款	5927849
2. 个人存款	27381848
储蓄存款	26911194
保证金存款	46246
结构性存款	424408
3. 财政性存款	3773137
4. 临时性存款	180165
5. 委托存款	683071
6. 其他存款	824289
二、金融债券	30
三、中长期借款	78295
四、应付及暂收款	1640374
# 应付利息	722129
五、同业往来(来源方)	1234491
六、外汇买卖(来源方)	4935344
# 结售汇	4273949
七、各项准备	1560271
# 贷款损失准备金	1433041

14-5 续表

单位:万元

指　标	年末余额
八、所有者权益	1950541
#实收资本	651724
九、其他	-6710342
资金运用	**81099341**
一、各项贷款	57311691
(一)境内贷款	57310537
1. 短期贷款	16312860
2. 中长期贷款	39386466
3. 融资租赁	163695
4. 票据融资	1421456
5. 各项垫款	26060
(二)境外贷款	1154
二、有价证券及投资	1430420
三、股权及其他投资	117844
四、应收及预付款	662531
#应收利息	220835
五、同业往来(运用方)	33686
六、系统内资金往来(运用方)	15635520
七、外汇买卖(运用方)	4940381
#结售汇	4273931
八、固定资产	625063
九、库存现金	341324
十、投资性房地产	882

14-6 金融机构(含外资)人民币信贷收支

单位:万元

指 标	年末余额
资金来源	**78818985**
一、各项存款	75850354
1. 单位存款	43290888
(1)活期存款	22493263
(2)定期存款	10374598
(3)通知存款	960277
(4)保证金存款	5888745
2. 个人存款	27115091
储蓄存款	26671082
保证金存款	45546
结构性存款	398463
3. 财政性存款	3773137
4. 临时性存款	172158
5. 委托存款	678323
6. 其他存款	820757
二、金融债券	30
三、中长期借款	18921
四、应付及暂收款	1535676
# 应付利息	721014
五、同业往来(来源方)	1231209
六、外汇买卖(来源方)	3359300
# 结售汇	3359286
七、各项准备	1554501
# 贷款损失准备金	1427660

14-6 续表

单位:万元

指　标	年末余额
八、所有者权益	1942512
#实收资本	646999
九、其他	-6673518
资金运用	**78818985**
一、各项贷款	56573724
(一)境内贷款	56572570
1. 短期贷款	15830139
2. 中长期贷款	39131394
3. 融资租赁	163695
4. 票据融资	1421456
5. 各项垫款	25886
(二)境外贷款	1154
二、有价证券及投资	1430420
三、股权及其他投资	117844
四、应收及预付款	626272
#应收利息	216415
五、同业往来(运用方)	31706
六、系统内资金往来(运用方)	15736754
七、外汇买卖(运用方)	3366344
#结售汇	3359780
八、固定资产	624602
九、库存现金	310438
十、投资性房地产	882

14-7 国税系统税收入库情况

单位:万元

指 标	2011	2010
合 计	2165560	1810870
一、按税种分		
国内增值税	1402562	1203876
国内消费税	138752	115078
企业所得税	463519	373283
储蓄利息个人所得税	1703	3830
车辆购置税	159024	114803
二、按经济类型分		
国有企业	231034	169263
集体企业	20434	21158
股份公司	1224295	977888
私营企业	302613	269588
外商投资企业	178776	227513
个体	187856	36501

14-8 国税系统县(市、区)税收入库情况

单位:万元

指 标	2011	2010
合 计	**2165560**	**1810870**
市直分局	1094042	917416
高新区	122879	151317
经济区	110691	84379
民营区	26251	20557
小店区	150932	122940
迎泽区	108216	84497
杏花岭区	140976	105880
尖草坪区	54046	42224
万柏林区	57535	43686
晋源区	49439	45587
古交市	76389	61408
清徐县	86535	87560
阳曲县	18765	12502
娄烦县	38182	30917
不锈钢园区局	30682	

注:国税局 2011 年 6 月新成立不锈钢园区国税局。

14-9 地税系统(分税种)税收

单位:万元

指 标	2011	2010
合 计	1356819	1047141
营业税	577817	477747
企业所得税	154348	112729
个人所得税	219843	177175
资源税	12791	10669
城市维护建设税	128827	96569
房产税	41409	41025
印花税	32444	34046
城镇土地使用税	38060	32334
土地增值税	33151	11238
车船使用税	19464	15363
耕地占用税	10643	2648
契税	88022	35598

14-10 地税系统(分企业)税收

单位:万元

指 标	2011	2010
合 计	1356819	1047141
国有企业	161391	182621
集体企业	20949	29024
股份合作企业	1696	1216
联营企业	771	471
股份有限公司	946783	656034
私营企业	44921	48763
其他企业	93515	59311
个体	41882	37806
港澳台投资企业	4903	5080
外商投资企业	40008	26815

14-11 地税系统县(市、区)税收

单位:万元

指 标	2011	2010
合 计	1356819	1047141
市直分局	593632	489340
不锈钢分局	10022	7001
迎泽区	120023	99495
杏花岭区	123871	92490
万柏林区	83909	64196
小店区	195822	114001
尖草坪区	42546	37267
晋源区	29991	15000
古交市	46808	43991
清徐县	35304	30300
阳曲县	21318	18224
娄烦县	23778	16829
民营区	29795	19007

14-12 保险事业基本情况

单位:万元

项 目	原保险保费收入		赔付支出	
	金额	增长(%)	金额	增长(%)
合 计	790954.18	-7.8	204896.97	21.0
国寿股份	141639.9	-20.6	39657.43	21.5
国寿存续	8499.38	-2.3	7851.55	-14.5
太保寿险	55165.49	-0.7	9080.75	-31.3
平安人寿	88481.02	-14.9	9766.88	53.7
新华人寿	62046.31	0.6	5153.61	32.0
泰康人寿	53659.92	-47.2	4370.93	-24.9
太平人寿	22055.27	1.5	1354.93	87.9
人保寿险	43465.29	-19.5	446.92	26.1
嘉禾人寿	5108.52	-54.2	123.58	54.9
人保健康	4521.85	-24.4	9869.89	100.7
合众人寿	2946.95	-65.5	269.88	244.7
英大人寿	2724.2	-85.1	440.66	-57.6
民生人寿	6924.82	97.6	224.97	3277.9
平安养老	5432.62	38.6	2358.3	190.1
阳光人寿	14782.28	93.1	109.02	
生命人寿	5764.32		1068.55	
光大永明	2071.1		2.68	
国华人寿	877.92			
幸福人寿	790.26		0.03	
人保产险	81032.08	15.6	39219.3	19.2
太保产险	37003.92	26.2	13300.27	41.2
永安产险	8717.71	10.3	5411.8	10.0
平安产险	51102.94	48.8	18008.58	34.5
天安保险	2192.96	30.3	890.59	-14.7
大地产险	8504.42	-22.2	5868.51	24.0
太平产险	7495.38	13.5	2344.56	54.6
华安产险	3787.01	8.3	1584.55	56.8
安邦产险	842.05	53.8	280.64	-35.3
永诚产险	8506.46	-18.3	6641.65	28.7
阳光产险	5273.31	-22.9	3774.5	28.5
国寿产险	26045.07	20.7	11013.17	22.6
渤海产险	182.36		41.71	-68.5
都邦产险	2387.85	-12.1	881.89	7.8
华泰产险	11337.48	36.3	2892.29	36.9
中国信保	2292.73		61.05	
天平车险	3969.47		363.58	
安诚产险	1335.67		125.01	
信达产险	1897.83		35.23	
中银保险	90.03		7.54	

14-13 上市公司主要经济指标

指 标	营业收入（万元）	净利润（万元）	每股收益（元）	总股本（亿元）	每股净资产（元）	每股经营现金流（元）	净资产收益率（%）
合 计	23381041.76	608614.56	0.32	191.47	3.70	0.59	0.6
太原刚玉	137021.79	11260.01	0.41	2.77	1.29	0.10	37.3
煤气化	377919.88	20664.54	0.40	5.14	6.15	0.15	6.8
西山煤电	3037241.57	281541.64	0.89	31.51	4.43	1.23	21.2
太原重工	1032596.17	39037.46	0.24	16.20	3.54	0.02	7.1
ST 天龙	6840.02	6825.91	0.34	2.02	−0.53	−0.08	
*ST 天成	39950.66	−15786.50	−1.01	1.57	1.59	−0.19	−48.2
晋西车轴	216172.05	9971.78	0.33	3.02	4.93	1.12	6.9
通宝能源	545267.70	37297.50	0.33	11.47	2.82	0.87	10.9
太钢不锈	9622025.96	180509.24	0.32	57.00	4.09	1.03	8.1
ST 狮头	38592.75	−27760.58	−1.21	2.30	2.62	−0.17	−37.5
*ST 漳泽	410313.49	−78087.99	−0.59	13.20	0.55	−0.05	−69.8
ST 太化	85502.53	231.73	0.01	5.14	1.68	−0.09	0.3
美锦能源	153115.18	1897.23	0.14	1.40	3.38	0.25	4.1
山煤国际	6976057.49	111624.17	1.45	9.91	9.40	0.60	18.3
山西三维	543924.55	3211.99	0.07	4.69	4.72	−0.16	1.5
山西证券	109808.54	19305.70	0.08	24.00	2.48	−1.95	3.2
百圆裤业	48691.43	6870.73	1.37	0.13	9.34	0.75	36.8

第十五篇

科教、文卫、体育和民政

KEJIAOWENWEITIYUHEMINZHENG

资料整理、审核

王翠莲　　宋　薇　　刘红芳

15-1 规模以上工业企业R&D人员情况

指　标	企业数（个）	R&D人员合计(人)	#1. 参加项目人员	2. 管理和服务人员	#女性	#研究人员
总　计	439	15544	13948	1596	2963	7227
一、按企业规模分组						
大型企业	32	13666	12334	1332	2457	6336
中型企业	88	1236	1071	165	353	603
小型企业	308	642	543	99	153	288
微型企业	11					
二、按登记注册类型分组						
内资企业	415	15341	13753	1588	2916	7216
港、澳、台商投资企业	5					
外商投资企业	19	203	195	8	47	11
三、按国民经济行业分组						
采矿业	58	4369	4292	77	310	2088
制造业	372	11175	9656	1519	2653	5139
电力、燃气及水的生产和供应业	9					
四、按隶属关系分组						
中央	28	2487	2059	428	827	1730
地方	411	13057	11889	1168	2136	5497

15-1 续表

指　标	#1. 全时人员	2. 非全时人员	R&D 人员折合全时当量合计(人年)	# 研究人员	# 1. 应用研究人员	2. 试验发展人员
总　计	**7568**	**7976**	**12803.3**	**6024**	**302.6**	**12506.7**
一、按企业规模分组						
大型企业	6449	7217	11802.5	5544.1	216.1	11586.4
中型企业	702	534	616.6	320.2	75.2	547.4
小型企业	417	225	384.3	159.7	11.3	373
微型企业						
二、按登记注册类型分组						
内资企业	7370	7971	12646.1	6016.2	230.6	12415.5
港、澳、台商投资企业						
外商投资企业	198	5	157.2	7.8	72	91.2
三、按国民经济行业分组						
采矿业	945	3424	3862.9	1844.3	21	3841.9
制造业	6623	4552	8940.4	4179.7	281.6	8664.8
电力、燃气及水的生产和供应业						
四、按隶属关系分组						
中央	1959	528	2220.1	1566.2		2220.1
地方	5609	7448	10583.3	4457.9	302.6	10286.7

15-2 规模以上工业企业R&D经费支出

单位:万元

指标	R&D经费内部支出合计	(一)按活动类型分组		(二)按支出用途分组				
		1.应用研究支出	2.试验发展支出	1.经常费支出	#人员劳务费	2.资产性支出	#①土建工程	②仪器设备
总计	414045.7	5457	408588.7	316960.3	44162.5	97085.4	6095.1	90990.3
一、按企业规模分组								
大型企业	386304	4806.4	381497.6	294569.9	39914.8	91734.1	6052.7	85681.4
中型企业	18278.8	493.1	17785.7	13647.5	2721.5	4631.3	12.3	4619
小型企业	9462.9	157.5	9305.4	8742.9	1526.2	720	30.1	689.9
微型企业								
二、按登记注册类型分组								
内资企业	412697.4	5089.3	407608.1	315737	43603.3	96960.4	6094.4	90866
外商投资企业	1348.3	367.7	980.6	1223.3	559.2	125	0.7	124.3
三、按国民经济行业分组								
采矿业	16868.1	42.4	16825.7	14280.7	7569.6	2587.4	160.9	2426.5
制造业	397177.6	5414.6	391763	302679.6	36592.9	94498	5934.2	88563.8
四、按隶属关系分组								
中央	44670.1		44670.1	36237.8	8292.1	8432.3	9.9	8422.4
地方	369375.6	5457	363918.6	280722.5	35870.4	88653.1	6085.2	82567.9

15-2 续表

单位：万元

指　标	(三)按资金来源分组				R&D 经费外部支出	对境内研究机构支出	对境内高等学校支出	对境外支出
	1. 政府资金	2. 企业资金	3. 境外资金	4. 其他资金				
总　计	**8266.7**	**405669.6**	**32**	**77.4**	**4864.8**	**2460**	**2314**	**40.8**
一、按企业规模分组								
大型企业	7090.8	379135.8			4168.1	2437.2	1690.1	40.8
中型企业	645.7	17601.1	32		598.9	19	579.9	
小型企业	530.2	8932.7			97.8	3.8	44	
微型企业								
二、按登记注册类型分组								
内资企业	8024.8	404563.2	32	77.4	4814.8	2460	2314	40.8
外商投资企业	241.9	1106.4			50			
三、按国民经济行业分组								
采矿业	110.7	16757.4			2280.2	1172.7	1107.5	
制造业	8156	388912.2	32	77.4	2584.6	1287.3	1206.5	40.8
四、按隶属关系分组								
中央	3575.1	41017.6		77.4	1668.9	698.0	970.9	
地方	4691.6	364652	32		3195.9	1762	1343.1	40.8

15-3 各类学校及各级教育基本情况

单位:人

指 标	学校数（所）	在校学生数	年内招生数	年内毕业生数	教职工数	#专任老师数
高等教育	54	470155	152406	123300	36046	22696
研究生教育		20708	7289	6245		
普通高等教育	43	341915	102227	90097	33932	21261
成人高等教育	11	107532	42890	26958	2114	1435
中等职业教育	61	149303	52706	60209	7332	4470
中等技术教育	30	72343	25330	28326	4436	2641
成人中等专业教育	12	39232	18009	24614	1654	865
职业高中学校	19	37728	9367	7269	1242	964
技工学校	36	38097	14733	15304	2272	1817
普通中学	232	241626	77420	82589	22309	17536
高中	91	89350	30342	26941		6217
初中	141	152276	47078	55648		11319
小学	599	261630	42121	48113	17551	16646
幼儿园	796	106920	41916	33078	13083	7462
特殊教育	5	957	145	171	235	188
工读学校	1	285	107	37	82	64

注:在高等教育数据中不包括民办高等教育机构 41 个,教职工 1505 人,专任教师 782 人。

15-4 研究生教育基本情况

单位:人

指 标	在校学生数	招生数	毕业生数
总 计	20708	7289	6245
山西大学	4882	1649	1509
太原科技大学	1410	512	429
中北大学	2955	1056	803
太原理工大学	5183	1674	1380
山西医科大学	3345	1163	1070
山西财经大学	2628	1112	1002
山西中医学院	166	68	
中国辐射防护研究院	35	14	12
中国日化工业研究院	35	11	12
山西省中医药研究院	69	30	28

15-5 普通高等教育基本情况

单位:人

指标	学校数(所)	在校学生数	招生数	毕业生数	教职工数	# 专任教师数
总计	43	341915	102227	90097	33932	21261
本科院校	10	151203	43917	38948	19732	11293
山西大学	1	19131	5257	4326	3629	1987
太原科技大学	1	12659	3662	3683	1633	1059
中北大学	1	26550	7310	6992	2738	1775
太原理工大学	1	23524	6845	6202	4210	2099
山西医科大学	1	16791	4357	5581	1941	1090
太原师范学院	1	14024	3389	3421	1712	820
山西财经大学	1	12066	4133	2493	1768	1080
山西中医学院	1	6331	1834	1626	584	421
太原工业学院	1	12103	3988	2404	719	499
山西工商学院	1	8024	3142	2220	798	463
专科院校	27	122338	40735	35150	10161	6929
太原电力高等专科学校	1	3887	1258	989	457	254
太原大学	1	10480	3557	3053	1174	779
山西省财政税务专科学校	1	4770	1574	1400	388	246
山西警官高等专科学校	1	4701	1268	2458	572	331
山西艺术职业学院	1	1535	368	685	328	198
山西建筑职业技术学院	1	8320	2925	2139	507	378
山西生物应用职业技术学院	1	4415	1441	1334	321	218
山西工程职业技术学院	1	6774	2380	1750	370	272
山西交通职业技术学院	1	4230	1426	1098	313	239
山西兴华职业学院	1	4511	1304	1458	311	192
山西戏剧职业学院	1	945	238	443	280	142
山西财贸职业技术学院	1	4537	1450	1384	225	178
山西林业职业技术学院	1	5310	1698	1369	303	208

注:在高等教育中,全市有民办高等教育机构 41 个,教职工 1505 人,专任教师 782 人。

15-5 续表

单位：人

指　标	学校数（所）	在校学生数	招生数	毕业生数	教职工数	# 专任教师数
山西综合职业技术学院	1	9057	3111	3003	736	574
山西煤炭职业技术学院	1	6426	2309	1648	383	279
山西金融职业学院	1	3536	1151	1093	224	170
太原城市职业技术学院	1	4970	1883	1046	379	252
山西青年职业学院	1	2272	777	852	185	126
山西体育职业学院	1	1324	600	825	204	138
山西警官职业学院	1	2379	507	435	271	152
山西国际商务职业学院	1	2075	715	470	154	117
太原旅游职业学院	1	4074	1486	1046	376	283
山西旅游职业学院	1	5704	1833	1652	325	248
山西电力职业技术学院	1	5708	1618	1894	522	369
山西老区职业技术学院	1	2701	791	593	231	178
山西经贸职业学院	1	4557	1929	1033	406	254
山西轻工职业技术学院	1	3140	1138		216	154
独立学院	**6**	**56443**	**13417**	**11713**	**4039**	**3039**
山西大学商务学院	1	14134	3792	3329	1110	797
太原理工大学现代科技学院	1	11032	3299	1948	810	621
中北大学信息商务学院	1	12795	3023	2009	574	482
太原科技大学华科学院	1	8264	2007	1769	519	456
山西医科大学晋祠学院	1	3029	305	927	489	260
山西财经大学华商学院	1	7189	991	1731	537	423
其他学院		**11931**	**4158**	**4286**		
广播电影电视管理干部学院		4809	1623	1523		
山西职工医学院		2093	780	990		
山西煤炭管理干部学院		3061	1236	1180		
山西政法管理干部学院		1968	519	593		

15-6 成人高等教育基本情况

单位：人

指　标	学校数（所）	在校学生数	招生数	毕业生数	教职工数	#专任教师数
总　计	11	107532	42890	26958	2114	1435
山西大学		14025	4879	3929		
太原科技大学		11455	4593	1985		
中北大学		4229	1113	900		
太原理工大学		26281	11875	5417		
山西医科大学		7848	3112	2012		
太原师范学院		5589	2257	1604		
山西财经大学		9435	3264	2850		
太原电力高等专科学校		592	67	211		
山西中医学院		2498	835	724		
太原大学		7				
山西省财政税务专科学校		890	241	264		
山西警官高等专科学校		324	124	59		
山西艺术职业学院		26	12	22		
山西建筑职业技术学院		201	59	59		
山西兴华职业学院		47	16	11		
山西戏剧职业学院		136	31	46		

15-6 续表

单位：人

指　标	学校数（所）	在校学生数	招生数	毕业生数	教职工数	#专任教师数
山西林业职业技术学院		52	10	27		
太原城市职业技术学院		171	48	53		
山西工商学院		1533	223	563		
山西旅游职业学院		117	56	9		
太原工业学院		4103	1965	578		
山西经贸职业学院		187		177		
广播电影电视管理干部学院	1	46	13	43	365	311
太原化学工业集团有限公司职工大学	1	782	335	240	60	42
山西机电职工学院	1	1476	959	405	249	137
太原钢铁(集团)有限公司职工钢铁学院	1	337	159	529	91	44
山西职工医学院	1	3653	1381	1198	313	201
山西兵器工业职工大学	1	1052	562	188	243	167
山西省职工工艺美术学院	1	1007	663	281	70	45
山西省广播电视大学	1	1856	873	904	233	121
山西煤炭管理干部学院	1	7246	3154	1451	282	203
山西政法管理干部学院	1	37	11	21	208	164
山西青年职业学院	1	294		198		

15-7 中等职业教育基本情况

单位:人

指 标	学校数(所)	在校学生数	招生数	毕业生数	教职工数	# 专任教师
总 计	61	149303	52706	60209	7332	4470
一、中等技术教育	30	72343	25330	28326	4436	2641
太原市体育运动学校	1	411	140	117	95	44
山西省大众传媒学校	1	177	30	50	18	11
太原市财政金融学校	1	1633	563		238	197
山西省四方中等技术学校	1	3160	394	1280	78	52
太原市交通学校	1	2060	688	924	170	123
太原市卫生学校	1	2994	872	1288	136	99
太原幼儿师范学校	1	8487	3705	3190	453	273
山西省现代经贸学校	1	1320	672	1012	36	19
太原市财贸学校	1	1150	425	471	125	91
太原市文化艺术学校	1	744	117	109	129	96
太原生态工程学校	1	896	500	788	213	141
山西省中医学校	1	1875	759	563	58	30
山西广播电视学校	1	428	223	56	71	30
山西省经贸学校	1	1921	459	847	110	54
山西省司法学校	1	1897	510	966	136	76
山西省工贸学校	1	3042	1639	2454	143	112
山西省贸易学校	1	4231	1536	1537	150	105
山西省物流技术学校	1	597	503	267	127	76
太原铁路机械学校	1	5965	2437	1917	312	188
山西省工业管理学校	1	4617	1473	1055	249	137
山西省城乡建设学校	1	5182	1761	1560	125	71
山西省特殊教育中等专业学校	1	412	149	94	75	25
山西省商务学校	1	1086	311	472	181	74
山西省建筑工程技术学校	1	4240	1265	582	126	80
山西省好艺中等专业学校	1	1308	515	346	63	49

15-7 续表 1-1

单位:人

指　标	学校数(所)	在校学生数	招生数	毕业生数	教职工数	# 专任教师
山西省应用技术学校	1	830	310	367	106	40
山西省畜牧兽医学校	1	845	287	280	154	82
山西省邮电学校	1				71	31
山西税务学校	1				75	46
山西省人民武装学校	1				62	30
太原大学		1688	584	406		
山西警官高等专科学校		242				
山西艺术职业学院		337		264		
山西建筑职业技术学院				613		
山西生物应用职业技术学院		517	243	199		
山西交通职业技术学院		785	270	293		
山西兴华职业学院		120	58	504		
山西戏剧职业学院		738	156	217		
山西财贸职业技术学院		28		0		
山西林业职业技术学院				35		
山西职业技术学院		1055	218	927		
山西煤炭职业技术学院		125	103	53		
山西金融职业学院		45		39		
太原城市职业技术学院		237	99	78		
山西工商学院		18	18	155		
山西体育职业学院		810	217	222		
山西国际商务职业学院		88	31	30		
太原旅游职业学院		1110	401	542		
山西旅游职业学院		84		110		
山西老区职业技术学院		234	54	118		
山西轻工职业技术学院		60				

15-7 续表 1-2

单位:人

指　标	学校数（所）	在校学生数	招生数	毕业生数	教职工数	# 专任教师
山西煤炭职工联合大学		413	158	347		
山西兵器工业职工大学		300	58	0		
山西省广播电视大学		561		392		
山西省政法管理干部学院		153	51	116		
太原广播电视中等专业学校		372	129	74		
山西省农业广播电视学校		270	51			
山西艺术职业学院附属中等学校		445	188		62	51
山西省财政会计学校						
太原铁路技术中等专业学校					289	108
二、成人中等专业教育	12	39232	18009	24614	1654	865
娄烦县教师进修学校	1				27	26
太原市杏花岭区教师进修学校	1				21	20
太原市尖草坪区教师进修学校	1				19	16
太原广播电视中等专业学校	1				79	43
古交市教师进修学校	1				24	17
清徐县教师进修学校	1				23	20
太原市小店区教师进修学校	1				40	26
太原市万柏林区教师进修学校	1				15	12
阳曲县教师进修学校	1				28	20
太原市迎泽区教师进修学校	1				23	17
山西省煤炭职业中等专业学校	1	6083	6083	15000	117	26
山西省农业广播电视学校	1	29069	10912	5790	1238	622
山西省农业广播电视学校		3816	1014	3138		
太原铁路机械学校		264		686		
三、职业高中教育	19	37728	9367	7269	1242	964
太原市信息技术学校	1	1449	601	711	74	65

15-7 续表 1-3

单位:人

指　标	学校数（所）	在校学生数	招生数	毕业生数	教职工数	# 专任教师
太原大学附属职业中学	1	655	376	76	58	49
太原市第五职业中学校	1	982	405	252	98	68
太原市综合高级中学校	1	1614	517	599	152	122
太原市第八职业中学校	1	1409	415	532	90	61
太原第七职业中学	1	985	360	435	103	86
太原市第十职业中学校	1	787	296	159	33	27
清徐县职业教育中心	1	1598	726	817	102	93
太原市杏花岭区中等职业技术学校	1	582	215		33	30
太原市第四职业中学校	1	720	343	142	82	62
太原市晋源区高级职业中学	1	493	402	71	15	5
太原市小店区第一职业中学校	1	868	375	645	51	46
阳曲县高级职业中学校	1	980	378	285	61	49
山西大昌汽车专业学校	1	2767	1544	496	112	56
太原市尖草坪区第一职业中学	1	2660	931	837	98	93
古交市职业中学校	1	517	266	113	47	30
太原市口腔卫生学校	1	385		265		
山西立达中等职业学校	1	210	210	0	16	10
娄烦县职业高中	1	76	76		17	12
太原市财政金融学校		876	338	614		
太原市交通学校		318	318			
太原生态工程学校		11352				
山西省农业广播电视学校		4886				
太原广播电视大学附属中学		283	182	63		
山西长安综合高级中学校		129	34	119		
太原市聋人学校		118	49	28		
太原市盲童学校		29	10	10		

15-8 技工学校基本情况

单位:人

指 标	在校学生数	招生数	毕业生数	教职工数	# 专任教师
总 计	38097	14733	15304	2272	1817
山西省民爆技工学校	715		504	13	13
新华化工有限责任公司技工学校	118		118	16	12
晋西机器工业集团有限责任公司技工学校	122		118	54	49
山西冶金高级技工学校	7792	3566	3405	350	252
山西省水利技工学校	475	245	139	29	29
山西省商业技工学校	220		126	30	30
山西五一技工学校	776	776		47	46
山西电子高级技工学校	1173	452	889	169	169
山西矿机技工学校	330	101	187	15	13
山西机械高级技工学校	5028	1786	1863	214	147
山西纺织印染技校	103		65	16	16
山西盛世餐饮旅游技校	986	399	377	30	23
太原化肥厂技工学校	427	168	140	21	13
山西三飞技工学校	981	448	182	28	20
山西省劳动保障技术学校	1348	446	761	76	45
太原市高级技工学校	4807	1553	1400	171	139
山西省林业技工学校	161	50	88	65	65

注:2011年全市共有技工学校36所,停办2所,撤销8所。

15-8 续表

单位:人

指　标	在校学生数	招生数	毕业生数	教职工数	# 专任教师
太原市粮食技工学校	859	394	477	57	32
太原塑料工业技工学校	125	38	42	20	5
山西烹饪技工学校	507	154	130	40	30
西山煤电(集团)有限责任公司技工学校	1077	704	627	197	197
山西国防军星技工学校	701	327	345	31	3
山西工业造型设计技工学校	1709	469	841	54	31
山西通用技术学校	742	120	214	20	12
江阳化工厂技工学校	45			20	20
山西省建筑安装技工学校	2530	455	108	126	122
山西省东华技工学校	20		20	37	37
山西晋阳技工学校	635	238	126	20	15
太原煤炭气化(集团)有限责任公司技工学校	711	200	265	31	14
山西省现代人力技工学校	273		75	12	12
山西光彩惠民机电技工学校	582	230	367	79	67
山西新华印刷技工学校	289	72	119	13	9
山西省劳动技术学校	962	385	387	52	26
山西现代经贸技工学校	686	526	520	49	42
山西高新技工学校	410	381	191	32	24
太原市慈善技工学校	161	50	88	38	38

15-9 普通中学

指　标	学校数(所)	班数(个)			在校学生数		
			高 中	初 中		高 中	初 中
总　计	**232**	**4824**	**1802**	**3022**	**241626**	**89350**	**152276**
1. 教育部门办	180	3671	1219	2452	184695	61605	123090
民　　办	50	1123	568	555	55939	27192	28747
其它部门办	2	30	15	15	992	553	439
2. 城区	158	3685	1568	2117	182240	77107	105133
镇区	35	672	177	495	37309	9683	27626
乡村	39	467	57	410	22077	2560	19517
3. 清 徐 县	21	472	141	331	25856	7596	18260
阳 曲 县	14	167	41	126	8286	1891	6395
娄 烦 县	10	129	30	99	7255	1784	5471
古 交 市	20	335	82	253	16045	4082	11963
迎 泽 区	21	623	254	369	32599	13357	19242
杏花岭区	42	902	378	524	43974	18882	25092
万柏林区	29	629	255	374	30555	12246	18309
小 店 区	42	887	357	530	42215	15971	26244
尖草坪区	22	410	176	234	19680	8754	10926
晋 源 区	11		88	182	15161	4787	10374

基本情况

单位:人

招生数			毕业生数			教职工数				代课教师	兼任教师
	高中	初中		高中	初中		专任教师数				
								高中	初中		
77420	30342	47078	82589	26941	55648	22309	17536	6217	11319	414	191
56976	20301	36675	65973	19923	46050	17751	14588	4666	9922	332	15
20059	9784	10275	16250	6830	9420	4474	2871	1508	1363	82	176
385	257	128	366	188	178	84	77	43	34		
59102	25964	33138	62096	23321	38775	16950	13198	5264	7934	342	191
11712	3559	8153	12693	2705	9988	3079	2633	776	1857	26	
6606	819	5787	7800	915	6885	2280	1705	177	1528	46	
8095	2849	5246	8819	2143	6676	1983	1732	625	1107		
2569	650	1919	2998	597	2401	655	524	120	404		
2265	610	1655	2607	532	2075	679	572	126	446	1	
5154	1301	3853	5514	1139	4375	1511	1216	251	965	106	
10649	4633	6016	11597	4071	7526	2865	2267	940	1327	21	45
14463	6407	8056	15055	5872	9183	3985	3172	1333	1839	101	20
9671	3857	5814	9832	3518	6314	3152	2529	884	1645	29	124
13644	5457	8187	14904	4959	9945	4659	3101	1067	2034	36	
6198	2973	3225	6304	2641	3663	1774	1544	605	939		2
4712	1605	3107	4959	1469	3490	1046	879	266	613	120	

15-10 小学基本情况

单位:人

指 标	学校数(所)	班数(个)	在校学生数	招生数	毕业生数	教职工数	# 专任教师	代课教师	兼任教师
总 计	599	7033	261630	42121	48113	17551	16646	750	103
1. 教育部门办	578	6597	245242	39534	45171	16592	15598	661	82
地方企业办	1	6	172	34	23				19
民 办	11	340	11672	1704	2047	710	825	60	
其他部门办	9	90	4544	849	872	249	223	29	2
2. 城区	254	4283	194747	32883	34089	12061	11463	382	36
镇区	62	769	28389	4045	5687	2026	1892	41	
乡村	283	1981	38494	5193	8337	3464	3291	327	67
3. 清 徐 县	116	896	24236	3471	5246	1761	1565	7	
阳 曲 县	55	390	8714	1074	1871	708	666		
娄 烦 县	38	416	9819	1153	1840	868	829	89	66
古 交 市	59	652	21057	3253	4080	1775	1680	121	
迎 泽 区	36	716	32908	5432	6014	2090	1909	88	
杏花岭区	57	913	40280	6489	7431	2340	2137	228	15
万柏林区	57	966	43233	7397	7288	3447	3106	28	
小 店 区	72	988	44406	7675	7734	1932	2262	9	21
尖草坪区	61	651	21715	3688	3793	1596	1515		
晋 源 区	48	445	15262	2489	2816	1034	977	180	1

15-11 幼儿园基本情况

单位:人

指 标	幼儿园数（所）	班数（个）	在园幼儿数	教职工数	# 教 师	# 保育员
总 计	796	4617	106920	13083	7462	1921
1. 教育部门办	33	938	22280	1290	852	144
集体办	281	957	20822	1810	1236	137
地方办	56	440	12767	1997	1046	340
民 办	387	1937	40144	6527	3579	1026
其他部门办	39	345	10907	1459	749	274
2. 城区	554	3311	82431	11664	6482	1786
镇区	64	414	10234	784	531	98
乡村	178	892	14255	635	449	37
3. 清 徐 县	43	497	9886	482	375	19
阳 曲 县	68	131	2666	70	44	13
娄 烦 县	15	153	3570	142	85	34
古 交 市	59	326	5627	672	389	94
迎 泽 区	74	643	13833	2028	1059	299
杏花岭区	84	580	15718	1859	1003	282
万柏林区	103	711	19754	2574	1421	433
小 店 区	217	875	19664	2925	1744	417
尖草坪区	62	387	9558	1432	774	220
晋 源 区	71	314	6644	899	568	110

15-12 艺术、文物及群众文化事业情况

指　标	单　位	2011
一、艺术事业		
影剧院数	个	15
影剧院座位	座	13232
专业、民营艺术表演团体	个	17
演职人员	人	1653
二、文物事业		
博物馆	个	12
三、文化事业		
图书馆	个	12
#市属图书馆	个	1
图书馆藏书量	万册	485.09
#市属图书馆	万册	155.36
四、群众文化事业		
文化宫	个	4
文化馆（包括群众艺术馆）	个	12
少年宫	个	3

15-13 专业艺术表演团体情况

名 称	个数（个）	演出场次（场）	演出收入（万元）	观众人数（万人次）	总支出（万元）	演职人数（人）	全部职工工资（万元）
总 计	11	1743	3632.9	242.3	15213.0	1239	3106.8
山西省京剧院	1	200	92.3	20.0	2003.7	150	379.0
山西省晋剧院	1	311	548.0	2.5	2515.3	206	381.4
山西省歌舞剧院	1	196	859.4	20.0	3581.0	204	660.8
山西省话剧院	1	50	148.3	5.0	1848.7	124	356.6
山西省曲艺团	1	65	8.0	6.5	244.7	23	74.2
山西华晋舞剧团	1	48	277.0	4.2	769.4	30	115.8
山西华夏之根艺术团	1	120	396.8	2.0	622.8	30	49.0
太原市实验晋剧艺术研究院	1	560	593.5	168.0	907.2	210	225.0
太原市歌舞杂技团	1	80	16.8	2.0	1483.0	160	468.8
太原市话剧团	1	70	47.8	3.5	288.5	24	143.5
太原舞蹈团	1	43	645.0	8.6	948.7	78	252.7

注：全市共有专业、民营艺术表演团体 17 个，演职人员 1653 人。其中，规上民营院团体 6 个，演职人员 414 人。

15-14 电影票房收入情况

	影厅数（个）	座位数（座）	票房收入（万元）
总　计	86	13232	9434
中影国际新影都	6	1017	2320
横店王府井电影城	7	713	1555
横店贵都电影城	5	530	238
横店同至人电影城	8	1600	139
太原奥斯卡国际影城	10	1453	1050
太原影都	8	1500	805
山西剧院	8	1200	823
解放数码	6	1055	600
太原星美电影城	4	530	450
长风剧场	3	982	520
宽影幕电影院	3	844	360
尖草坪柴村影院	2	150	11
金刚里电影城	5	423	70
大地影院	4	422	21
金逸影城	7	813	472

15-15 图书出版情况

指 标	新出				重印	
	图书种数（种）	总印数（万册）	总印张（千印张）	定价总金额（万元）	图书种数（种）	总印数（万册）
使用《中国标准编号》部分合计	2070	2456.71	359057.38	61757.50	3072	6768.21
A. 马克思主义、列宁主义、毛泽东思想	4	3.55	542.93	116.75	17	12.10
B. 哲学	25	11.10	1398.92	376.51	9	3.73
C. 社会科学总论	11	5.95	803.34	168.94	1	1.23
D. 政治、法律	68	23.31	6332.92	3452.28	92	121.06
E. 军事	1	0.30	23.39	3.90	1	0.85
F. 经济	130	59.72	11470.12	3405.57	41	39.82
G. 文化、科学、教育、体育	1149	2060.16	295330.01	42267.68	2449	6283.36
H. 语言、文字	37	37.30	3999.41	832.47	14	10.60
I. 文学	197	81.60	12310.16	2496.42	54	37.86
J. 艺术	95	31.27	3175.39	2303.14	56	45.55
K. 历史、地理	118	45.61	10043.25	3070.07	106	57.29
N. 自然科学总论	2	0.60	51.55	8.70	7	4.30
O. 数学科学、化学	7	3.10	357.8	81.60	1	0.08
P. 天文学、地理科学	5	3.00	290.96	55.92	7	3.50
Q. 生物科学	5	3.50	362.23	67.26	2	1.59
R. 医药、卫生	101	34.63	5797.88	833.97	122	68.90
S. 农业科学	18	7.85	811.71	304.13	67	59.83
T. 工业技术	48	22.10	3356.8	1150.62	19	13.08
U. 交通运输	7	11.30	957.31	270.00	2	0.18
V. 航空、航天	1	0.30	32.06	5.40	1	0.10
X. 环境科学	9	0.98	139.41	52.70	2	1.19
Z. 综合性图书	32	9.48	1469.83	433.48	2	2.03

全部各类出版总计：图书种类 5535 种；总印数 13569.9 万册；总印张 1232765.86 千印张；定价总金额 183674.50 万元。

15-15 续表

指　标	重印		租型			
	总印张（千印张）	定价总金额（万元）	图书种数（种）	总印数（万册）	总印张（千印张）	定价总金额（万元）
使用《中国标准编号》部分合计	**559726.60**	**89666.45**	**393**	**4344.98**	**313981.88**	**32250.55**
A. 马克思主义、列宁主义、毛泽东思想	1207.15	231.56				
B. 哲学	528.66	102.55				
C. 社会科学总论	201.92	34.30				
D. 政治、法律	11426.48	1936.54				
E. 军事	58.44	11.05				
F. 经济	4224.45	988.90				
G. 文化、科学、教育、体育	506996.91	79804.96	393	4344.98	313981.88	32250.55
H. 语言、文字	1438.33	209.50				
I. 文学	4895.02	963.75				
J. 艺术	6121.85	1043.43				
K. 历史、地理	5320.85	1107.05				
N. 自然科学总论	213.77	43.12				
O. 数学科学、化学	6.10	1.20				
P. 天文学、地理科学	309.73	59.10				
Q. 生物科学	129.11	33.97				
R. 医药、卫生	8934.54	1493.65				
S. 农业科学	5379.85	1129.63				
T. 工业技术	2066.52	401.49				
U. 交通运输	19.00	3.68				
V. 航空、航天	9.38	1.80				
X. 环境科学	64.78	23.00				
Z. 综合性图书	173.77	42.21				

15-16 报纸出版情况

指 标	种 数	刊 期	实际出版期数（期）	期印数(份) 平 均	期 末	总印数（万份）	总印张（千印张）
总 计	51		8314	19240063	21636754	182225.20	2467928.67
1. 综合报	11		2784	1364164	1369791	35597.18	1368862.73
2. 专业报	31		5250	17830699	20221763	146142.82	1094106.94
3. 高校校报	9		280	45200	45200	485.20	4959.00
一、省级报纸							
1. 综合报	8		2032	1028174	1033801	26519.53	941936.23
山西日报		日 刊	365	171034	173692	6242.74	187282.23
山西政协报		周二刊	104	12960	12929	134.78	1347.84
三晋都市报		周六刊	294	120000	123000	3528.00	141120.00
人民代表报		周三刊	156	66180	66180	1032.41	20648.16
山西晚报		日 刊	347	250000	250000	8675.00	433750.00
山西商报		日 刊	350	55000	55000	1925.00	38500.00
发展导报		周二刊	104	290000	290000	3016.00	60320.00
良友周报		周六刊	312	63000	63000	1965.60	58968.00
2. 专业报	29		4853	17779699	20170763	145421.92	1088422.44
科学导报		周四刊	197	73000	85000	1438.1	28762
铁路工程报		周一刊	50	10000	10000	50	500
瓜果蔬菜报		周一刊	50	26000	26000	130	2600
德育报		周二刊	100	100000	100000	1000	10000
学英语报		周三刊	156	750000	750100	11700	117000
学习方法报		周一刊	52	1020000	1040000	5304	26520
山西农民报		周二刊	96	42518	44618	408.17	8163.46
山西经济日报		日 刊	345	36440	35584	1257.18	25143.6
山西科技报		周六刊	281	25000	25000	702.5	14050
山西广播电视报		周一刊	52	201000	201000	1045.2	52260
山西邮电报		周一刊	50	30000	30000	150	1500
市场信息报		周四刊	202	30000	31500	606	12120
人民摄影		周一刊	52	30000	30000	156	6240
生活文摘报		周二刊	104	196993	1936914	2048.73	40974.54
山西集邮报社		周一刊	50	8064	8064	40.32	806.4
发展导报		周二刊	96	40000	40000	384	11520

15-16 续表

指　标	种　数	刊　期	实际出版期数（期）	期印数(份)		总印数（万份）	总印张（千印张）
				平　均	期　末		
山西市场导报		周二刊	96	40000	40000	384	7680
作文周刊		周六刊	312	40500	41000	1263.6	25272
数理报		周五刊	260	310000	330000	8060	40300
学习报		周六刊	312	730000	730000	22776	113880
山西妇女报		周三刊	148	16000	16000	236.8	2368
现代消费导报		周三刊	144	20000	20000	288	5760
健康生活报		周五刊	250	24000	24000	600	6000
语文报		日　刊	365	260000	260000	9490	94900
英语周报		周一刊	52	13481039	14076925	70101.4	350507.01
老友报		周二刊	95	64000	64000	608	6080
生活晨报		周六刊	298	38145	38058	1136.72	36943.43
山西工人报		日　刊	336	72000	72000	2419.2	24192
山西法制报		周五刊	252	65000	65000	1638	16380
3. 高校校报	9		280	45200	45200	485.20	4959.00
山西大学报		周一刊	38	5000	5000	19	95
太原理工大学校报		周一刊	35	4700	4700	16.45	82.25
山西财经大学报		周一刊	40	3000	3000	12	120
山西医科大学报		旬　刊	26	6000	6000	15.6	78
中北大学校报		周一刊	38	10000	10000	380	3800
太原科技大学校报		旬　刊	24	4000	4000	9.6	576
太原师范学院报		旬　刊	30	5000	5000	15	75
山西中医学院报		半月刊	19	4500	4500	8.55	42.75
山西党校报		旬　刊	30	3000	3000	9	90
二、市级报纸							
1. 综合报	3		752	335990	335990	9077.65	426926.50
太原日报		日　刊	350	51880	51880	1815.80	54474.00
太原晚报		日　刊	350	194110	194110	6793.85	339692.50
太原广播电视报		周一刊	52	90000	90000	468.00	32760.00
2. 专业报	2		397	51000	51000	720.90	5684.50
太钢日报		周六刊	299	11000	11000	328.9	1644.5
山西电力报		周二刊	98	40000	40000	392.00	4040.00

15-17 杂志出版情况

期刊类别	期刊名称	种类	刊期	实际出版期数（期）	平均期印数（册）	期末期印数（册）	总印数（万册）	总印张数（千印张）
	总 计	174		2517	1643431	2000780	3270.06	209665.14
B:哲学宗教	五台山研究	1	季 刊	4	10000	10000	4	201.6
C:社会科学总论		14		170	278732	282030	409.22	21351.35
	山西青年		月 刊	10	6000	6000	6	372
	小学生		旬 刊	36	8099	7480	29.16	874.69
	山西老年		月 刊	12	201033	201300	241.24	13461.17
	青少年日记		半月刊	24	20000	23650	48	1484.8
	晋阳学刊		双月刊	6	2000	2000	1.2	136.08
	山西大学学报(哲学社会科学版)		双月刊	6	1800	1800	1.08	122.47
	理论探索		双月刊	6	1700	1700	1.02	91.8
	生活潮		半月刊	24	32000	32000	76.8	4285.44
	山西高等学校社会科学学报		月 刊	12	1100	1100	1.32	124.74
	太原理工大学学报(社会科学版)		季 刊	4	1000	1000	0.4	27.72
	太原师范学院学报(社会科学版)		双月刊	6	1000	1000	0.6	83.16
	太原城市职业技术学院学报		月 刊	12	1000	1000	1.2	196.56
	中北大学学报(社会科学版)		双月刊	6	1000	1000	0.6	45.36
	中北大学学报(自然科学版)		双月刊	6	1000	1000	0.6	45.36
D:政治、法律		17		207	210900	143300	421.06	18316.77
	中共山西省委党校省直分校学报		双月刊	6	1000	6000	0.6	29.76
	先锋队		半月刊	24	72000	0	172.8	6912
	党史文汇		月 刊	12	26000	26000	31.2	1248
	政府法制		旬 刊	36	20000	20000	72	3571.2
	前进		月 刊	12	22000	22000	26.4	1145.76
	前进		月 刊	12	22000	22000	26.4	1145.76
	法制博览		半月刊	24	24600	24000	59.04	2952
	中共山西省委党校学报		双月刊	6	3000	3000	1.8	181.44
	中共太原市委党校学报		双月刊	6	1500	1500	0.9	56.7
	山西社会主义学院学报		季 刊	4	1000	1000	0.4	23.2
	山西青年管理干部学院学报		季 刊	4	1000	1000	0.4	28
	山西省政法管理干部学院学报		季 刊	4	2000	2000	0.8	80.64
	山西煤炭管理干部学院学报		季 刊	4	500	500	0.2	35.28
	山西政报		半月刊	24	9500	9500	22.8	570

15-17 续表 1-1

期刊类别	期刊名称	种类	刊期	实际出版期数	平均期印数（册）	期末期印数(册)	总印数（万册）	总印张数（千印张）
	山西警官高等专科学校学报		季　刊	4	800	800	0.32	19.2
	山西经济年鉴		年　刊	1	2000	2000	0.2	79.75
	太原市人民政府公报		半月刊	24	2000	2000	4.8	238.08
F:经济		14		185	79300	398300	111.54	9359
	山西财税		月　刊	12	21000	252000	25.2	937.44
	技术经济与管理研究		月　刊	12	1800	1800	2.16	222.91
	经济问题		月　刊	12	1500	1500	1.8	185.76
	会计之友		旬　刊	36	6000	6000	21.6	2142.72
	山西农经		双月刊	6	5000	5000	3	151.2
	经济师		月　刊	12	6800	6800	8.16	1509.6
	生产力研究		月　刊	12	2000	2000	2.4	361.92
	山西财经大学学报		月　刊	12	2000	2000	2.4	234.24
	山西财政税务专科学校学报		双月刊	6	1200	1200	0.72	45.36
	山西经济管理干部学院学报		季　刊	4	1000	1000	0.4	44.1
	品牌		半月刊	24	5000	5000	12	744
	银行家		月　刊	12	13000	13000	15.6	1443
	当代金融家		月　刊	13	5000	5000	6.5	568.75
	新晋商		月　刊	12	8000	96000	9.6	768
G:文化、科学、教育、体育		24		521	308280	246030	982.58	60117.12
	山西教育		旬　刊	36	11000	11000	39.6	1584
	小学语文教学		旬　刊	36	35000	35000	126	5846.4
	语文教学通讯		周　刊	52	21300	21300	110.76	5405.09
	搏击		旬　刊	36	11000	11000	39.6	2296.8
	晋图学刊		双月刊	6	1500	1500	0.9	56.7
	教学与管理		旬　刊	36	7000	7000	25.2	1386
	教育理论与实践		旬　刊	36	5000	5000	18	907.2
	编辑之友		月　刊	12	3500	3500	4.2	416.64
	新闻采编		双月刊	6	3000	3000	1.8	54
	记者观察		月　刊	12	16000	16000	19.2	1190.4
	山西档案		双月刊	7	8500	8500	5.95	238
	山西广播电视大学学报		双月刊	6	3500	3500	2.1	182.28
	小学教学设计		旬　刊	36	31000	31000	111.6	3348

15-17 续表 1-2

期刊类别	期刊名称	种类	刊期	实际出版期数	平均期印数（册）	期末期印数(册)	总印数（万册）	总印张数（千印张）
	新作文		旬刊	36	70000		252	10231.2
	太原大学学报		季刊	4	800	3200	0.32	36.29
	中学课程辅导		旬刊	36	8000	8500	28.8	3628.8
	NBA 特刊		半月刊	24	20000	23000	48	3628.8
	新课程		旬刊	36	31000	31000	111.6	16873.92
	教育		旬刊	36	6200	6050	22.32	1035.65
	世界高尔夫		月刊	12	10000	12000	12	1549.8
	太原大学教育学院学报		季刊	4	800	800	0.32	31.25
	文化产业		月刊	6	1000	1000	0.6	44.64
	科学技术哲学研究		双月刊	6	2180	2180	1.31	115.37
	高等财经教育研究		季刊	4	1000	1000	0.4	29.89
H:语言、文字	语文研究	1		4	3000	3000	1.2	59.52
I:文学		11		228	138483	203950	337.7	14282.43
	对联·民间对联故事		半月刊	24	20000	20000	48	1440
	名作欣赏		旬刊	36	6400	6400	23.04	2612.74
	山西文学		月刊	12	9200	9300	11.04	662.4
	火花		月刊	12	5000	60000	6	300
	中外故事		半月刊	24	50000	50000	120	3600
	黄河		双月刊	6	3000	3000	1.8	225
	童话大王		半月刊	24	13383	24250	32.12	1284.77
	都市		月刊	12	3000	3000	3.6	180
	民间传奇故事		旬刊	36	15000	15000	54	2430
	中外童话故事		旬刊	36	10000	10000	36	1339.2
	映像		双月刊	6	3500	3000	2.1	208.32
J:艺术		4		76	76000	76000	210.4	20386
	黄河之声		半月刊	24	30000	30000	72	6681.6
	影视圈		月刊	12	10000	10000	12	1190.4
	新美域		季刊	4	1000	1000	0.4	40
	娱乐		旬刊	36	35000	35000	126	12474
K:历史		5		60	73800	98800	95.88	7699.2
	沧桑		双月刊	6	5000	30000	3	334.8
	文物世界		双月刊	6	2800	2800	1.68	84

15-17 续表 1-3

期刊类别	期刊名称	种类	刊期	实际出版期数	平均期印数（册）	期末期印数(册)	总印数（万册）	总印张数（千印张）
	文史月刊		月　刊	12	14000	14000	16.8	840
	走遍世界		半月刊	24	10000	10000	24	2534.4
	旅游时代		月　刊	12	42000	42000	50.4	3906
N:自然科学总论		12		161	54750	56500	74.83	7131.74
	美术与市场		季　刊	4	20000	20000	8	396.8
	科学之友		旬　刊	36	3400	4800	12.24	925.34
	山西大学学报(自然科学版)		季　刊	4	1800	1800	0.72	81.65
	科技情报开发与经济		旬　刊	36	5300	5300	19.08	3485.92
	山西科技		双月刊	6	3500	3500	2.1	240.87
	太原理工大学学报		双月刊	6	1000	1000	0.6	52.92
	太原师范学院学报(自然科学版)		季　刊	4	1000	1000	0.4	50.4
	太原科技大学学报		双月刊	7	1100	1100	0.77	48.51
	系统科学学报		季　刊	4	800	800	0.32	24.19
	科技创新与生产力		月　刊	12	3700	3700	4.44	321.9
	现代工业经济和信息化		半月刊	18	9000	9000	16.2	1104.84
	新科幻		半月刊	24	4150	4500	9.96	398.4
O:数理科学和化学		2		40	30700	31700	109.24	16502.18
	量子光学学报		季　刊	4	400	400	0.16	9.28
	新课程学习		旬　刊	36	30300	31300	109.08	16492.9
P:天文学、地球科学		2		8	6000	6000	2.4	115.1
	山西地震		季　刊	4	1000	1000	0.4	15.12
	华北国土资源		季　刊	4	5000	5000	2	99.98
R:医药、卫生		22		376	121686	127070	152.93	10732.43
	人人健康		半月刊	24	11260	11260	27.02	1507.94
	山西医药杂志		半月刊	24	4000	4000	9.6	723.84
	山西中医		月　刊	12	3000	3000	3.6	167.04
	中国保健营养		半月刊	24	12800	18000	30.72	2850.82
	健康向导		双月刊	6	41000	41000	24.6	1141.44
	山西医科大学学报		月　刊	12	1000	1000	1.2	83.52
	中华风湿病学杂志		月　刊	12	5000	5000	6	313.2
	世界胃肠病学杂志(英文版)		周　刊	48	120	120	0.58	44.45

15-17 续表 1-4

期刊类别	期刊名称	种类	刊期	实际出版期数	平均期印数（册）	期末期印数(册）	总印数（万册）	总印张数（千印张）
	实用骨科杂志		月刊	12	4000	4000	4.8	357.12
	世界华人消化杂志		旬刊	36	450	1000	1.62	127.58
	山西中医学院学报		双月刊	6	6000	6000	3.6	223.2
	山西职工医学院学报		季刊	4	4000	4000	1.6	96
	护理研究		旬刊	36	1850	1850	6.66	503.5
	中国中西医结合肾病杂志		月刊	12	2500	2500	3	222.08
	实用医学影像杂志		双月刊	6	1500	1500	0.9	49.34
	母婴世界		月刊	12	6000	5500	7.2	816.48
	实用医技杂志		月刊	12	4200	4200	5.04	409.25
	临床医药实践		月刊	12	4000	4000	4.8	297.6
	中西医结合心脑血管病杂志		月刊	12	2306	2440	2.77	274.51
	校园心理		双月刊	6	4700	4700	2.82	147.2
	全科护理		旬刊	36	1000	1000	3.6	272.16
	山西医科大学学报(基础医学教育版)		月刊	12	1000	1000	1.2	104.16
S:农业科学		9		104	77900	106500	120.92	6649.99
	山西林业科技		季刊	4	1500	1500	0.6	29.76
	山西水土保持科技		季刊	4	2600	2600	1.04	39.31
	山西农业科学		月刊	12	1500	1500	1.8	136.08
	种子科技		月刊	12	5000	5000	6	264.6
	山西林业		双月刊	6	3000	3000	1.8	68.04
	山西林业		双月刊	6	3000	3000	1.8	68.04
	农产品加工		旬刊	36	14300	42900	51.48	3191.76
	当代农机		月刊	12	17000	17000	20.4	1264.8
	村委主任		月刊	12	30000	30000	36	1587.6
T:工业技术		33		330	159700	197400	207.54	14590.94
	山西煤炭		月刊	12	5500	5500	6.6	415.8
	大众标准化		月刊	12	32000	32000	38.4	1728
	山西化工		双月刊	6	4500	4500	2.7	136.08
	辐射防护通讯		双月刊	6	1000	1000	0.6	18
	新型炭材料		双月刊	6	1000	1000	0.6	37.2
	山西水利		月刊	12	3000	3000	3.6	181.44

15-17 续表 1-5

期刊类别	期刊名称	种类	刊期	实际出版期数	平均期印数（册）	期末期印数(册)	总印数（万册）	总印张数（千印张）
	电脑开发与应用		月　刊	12	2400	2400	2.88	167.04
	机械管理开发		双月刊	6	3000	18000	1.8	306.18
	电子工艺技术		双月刊	6	8000	8000	4.8	241.92
	火力与指挥控制		月　刊	12	2000	2000	2.4	313.2
	燃料化学学报		月　刊	12	1000	1000	1.2	74.4
	煤化工		双月刊	6	4500	4500	2.7	119.07
	辐射防护		双月刊	6	1200	1200	0.72	37.15
	煤炭转化		季　刊	4	2000	8000	0.8	61.92
	山西冶金		双月刊	6	3000	3000	1.8	113.4
	山西水利科技		季　刊	4	2000	2000	0.8	48
	电力学报		双月刊	6	4000	4000	2.4	120
	日用化学品科学		月　刊	12	5000	5200	6	491.4
	山西电子技术		双月刊	6	3000	3000	1.8	136.08
	山西建筑		旬　刊	36	5000	5000	18	3628.8
	建材技术与应用		月　刊	12	8500	8500	10.2	373.32
	山西电力		双月刊	6	4000	4000	2.4	125.28
	测试技术学报		双月刊	6	1000	1000	0.6	45.36
	山西焦煤科技		月　刊	12	2000	2000	2.4	84
	机械工程与自动化		双月刊	6	4000	4000	2.4	415.8
	日用化学工业		双月刊	6	6000	6000	3.6	419.58
	食品工程		季　刊	4	4100	4100	1.64	82.66
	新探索		双月刊	6	2000	2000	1.2	74.4
	农业技术与装备		半月刊	24	17000	17000	40.8	2040
	铸造设备与工艺		双月刊	6	5500	5500	3.3	166.32
	测试科学与仪器(英文版)		双月刊	6	1000	1000	0.6	49.14
	山西能源与节能		月　刊	12	1500	18000	1.8	108
	烹调知识		旬　刊	36	10000	10000	36	2232
U:交通运输	**山西交通科技**	**1**	**双月刊**	**6**	**4000**	**4000**	**2.4**	**166.32**
Z:综合		**2**		**37**	**10200**	**10200**	**26.22**	**2003.45**
	山西画报		旬　刊	36	7200	7200	25.92	1928.45
	太原年鉴		年　刊	1	3000	3000	0.3	75

15-18 广播电视主要统计指标(一)

指标	广播电台	电视台	中短波转播发射台		电视转播发射台		广播人口覆盖率	电视人口覆盖率	有线广播电视用户	数字电视用户	有线广播电视传输网络干线总长
单位	座	座	座	千瓦	座	千瓦	%	%	户	户	公里
合计	1	2	13	439	10	84.7	99.24	99.7	932669	749369	11772.33
省级			12	429	5	78.3			1169	1169	6333.53
市级	1	2	1	10	1	2	99.24	99.7	850000	750000	4000
县级					4	4.4			81500	79500	1438.8

广播电视主要统计指标(二)

指标	单位	合计	山西广播电视台	太原电视台 太原教育电视台	县级电视台
节目套数	**套**	21	13	6	2
全年播出节目时间	**时、分**	116778:30	57162:30	50695:00	8921:00
新闻咨询类节目	时、分	14856:40	8825:50	5234:50	796:00
专题服务类节目	时、分	7197:10	2328:40	4062:30	806:00
综艺益智类节目	时、分	8064:10	1875:00	5459:10	730:00
影视剧类节目	时、分	44452:10	24298:35	15334:35	4819:00
广告类节目	时、分	18000:55	9576:35	7254:20	1170:00
其它类节目	时、分	24207:25	10257:50	13349:35	600:00

广播电视主要统计指标(三)

指标	单位	合计	山西广播电视台	太原人民广播电台	县级广播电台
节目套数	**套**	12	7	3	2
全年播出节目时间	**时、分**	83373:38	57670:00	19516:35	19516:35
新闻咨询类节目	时、分	12482:30	5273:30	6873:00	336:00
专题服务类节目	时、分	16459:08	12983:30	3097:35	378:03
综艺益智类节目	时、分	15791:00	11414:00	728:00	3649:00
广播剧类节目	时、分	5825:00	1095:00	2906:00	1824:00
广告类节目	时、分	13357:30	8905:30	4452:00	
其它类节目	时、分	19458:30	17998:30	1460:00	

15-19 卫生机构、

指　标	机构数（个）	床位数（张）	合　计	人		
				小　计	卫	生
					执业医师	执业助理医师
总计(含村卫生室)	3505	29876	51018	41506	15610	1187
总计(不含村卫生室)	2552	29876	49302	41329	15504	1123
一、医院	195	26653	36238	30128	10381	551
综合医院	103	15649	23125	19672	6739	330
中医医院	33	2796	3228	2612	951	62
中西医结合医院	6	1040	1643	1386	452	26
专科医院	53	7168	8242	6458	2239	133
口腔医院	5	50	504	402	174	22
眼科医院	3	315	489	375	149	3
耳鼻喉科医院	1	20	20	15	5	3
肿瘤医院	1	1590	1497	1264	502	9
心血管病医院	1	350	584	477	157	1
妇产(科)医院	4	184	207	156	40	6
儿童医院	1	800	1652	1378	541	2
精神病医院	5	1380	659	466	110	16
传染病医院	1	450	655	487	115	2
皮肤病医院	1	24	22	15	3	2
结核病医院	1	500	422	312	86	3
骨科医院	5	181	185	138	35	12
康复医院	5	744	504	356	121	24

床位和人员情况

员数（人）								
技术人员						其他技术人员	管理人员	工勤人员
注册护士	药剂人员	技师(士)	#检验师	其他	#见习医师			
17190	2053	2245	1583	3221	656	1997	2651	3325
17183	2053	2245	1583	3221	656	1997	2651	3325
13667	1666	1683	1110	2180	603	1623	2075	2412
9201	1025	1031	708	1346	397	854	1252	1347
996	245	141	89	217	63	202	187	227
665	83	90	64	70	20	27	115	115
2805	313	421	249	547	123	540	521	723
118	1	4	1	83	15	16	40	46
142	19	34	31	28	4	42	42	30
6	1					2	2	1
475	51	36	24	191	34	115	38	80
262	17	31	21	9		44	7	56
54	9	14	8	33	1	10	21	20
615	64	128	59	28	5	89	35	150
256	21	25	13	38	3	57	61	75
276	36	48	27	10	4	21	95	52
7	2	1	1				4	3
146	18	21	14	38	28	50		60
41	10	17	9	23	5	11	19	17
136	18	14	9	43	5	28	66	54

15-19 续表

指　标	机构数（个）	床位数（张）	合　计	人		
				卫		生
				小　计	执业医师	执业助理医师
整形外科医院	2	40	94	63	20	1
美容医院	3	60	104	73	21	2
其他专科医院	14	480	644	481	160	25
二、疗养院	3	1000	312	114	40	2
三、社区卫生服务中心(站)	275	613	3098	2767	1084	155
四、卫生院	67	1101	794	692	190	130
五、门诊部	187	115	1093	963	523	61
六、诊所.卫生所.医务室	1759		4190	3950	2389	152
七、急救中心(站)	1		241	172	107	1
八、采供血机构	1		127	90	23	1
九、妇幼保健院(所、站)	12	374	755	619	232	21
十、专科疾病防治院(所、站)	2	20	87	78	30	
十一、疾病预防控制中心	15		973	780	319	36
十二、卫生监督所(中心)	12		464	390		
十三、医学科学研究机构	1		40	30		
十四、健康教育所(站、中心)	1		24	13		
十五、计划生育技术服务机构	6		67	49	24	3
十六、其他卫生机构	15		799	494	162	10
村卫生室	**953**		**1716**	**177**	**106**	**64**

员数（人）								
技术人员						其他技术人员	管理人员	工勤人员
注册护士	药剂人员	技师(士)	#检验师	其他	#见习医师			
27	4	5	3	6	6	17	7	7
29	5	4	3	12	10	9	13	9
215	37	39	26	5	3	29	71	63
48	6	6	5	12		16	50	132
1163	155	92	63	118	26	91	141	99
203	63	20	14	86	4	20	21	61
277	48	26	19	28	10	23	50	57
1292	61	22	18	34	1			240
34	5	4	1	21	2	25	7	37
31	2	13	13	20		19	8	10
258	30	50	44	28	2	27	36	73
26	1	11	8	10		3	3	3
37	13	183	175	192	5	58	85	50
				390		7	48	19
				30		10		
				13		7	4	
15	2	4	3	1		2	13	3
132	1	131	110	58	3	66	110	129
7								

15-20 律师工作情况

指　标	单　位	2011	2010
律师事务所	个	135	118
律师工作人员（注册）	人	1063	905
专职律师	人	1015	863
兼职律师	人	48	42
聘请常年法律顾问的单位	个	760	662
民事、经济诉讼代理	件	4371	3422
刑事辨护及代理	件	3598	2081
非诉讼法律事务	件	1980	1699

15-21 公证和调解工作

指标	单位	2011	2010
公证工作			
公证处	个	7	7
公证员（含公证员助理）	人	109	95
国内民事公证	件	21025	18668
国内经济公证	件	6570	11249
涉外公证	件	18094	19806
涉港澳台公证	件	143	123
调解工作			
专职司法助理员	人	203	168
人民调解委员会	个	2226	2651
调解人员	人	11737	18550
调解各类纠纷	件	33040	30791
防止民间纠纷引起自杀	人	45	63
防止民间纠纷转化为刑事案件	件	36	44

15-22 体育后备人才及教练员项目分布情况

单位:人

指标	合计	田径	游泳	体操	蹦床	举重	柔道	跆拳道	自行车	击剑	篮球	乒乓球	射击	射箭	网球	武术	摔跤	拳击
学生数	998	158	111	29	29	64	44	37	62	19	93	79	56	41	18	63	67	28
教练员人数	73	14	9	3	2	6	4	1	4	2	5	3	7	3	1	3	6	

15-23 等级裁判员、

指　标	总计	田径	游泳	跳水	自行车	举重	射击	射箭	国际摔跤	中国摔跤
一级以上裁判员	872	68	57	9	46	15	76	45	21	
#女性	284	23	24	3	12	11	33	18	2	
国际级裁判	28	1		1	1	3	1		1	
国家级裁判	121	10	10	1	16	1	4	3	2	
一　级	723	57	47	7	29	11	71	42	18	
二级裁判员	452	72	2		3		3		2	
等级运动员	485	90	23		31	2	20	11	8	
#女性	193	27	11		17		7	8	2	
一　级	80	2	7		21	2	3	1		
二　级	405	88	16		10		17	10	8	

等级运动员

单位：人

柔道	跆拳道	拳击	体操	蹦床	武术套路	武术散打	击剑	足球	篮球	排球	沙滩排球
11	29	1	32	18	65	15	10	37	48	6	6
3	8		13	8	28	1	5	4	1	1	2
1	1		6	5	2	1				1	1
6	3				8	1	1	3	5	5	5
4	25	1	26	13	55	13	9	34	43		
2			2		51		1	16	138	53	
6	10		2		22		4	30	82	45	
5	5				10		3		31	21	
3	2		2		9				12	5	
3	8				13		4	30	70	40	

15-23 续表

指　标	乒乓球	网球	羽毛球	手球	门球	台球	中国象棋	国际象棋	围棋	健美操
一级以上裁判员	48	45	29		17	3	1	11	7	23
#女性	25	5	9		7	1		3	2	17
国际级裁判		1								
国家级裁判	9	10	3		2		1	1	3	2
一　级	39	34	26		15	3		10	4	21
二级裁判员	26	19	46			12	2	1	1	
等级运动员	55	9					10	13	10	1
#女性	30	6					4	4	1	1
一　级	2	1						5	1	1
二　级	53	8					10	8	9	

单位：人

体育舞蹈	健美	健身气功	轮滑	跳伞	拔河	毽球	健身秧歌	电子竞技	信鸽	航模	定向
10	3	6		1	1	7	2	6	30	5	2
4	1	3		1		3	2				1
	1										
2	1				1		1	1			
8	1	6		1		7	1	5	30	5	2
										1	
										1	

15-24 体育彩票发行情况

年　度	本年度全市体育彩票发行额（万元）	本年度全省体育彩票发行额（万元）	全市体育彩票网点数（个）	全市体育彩票发行额在全省占比（%）
2005年	8106	38877	354	20.85
2006年	12269	55930	376	21.94
2007年	12984	50780	392	25.57
2008年	27276	92377	409	29.53
2009年	22230	80709	470	27.54
2010年	26391	82260	475	32.08
2011年	35297	96358	520	36.00

15-25 婚姻登记情况

指　标	结婚登记数（对）	初婚人数（人）	再婚人数（人）	# 女	再婚中恢复结婚（对）	离婚登记数（对）
总　计	**35246**	**66475**	**4017**	**1956**	**707**	**4856**
1. 市区小计	**27286**	**51368**	**3204**	**1540**	**651**	**4188**
市本级	8	11	5	2		3
小店区	8329	15618	1040	590	580	882
迎泽区	5419	10402	436	185	33	955
杏花岭区	3767	7534				665
尖草坪区	2699	5114	284	142		565
万柏林区	5119	9005	1233	573	26	847
晋源区	1945	3684	206	48	12	271
2. 县(市)级	**7960**	**15107**	**813**	**416**	**56**	**668**
清徐县	2506	4706	306	171	31	209
阳曲县	1563	2918	208	120	13	108
娄烦县	1374	2698	50			145
古交市	2517	4785	249	125	12	206

15-26　社会救济、收养对象情况

单位：人

指　标	城市居民最低生活保障人数	农村居民最低生活保障人数	农村集中五保供养人数	农村分散五保供养人数	收养类单位数(个)	收养类单位床位数(张)	收养类单位在院人数
总　计	57355	44825	3496	777	41	5197	4387
1. 市区小计	34764	17749	547	343	20	1741	1107
本　级					5	474	392
小店区	1951	1445	111	57	2	260	106
迎泽区	4085	832	11	18	1	100	60
杏花岭区	13452	1340	67	12	4	277	168
尖草坪区	6281	2612	64	235	4	290	66
万柏林区	5739	4862	65	21	2	90	86
晋源区	3256	6658	229		2	250	229
2. 县（市）区	22591	27076	2949	434	21	3456	3280
清徐县	2959	3193	520	113	5	633	633
阳曲县	5810	6516	1120	149	10	1269	1269
娄烦县	4710	11355	975		5	1050	1044
古交市	9112	6012	334	172	1	504	334

15-27 优抚对象优待抚恤情况

单位：人、户

指 标	抚恤、补助优抚对象人数	定期抚恤人数	定期补助人数	伤残人数	优待优抚对象户数	优抚对象享受医保人数
总 计	8989	319	5135	3535	5807	6414
1. 市区小计	4539	173	1359	3007	3564	2039
小店区	956		294	662	890	956
迎泽区	1021	45	164	812	1021	
杏花岭区	885	33	188	664	370	
尖草坪区	430	24	117	289	430	447
万柏林区	657	23	215	419	263	636
晋源区	590	48	381	161	590	
2. 县(市)区	4450	146	3776	528	2243	4375
清徐县	2515	77	2254	184	205	2500
阳曲县	1018	15	872	131	1018	958
娄烦县	570	40	441	89	673	570
古交市	347	14	209	124	347	347

第十六篇

县（市、区）经济概况

XIANSHIQUJINGJIGAIKUANG

资料整理、审核

张妙莲

16-1 小店区国民经济主要指标

指　标	单　位	2011
一、乡村基本情况		
乡(镇)及农业街办个数	个	6
#建制镇个数	个	1
镇区占地面积	公顷	98
镇区总人口	人	5200
村民委员会个数	个	61
#自来水受益村	个	61
通电话的村	个	61
通有线电视的村	个	61
二、人口与就业		
年末总人口	万人	60.9
#女	万人	30.4
乡村人口	万人	10.9
年末总户数	户	152052
#乡村户数	户	34201
年末单位从业人员数	人	12606
#女	人	7548
#第二产业	人	1397
第三产业	人	11093
乡村从业人员数	人	59663
#农林牧渔业	人	30170
城镇登记失业人员数	人	200
三、综合经济		
(一)地区生产总值	万元	2628995.8

16-1 续表 1-1

指　标	单　位	2011
第一产业增加值	万元	70775.8
农业	万元	53340
林业	万元	2375.1
牧业	万元	13037.2
渔业	万元	66.1
农林牧渔服务业	万元	1957.4
第二产业增加值	万元	695163
# 工业	万元	156298
第三产业增加值	万元	1863057
(二)财政、金融		
财政总收入	万元	280604
# 地方财政一般预算收入	万元	153659
# 各项税收	万元	138485
地方财政一般预算支出	万元	193972
# 农林水事务支出	万元	17672
科学技术支出	万元	2682
医疗卫生支出	万元	11204
教育支出	万元	44734
四、农业		
(一)生产条件		
农业机械总动力	万千瓦特	17
化肥使用量(折纯量)	吨	3171
农药使用量	吨	63
地膜使用量	吨	50

16-1 续表 1-2

指　标	单　位	2011
有效灌溉面积	公顷	10600
机电排灌面积	公顷	9310
(二)农作物总播种面积	公顷	15175
粮食作物播种面积	公顷	9855.5
# 小麦	公顷	420.9
玉米	公顷	8974.9
大豆	公顷	40.1
油料播种面积	公顷	0.3
棉花播种面积	公顷	7.3
蔬菜播种面积	公顷	5270.4
粮食总产量	吨	72947
# 小麦	吨	2176
玉米	吨	70024
大豆	吨	61
油料产量	吨	1
棉花产量	吨	13
水果产量	吨	1669
肉类总产量	吨	5550
# 猪肉产量	吨	3013
年末生猪存栏	头	20393
奶类产量	吨	41195
禽蛋产量	吨	4725
蔬菜产量	吨	290212
水产品产量	吨	111

16-1 续表 1-3

指 标	单 位	2011
五、工业		
规模以上工业企业:		
工业企业数	个	45
工业总产值(现价)	万元	554369.2
内资企业	万元	528442.1
港、澳、台商投资企业	万元	10045
外商投资企业	万元	15882.1
从业人员年平均数	人	10620
流动资产合计	万元	357340.5
固定资产净值	万元	125974.3
主营业务收入	万元	572348.2
# 主营业务税金及附加	万元	1697.6
本年应交增值税	万元	10516.5
利润总额	万元	21325.5
六、交通运输、邮电通讯、能源		
境内公路里程	公里	337.3
# 高等级公路	公里	82.9
境内铁路营业里程	公里	9
七、贸易、外经		
社会消费品零售总额	万元	2939904
限额以上批发和零售业商品销售总额	万元	9389853.2
出口总额	万美元	13500
当年实际使用外资金额	万美元	11428.7
八、固定资产投资		

16-1 续表 1-4

指 标	单 位	2011
固定资产投资(不含农户)完成情况	万元	2112015
城镇新增固定资产	万元	705348
房地产开发投资完成额	万元	997616
#住宅	万元	807096
九、教育、科技、文化、卫生		
普通中学数	所	42
小学数	所	72
普通中学专任教师数	人	3101
小学专任教师数	人	2262
普通中学在校学生数	人	42215
#女生	人	21333
小学在校学生数	人	44406
#女生	人	21089
学龄儿童入学率	%	100
全年专利申请数	件	1306
#全年专利授权数	件	568
体育场馆数	个	2
剧场、影剧院数	个	1
公共图书馆图书总藏量	千册	80
医院、卫生院数	所	52
医院、卫生院床位数	床	3459
医院、卫生院卫生技术人员数	人	3613
#职业(助理)医师	人	1227
卫生防疫人员数	人	29

16-1 续表 1-5

指　标	单　位	2011
十、人民生活		
城镇在岗职工年平均人数	人	12479
城镇在岗职工工资总额	万元	33177.1
农村居民人均纯收入	元	12022
农村居民人均生活消费支出	元	9041
十一、社会保障		
各种社会福利收养性单位数	个	2
各种社会福利收养性单位床位数	床	260
参加城镇基本养老保险人数	人	52096
参加城镇基本医疗保险人数	人	146791
参加失业保险人数	人	25619
城镇居民最低生活保障人数	人	1951
农村居民最低生活保障人数	人	1445
农村五保供养人数	人	57
参加农村新型合作医疗人数	人	144351
参加农村社会养老保险人数	人	67116
十二、资源		
行政区域土地面积	平方公里	295
# 建成区面积	平方公里	62.1
森林面积	公顷	1080
当年造林面积	公顷	193
年末耕地总资源	公顷	11333
# 水浇地	公顷	10600
年内减少耕地面积	公顷	180

16-2 迎泽区国民经济主要指标

指　标	单　位	2011
一、乡村基本情况		
乡(镇)及农业街办个数	个	1
#建制镇个数	个	1
镇区占地面积	公顷	600
镇区总人口	人	29312
村民委员会个数	个	28
#自来水受益村	个	28
通电话的村	个	28
通有线电视的村	个	18
二、人口与就业		
年末总人口	万人	52
#女	万人	26.5
乡村人口	万人	2.5
年末总户数	户	144661
#乡村户数	户	8915
年末单位从业人员数	人	10977
#女	人	6291
#第二产业	人	2243
第三产业	人	8732
乡村从业人员数	人	13053
#农林牧渔业	人	1414
城镇登记失业人员数	人	5747
三、综合经济		
(一)地区生产总值	万元	3664983.9
第一产业增加值	万元	3460.9
农业	万元	147.3
林业	万元	2965.9

16-2 续表 1-1

指　标	单　位	2011
牧业	万元	327.1
渔业	万元	20.6
第二产业增加值	万元	558182
#工业	万元	267036
第三产业增加值	万元	3103341
(二)财政、金融		
财政总收入	万元	184114
#地方财政一般预算收入	万元	91326
#各项税收	万元	85712
地方财政一般预算支出	万元	114283
#农林水事务支出	万元	5464
科学技术支出	万元	1247
医疗卫生支出	万元	7911
教育支出	万元	32966
四、农业		
(一)生产条件		
农业机械总动力	万千瓦特	1
化肥使用量(折纯量)	吨	3
农药使用量	吨	1
地膜使用量	吨	1
有效灌溉面积	公顷	40
(二)农作物总播种面积	公顷	250.9
粮食作物播种面积	公顷	245.7
#玉米	公顷	94.8
大豆	公顷	7.4
油料播种面积	公顷	0.5
蔬菜播种面积	公顷	4.7

16–2 续表 1–2

指 标	单 位	2011
粮食总产量	吨	376
#玉米	吨	165
大豆	吨	4
水果产量	吨	175
肉类总产量	吨	415
#猪肉产量	吨	356
年末生猪存栏	头	4709
奶类产量	吨	40
禽蛋产量	吨	184
蔬菜产量	吨	120
水产品产量	吨	40
五、工业		
规模以上工业企业:		
工业企业数	个	15
工业总产值(现价)	万元	505688.1
内资企业	万元	475644.5
外商投资企业	万元	30043.6
从业人员年平均数	人	7439
流动资产合计	万元	414777.2
固定资产净值	万元	286187.9
主营业务收入	万元	499124.5
#主营业务税金及附加	万元	132458
本年应交增值税	万元	37375.8
利润总额	万元	14465
六、交通运输、邮电通讯、能源		
境内公路里程	公里	68.1
#高等级公路	公里	3.9

16–2 续表 1–3

指标	单位	2011
境内铁路营业里程	公里	7
七、贸易、外经		
社会消费品零售总额	万元	2240338
限额以上批发和零售业商品销售总额	万元	4490540.8
八、固定资产投资		
固定资产投资(不含农户)完成情况	万元	792897
城镇新增固定资产	万元	477584
房地产开发投资完成额	万元	442846
#住宅	万元	340453
九、教育、科技、文化、卫生		
普通中学数	所	21
小学数	所	36
普通中学专任教师数	人	2267
小学专任教师数	人	1909
普通中学在校学生数	人	32599
#女生	人	16115
小学在校学生数	人	32908
#女生	人	15922
学龄儿童入学率	%	100
全年专利申请数	件	1102
#全年专利授权数	件	493
体育场馆数	个	1
剧场、影剧院数	个	8
医院、卫生院数	所	50
医院、卫生院床位数	床	7781
医院、卫生院卫生技术人员数	人	8704
#职业(助理)医师	人	2964

16-2 续表 1-4

指　标	单　位	2011
卫生防疫人员数	人	387
十、人民生活		
城镇在岗职工年平均人数	人	10944
城镇在岗职工工资总额	万元	29865.8
农村居民人均纯收入	元	11757
农村居民人均生活消费支出	元	6179
十一、社会保障		
各种社会福利收养性单位数	个	1
各种社会福利收养性单位床位数	床	100
参加城镇基本养老保险人数	人	38817
参加城镇基本医疗保险人数	人	107523
参加失业保险人数	人	16776
城镇居民最低生活保障人数	人	4085
农村居民最低生活保障人数	人	832
农村五保供养人数	人	18
参加农村新型合作医疗人数	人	21561
参加农村社会养老保险人数	人	13392
十二、资源		
行政区域土地面积	平方公里	117
#建成区面积	平方公里	20.1
森林面积	公顷	1613
当年造林面积	公顷	887
年末耕地总资源	公顷	726
#水浇地	公顷	40
年内减少耕地面积	公顷	5

16-3 杏花岭区国民经济主要指标

指标	单位	2011
一、乡村基本情况		
乡(镇)及农业街办个数	个	3
村民委员会个数	个	38
#自来水受益村	个	38
通电话的村	个	38
通有线电视的村	个	17
二、人口与就业		
年末总人口	万人	58.8
#女	万人	28.7
乡村人口	万人	3.1
年末总户数	户	168660
#乡村户数	户	10977
年末单位从业人员数	人	18489
#女	人	10045
#第二产业	人	4030
第三产业	人	14459
乡村从业人员数	人	16006
#农林牧渔业	人	3841
三、综合经济		
(一)地区生产总值	万元	3316777.9
第一产业增加值	万元	6153.9
农业	万元	509
林业	万元	4474.9
牧业	万元	1170
第二产业增加值	万元	790057
#工业	万元	251117
第三产业增加值	万元	2520567

16-3 续表 1-1

指　标	单　位	2011
（二）财政、金融		
财政总收入	万元	188506
#地方财政一般预算收入	万元	100738
#各项税收	万元	93714
地方财政一般预算支出	万元	141513
#农林水事务支出	万元	7451
科学技术支出	万元	2153
医疗卫生支出	万元	7427
教育支出	万元	40537
四、农业		
（一）生产条件		
农业机械总动力	万千瓦特	1.7
化肥使用量（折纯量）	吨	30
农药使用量	吨	14
地膜使用量	吨	5
有效灌溉面积	公顷	150
机电排灌面积	公顷	150
（二）农作物总播种面积	公顷	727.1
粮食作物播种面积	公顷	653.6
#玉米	公顷	358.9
大豆	公顷	43.1
油料播种面积	公顷	5.3
蔬菜播种面积	公顷	68.2
粮食总产量	吨	798
#玉米	吨	467
大豆	吨	43

16-3 续表 1-2

指 标	单 位	2011
油料产量	吨	5
水果产量	吨	1257
肉类总产量	吨	1581
#猪肉产量	吨	1378
年末生猪存栏	头	21874
奶类产量	吨	43
禽蛋产量	吨	679
蔬菜产量	吨	1488
五、工业		
规模以上工业企业:		
工业企业数	个	39
工业总产值(现价)	万元	763169.2
内资企业	万元	755134.3
外商投资企业	万元	8034.9
从业人员年平均数	人	18155
流动资产合计	万元	658952.3
固定资产净值	万元	327787.3
主营业务收入	万元	654462.8
#主营业务税金及附加	万元	4564.1
本年应交增值税	万元	25093.7
利润总额	万元	9510
六、交通运输、邮电通讯、能源		
境内公路里程	公里	135
#高等级公路	公里	37.1
境内铁路营业里程	公里	11
七、贸易、外经		

16-3 续表 1-3

指　标	单　位	2011
社会消费品零售总额	万元	1026636
限额以上批发和零售业商品销售总额	万元	6595677.2
当年实际使用外资金额	万美元	759.3
八、固定资产投资		
固定资产投资(不含农户)完成情况	万元	1156028
城镇新增固定资产	万元	416334
房地产开发投资完成额	万元	647372
#住宅	万元	437375
九、教育、科技、文化、卫生		
普通中学数	所	42
小学数	所	57
普通中学专任教师数	人	3172
小学专任教师数	人	2137
普通中学在校学生数	人	43974
#女生	人	21563
小学在校学生数	人	40280
#女生	人	19500
学龄儿童入学率	%	100
全年专利申请数	件	704
#全年专利授权数	件	351
体育场馆数	个	1
剧场、影剧院数	个	2
公共图书馆图书总藏量	千册	100
医院、卫生院数	所	29
医院、卫生院床位数	床	7117
医院、卫生院卫生技术人员数	人	8555

16-3 续表 1-4

指　标	单　位	2011
#职业(助理)医师	人	3302
卫生防疫人员数	人	152
十、人民生活		
城镇在岗职工年平均人数	人	17817
城镇在岗职工工资总额	万元	63826
农村居民人均纯收入	元	10325
农村居民人均生活消费支出	元	6283
十一、社会保障		
各种社会福利收养性单位数	个	4
各种社会福利收养性单位床位数	床	277
参加城镇基本养老保险人数	人	48121
参加城镇基本医疗保险人数	人	123268
参加失业保险人数	人	36966
城镇居民最低生活保障人数	人	13452
农村居民最低生活保障人数	人	1340
农村五保供养人数	人	12
参加农村新型合作医疗人数	人	29050
参加农村社会养老保险人数	人	18622
十二、资源		
行政区域土地面积	平方公里	170
#建成区面积	平方公里	29.4
森林面积	公顷	1527
当年造林面积	公顷	1340
年末耕地总资源	公顷	948
#水浇地	公顷	150
年内减少耕地面积	公顷	15

16-4 尖草坪区国民经济主要指标

指　标	单　位	2011
一、乡村基本情况		
乡(镇)及农业街办个数	个	13
#建制镇个数	个	2
镇区占地面积	公顷	182
镇区总人口	人	13125
村民委员会个数	个	88
#自来水受益村	个	88
通电话的村	个	88
通有线电视的村	个	88
二、人口与就业		
年末总人口	万人	35.7
#女	万人	17
乡村人口	万人	10.9
年末总户数	户	103658
#乡村户数	户	35695
年末单位从业人员数	人	21164
#女	人	10296
#第二产业	人	11971
第三产业	人	9118
乡村从业人员数	人	52870
#农林牧渔业	人	16368
城镇登记失业人员数	人	700
三、综合经济		
(一)地区生产总值	万元	2677578.6
第一产业增加值	万元	23499.6
农业	万元	15732.6
林业	万元	2779.7
牧业	万元	4625.6

16-4 续表 1-1

指 标	单 位	2011
渔业	万元	88.9
农林牧渔服务业	万元	272.8
第二产业增加值	万元	2201223
# 工业	万元	2019972
第三产业增加值	万元	452856
(二)财政、金融		
财政总收入	万元	106721
# 地方财政一般预算收入	万元	50761
# 各项税收	万元	46098
地方财政一般预算支出	万元	83685
# 农林水事务支出	万元	4817
科学技术支出	万元	867
医疗卫生支出	万元	7589
教育支出	万元	23772
年末金融机构各项存款余额	万元	
# 城乡居民储蓄存款余额	万元	
年末金融机构各项贷款余额	万元	
四、农业		
(一)生产条件		
农业机械总动力	万千瓦特	3.7
化肥使用量(折纯量)	吨	1548
农药使用量	吨	41
地膜使用量	吨	57
有效灌溉面积	公顷	4720
机电排灌面积	公顷	3720
(二)农作物总播种面积	公顷	6211.7
粮食作物播种面积	公顷	4903.4
# 玉米	公顷	3787.9

16-4 续表 1-2

指　标	单　位	2011
大豆	公顷	373.4
油料播种面积	公顷	45.1
蔬菜播种面积	公顷	1170.5
粮食总产量	吨	13576
# 玉米	吨	12444
大豆	吨	274
油料产量	吨	48
水果产量	吨	18531
肉类总产量	吨	4637
# 猪肉产量	吨	4039
年末生猪存栏	头	28151
奶类产量	吨	5603
禽蛋产量	吨	2186
蔬菜产量	吨	76227
水产品产量	吨	146
五、工业		
规模以上工业企业:		
工业企业数	个	53
工业总产值(现价)	万元	8719198
内资企业	万元	8613991.2
外商投资企业	万元	105206.8
从业人员年平均数	人	50047
流动资产合计	万元	3696067.3
固定资产净值	万元	4039380.5
主营业务收入	万元	10539437.4
# 主营业务税金及附加	万元	33358.4
本年应交增值税	万元	232941.9
利润总额	万元	246614.4

16-4 续表 1-3

指　标	单　位	2011
六、交通运输、邮电通讯、能源		
境内公路里程	公里	188.1
#高等级公路	公里	41.9
境内铁路营业里程	公里	30
七、贸易、外经		
社会消费品零售总额	万元	530013
限额以上批发和零售业商品销售总额	万元	5109631.4
八、固定资产投资		
固定资产投资(不含农户)完成情况	万元	805138
城镇新增固定资产	万元	289155
房地产开发投资完成额	万元	91055
#住宅	万元	91030
九、教育、科技、文化、卫生		
普通中学数	所	22
小学数	所	61
普通中学专任教师数	人	1544
小学专任教师数	人	1515
普通中学在校学生数	人	19680
#女生	人	9869
小学在校学生数	人	21715
#女生	人	10400
学龄儿童入学率	%	100
全年专利申请数	件	1302
#全年专利授权数	件	567
体育场馆数	个	1
剧场、影剧院数	个	1
公共图书馆图书总藏量	千册	64.5
医院、卫生院数	所	18

16-4 续表 1-4

指 标	单 位	2011
医院、卫生院床位数	床	1992
医院、卫生院卫生技术人员数	人	1767
#职业（助理）医师	人	737
卫生防疫人员数	人	105
十、人民生活		
城镇在岗职工年平均人数	人	19138
城镇在岗职工工资总额	万元	45700.5
农村居民人均纯收入	元	8496
农村居民人均生活消费支出	元	4728
十一、社会保障		
各种社会福利收养性单位数	个	4
各种社会福利收养性单位床位数	床	290
参加城镇基本养老保险人数	人	47501
参加城镇基本医疗保险人数	人	74526
参加失业保险人数	人	29060
城镇居民最低生活保障人数	人	6281
农村居民最低生活保障人数	人	2612
农村五保供养人数	人	235
参加农村新型合作医疗人数	人	104019
参加农村社会养老保险人数	人	65094
十二、资源		
行政区域土地面积	平方公里	285
#建成区面积	平方公里	54.4
森林面积	公顷	4173
当年造林面积	公顷	1067
年末耕地总资源	公顷	5040
#水浇地	公顷	4720
年内减少耕地面积	公顷	2

16-5 万柏林区国民经济主要指标

指 标	单 位	2011
一、乡村基本情况		
乡(镇)及农业街办个数	个	9
村民委员会个数	个	50
#自来水受益村	个	32
通电话的村	个	50
通有线电视的村	个	26
二、人口与就业		
年末总人口	万人	56.5
#女	万人	26.6
乡村人口	万人	4.1
年末总户数	户	146478
#乡村户数	户	14019
年末单位从业人员数	人	17598
#女	人	9601
#第二产业	人	6723
第三产业	人	10875
乡村从业人员数	人	19507
#农林牧渔业	人	4522
城镇登记失业人员数	人	19790
三、综合经济		
(一)地区生产总值	万元	3347162.1
第一产业增加值	万元	7523.1
农业	万元	942.8
林业	万元	3994.7
牧业	万元	814.1
渔业	万元	10.5

16-5 续表 1-1

指　标	单　位	2011
农林牧渔服务业	万元	1761
第二产业增加值	万元	2530321
#工业	万元	1915252
第三产业增加值	万元	809318
(二)财政、金融		
财政总收入	万元	130356
#地方财政一般预算收入	万元	70328
#各项税收	万元	64188
地方财政一般预算支出	万元	115923
#农林水事务支出	万元	4705
科学技术支出	万元	1045
医疗卫生支出	万元	8785
教育支出	万元	31219
四、农业		
(一)生产条件		
农业机械总动力	万千瓦特	4
化肥使用量(折纯量)	吨	41
农药使用量	吨	1
地膜使用量	吨	1
有效灌溉面积	公顷	1340
机电排灌面积	公顷	1020
(二)农作物总播种面积	公顷	1017.9
粮食作物播种面积	公顷	898.6
#玉米	公顷	643.4
蔬菜播种面积	公顷	60.7
粮食总产量	吨	1183

16-5 续表 1-2

指　标	单　位	2011
#玉米	吨	919
水果产量	吨	328
肉类总产量	吨	809
#猪肉产量	吨	753
年末生猪存栏	头	9346
奶类产量	吨	308
禽蛋产量	吨	411
蔬菜产量	吨	4624
水产品产量	吨	17
五、工业		
规模以上工业企业:		
工业企业数	个	37
工业总产值(现价)	万元	6100378.7
内资企业	万元	6100378.7
从业人员年平均数	人	132728
流动资产合计	万元	5846191
固定资产净值	万元	2523019.2
主营业务收入	万元	5674217.8
#主营业务税金及附加	万元	62936.8
本年应交增值税	万元	362007.7
利润总额	万元	219181.4
六、交通运输、邮电通讯、能源		
境内公路里程	公里	190.1
#高等级公路	公里	37.8
境内铁路营业里程	公里	5
七、贸易、外经		

16-5 续表 1-3

指　标	单　位	2011
社会消费品零售总额	万元	1429397
限额以上批发和零售业商品销售总额	万元	2316904.1
当年实际使用外资金额	万美元	735
八、固定资产投资		
固定资产投资(不含农户)完成情况	万元	1473400
城镇新增固定资产	万元	393459
房地产开发投资完成额	万元	435024
#住宅	万元	365855
九、教育、科技、文化、卫生		
普通中学数	所	29
小学数	所	57
普通中学专任教师数	人	2529
小学专任教师数	人	3106
普通中学在校学生数	人	30555
#女生	人	15776
小学在校学生数	人	43233
#女生	人	20804
学龄儿童入学率	%	100
全年专利申请数	件	1401
#全年专利授权数	件	686
体育场馆数	个	3
剧场、影剧院数	个	2
公共图书馆图书总藏量	千册	20
医院、卫生院数	所	32
医院、卫生院床位数	床	3725
医院、卫生院卫生技术人员数	人	5111

16-5 续表 1-4

指　标	单　位	2011
#职业(助理)医师	人	1822
卫生防疫人员数	人	33
十、人民生活		
城镇在岗职工年平均人数	人	17639
城镇在岗职工工资总额	万元	46240.5
农村居民人均纯收入	元	12435
农村居民人均生活消费支出	元	7670
十一、社会保障	—	
各种社会福利收养性单位数	个	2
各种社会福利收养性单位床位数	床	90
参加城镇基本养老保险人数	人	34856
参加城镇基本医疗保险人数	人	126845
参加失业保险人数	人	26901
城镇居民最低生活保障人数	人	5739
农村居民最低生活保障人数	人	4862
农村五保供养人数	人	21
参加农村新型合作医疗人数	人	79577
参加农村社会养老保险人数	人	33769
十二、资源		
行政区域土地面积	平方公里	305
#建成区面积	平方公里	47.6
森林面积	公顷	6427
当年造林面积	公顷	2440
年末耕地总资源	公顷	1772
#水浇地	公顷	1340
年内减少耕地面积	公顷	14

16-6 晋源区国民经济主要指标

指　标	单　位	2011
一、乡村基本情况		
乡(镇)及农业街办个数	个	6
#建制镇个数	个	3
镇区占地面积	公顷	330
镇区总人口	人	14679
村民委员会个数	个	90
#自来水受益村	个	90
通电话的村	个	90
通有线电视的村	个	90
二、人口与就业		
年末总人口	万人	19.9
#女	万人	9.9
乡村人口	万人	12.7
年末总户数	户	60299
#乡村户数	户	40018
年末单位从业人员数	人	4732
#女	人	2765
#第二产业	人	201
第三产业	人	4531
乡村从业人员数	人	66433
#农林牧渔业	人	26470
城镇登记失业人员数	人	848
三、综合经济		
(一)地区生产总值	万元	539936
第一产业增加值	万元	25899
农业	万元	17712
林业	万元	2034
牧业	万元	4589.7

16-6 续表 1-1

指 标	单 位	2011
渔业	万元	1184.6
农林牧渔服务业	万元	378.7
第二产业增加值	万元	290900
#工业	万元	236300
第三产业增加值	万元	223137
(二)财政、金融		
财政总收入	万元	54167
#地方财政一般预算收入	万元	28337
#各项税收	万元	24217
地方财政一般预算支出	万元	56907
#农林水事务支出	万元	4001
科学技术支出	万元	528
医疗卫生支出	万元	6180
教育支出	万元	14597
四、农业		
(一)生产条件		
农业机械总动力	万千瓦特	16.7
化肥使用量(折纯量)	吨	1221
农药使用量	吨	47
地膜使用量	吨	91
有效灌溉面积	公顷	3880
机电排灌面积	公顷	3200
(二)农作物总播种面积	公顷	5490.1
粮食作物播种面积	公顷	3384.4
#稻谷	公顷	168.7
小麦	公顷	128.7
玉米	公顷	2837.9

16-6 续表 1-2

指 标	单 位	2011
大豆	公顷	93.6
蔬菜播种面积	公顷	2105.7
粮食总产量	吨	20688
# 稻谷	吨	999
小麦	吨	669
玉米	吨	18200
大豆	吨	128
水果产量	吨	2336
肉类总产量	吨	2855
# 猪肉产量	吨	2122
年末生猪存栏	头	16787
奶类产量	吨	13585
禽蛋产量	吨	3467
蔬菜产量	吨	147956
水产品产量	吨	1305
五、工业		
规模以上工业企业：		
工业企业数	个	20
工业总产值(现价)	万元	773416.7
内资企业	万元	773416.7
从业人员年平均数	人	14304
流动资产合计	万元	613677.2
固定资产净值	万元	487570.9
主营业务收入	万元	881848.2
# 主营业务税金及附加	万元	428.1
本年应交增值税	万元	7745.2
利润总额	万元	-42624

16-6 续表 1-3

指 标	单 位	2011
六、交通运输、邮电通讯、能源		
境内公路里程	公里	201.2
#高等级公路	公里	60.8
境内铁路营业里程	公里	5
七、贸易、外经		
社会消费品零售总额	万元	179452
限额以上批发和零售业商品销售总额	万元	239264
八、固定资产投资		
固定资产投资(不含农户)完成情况	万元	588930
城镇新增固定资产	万元	368647
房地产开发投资完成额	万元	97655
#住宅	万元	97465
九、教育、科技、文化、卫生		
普通中学数	所	11
小学数	所	48
普通中学专任教师数	人	879
小学专任教师数	人	977
普通中学在校学生数	人	15161
#女生	人	7919
小学在校学生数	人	15262
#女生	人	7451
学龄儿童入学率	%	100
全年专利申请数	件	201
#全年专利授权数	件	101
公共图书馆图书总藏量	千册	5
医院、卫生院数	所	9
医院、卫生院床位数	床	422

16-6 续表 1-4

指 标	单 位	2011
医院、卫生院卫生技术人员数	人	592
#职业(助理)医师	人	212
卫生防疫人员数	人	11
十、人民生活		
城镇在岗职工年平均人数	人	4440
城镇在岗职工工资总额	万元	14124.4
农村居民人均纯收入	元	8291
农村居民人均生活消费支出	元	8632
十一、社会保障		
各种社会福利收养性单位数	个	2
各种社会福利收养性单位床位数	床	250
参加城镇基本养老保险人数	人	11843
参加城镇基本医疗保险人数	人	18605
参加失业保险人数	人	6494
城镇居民最低生活保障人数	人	3256
农村居民最低生活保障人数	人	6658
参加农村新型合作医疗人数	人	113009
参加农村社会养老保险人数	人	73324
十二、资源		
行政区域土地面积	平方公里	288
#建成区面积	平方公里	24.4
森林面积	公顷	5247
当年造林面积	公顷	800
年末耕地总资源	公顷	5011
#水田	公顷	360
水浇地	公顷	3520
年内减少耕地面积	公顷	58

16-7 清徐县国民经济主要指标

指 标	单 位	2011
一、乡村基本情况		
乡(镇)及农业街办个数	个	9
#建制镇个数	个	4
镇区占地面积	公顷	746
镇区总人口	人	39079
村民委员会个数	个	188
#自来水受益村	个	188
通电话的村	个	188
通有线电视的村	个	69
二、人口与就业		
年末总人口	万人	31.6
#女	万人	15.8
乡村人口	万人	25
年末总户数	户	109998
#乡村户数	户	84718
年末单位从业人员数	人	11100
#女	人	5247
#第二产业	人	875
第三产业	人	10141
乡村从业人员数	人	114174
#农林牧渔业	人	67327
城镇登记失业人员数	人	614
三、综合经济		
(一)地区生产总值	万元	1141918.2
第一产业增加值	万元	114443.2
农业	万元	88604.1

16-7 续表 1-1

指　标	单　位	2011
林业	万元	1910.9
牧业	万元	20063.2
渔业	万元	641
农林牧渔服务业	万元	3224
第二产业增加值	万元	766801
#工业	万元	724586
第三产业增加值	万元	260674
(二)财政、金融		
财政总收入	万元	177939
#地方财政一般预算收入	万元	98142
#各项税收	万元	35939
地方财政一般预算支出	万元	166941
#农林水事务支出	万元	22907
科学技术支出	万元	1352
医疗卫生支出	万元	12553
教育支出	万元	33417
年末金融机构各项存款余额	万元	1165698
#城乡居民储蓄存款余额	万元	866927.4
年末金融机构各项贷款余额	万元	722172.1
四、农业		
(一)生产条件		
农业机械总动力	万千瓦特	33.4
化肥使用量(折纯量)	吨	11930
农药使用量	吨	455
地膜使用量	吨	648
有效灌溉面积	公顷	24530

16-7 续表 1-2

指　标	单　位	2011
机电排灌面积	公顷	18600
(二)农作物总播种面积	公顷	30915.5
粮食作物播种面积	公顷	20723.1
# 小麦	公顷	680.8
玉米	公顷	18332
大豆	公顷	599.1
油料播种面积	公顷	46.8
棉花播种面积	公顷	89
蔬菜播种面积	公顷	9764.1
粮食总产量	吨	117043
# 小麦	吨	3622
玉米	吨	104885
大豆	吨	899
油料产量	吨	78
棉花产量	吨	126
水果产量	吨	40566
肉类总产量	吨	19470
# 猪肉产量	吨	15596
年末生猪存栏	头	111901
奶类产量	吨	20199
禽蛋产量	吨	5514
蔬菜产量	吨	626945
水产品产量	吨	1321
五、工业		
规模以上工业企业:		
工业企业数	个	79

16-7 续表 1-3

指　标	单　位	2011
工业总产值(现价)	万元	2286055.5
内资企业	万元	2024770.2
外商投资企业	万元	261285.3
从业人员年平均数	人	21381
流动资产合计	万元	1764202.5
固定资产净值	万元	866925.9
主营业务收入	万元	2407447.9
#主营业务税金及附加	万元	7813.4
本年应交增值税	万元	62664.9
利润总额	万元	-9366.1
六、交通运输、邮电通讯、能源		
境内公路里程	公里	519.9
#高等级公路	公里	48.9
境内铁路营业里程	公里	15
民用汽车拥有量	辆	35369
固定电话年末用户	户	54176
#农村电话用户	户	29926
移动电话年末用户数	户	637858
互联网宽带接入用户	户	30762
全社会用电量	万千瓦时	76449.8
#工业用电量	万千瓦时	53895.3
居民生活用电量	万千瓦时	11461
七、贸易、外经		
社会消费品零售总额	万元	298630.3
限额以上批发和零售业商品销售总额	万元	514866.2
出口总额	万美元	27455

16-7 续表 1-4

指 标	单 位	2011
八、固定资产投资		
固定资产投资(不含农户)完成情况	万元	606322
城镇新增固定资产	万元	279540
房地产开发投资完成额	万元	21871
#住宅	万元	16740
九、教育、科技、文化、卫生		
普通中学数	所	21
小学数	所	116
普通中学专任教师数	人	1732
小学专任教师数	人	1565
普通中学在校学生数	人	25856
#女生	人	13091
小学在校学生数	人	24236
#女生	人	11828
学龄儿童入学率	%	100
全年专利申请数	件	302
#全年专利授权数	件	150
体育场馆数	个	1
剧场、影剧院数	个	1
公共图书馆图书总藏量	千册	101.7
医院、卫生院数	所	14
医院、卫生院床位数	床	640
医院、卫生院卫生技术人员数	人	409
#职业(助理)医师	人	175
卫生防疫人员数	人	17

16-7 续表 1-5

指　标	单　位	2011
十、人民生活		
城镇在岗职工年平均人数	人	11091
城镇在岗职工工资总额	万元	31641
农村居民人均纯收入	元	10251
农村居民人均生活消费支出	元	5108
十一、社会保障		
各种社会福利收养性单位数	个	5
各种社会福利收养性单位床位数	床	633
参加城镇基本养老保险人数	人	23366
参加城镇基本医疗保险人数	人	36266
参加失业保险人数	人	13818
城镇居民最低生活保障人数	人	2959
农村居民最低生活保障人数	人	3193
农村五保供养人数	人	113
参加农村新型合作医疗人数	人	249435
参加农村社会养老保险人数	人	155954
十二、资源		
行政区域土地面积	平方公里	609
# 建成区面积	平方公里	8.2
森林面积	公顷	6100
当年造林面积	公顷	1267
年末耕地总资源	公顷	25691
# 水田	公顷	1080
水浇地	公顷	23450
年内减少耕地面积	公顷	117

16-8 阳曲县国民经济主要指标

指　标	单　位	2011
一、乡村基本情况		
乡(镇)及农业街办个数	个	10
#建制镇个数	个	4
镇区占地面积	公顷	695
镇区总人口	人	38375
村民委员会个数	个	124
#自来水受益村	个	108
通电话的村	个	124
通有线电视的村	个	40
二、人口与就业		
年末总人口	万人	14.8
#女	万人	7.1
乡村人口	万人	11.3
年末总户数	户	59828
#乡村户数	户	43528
年末单位从业人员数	人	7167
#女	人	2700
#第二产业	人	1915
第三产业	人	4989
乡村从业人员数	人	53210
#农林牧渔业	人	29130
城镇登记失业人员数	人	319
三、综合经济		
(一)地区生产总值	万元	285268.2
第一产业增加值	万元	31820.2

16-8 续表 1-1

指 标	单 位	2011
农业	万元	20127.2
林业	万元	2297.6
牧业	万元	8163.6
渔业	万元	15
农林牧渔服务业	万元	1216.8
第二产业增加值	万元	159606
#工业	万元	156109
第三产业增加值	万元	93842
(二)财政、金融		
财政总收入	万元	46443
#地方财政一般预算收入	万元	25267
#各项税收	万元	18539
地方财政一般预算支出	万元	76635
#农林水事务支出	万元	13392
科学技术支出	万元	543
医疗卫生支出	万元	7768
教育支出	万元	13804
年末金融机构各项存款余额	万元	372464.4
#城乡居民储蓄存款余额	万元	269322.8
年末金融机构各项贷款余额	万元	109159.2
四、农业		
(一)生产条件		
农业机械总动力	万千瓦特	16.4
化肥使用量(折纯量)	吨	8126
农药使用量	吨	184

16-8 续表 1-2

指　标	单　位	2011
地膜使用量	吨	905
有效灌溉面积	公顷	2070
机电排灌面积	公顷	1880
(二)农作物总播种面积	公顷	28336.8
粮食作物播种面积	公顷	23120
#玉米	公顷	16123.8
大豆	公顷	1759
油料播种面积	公顷	698.7
蔬菜播种面积	公顷	2651.8
粮食总产量	吨	65613
#玉米	吨	51846
大豆	吨	2767
油料产量	吨	550
水果产量	吨	3466
肉类总产量	吨	6090
#猪肉产量	吨	4696
年末生猪存栏	头	39994
奶类产量	吨	16263
禽蛋产量	吨	6473
蔬菜产量	吨	77551
水产品产量	吨	31
五、工业		
规模以上工业企业:		
工业企业数	个	20
工业总产值(现价)	万元	633323.6

16-8 续表 1-3

指　标	单　位	2011
内资企业	万元	579766.6
外商投资企业	万元	53557
从业人员年平均数	人	5020
流动资产合计	万元	253773.6
固定资产净值	万元	267659.2
主营业务收入	万元	584109.3
# 主营业务税金及附加	万元	1138.6
本年应交增值税	万元	11664.3
利润总额	万元	46009.1
六、交通运输、邮电通讯、能源		
境内公路里程	公里	735.9
# 高等级公路	公里	119.8
境内铁路营业里程	公里	70
民用汽车拥有量	辆	3843
固定电话年末用户	户	18146
# 农村电话用户	户	8239
移动电话年末用户数	户	264926
互联网宽带接入用户	户	10044
全社会用电量	万千瓦时	50731.3
# 工业用电量	万千瓦时	40971.6
居民生活用电量	万千瓦时	3315.8
七、贸易、外经		
社会消费品零售总额	万元	68025
限额以上批发和零售业商品销售总额	万元	71464
出口总额	万美元	560

16-8 续表 1-4

指　标	单　位	2011
当年实际使用外资金额	万美元	1175
八、固定资产投资		
固定资产投资(不含农户)完成情况	万元	158222
城镇新增固定资产	万元	140228
房地产开发投资完成额	万元	2255
#住宅	万元	1770
九、教育、科技、文化、卫生		
普通中学数	所	14
小学数	所	55
普通中学专任教师数	人	524
小学专任教师数	人	666
普通中学在校学生数	人	8286
#女生	人	4077
小学在校学生数	人	8714
#女生	人	4217
学龄儿童入学率	%	100
全年专利申请数	件	82
#全年专利授权数	件	31
体育场馆数	个	1
剧场、影剧院数	个	1
公共图书馆图书总藏量	千册	55
医院、卫生院数	所	14
医院、卫生院床位数	床	862
医院、卫生院卫生技术人员数	人	381
#职业(助理)医师	人	154

16-8 续表 1-5

指　标	单　位	2011
卫生防疫人员数	人	13
十、人民生活		
城镇在岗职工年平均人数	人	7127
城镇在岗职工工资总额	万元	21725.6
农村居民人均纯收入	元	4563
农村居民人均生活消费支出	元	3368
十一、社会保障		
各种社会福利收养性单位数	个	10
各种社会福利收养性单位床位数	床	1269
参加城镇基本养老保险人数	人	8032
参加城镇基本医疗保险人数	人	19299
参加失业保险人数	人	5880
城镇居民最低生活保障人数	人	5810
农村居民最低生活保障人数	人	6516
农村五保供养人数	人	149
参加农村新型合作医疗人数	人	107216
参加农村社会养老保险人数	人	68317
十二、资源		
行政区域土地面积	平方公里	2059
#建成区面积	平方公里	4.8
森林面积	公顷	26667
当年造林面积	公顷	2533
年末耕地总资源	公顷	28120
#水浇地	公顷	2070
年内减少耕地面积	公顷	124

16-9 娄烦县国民经济主要指标

指 标	单 位	2011
一、乡村基本情况		
乡(镇)及农业街办个数	个	8
#建制镇个数	个	3
镇区占地面积	公顷	530
镇区总人口	人	26264
村民委员会个数	个	142
#自来水受益村	个	127
通电话的村	个	142
通有线电视的村	个	127
二、人口与就业		
年末总人口	万人	12.7
#女	万人	6
乡村人口	万人	10.7
年末总户数	户	45658
#乡村户数	户	30871
年末单位从业人员数	人	5454
#女	人	1953
#第二产业	人	470
第三产业	人	4919
乡村从业人员数	人	49336
#农林牧渔业	人	34556
城镇登记失业人员数	人	726
三、综合经济		
(一)地区生产总值	万元	130707.1
第一产业增加值	万元	11229.1
农业	万元	6337.7
林业	万元	2263.7
牧业	万元	1932.3

16-9 续表 1-1

指　标	单　位	2011
渔业	万元	132.7
农林牧渔服务业	万元	562.7
第二产业增加值	万元	59462
#工业	万元	58672
第三产业增加值	万元	60016
(二)财政、金融		
财政总收入	万元	80497
#地方财政一般预算收入	万元	41841
#各项税收	万元	23166
地方财政一般预算支出	万元	74177
#农林水事务支出	万元	8894
科学技术支出	万元	632
医疗卫生支出	万元	5751
教育支出	万元	12506
年末金融机构各项存款余额	万元	348384.8
#城乡居民储蓄存款余额	万元	217099.3
年末金融机构各项贷款余额	万元	62379.4
四、农业		
(一)生产条件		
农业机械总动力	万千瓦特	9.9
化肥使用量(折纯量)	吨	824
农药使用量	吨	15
地膜使用量	吨	72
有效灌溉面积	公顷	750
机电排灌面积	公顷	280
(二)农作物总播种面积	公顷	11840
粮食作物播种面积	公顷	10176.1
#玉米	公顷	1334.4

16-9 续表 1-2

指　标	单　位	2011
大豆	公顷	1368.8
油料播种面积	公顷	1204.8
蔬菜播种面积	公顷	355.5
粮食总产量	吨	13777
# 玉米	吨	2409
大豆	吨	1732
油料产量	吨	1269
水果产量	吨	389
肉类总产量	吨	1976
# 猪肉产量	吨	793
年末生猪存栏	头	8266
禽蛋产量	吨	371
蔬菜产量	吨	8917
水产品产量	吨	129
五、工业		
规模以上工业企业:		
工业企业数	个	13
工业总产值(现价)	万元	201219.6
内资企业	万元	201219.6
从业人员年平均数	人	1636
流动资产合计	万元	95564.1
固定资产净值	万元	67748.9
主营业务收入	万元	130136
# 主营业务税金及附加	万元	3507.1
本年应交增值税	万元	9375.9
利润总额	万元	-1573.9
六、交通运输、邮电通讯、能源		
境内公路里程	公里	412.9

16-9 续表 1-3

指　标	单　位	2011
#高等级公路	公里	20.3
民用汽车拥有量	辆	4780
固定电话年末用户	户	16483
#农村电话用户	户	5208
移动电话年末用户数	户	206985
互联网宽带接入用户	户	8308
全社会用电量	万千瓦时	18988.1
#工业用电量	万千瓦时	12290
居民生活用电量	万千瓦时	2785.7
七、贸易、外经		
社会消费品零售总额	万元	25489
限额以上批发和零售业商品销售总额	万元	38519.8
八、固定资产投资		
固定资产投资（不含农户）完成情况	万元	44774
城镇新增固定资产	万元	39704
九、教育、科技、文化、卫生		
普通中学数	所	10
小学数	所	38
普通中学专任教师数	人	572
小学专任教师数	人	829
普通中学在校学生数	人	7255
#女生	人	3647
小学在校学生数	人	9819
#女生	人	4636
学龄儿童入学率	%	100
全年专利申请数	件	30
#全年专利授权数	件	15
公共图书馆图书总藏量	千册	50

16-9 续表 1-4

指 标	单 位	2011
医院、卫生院数	所	11
医院、卫生院床位数	床	332
医院、卫生院卫生技术人员数	人	232
#职业(助理)医师	人	102
卫生防疫人员数	人	17
十、人民生活		
城镇在岗职工年平均人数	人	5454
城镇在岗职工工资总额	万元	14379.2
农村居民人均纯收入	元	3592
农村居民人均生活消费支出	元	2104
十一、社会保障		
各种社会福利收养性单位数	个	5
各种社会福利收养性单位床位数	床	1050
参加城镇基本养老保险人数	人	8201
参加城镇基本医疗保险人数	人	12784
参加失业保险人数	人	5804
城镇居民最低生活保障人数	人	4710
农村居民最低生活保障人数	人	11355
参加农村新型合作医疗人数	人	102700
参加农村社会养老保险人数	人	42693
十二、资源		
行政区域土地面积	平方公里	1276
#建成区面积	平方公里	3.7
森林面积	公顷	16473
当年造林面积	公顷	4363
年末耕地总资源	公顷	18732
#水浇地	公顷	750

16-10 古交市国民经济主要指标

指 标	单 位	2011
一、乡村基本情况		
乡(镇)及农业街办个数	个	14
#建制镇个数	个	3
镇区占地面积	公顷	150
镇区总人口	人	9993
村民委员会个数	个	146
#自来水受益村	个	127
通电话的村	个	146
通有线电视的村	个	57
二、人口与就业		
年末总人口	万人	22.3
#女	万人	10.6
乡村人口	万人	10.5
年末总户数	户	79570
#乡村户数	户	36630
年末单位从业人员数	人	12419
#女	人	5599
#第二产业	人	2261
第三产业	人	9982
乡村从业人员数	人	36158
#农林牧渔业	人	17270
城镇登记失业人员数	人	1000
三、综合经济		
(一)地区生产总值	万元	349123.3
第一产业增加值	万元	14861.3

16-10 续表 1-1

指　标	单　位	2011
农业	万元	7602.6
林业	万元	2477
牧业	万元	2834
渔业	万元	28.5
农林牧渔服务业	万元	1919.2
第二产业增加值	万元	199039
# 工业	万元	181421
第三产业增加值	万元	135223
(二)财政、金融		
财政总收入	万元	159232
# 地方财政一般预算收入	万元	85942
# 各项税收	万元	48813
地方财政一般预算支出	万元	129832
# 农林水事务支出	万元	9028
科学技术支出	万元	1347
医疗卫生支出	万元	7959
教育支出	万元	28910
年末金融机构各项存款余额	万元	1286505.3
# 城乡居民储蓄存款余额	万元	988421.2
年末金融机构各项贷款余额	万元	395257.1
四、农业		
(一)生产条件		
农业机械总动力	万千瓦特	19.2
化肥使用量(折纯量)	吨	761
农药使用量	吨	33

16-10 续表 1-2

指　标	单　位	2011
地膜使用量	吨	126
有效灌溉面积	公顷	320
机电排灌面积	公顷	320
(二)农作物总播种面积	公顷	10075.2
粮食作物播种面积	公顷	8276.1
#玉米	公顷	1090.6
大豆	公顷	1358.6
油料播种面积	公顷	828.7
蔬菜播种面积	公顷	599.1
粮食总产量	吨	10043
#玉米	吨	1552
大豆	吨	1111
油料产量	吨	731
水果产量	吨	691
肉类总产量	吨	3088
#猪肉产量	吨	1204
年末生猪存栏	头	32053
奶类产量	吨	175
禽蛋产量	吨	3213
蔬菜产量	吨	43126
水产品产量	吨	62
五、工业		
规模以上工业企业:		
工业企业数	个	28
工业总产值(现价)	万元	526344.9

16-10 续表 1-3

指　标	单　位	2011
内资企业	万元	526344.9
从业人员年平均数	人	7170
流动资产合计	万元	612466.7
固定资产净值	万元	281349.4
主营业务收入	万元	500893.9
# 主营业务税金及附加	万元	8723.3
本年应交增值税	万元	26652
利润总额	万元	16302.9
六、交通运输、邮电通讯、能源		
境内公路里程	公里	713
# 高等级公路	公里	7.4
境内铁路营业里程	公里	54
民用汽车拥有量	辆	8616
固定电话年末用户	户	45014
# 农村电话用户	户	12996
移动电话年末用户数	户	573226
互联网宽带接入用户	户	26220
全社会用电量	万千瓦时	27052.6
# 工业用电量	万千瓦时	17057.4
居民生活用电量	万千瓦时	4139.6
七、贸易、外经		
社会消费品零售总额	万元	307245
限额以上批发和零售业商品销售总额	万元	372416.6
当年实际使用外资金额	万美元	271

16-10续表 1-4

指　标	单　位	2011
八、固定资产投资		
固定资产投资(不含农户)完成情况	万元	391828
城镇新增固定资产	万元	133035
房地产开发投资完成额	万元	10284
# 住宅	万元	9204
九、教育、科技、文化、卫生		
普通中学数	所	20
小学数	所	59
普通中学专任教师数	人	1216
小学专任教师数	人	1680
普通中学在校学生数	人	16045
# 女生	人	7881
小学在校学生数	人	21057
# 女生	人	9983
学龄儿童入学率	%	100
全年专利申请数	件	95
# 全年专利授权数	件	50
体育场馆数	个	1
剧场、影剧院数	个	1
公共图书馆图书总藏量	千册	36.8
医院、卫生院数	所	20
医院、卫生院床位数	床	1232
医院、卫生院卫生技术人员数	人	1358
# 职业(助理)医师	人	513
卫生防疫人员数	人	16

16-10 续表 1-5

指　标	单　位	2011
十、人民生活		
城镇在岗职工年平均人数	人	10720
城镇在岗职工工资总额	万元	37626.4
农村居民人均纯收入	元	8737
农村居民人均生活消费支出	元	6417
十一、社会保障		
各种社会福利收养性单位数	个	1
各种社会福利收养性单位床位数	床	504
参加城镇基本养老保险人数	人	22244
参加城镇基本医疗保险人数	人	54021
参加失业保险人数	人	37728
城镇居民最低生活保障人数	人	9112
农村居民最低生活保障人数	人	6012
农村五保供养人数	人	172
参加农村新型合作医疗人数	人	74233
参加农村社会养老保险人数	人	41058
十二、资源		
行政区域土地面积	平方公里	1584
# 建成区面积	平方公里	16.3
森林面积	公顷	21020
当年造林面积	公顷	4814
年末耕地总资源	公顷	19624
# 水浇地	公顷	320
年内减少耕地面积	公顷	6

中国统计出版社最新图书简目

（仅供参考，以最后出书为准）

统计资料

中国统计年鉴 -2012
2012 中国发展报告
中国劳动统计年鉴 -2012
中国建筑业统计年鉴 -2012
中国商品交易市场统计年鉴 -2012
中国民政统计年鉴 -2012
中国科技统计年鉴 -2012
中国高技术产业统计年鉴 -2012
全国农产品成本收益资料汇编 -2012
大中型批发零售和住宿餐饮企业统计年鉴 -2012
中国县(市)社会经济统计年鉴 -2012
第二次全国 R&D 资源清查资料汇编 - 综合卷

中国统计摘要 -2012
中国第三产业统计年鉴 -2012
中国社会统计年鉴 -2012
中国人口和就业统计年鉴 -2012
中国房地产统计年鉴 -2012
中国贸易外经统计年鉴 -2012
中国农村统计年鉴 -2012
中国教育经费统计年鉴 -2010
中国科学技术协会统计年鉴 -2012
中国农村住户调查年鉴 -2012(中、英文)
第二次全国 R&D 资源清查资料汇编 - 工业企业卷
中国民族统计年鉴 2011、2012

国际统计年鉴 -2012
中国区域经济统计年鉴 -2012
中国城市统计年鉴 -2009
中国工业经济统计年鉴 -2012
中国能源统计年鉴 -2012
2012 中国地区经济监测报告
中国农产品价格调查年鉴 -2012
中国农村贫困监测报告 -2012
工业企业科技活动资料 -2012
中国城市(镇)生活与价格年鉴 -2012
中国农村全面建设小康监测报告 -2012
中国零售和餐饮连锁企业统计年鉴 -2012
2010 年中国第六次人口普查公报

2012 年省级综合统计年鉴系列

北京　天津　河北　山西　内蒙古
河南　湖北　湖南　广东　广西

辽宁　吉林　黑龙江　上海　江苏
海南　重庆　四川　贵州　云南

浙江　安徽　福建　江西　山东
西藏　陕西　甘肃　青海　宁夏
新疆　新疆生产建设兵团

2012 年市(县)级综合统计年鉴系列

天津滨海新区
运城　忻州　临汾　呼和浩特
上海浦东新区
杭州　宁波　绍兴　台州　温州
厦门经济特区　南昌　上饶
十堰　荆州　咸宁　长沙　广州

石家庄　唐山　邯郸　太原　大同
包头　沈阳　大连　长春　吉林市
苏州　无锡　常州　徐州　南通
金华　嘉兴　衢州
济南　青岛　潍坊　郑州
东莞　惠州　深圳　桂林　南宁
贵阳　昆明　庆阳　西安

长治　阳泉　晋城　朔州　晋中
四平　哈尔滨　黑龙江垦区
盐城　镇江　江阴　丹阳
福州　福州经济技术开发区
洛阳　三门峡　南阳　武汉　宜昌
柳州　来宾　河池　海口　成都　绵阳
兰州　银川　乌鲁木齐

2010 年人口普查资料系列

中国 2010 年人口普查资料
浙江　安徽　福建　江西　山东
西藏　陕西　甘肃　青海　宁夏
中国分县 2010 年人口普查资料

北京　天津　河北　山西　内蒙古
河南　湖北　湖南　广东　广西
新疆　新疆生产建设兵团
中国分乡镇、街道 2010 年人口普查资料

辽宁　吉林　黑龙江　上海　江苏
海南　重庆　四川　贵州　云南
河南省各市 2010 年人口普查资料丛书
中国分民族 2010 年人口普查资料

“十一五”规划教材

非参数统计　医学统计学
多元统计分析　经济计量学教程
统计数据处理概论
企业经营管理统计
统计学:从数据到结论

概率论与数理统计　统计学
应用时间序列分析
质量管理统计方法　社会统计学
市场调查与预测
国民经济核算教程(国民经济统计学)

现代金融投资统计分析
统计指数理论及应用
多元统计分析实验
统计学原理(非统计专业使用)
概率论与数理统计(经济、管理类专业使用)

重点图书

挑大学选专业 2012—高考志愿填报指南
挑大学选专业 2012—考研择校指南

欲购以上图书请与中国统计出版社发行部联系
电话:(010)63376907　63376908　同椇行书店电话:68783171　68783172
通讯地址:北京市西城区三里河月坛南街 57 号　邮政编码:100826
网址:http://csp.stats.gov.cn